QUANTITATIVE INVESTING

量化投资
量化选股策略研究

STUDY ON QUANTITATIVE STOCK
SELECTION STRATEGIES

郭喜才 著

图书在版编目(CIP)数据

量化投资:量化选股策略研究/郭喜才著. —北京:北京大学出版社,2021.1
ISBN 978-7-301-31894-2

Ⅰ.①量… Ⅱ.①郭… Ⅲ.①股票投资—量化分析 Ⅳ.①F830.91

中国版本图书馆 CIP 数据核字(2020)第 247046 号

书　　　名	量化投资:量化选股策略研究 LIANGHUA TOUZI: LIANGHUA XUANGU CELÜE YANJIU
著作责任者	郭喜才　著
责 任 编 辑	杨丽明
标 准 书 号	ISBN 978-7-301-31894-2
出 版 发 行	北京大学出版社
地　　　址	北京市海淀区成府路 205 号　100871
网　　　址	http://www.pup.cn　新浪微博:@北京大学出版社
电 子 信 箱	sdyy_2005@126.com
电　　　话	邮购部 010-62752015　发行部 010-62750672　编辑部 021-62071998
印 刷 者	天津中印联印务有限公司
经 销 者	新华书店
	787 毫米×1092 毫米　16 开本　28.25 印张　670 千字 2021 年 1 月第 1 版　2021 年 1 月第 1 次印刷
定　　　价	79.00 元

未经许可,不得以任何方式复制或抄袭本书之部分或全部内容。
版权所有,侵权必究
举报电话: 010-62752024　电子信箱: fd@pup.pku.edu.cn
图书如有印装质量问题,请与出版部联系,电话: 010-62756370

QUANTITATIVE INVESTING

量化投资
量化选股策略研究

STUDY ON QUANTITATIVE STOCK SELECTION STRATEGIES

郭喜才 著

图书在版编目(CIP)数据

量化投资:量化选股策略研究/郭喜才著. —北京:北京大学出版社,2021.1
ISBN 978-7-301-31894-2

Ⅰ. ①量⋯ Ⅱ. ①郭⋯ Ⅲ. ①股票投资—量化分析 Ⅳ. ①F830.91

中国版本图书馆 CIP 数据核字(2020)第 247046 号

书　　　名	量化投资:量化选股策略研究 LIANGHUA TOUZI: LIANGHUA XUANGU CELÜE YANJIU
著作责任者	郭喜才　著
责 任 编 辑	杨丽明
标 准 书 号	ISBN 978-7-301-31894-2
出 版 发 行	北京大学出版社
地　　　址	北京市海淀区成府路 205 号　100871
网　　　址	http://www.pup.cn　新浪微博:@北京大学出版社
电 子 信 箱	sdyy_2005@126.com
电　　　话	邮购部 010-62752015　发行部 010-62750672　编辑部 021-62071998
印 刷 者	天津中印联印务有限公司
经 销 者	新华书店
	787 毫米×1092 毫米　16 开本　28.25 印张　670 千字 2021 年 1 月第 1 版　2021 年 1 月第 1 次印刷
定　　　价	79.00 元

未经许可,不得以任何方式复制或抄袭本书之部分或全部内容。
版权所有,侵权必究
举报电话: 010-62752024　电子信箱: fd@pup.pku.edu.cn
图书如有印装质量问题,请与出版部联系,电话: 010-62756370

推 荐 序

量化投资在美国已经有30多年的历史了,它从20世纪70年代开始兴起,到90年代开始大行其道,其投资业绩稳定,市场规模和份额不断扩大,得到越来越多投资者的认可。目前,以量化投资为主的高频交易贡献了美国股市总体成交量的70%之多。

量化投资的兴起可以说离不开现代金融理论的发展,1952年,哈里·马科维茨(Harry Markowitz)在其博士论文中提出了投资组合理论,该理论以期望值衡量收益,以方差值衡量风险,第一次正式将收益和风险这两个股票市场中最重要的概念数量化,马科维茨也因此成为现代量化投资的鼻祖。詹姆斯·托宾(James Tobin)随后提出了分离理论,但仍需要利用马科维茨的系统执行高难度的运算。1963年,马科维茨的学生威廉·夏普(William F. Sharpe)提出了"投资组合的简化模型",也称"单一指数模型",使得马科维茨模型费时33分钟的计算简化为只用30秒,大大提高了运算效率。接下来的1964年,夏普又在简化模型的基础上进一步发展,提出了金融界人尽皆知的资本资产定价模型(CAPM),CAPM作为一个里程碑式的理论发现,既可以预测风险和期望收益,还可以用于投资组合的绩效分析。之后,斯蒂芬·罗斯(Stephen A. Ross)在CAPM的基础上,提出套利定价理论(APT),提供了一个方法来评估影响股价变化的多种经济因素。1973年,费雪·布莱克(Fisher S. Black)和迈伦·斯科尔斯(Myron Scholes)正式提出了期权定价的BS模型(Black-Scholes Model)。自此,衍生品市场的重要产品期权开始迅速发展,为量化投资的兴起提供了更多的工具和更大的操作空间,加速了量化投资的崛起。

在中国,最为人熟知的美国量化投资代表人物应该是詹姆斯·西蒙斯(James Simons),1989—2009年,他领导的大奖章(medallion)基金平均年回报率高达35%,这还是在扣除44%的收益提成之后的数据,实际的平均年回报率要超过60%,而投资大师沃伦·巴菲特(Warren Buffett)同期的平均年复合回报率也仅为20%。即使在2008年,面对全球金融危机的重挫,西蒙斯的大奖章基金的回报率仍高达80%。詹姆斯·西蒙斯并非金融科班出身,事实上在进入量化投资领域之前,他是一位数学家,与中国著名数学家陈省身联合创立了有名的"Chern-Simons"理论,获得过每5年一次的数学领域最高荣誉之一——美国数学学会维布伦几何奖(Veblen Prize)。西蒙斯的文艺复兴科技有限责任公司(RenaissanceTechnologies LLC)的所有员工中,将近1/2都是数学、物理学、统计学等领域顶尖的科学家,只有两位是金融学博士,该公司从不雇用商学院毕业生,也不雇用华尔街人士,这在美国的投资公司中堪称绝无仅有。

近几年来,量化投资逐渐被中国投资者所认可,发展势头迅猛,几乎大部分证券公司、基金公司都设置了专门的投资或研究团队,也越来越多地出现专门以量化交易为主要投资策略的私募基金公司。

郭喜才博士具有深厚的数学和金融工程理论背景,又拥有多年在量化投资领域的教学研究和投资实践经验,可以说是国内较早从事量化投资研究和教学的人员之一,他的这本《量化投资:量化选股策略研究》,理论结合实际,以中国的A股市场为研究对象,以量化投资领域的量化选股策略为研究基础,以市场中常见的因子选股策略为研究目标,对量化投资进行全面的本土化验证,更不吝将其程序语言公布于众,方便读者开展相关研究,是一本不可多得的本土化量化投资书籍。

方　跃
美国俄勒冈大学运筹和商务分析系教授
中欧国际工商学院经济学与决策科学教授
2019年12月

序　言

2008年美国次贷危机期间，笔者在美国首次较为直观地接触到了量化投资，此后于2010年开始任教于华东政法大学商学院。量化投资是笔者主攻的研究和教学方向之一。2014年，笔者在《江西社会科学》杂志发表科普论文《量化投资的发展及其监管》，介绍和阐释了国内外量化投资的发展状况及其对市场的促进作用和导致的风险问题，并提出了完善监管以及相关法律制度的建议，重点阐述了程序化交易的监管，该篇文章获得了不少关注。

相较于量化投资在欧美成熟市场上的大规模应用，中国的量化投资才刚刚起步，尽管仍存在着较大的差距，但是随着2010年股指期货的成功推出，2013年国债期货的成功恢复，2015年50ETF期权的又一次成功推出，加上其稳定的业绩表现，量化投资已越来越被国内投资者所认可和应用，未来必将成为主流的交易方式之一。随着大数据、人工智能（AI）等技术的不断发展，未来的投资也将迈入科技化、科学化时代。

基于因子选股的量化选股策略是否有效，一直是学术界和业界研究和关注的热点之一。近期金融学领域顶级国际学术期刊 *Journal of Financial Economics* 刊登了北京大学光华管理学院张然教授的论文 Technological Links and Predictable Returns，该文被美国金融量化协会（简称"Q Group"）评为 Roger F. Murray 杰出研究一等奖，足见量化选股策略仍是金融领域研究和应用的热点。

本书的量化选股策略汇集了笔者近年来的教学内容，希望可以给读者以启发。

全书内容主要分为两大部分：

第一部分为因子选股策略，主要介绍盈利因子选股策略、成长因子选股策略、估值因子选股策略、股东因子选股策略、波动因子选股策略、交投因子选股策略和动量反转因子选股策略。

第二部分为行业选股策略，主要介绍原材料行业因子选股策略、医药卫生行业因子选股策略、信息技术行业因子选股策略、能源行业因子选股策略、金融地产行业因子选股策略、公用事业行业因子选股策略、工业行业因子选股策略、可选消费行业因子选股策略、主要消费行业因子选股策略和全市场股票因子选股策略。

纵观全书，可以发现本书特色鲜明，主要体现为：

（1）实战性。本书案例均来自于实际市场数据，具有很强的实战性；同时，笔者并未对策略有所保留，本书中附带了相关程序语言供读者进行研究尝试。

（2）本土化。目前，量化投资相关书籍中的大多数案例都来自于国外市场，很多策略在国内市场还不具备投资条件，而本书中的案例均是对国内市场实际数据的分析，适合国内投资使用。

（3）覆盖广。本书案例数据覆盖了几乎所有A股市场的股票，以及长达10余年的历史数据，覆盖的样本范围较广、样本时间较长。

本书的编写与出版得到了华东政法大学、北京大学出版社等单位的帮助,在此对这些单位表示感谢。特别感谢中欧国际工商学院方跃教授在百忙之中给予指导并为本书作序推荐。在本书编写过程中,笔者的学生潘烨明、郑惠斌等对本书涉及的模型、数据整理以及回测做了相当多的工作,在此向他们表示感谢!

由于时间仓促,加之笔者水平有限,疏漏之处在所难免,恳请广大读者批评指正。

郭喜才

华东政法大学金融创新与风险管理研究所所长

2019 年 12 月

目录

第一章 绪论 / 1
 一、量化投资介绍 / 1
 二、国外量化投资发展情况 / 2
 三、我国量化投资的现状分析 / 4
 四、中国量化投资的发展前景分析 / 6
 五、本书的相关介绍 / 6

第二章 量化投资策略介绍 / 8
 一、量化投资策略的基本概念 / 8
 二、量化投资策略的开发步骤 / 8
 三、量化投资策略的评价体系 / 10
 四、量化投资策略的缺陷 / 11

第一部分 因子选股策略

第三章 盈利因子 / 15
 一、投资要点 / 15
 二、实现过程 / 15
 三、盈利因子指标介绍 / 16
 四、单因子测试结果 / 18
 五、结论 / 26
 六、多因子测试结果 / 26
 七、SAS语句解析 / 29

第四章 成长因子 / 36
 一、投资要点 / 36
 二、实现过程 / 36
 三、成长因子指标介绍 / 37
 四、单因子测试结果 / 38
 五、结论 / 46
 六、多因子测试结果 / 47
 七、SAS语句解析 / 49

第五章　估值因子 / 57

一、投资要点 / 57

二、实现过程 / 57

三、估值因子指标介绍 / 58

四、单因子测试结果 / 59

五、结论 / 69

六、多因子测试结果 / 70

七、SAS语句解析 / 72

第六章　股东因子 / 80

一、投资要点 / 80

二、实现过程 / 80

三、股东因子指标介绍 / 81

四、单因子测试结果 / 82

五、结论 / 90

六、多因子测试结果 / 91

七、SAS语句解析 / 93

第七章　波动因子 / 100

一、投资要点 / 100

二、实现过程 / 100

三、波动因子指标介绍 / 101

四、单因子测试结果 / 101

五、结论 / 115

六、多因子测试结果 / 115

七、SAS语句解析 / 118

第八章　交投因子 / 125

一、投资要点 / 125

二、实现过程 / 125

三、交投因子指标介绍 / 126

四、单因子测试结果 / 126

五、结论 / 131

六、多因子测试结果 / 132

七、SAS语句解析 / 133

第九章　动量反转因子 / 137

一、投资要点 / 137

二、实现过程 / 137

三、动量反转因子指标介绍 / 138

四、研究现状 / 138
　　五、测试结果 / 139
　　六、回溯测试 / 143
　　七、结合财务指标的动量反转策略测试 / 145
　　八、SAS语句解析 / 145

第二部分　行业选股策略

第十章　原材料行业 / 153
　　一、研究背景介绍 / 153
　　二、各因子选股能力分析 / 155
　　三、多因子模型的构建和评价 / 166
　　四、小结 / 171
　　五、SAS语句解析 / 172

第十一章　医药卫生行业 / 184
　　一、研究背景介绍 / 184
　　二、各因子选股能力分析 / 184
　　三、多因子模型的构建和评价 / 194
　　四、小结 / 198
　　五、SAS语句解析 / 199

第十二章　信息技术行业 / 211
　　一、研究背景介绍 / 211
　　二、各因子选股能力分析 / 211
　　三、多因子模型的构建和评价 / 221
　　四、小结 / 225
　　五、SAS语句解析 / 226

第十三章　能源行业 / 238
　　一、研究背景介绍 / 238
　　二、各因子选股能力分析 / 238
　　三、多因子模型的构建和评价 / 248
　　四、小结 / 252
　　五、SAS语句解析 / 253

第十四章　金融地产行业 / 265
　　一、研究对象 / 265
　　二、各因子选股能力分析 / 265
　　三、多因子模型的构建和评价 / 275

四、小结 / 279
　　五、SAS语句解析 / 280

第十五章　公用事业行业 / 292
　　一、研究背景介绍 / 292
　　二、各因子选股能力分析 / 292
　　三、多因子模型的构建和评价 / 301
　　四、小结 / 305
　　五、SAS语句解析 / 306

第十六章　工业行业 / 318
　　一、研究背景介绍 / 318
　　二、各因子选股能力分析 / 318
　　三、多因子模型的构建和评价 / 328
　　四、小结 / 332
　　五、SAS语句解析 / 333

第十七章　可选消费行业 / 346
　　一、研究背景介绍 / 346
　　二、各因子选股能力分析 / 346
　　三、多因子模型的构建和评价 / 353
　　四、小结 / 360
　　五、SAS语句解析 / 361

第十八章　主要消费行业 / 373
　　一、研究背景介绍 / 373
　　二、各因子选股能力分析 / 373
　　三、多因子模型的构建和评价 / 382
　　四、小结 / 386
　　五、SAS语句解析 / 387

第十九章　全市场分析 / 399
　　一、研究背景介绍 / 399
　　二、各因子选股能力分析 / 399
　　三、综合评价 / 409
　　四、SAS语句解析 / 410

附录　数据说明 / 420

参考文献 / 435

第一章 绪 论

量化投资在欧美已经发展了 30 余年,最具代表性的人物就是华尔街的传奇对冲基金经理——詹姆斯·西蒙斯。他率领一批数学家和统计学家,运用"壁虎式投资法"等独家宽客战术管理的大奖章基金在 1989 年到 2006 年的 17 年间平均年收益率高达 38.5%。量化投资并不神秘,它是指借助于数学和统计学的分析原理,利用计算机对每只股票的数据进行分类对比,自动选出符合投资模型的股票组合。例如,有 20 人去跑百米,哪些人能跑在第一梯队,哪些人能跑在第二梯队,哪些人能跑在第三梯队,没有测试之前不知道答案,但可以根据身高、体重、肌肉、肺活量、历史成绩等指标来预测这 20 人各自归属哪一梯队,这就形象地描述了量化投资模型的原理。

一、量化投资介绍

(一) 基本概念

量化投资是运用现代统计学和数学方法,从大量历史数据中寻找获得超额收益的投资策略,然后通过计算机程序,严格按照这些策略所构建的数量化模型进行投资并形成回报。

简单来说,量化投资就是利用计算机技术并采用数学模型去实现投资理念、投资策略的过程,是通过具体指标、参数的设计,针对以后的行情走向进行判断,然后对影响股市涨跌的因素进行归纳,建立一个模型,并将其应用于当下行情进行检测,若这个模型能准确地反映出走势,确保为投资者带来超额收益,那么这个模型就值得投资者使用。

(二) 量化投资的特征

量化投资最鲜明的特征就是模型交易,它是一种以数据为基础、以模型为核心、以程序化交易为手段的交易方式。具体而言,就是从那些稍纵即逝的市场变化中寻求获利的计算机化交易,关键在于捕捉到人们无法利用的短暂价差来实现套利,比如同一交易所内某证券的微小买卖价差或者某证券在不同市场之间的微小价差。模型就如同医院里各种先进的医学仪器,医生通过这些仪器对病人进行扫描化验,从而获得反映病人身体状况的各项指标数据,然后判断出病人所患的疾病,对症下药;类似地,量化投资者在市场中寻找套利机会,其实就像是在发现市场的"疾病",依托于模型的扫描和检测,获得市场的各项关键指标数据,从而找出套利机会,然后作出投资决策。

量化投资需要精湛的计算机编程技术,其主要形式是程序化交易,而程序化交易绝大多数都是高频交易,其特点是:计算机自动完成,交易量巨大;持仓时间很短,当日频繁交易;每笔收益率很低,但总体收益稳定。高频交易的核心是模型算法,交易速度是关键保障,因此很多机构一般在交易所大楼旁租高速光缆,建立交易室。目前,美国股市总体成交量约70%是高频交易,而涉及机构仅占2%。

(三) 量化投资的优势

量化投资作为一种有效的主动投资工具,是对定性投资方式的继承和发展。实践中的定性投资是指以深入的宏观经济和市场基本面分析为核心,辅以对上市公司的实地调研、与上市公司管理层经营理念的交流,同时发表各类研究报告作为交流手段和决策依据。因此,定性投资基金的组合决策过程是由基金经理在综合各方面的市场信息后,依赖个人主观判断、直觉以及市场经验来优选个股,构建投资组合,以获取市场的超额收益。与定性投资相同,量化投资的基础也是对市场基本面的深度研究和详尽分析,其本质是一种定性投资思想的理性应用。但是,与定性投资中投资人仅靠几个指标作出结论相比,量化投资中投资人更关注大量数据所体现出来的特征,特别是挖掘数据中的统计特征,以寻找经济和个股的运行路径,进而找出阿尔法盈利空间。

相对于传统投资方式来说,量化投资具有快速高效性、客观理性、收益与风险平衡和个股与组合平衡等优势。首先,量化投资可以实现全市场范围内的择股和高效率处理。量化投资可以利用一定数量化模型对全市场范围内的投资对象进行筛选,把握市场中每个可能的投资机会,及时对市场的变化作出反应。而定性投资受人力、精力和专业水平的限制,其选股的覆盖面、正确性和反应速度都远远无法和量化投资相比。其次,量化投资能够保持客观、理性以及一致性。量化投资的本质是对规律的总结和模式化交易,以数学统计和建模技术代替个人主观判断和直觉,引导投资者根据模型发出信号作为买卖依据去投资,让投资者更为理性地对待自己的投资,避免因为个人主观意念造成损失。将投资决策过程数量化能够极大地减少投资者情绪对投资决策的影响,避免在市场悲观或非理性繁荣的情况下作出不理智的投资决策,进而避免不当的市场择时倾向。再者,量化投资更注重组合风险管理。量化投资的三步选择过程,本身就是在严格的风险控制约束条件下选择投资组合的过程,能够保证在实现期望收益的同时有效地控制风险水平。另外,由于量化投资方式比定性投资方式更少地依赖投资者的个人主观判断,这就避免了由于人为误判和偏见产生的交易风险。

当然,无论是定性投资还是量化投资,只要应用得当都可以获取阿尔法超额收益,二者之间并不矛盾,相反可以互相补充。量化投资的理性投资风格恰可作为传统投资方式的补充。

二、国外量化投资发展情况

(一) 概况

股票市场上有很多风格各异的分析流派,其中有两个门徒最多:其一是技术分析,其二是基本面分析。技术分析对各种技术指标、均线系统等深信不疑,依靠股票的历史价格和成交量的数据对股票的走势进行预测,相信历史将会重演,着眼于趋势投资;而基本面分析主要关注企业的财务指标,依靠对财务报表的分析,挖掘出被低估的股票,所以也叫价值投资。相比之下,根据数学和统计学的分析原理,利用计算机对每只股票的数据进行分类对比,自动选出符合投资模型的股票组合的量化投资却往往不为人知。因为在大多数人眼里,量化投资是一个神秘的领域,深不可测,玄奥无比,令人望而却步。同时,量化投资的策略往往着眼于市场上的套利机会,一旦公之于众就立即失效,所以成功的量化投资者通常极为低调,对自己的策略保密至深,这就进一步导致市场上缺乏对量化投资的理解和认识,使其更加神秘。

(二) 量化投资的起源

量化投资看似神秘,但并不古老,它从20世纪70年代开始逐渐兴起,90年代才大行其道,这是由于量化投资的生长条件极为苛刻,需要很多条件同时满足才能诞生和发展。1971年,美国巴克莱国际投资管理公司发行世界上第一只量化指数基金,这标志着量化投资的开始。神秘莫测的量化投资技术并非源于市场,而是始于学术界被正统思想所排斥的少数"偏才""怪才",正是这些来自于象牙塔的现代金融理论造就了量化投资的兴起。

1952年,马科维茨在其博士论文中提出了投资组合理论,该理论以期望值衡量收益,以方差值衡量风险,第一次正式将收益和风险这两个股票市场中最重要的概念数量化,马科维茨成为现代量化投资的鼻祖。托宾随后提出了分离理论,但仍需要利用马科维茨的系统执行高难度的运算。1963年,马科维茨的学生威廉·夏普提出了"投资组合的简化模型",也称"单一指数模型",使得马科维茨模型费时33分钟的计算简化为只用30秒,大大提高了运算效率,并因此节省了电脑内存,可以处理相对前者8倍以上的标的证券。接下来的1964年,夏普又在简化模型的基础上进一步发展,提出了金融界人尽皆知的资本资产定价模型(CAPM),CAPM作为一个里程碑式的理论发现,既可以预测风险和期望收益,还可以用于投资组合的绩效分析。之后,罗斯在CAPM的基础上,提出"套利定价理论"(APT),提供了一个方法来评估影响股价变化的多种经济因素,为量化选股中的多因子选股奠定了理论基础。1973年,布莱克和斯科尔斯正式提出"期权定价模型"(BS模型),推动了期权交易的发展,也为量化投资中对衍生品的定价奠定了理论基础。自此,衍生品市场的重要产品期权开始迅速发展,为量化投资的兴起提供了更多的工具和更大的操作空间,加速了量化投资的崛起。

(三) 量化投资的前提条件

然而,仅有上述现代投资理论的建立,以及各类模型的完善与推陈出新,并不会直接催生出量化投资,它还需要其他几个重要的前提条件:

(1) 量化投资因为其固有的专业性和技术性,很难在普通的中小规模的散户中推广开来,所以个人投资者主导的市场难以盛行量化投资。一方面,由于个人投资者有着自己的工作,故专心投资的时间十分有限;另一方面,由于个人投资者是业余的,一般没有这样的专业能力。随着美国证券市场中共同基金和养老基金资产的大幅增加,机构投资者逐渐在市场上占据主导地位,它们委托专业机构为其提供投资服务,这为量化投资的发展创造了有利的条件。据此而催生出的投资管理机构能够进行专业性的投资操作,同时这些专业的投资管理人也有能力和精力研究、运用量化投资等金融创新技术和新的运作方式来有效地管理大规模资产。

(2) 没有发达的计算机技术,量化投资也将成为无源之水、无本之木。1961年,与马科维茨共同获得1990年诺贝尔奖的夏普曾说,当时即使是用IBM最好的商用电脑,解出含有100只证券的问题也需要33分钟。当今,面对数不胜数的证券产品,以及庞大的成交量,缺了先进计算机的运算速度和容量,许多复杂的证券定价甚至不可能完成,因而计算机技术的发展客观上为量化投资的应用提供了可能性。

(3) 量化投资在不经历市场的崩盘以及傲慢的传统投资者的自信未被摧毁之前,是不会盛行的。量化投资刚刚诞生的时候,以华尔街为首的业界人士对学术界把投资管理的艺术转化成复杂的数学公式和模型一直持有敌意。在他们看来,投资管理需要天赋、直觉以及独特的驾驭市场的能力,优秀的基金经理可以凭一己之力战胜市场,而无须仰仗那些晦涩难懂的数学符号和虚无缥缈的模型。但是在1973—1974年的大熊市中,美国证券市场全盘溃败,传统的明星基金经理人荡然无存,致使投资者开始反思传统的投资管理艺术,同时认为必须应用更科学的方法来管理投资组合,不创新的话只有死路一条。此后,随着80年代以来各类远期、期货、期权、互换等复杂衍生产品的丰富和交易量的大增,华尔街必须迅速适应变化的环境,不断用这些数理模型和计算机技术来武装自己,否则便会陷于被动和险恶的境地,于是量化投资的策略和技术开始在美国证券市场大行其道。

三、我国量化投资的现状分析

(一) 量化投资的参与者

量化交易绝大多数都是高频交易,个人投资者很难参与其中,因为个人的资金量有限,微薄的收益率尚不能覆盖高昂的交易成本,更不用说获得稳定收益了。因此,目前,量化投资大多集中于机构投资者或者机构提供的理财服务,主要有期货公司、私募基金以及券商的自营、基金公司的专户等。规模上,以私募基金为主要参与群体。目前,国内的量化交易呈现欣欣向荣的态势,在最近几年更是高速发展,量化投资的形式层出不穷,有效地增强了我国金融市场的多样性和有效性。

(二) 量化投资的操作风格

量化交易由于具有当日频繁交易、持仓时间较短的特点,目前在国内主要被运用于股指期货交易中,这是由股指期货T+0的交易规则所决定的。所以就操作风格而言,以期货市场为例,目前主要存在四类量化投资者:阿尔法产品的使用者、趋势性交易者、套利交易者以及高频交易者。阿尔法产品的使用者,利用沪深300股指期货与现货之间的组合和搭配,获得超额的阿尔法收益;趋势性交易者,在技术分析的基础上,充分运用各种模型对价格进行跟踪和预判,通过判断价格走向来获得可观的收益;套利交易者,通过买低卖高来获得稳健的收益,包括无风险的股指期现套利和统计套利;高频交易者,利用股指期货市场价格稍纵即逝的微小变动进行闪电般的快速交易,获得稳定的收益。

现阶段包括基金公司、期货公司、券商自营户等各类机构投资者大多打着量化投资的招牌,而实际上对量化投资策略的使用并不如国外那么广泛。这一方面是由于我国股市还未实现 T+0 的交易,交易成本较高,监管层面还对高频交易提出诸多限制;另一方面也是因为我国资本市场上的资金较为分散,无法发挥规模效应。

(三) 量化投资的功能

作为市场的重要交易形式,量化投资在传统的定性投资大行其道、发展面临瓶颈的时候另辟蹊径,成为一个发展势头强劲的新兴投资形式。一方面,量化交易特别是高频交易,有着频繁交易、交易量巨大的特点,为市场贡献了大部分的交易量,有力地增强了市场的流动性。发达的金融市场中量化交易贡献了高达七成的成交量,大大促进了市场中的交易,自然也增强了市场的活力;另一方面,量化交易中套利交易占据了很大的比例,而且其交易量巨大,因而只要市场出现一点点的价格扭曲,就会迅速被极其灵敏的套利交易所纠正,直至回到合理的价格水平。因此,量化交易可以迅速纠正市场偏差,增强市场定价的有效性,有助于发挥市场价格的指导作用。

(四) 量化投资的限制因素

国内金融市场发展时间短,与发达市场还有很大的差距。从现实角度来看,量化交易的发展主要受制于三个因素:首先,创新能力不足。交易策略的开发缺乏多样化的特点,面临着简单重复的单一化困境,核心策略仍然局限于技术指标和均线系统的搭配运用,缺乏多元化、程序化交易策略库的支持。其次,资金规模不够集中,无法发挥资金的规模效应。当下,我国资本市场投资者的主体结构仍然是追求高收益的中小规模散户,导致资金规模极为分散,不利于程序化交易系统的推广。最后,监管层面对高频交易的限制增加了推广程序化交易系统的障碍。

(五) 量化投资的两面性

任何事物都具有两面性,量化投资并不是万能的,在增强市场流动性和有效性的同时,也蕴含着巨大的风险。远者如美国 1987 年"黑色星期一"的股灾,一天之内道琼斯指数暴跌 22%,近期则有 2013 年 8 月 16 日我国证券市场的"光大乌龙指"事件,3 分钟内沪指被直线拉升 5% 以上,这些危机事件很大程度上都与量化交易有关。量化投资不仅可以迅速纠正市场价格扭曲现象,同时也会迅速放大市场上的危机,酿成的损失难以估量。量化投资的风险控制,需要量化投资主体自主进行,但追求利润的资本市场参与者往往对此缺乏足够的动力,加上对"黑天鹅事件"这样的小概率事件缺乏足够的重视,所以需要监管部门加以强制性的约束,决不能放任自流,使之不得不对量化交易的风险进行管理和控制,以达到控制整个系统性风险的目的,这既是一种未雨绸缪的举动,也是对投资者和市场的一种保护。

四、中国量化投资的发展前景分析

相对于量化交易占据70%交易量的发达金融市场,国内量化投资的交易量仍远远不足,处于刚刚起步阶段,因此以程序化交易为主的量化交易在国内还有着非常巨大的发展空间,未来会有更加多元化的产品不断涌现,量化投资将会呈现多样化发展的态势;与此同时,策略的复杂性、可靠性和交易工具的精细化程度也会不断提高。

国内量化交易发展前景广阔,这主要基于以下两点:第一,与欧美比较成熟的金融市场相比,我国证券市场发展历史还很短,只有区区20多年,面临投资者队伍参差不齐、投资理念不够成熟等问题,但同时通过发掘市场非有效性来获取阿尔法收益的潜力和空间也更大;第二,量化投资的技术和方法在国内几乎没有竞争者,目前证券市场上传统的定性投资者太多,机会很少,竞争过于激烈,而量化投资者较少,机会很多,这就给量化投资创造了良好的发展机遇——当其他人都在红海中痛苦挣扎的时候,量化投资者却在一片蓝海中遨游。事实上,随着2010年4月16日股指期货的出台,量化投资在国内市场发展潜力逐渐显现。另外,2013年9月6日国债期货的上市交易和2015年2月9日50ETF期权的上市交易为量化投资创造了更大的舞台。十八届三中全会之后,随着金融领域改革的不断深化,利率市场化、汇率市场化进程稳步推进,我国量化投资市场必将迎来爆发式的增长。

具体而言,随着我国金融市场的不断完善,各类金融创新产品的推出,信息技术(特别是大数据、云计算)的发展,我国量化投资未来的发展方向主要为期现统计套利和大数据量化分析。(1)期现统计套利。期现统计套利长期以来一直是量化投资的主要投资方式,在我国证券市场仍未完善的情况下,存在着巨大的期现套利空间。此外,随着股指期货、国债期货、ETF现货产品的不断推出,期现统计套利的工具已经具备,而随着将来股指期权的适时推出,这一量化交易方式将被更加频繁地使用,通过运用相关的模型进行期现统计套利可以获得稳定的收益。(2)大数据量化分析。传统的投资主要通过基本面分析和技术分析来进行,而随着大数据、云计算等信息技术的成熟和运用,未来基于大数据进行量化分析并投资将成为现实,比如,基于微博、微信等互联网工具的大数据能够准确地分析出投资者的投资情绪,从而使得投资更加精准和有效。

五、本书的相关介绍

量化投资理性的投资风格、稳定优异的业绩促使其越来越成为基金经理的重要决策依据,特别是在中国A股市场还远不是有效市场的条件下,更易把握住阿尔法的盈利机会,拥有广阔的发展前景。

鉴于此,本书以量化投资领域的量化选股为基础,研究市场中常见的因子选股策略的有效性。全书主要分为两篇,即因子选股策略和行业选股策略。第一部分介绍了盈利因子、成长因子、估值因子、股东因子、波动因子、交投因子及动量反转因子的选股策略,本部分逐一分析各个因子对股价的影响,以及在不同市场环境下各个因子的表现,通过不同指标的对比，筛选出能持续获得稳定正收益能力的因子，并进一步确定备选因子，然后筛选因子组合，构建多因素选股模型，寻找适合不同市场环境的选股模型。第二部分则介绍了原材料行业、医药卫生行业、信息技术行业、能源行业、金融地产行业、公用事业行业、工业行业、可选消费行业、主要消费行业九个一级行业及全市场股票的因子选股策略（由于股票较少，故剔除了电信业务一级行业）。

本书主要使读者了解因子选股策略，有一定基础的读者可以根据每章后面附注的程序语言尝试开展相关研究。由于本书的研究基于过去的历史数据，不能完全反映未来的情况，因而不建议作为投资指导。

为了方便读者尝试开展相关研究，本书提供一些历史数据的下载，具体说明见附录"数据说明"。

第二章　量化投资策略介绍

一、量化投资策略的基本概念

所谓量化投资策略，就是在量化投资的过程中，使用数量化的指标来指导投资决策，并通过计算机模拟和测试不断根据市场变化作出调整，从而解决择时、择股和资产配置的问题。量化指标主要可以分为三类：一是技术指标，包括价格、成交量、换手率、移动平均数据等；二是基本面指标，包括市盈率、市净率、营业收入增长率、资产负债率等；三是心理指标，包括预测主营业务增长率、市场情绪指标等。择时是为了解决在何时进行投资操作，即何时增减仓的问题；择股是为了解决购买和卖出哪只股票的问题，体现了选择优质股票的能力；资产配置是为了解决在选择出的股票中的资金分配问题，即在某只股票上配置多少资金最为合适。

量化投资策略大致分为以下几类：(1) 量化择时分析策略，包括趋势跟踪策略、噪音交易策略、理性交易策略等；(2) 统计套利策略，包括协整策略、配对利差策略、均值回归策略、多因素回归策略等；(3) 算法交易策略，包括交易量加权平均价格（VWAP）策略、时间加权平均价格（TWAP）策略、盯住盘口（PEG）策略、执行落差（IS）策略、下单路径优选（SOR）策略等；(4) 组合套利策略，包括均衡价差策略、套利区间策略、牛市跨期策略、熊市跨期策略、蝶式跨期策略等；(5) 高频交易策略，包括流动性回扣交易策略、猎物算法交易策略、自动做市商策略等。

二、量化投资策略的开发步骤

（一）量化投资策略的提出

策略的提出通常有自上而下和自下而上两种形式。趋势跟踪策略是显著的自上而下策略，其主要思想是追随市场中大的行情，对上涨阻力位的突破往往意味着一波更大的上涨的行情，而对下跌阻力位的突破往往意味着一波更大的下跌的行情，所以该策略就是根据趋势指标来寻找大的趋势波段，在突破发生时建仓或平仓；自下而上策略的代表是多因素回归策略，基于套利定价模型（APT），认为投资组合的收益与估值因子、成长因子、盈利能力因子等诸多因素存在较长期间内较为稳定的相关关系，因此可以用收益对这些因子进行回归，从而依据不同因子的相关性来进行选股。

(二) 投资对象的筛选

市场上存在众多可以选择的交易对象,包括股票、债券、期货、外汇等,但它们的流动性、市场的成熟度、数据的可得性、资本承受能力、自动化交易接口的成熟度等都存在着很大的差异,好的量化投资策略需要有合适的平台才能发挥其优势。

(三) 数据的收集与处理

在完成对投资对象的筛选后,最重要的一点就是要对投资策略所需要的数据进行收集,大多数数据可以在各公司开发的数据库中得到。对于非量化的数据,如市场情绪,要对其进行量化处理。

(四) 投资策略的公式化

光有好的投资策略是不够的,还需要将其转化为合适的计算机语言,寻找合适高效的投资平台,借助交易平台实现投资策略。

(五) 投资策略的回溯测试

实现投资策略以后,要对其进行充分的回溯测试,并使用统计学工具对结果(主要是收益率、战胜频率、最大回撤等)进行比较和分析,对整个策略的稳定性和风险作出一定的评估。

(六) 投资策略的优化

优化主要分为两个方面,一方面是对策略本身进行优化,对在回溯测试中表现不佳的组合和因子进行进一步分析,剔除冗余因子,或者添加更为有效的因子,更换投资策略资产分配方式等;另一方面是对计算机语言的优化,主要是对程序内部架构、运行效率等的优化。

(七) 投资策略的外推检验

外推检验是下一步进行实盘交易的最后一个环节,目的是对投资策略和交易平台进行多维度的测试和评估。

(八) 投资策略的实盘交易

将投资策略真正应用到实盘上时,投资结果会受到交易成功率、交易延时等多方面的影响。好的投资策略不仅能捕捉到市场上有利的信号,也能抵抗突发的不利事件的冲击。

(九) 投资策略的监测和维护

监测的目的主要是观察系统是否按照预期正确执行交易命令,是否出现异常数据,投资组合的风险是否得到很好的控制。另外,随着市场环境的变化,之前适用的策略可能变得不合适了,需要对其进行调整甚至重构。

三、量化投资策略的评价体系

(一) Alpha

Alpha(阿尔法)是指投资策略获得的超过大盘指数或者基准收益的部分,代表了一定程度上投资组合的绝对收益,也因此面临着非系统性风险。理论上能够通过构成一个投资组合来分离其中的系统性风险,从而获得超额绝对收益。Alpha 值越大,表明该投资组合相对市场的超额收益越大;反之,则超额收益越小,甚至为负值。

(二) Beta

Beta(贝塔)反映了投资组合价格波动与市场价格波动的关系,Beta 为正表明该组合的收益与市场同方向波动,Beta 为负则表明该组合的收益与市场反向波动。Beta 的绝对值越大,表明该组合收益的波动率越大;Beta 的绝对值越小,表明该组合收益的波动率越小。市场组合的 Beta 为 1。Beta 系数的计算方式为:

$$\beta_a = \frac{\mathrm{COV}(r_a, r_m)}{\sigma_m^2} = \rho_{am}\frac{\sigma_a}{\sigma_m}$$

其中,r_a 为投资组合 a 的收益率,r_m 为市场组合的收益率,σ_a 为投资组合 a 收益率的标准差,σ_m 为市场组合收益率的标准差,ρ_{am} 为投资组合 a 与市场组合的相关系数。

(三) Sharpe

Sharpe ratio(夏普比率)反映了承担单位风险的投资组合平均收益率超过无风险收益率的程度,Sharpe 比率为正,表明投资组合能获得超过无风险利率的平均收益。Sharpe 比率越大,说明该投资组合承担每单位风险获得的收益越高。Sharpe 比率的计算方式为:

$$S_a = \frac{r_a - r_f}{\sigma_a}$$

其中,r_a 为投资组合 a 的收益率,r_f 为无风险利率,σ_a 为投资组合 a 收益率的标准差。

(四) TR

Treynor ratio(特雷诺比率,简称"TR")反映了投资组合的超额收益率与系统风险的比率,即承担每单位系统风险获得的超额收益率。TR 的计算方式为:

$$\mathrm{TR}_a = \frac{r_a - r_f}{\beta_a}$$

其中,r_a 为投资组合 a 的收益率,r_f 为无风险利率,β_a 为投资组合 a 的 Beta 系数。

（五）IR

information ratio(信息比率，简称"IR")以马科维茨的均异模型为基础，反映了承担每单位主动风险获得的超额收益率。IR 的计算方式为：

$$IR_a = \frac{\overline{TD_a}}{TE_a}$$

其中，$\overline{TD_a}$ 为投资组合 a 跟踪偏离度的样本均值，TE_a 为投资组合 a 的跟踪误差。

（六）Jensen

Jensen ratio(詹森比率或詹森指数)以 CAPM 模型为基础，是一种在风险调整基础上的绝对绩效的评价指标，反映了投资组合实际收益率与市场收益率之差。Jensen 比率的计算方式为：

$$\alpha_a = r_a - [r_f + \beta_a(r_m - r_f)]$$

其中，r_a 为投资组合 a 的收益率，r_f 为无风险利率，r_m 为市场组合的收益率，β_a 为投资组合 a 的 Beta 系数。

四、量化投资策略的缺陷

量化投资是一种非常高效的工具，其本身的有效性依赖于投资思想是否合理有效，因此换言之，只要投资思想是正确的，量化投资本身并不存在缺陷。但是在对量化投资的应用中，确实存在过度依赖的风险。量化投资本身是一种对基本面的分析，与定性分析相比，量化分析是一种高效、无偏的方式，但是应用的范围较为狭窄。例如，某项技术在特定行业、特定市场中的发展前景就难以用量化的方式加以表达。通常，量化投资的选股范围涵盖整个市场，因此获得的行业和个股配置中很可能包含投资者不熟悉的上市公司。这时盲目依赖量化投资的结论、历史的回归结论以及一定指标的筛选，就有可能忽略不能量化的基本面，产生巨大的投资失误。因此，基金经理在投资的时候一定要注意不能单纯依赖量化投资，一定要结合对国内市场基本面的了解。

量化投资策略的缺陷主要有以下三点：

一是金融现象的肥尾。统计学模型大多是基于标准正态分布进行研究并得出结论的，但金融数据往往并不符合正态分布，而是表现出较强的肥尾性，即出现超额损失的概率比模型所展现的要大，导致产生较大的模型风险。最具代表性的就是美国长期资本管理公司(LTCM)的例子，在建立之初的 4 年中，LTCM 在扣除一切费用后还获得了平均 30% 的回报率，可谓战绩辉煌，但却在 1998 年的金融动荡中，由于对风险控制不够，直接宣告破产。

二是投资策略的相似性。在一定的时期内，量化投资策略往往是大致相同的，一旦有人发现了某种新的可以获得超额收益的方式，就会引起大家竞相效仿，纷纷开发使用类似的模型，抢占市场利润。2007 年 8 月，美国其他基金的表现都较为平稳，只有采取市场中性策略的基金或进行统计套利的基金的业绩大幅下滑,其主要原因就在于这些基金大多使用同一类模型,结果个别基金的抛盘引起了连锁反应,被业界称为"宽客地震"。

三是市场趋势的改变。在完全有效的市场中,任何积极型的投资策略都不能持续获得超额收益,但也正是因为这个积极的机构投资者,市场才能有效。学者罗闻全对此提出了适应性市场假说,他从适者生存的角度,将市场参与者视为不同物种,只有能够获取利润的参与者才能生存。随着时间的推移,有的策略被市场淘汰,有的旧策略又开始变得有效,市场上还会不断涌现新的策略,只有能够顺应市场趋势的投资策略才能获得超额收益。

第一部分 因子选股策略

第三章 盈利因子

一、投资要点

本章主要分析盈利因子(净资产收益率、总资产报酬率、销售毛利率、销售净利率等)的历史表现。

(1) 由净资产收益率最高的 50 只股票构成的等权重组合大幅跑赢沪深 300 指数,2007 年 3 月至 2017 年 6 月的累计收益率为 637.94%,年化收益率为 21.53%;同期沪深 300 指数的累计收益率为 16.36%,年化收益率为 1.49%。

(2) 由总资产报酬率最高的 50 只股票构成的等权重组合小幅跑赢沪深 300 指数,2007 年 3 月至 2017 年 6 月的累计收益率为 246.85%,年化收益率为 12.90%;同期沪深 300 指数的累计收益率为 16.36%,年化收益率为 1.49%。

(3) 由销售毛利率最高的 50 只股票构成的等权重组合小幅跑赢沪深 300 指数,2007 年 3 月至 2017 年 6 月的累计收益率为 162.20%,年化收益率为 9.86%,同期沪深 300 指数的累计收益率为 16.36%,年化收益率为 1.49%。

(4) 由销售净利率最高的 50 只股票构成的等权重组合小幅跑赢沪深 300 指数,2007 年 3 月至 2017 年 6 月的累计收益率为 211.74%,年化收益率为 11.73%;同期沪深 300 指数的累计收益率为 16.36%,年化收益率为 1.49%。

(5) 通过对 2007 年以来市场的分析,整体上来说,从净资产收益率、总资产报酬率和销售毛利率等盈利性指标看,盈利能力较强的股票组合表现较好。盈利能力较强股票构成的组合整体上超越沪深 300 指数,也优于盈利能力较弱股票构成的组合。但销售净利率较高股票构成的组合表现反而较差,落后于沪深 300 指数,也落后于销售净利率较低股票构成的组合。

(6) 盈利因子(净资产收益率、总资产报酬率、销售毛利率)是影响股票收益的重要因子,其中净资产收益率指标较为显著。

(说明:沪深 300 指数于 2005 年 4 月正式推出,但是 2002 年开始实际上已经有成熟的沪深 300 指数统计,因而各数据库中存在从 2002 年开始的指数数据。本书为了方便对比研究,故采用了相关数据)

二、实现过程

比较常用的因子回报度量方法有:横截面回归法和排序打分法。横截面回归法利用因子的取值(风险暴露)与下期股票收益率之间的线性关系,以最小二乘法拟合出的回归系数为因子回报。FF 排序打分法原型由 Fama 和 French 提出，即对因子暴露进行排序，排名靠前的股票组合减去排名靠后的股票组合下一期的平均收益率为因子回报，他们提出的排序法已经被广泛采用。我们采用排序法对各因子进行分析。

(1) 研究范围为上市股票中根据指标选取的前 800 只；

(2) 研究期间为 2007 年 3 月至 2017 年 6 月；

(3) 组合调整周期为季度，每季度最后一个交易日收盘后构建下一期的组合；

(4) 我们按各指标排序，把 800 只成份股分成(1—50)(1—100)(101—200)(201—300)(301—400)(401—500)(501—600)(601—700)(701—800)(751—800)10 个组合；

(5) 组合构建时股票的买入卖出价格为组合调整日收盘价；

(6) 组合构建时为等权重；

(7) 在持有期内，若某只成份股被调出前 800 只，不对组合进行调整；

(8) 组合构建时买卖冲击成本为 0.1%，买卖佣金为 0.1%，印花税为 0.1%；

(9) 我们考虑的主要盈利性指标有净资产收益率(ROE)(扣除非经常性损益、摊薄)、总资产报酬率(ROA)、销售毛利率、销售净利率等；

(10) 每年 1 月、2 月、3 月、4 月的财务数据来源于上年的三季报，5 月、6 月、7 月、8 月的财务数据来源于当年的一季报，9 月、10 月的财务数据来源于当年的半年报，11 月、12 月的财务数据来源于当年的三季报。

三、盈利因子指标介绍

(一) 净资产收益率

净资产收益率(return on common stockholders' equity，ROE)，又称"股东权益报酬率""净值报酬率""权益报酬率""权益利润率""净资产利润率"，是衡量公司盈利能力的重要指标之一。净资产收益率是净利润与平均股东权益的百分比，是公司税后利润除以净资产得到的百分比，该指标反映股东权益的收益水平，用以衡量公司运用自有资本的效率。指标值越高，说明投资带来的收益越高；指标值越低，说明企业股东权益的获利能力越弱。该指标体现了自有资本获得净收益的能力。

净资产收益率的计算公式为：

$$净资产收益率 = 净利润/平均净资产 \times 100\%$$

其中，平均净资产 = (年初净资产 + 年末净资产)/2

净资产收益率反映公司所有者权益的投资报酬率，具有很强的综合性。一般认为，企业净资产收益率越高，企业自有资本获取收益的能力越强，运营效益越好，对企业投资人、债权人的保证程度就越高。

(二) 总资产报酬率

总资产报酬率(return on total assets，ROA)，又称"资产所得率""投资盈利率""总资产利润率""总资产回报率""资产总额利润率",是指企业一定时期内获得的报酬总额与资产平均总额的比率。它表示企业包括净资产和负债在内的全部资产的总体获利能力,用以评价企业运用全部资产的总体获利能力,是评价企业资产运营效益的重要指标。

总资产报酬率的计算公式为:

$$总资产报酬率=(利润总额+利息支出)/平均总资产\times100\%$$

其中,平均总资产=(期初资产总额+期末资产总额)/2

总资产报酬率表示企业全部资产获取收益的水平,全面反映了企业的获利能力和投入产出状况。该指标越高,表明企业投入产出的水平越高,企业的资产运营越有效。一般情况下,企业可将此指标与市场利率进行比较,如果该指标大于市场利率,则表明企业可以充分利用财务杠杆,进行负债经营,获取尽可能多的收益。评价总资产报酬率时,需要与前期的比率、与同行业其他企业进行比较,也可以对总资产报酬率进行因素分析。

(三) 销售毛利率

销售毛利率,表示每一元销售收入扣除销售成本后,有多少钱可以用于各项期间费用和形成盈利。销售毛利率是企业销售净利率的最初基础,没有足够大的毛利率便不能盈利。销售毛利是销售收入净额与销售成本的差额,如果销售毛利率很低,表明企业没有足够多的毛利额,补偿期间费用后的盈利水平就不会高,也可能无法弥补期间费用,出现亏损局面。通过本指标可预测企业盈利能力。

销售毛利率的计算公式为:

$$销售毛利率=销售毛利/销售收入\times100\%$$
$$=(销售收入-销售成本)/销售收入\times100\%$$

销售毛利率的大小决定了销售净利率的大小,没有足够大的毛利率是很难实现盈利的。销售毛利率越高,表明企业销售成本在销售收入净额中所占的比重越小,在期间费用和其他业务利润一定的情况下,营业利润就越高。销售毛利率还与企业的竞争力和企业所处的行业有关。

(四) 销售净利率

销售净利率(net profit margin on sales/net profit margin),又称"销售净利润率",是净利润占销售收入的百分比。该指标反映每一元销售收入带来的净利润的多少,表示销售收入的收益水平。它与净利润成正比关系,与销售收入成反比关系,企业在增加销售收入额的同时,必须相应地获得更多的净利润,才能使销售净利率保持不变或有所提高。

销售净利率的计算公式为:

$$销售净利率=(净利润/销售收入)\times100\%$$

一般来讲,该指标越大,说明企业销售的盈利能力越强。一个企业如果能保持良好的持续增长的销售净利率,应该说企业的财务状况是好的,但并不意味着销售净利率越大越好,还必须看企业的销售增长情况和净利润变动情况。

四、单因子测试结果

(一) 净资产收益率

由表 3-1 可知,从 2007 年至 2017 年的区间累计收益看,整体来说,净资产收益率越高,表现越好。净资产收益率较高股票构成的组合(1—50)、组合(1—100)表现较好;其他组合的表现也都好于沪深 300 指数。

由净资产收益率最高的 50 只股票构成的等权重组合大幅跑赢沪深 300 指数,2007 年 3 月至 2017 年 6 月的累计收益率为 637.94%,年化收益率为 21.53%;同期沪深 300 指数的累计收益率为 16.36%%,年化收益率为 1.49%。

表 3-1　净资产收益率由高到低排序处于各区间的组合表现

净资产收益率 由高到低排	2007 年 3 月 到 2017 年 6 月	年化收益率	跑赢沪深 300 次数	跑赢沪深 300 概率
沪深 300 指数	16.36%	1.49%		
1	637.94%	21.53%	24	75.00%
2	320.75%	15.05%	22	68.75%
3	367.32%	16.23%	22	68.75%
4	243.23%	12.79%	22	68.75%
5	322.87%	15.10%	22	68.75%
6	471.75%	18.54%	21	65.63%
7	361.54%	16.09%	20	62.50%
8	372.53%	16.36%	22	68.75%
9	323.69%	15.13%	20	62.50%
10	598.17%	20.88%	22	68.75%

从各组合(g)的绩效指标看,高净资产收益率股票组合的表现略差于低净资产收益率股票组合,其 Alpha 值较小,Beta 值较大,夏普(Sharpe)比率、特雷诺比率(TR)、信息比率(IR)和詹森(Jensen)比率也都相对较低。组合的 Alpha 值均为正。如表 3-2 所示。

表 3-2　净资产收益率由高到低排序处于各区间的组合的绩效分析

g	Alpha	Beta	Sharpe	TR	IR	Jensen
1	0.0193	0.9912	0.2109	0.3025	0.2170	−3.1473
2	0.0223	0.9113	0.2055	0.3290	0.2139	2.4509
3	0.0229	0.9015	0.2167	0.3326	0.2236	0.3728
4	0.0233	0.8562	0.1865	0.3502	0.1958	−0.7761
5	0.0236	0.8796	0.2075	0.3409	0.2126	−0.0669
6	0.0251	0.8691	0.2332	0.3450	0.2421	0.1759

（续表）

g	Alpha	Beta	Sharpe	TR	IR	Jensen
7	0.0229	0.9056	0.2074	0.3311	0.2158	2.0083
8	0.0244	0.8729	0.2193	0.3435	0.2275	−1.1575
9	0.0228	0.9040	0.2048	0.3316	0.2132	0.6382
10	0.0221	0.9452	0.2437	0.3172	0.2516	0.1426

2007年以来,高净资产收益率股票组合(1—50)整体上跑赢沪深300指数;特别是2008年6月以来及2011年3月,高净资产收益率股票组合(1—50)的表现明显强于沪深300指数。市场处于上涨初期(2007年9月至2008年6月,2013年6月至2014年3月)时,高净资产收益率股票组合(1—50)表现较好;在2010年6月至2012年6月的这轮大熊市中,高净资产收益率股票组合(1—50)在熊市初期表现较好,而熊市末期表现较差。如图3-1所示。

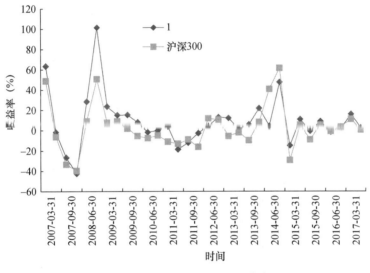

图 3-1 高净资产收益率股票组合表现

2007年以来,高净资产收益率组合整体上并没有跑赢低净资产收益率组合。在2016年9月后高净资产收益率组合开始跑赢低净资产收益率组合,在2011年至2012年这轮熊市中,高净资产收益率组合略微跑赢低净资产收益率组合。如图3-2所示。

（二）总资产报酬率

由表3-3可知,从2007年至2017年的区间累计收益看,虽然总资产报酬率最高的组合的区间累计收益率呈现一个较低的状态,但整体上说,总资产报酬率越高,表现越好。总资产报酬率较高股票构成的组合(1—100)表现较好,其他组合的表现均好于沪深300指数。

由总资产报酬率最高的50只股票构成的等权重组合小幅跑赢沪深300指数,2007年3月至2017年6月的累计收益率为246.85%,年化收益率为12.90%;同期沪深300指数的累计收益率为16.36%,年化收益率为1.49%。

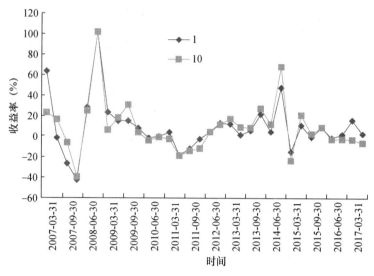

图 3-2　高净资产收益率组合相对低净资产收益率组合的表现

表 3-3　总资产报酬率由高到低排序处于各区间的组合表现

总资产报酬率由高到低排	2007年3月到2017年6月	年化收益率	跑赢沪深300次数	跑赢沪深300概率
沪深300指数	16.36%	1.49%		
1	246.85%	12.90%	21	65.63%
2	437.84%	17.84%	23	71.88%
3	387.92%	16.72%	21	65.63%
4	418.17%	17.41%	21	65.63%
5	449.72%	18.09%	21	65.63%
6	344.00%	15.65%	21	65.63%
7	420.42%	17.46%	21	65.63%
8	422.85%	17.51%	20	62.50%
9	371.78%	16.34%	21	65.63%
10	398.14%	16.96%	20	62.50%

从各组合的绩效指标看,高总资产报酬率股票组合的表现与低总资产报酬率股票组合无太大差别,组合的 Alpha 值均为正,其月超额收益率在 5% 的显著水平下显著为正。如表 3-4 所示。

表 3-4　总资产报酬率由高到低排序处于各区间的组合的绩效分析

g	Alpha	Beta	Sharpe	TR	IR	Jensen
1	0.0249	0.7979	0.1889	0.3757	0.1978	0.5530
2	0.0249	0.8672	0.2221	0.3457	0.2304	0.2300
3	0.0245	0.8694	0.2229	0.3449	0.2299	1.1442

(续表)

g	Alpha	Beta	Sharpe	TR	IR	Jensen
4	0.0246	0.8777	0.2288	0.3416	0.2375	0.7982
5	0.0258	0.8533	0.2370	0.3513	0.2422	0.7891
6	0.0246	0.8609	0.2047	0.3483	0.2133	0.0451
7	0.0231	0.9082	0.1975	0.3301	0.2051	0.8658
8	0.0248	0.8748	0.2246	0.3427	0.2326	1.4212
9	0.0239	0.8852	0.2116	0.3387	0.2200	0.5465
10	0.0243	0.8807	0.2167	0.3404	0.2251	0.2871

2007年以来，高总资产报酬率股票组合(1—50)整体上跑赢沪深300指数；特别是2008年6月以来，高总资产报酬率股票组合(1—50)的表现明显强于沪深300指数。市场处于上涨初期(2008年6月至2008年12月)时，高总资产报酬率股票组合(1—50)的表现较好；在2014年6月至2014年12月的这轮大熊市中，高总资产报酬率股票组合(1—50)的表现较差。如图3-3所示。

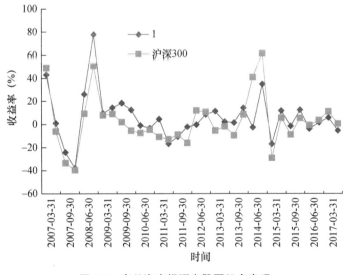

图3-3　高总资产报酬率股票组合表现

2007年以来，高总资产报酬率组合整体上并没有跑赢低总资产报酬率组合。如图3-4所示。

(三) 销售毛利率

由表3-5可知，从2007年至2017年的区间累计收益看，整体上说，销售毛利率较高，表现一般。

由销售毛利率最高的50只股票构成的等权重组合小幅跑赢沪深300指数，2007年3月至2017年6月的累计收益率为162.20%，年化收益率为9.86%；同期沪深300指数的累计收益率为16.36%，年化收益率为1.49%。

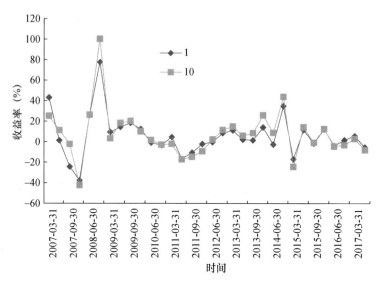

图 3-4 高总资产报酬率组合相对低总资产报酬率组合的表现

表 3-5 销售毛利率由高到低排序处于各区间的组合表现

销售毛利率由高到低排	2007年3月到2017年6月	年化收益率	跑赢沪深300次数	跑赢沪深300概率
沪深300指数	16.36%	1.49%		
1	162.20%	9.86%	21	65.63%
2	282.25%	13.98%	20	62.50%
3	345.95%	15.70%	22	68.75%
4	538.38%	19.82%	21	65.63%
5	427.24%	17.61%	20	62.50%
6	486.78%	18.84%	21	65.63%
7	427.55%	17.62%	21	65.63%
8	452.21%	18.14%	21	65.63%
9	485.68%	18.82%	21	65.63%
10	443.06%	17.95%	22	68.75%

从各组合的绩效指标看,高销售毛利率股票组合的表现略好于低销售毛利率股票组合,组合的 Alpha 值均为正。如表 3-6 所示。

表 3-6 销售毛利率由高到低排序处于各区间的组合的绩效分析

g	Alpha	Beta	Sharpe	TR	IR	Jensen
1	0.0227	0.8110	0.1602	0.3697	0.1693	−0.6780
2	0.0235	0.8615	0.1893	0.3480	0.1978	1.0530
3	0.0221	0.9211	0.2069	0.3255	0.2134	0.5861
4	0.0238	0.9063	0.2336	0.3308	0.2418	0.9414
5	0.0235	0.9020	0.2252	0.3324	0.2301	1.3702
6	0.0240	0.9003	0.2371	0.3330	0.2457	0.0990
7	0.0241	0.8892	0.2190	0.3372	0.2274	1.6882
8	0.0268	0.8343	0.2339	0.3593	0.2422	−0.0046
9	0.0208	0.9614	0.1840	0.3118	0.1905	−2.7662
10	0.0229	0.9198	0.2135	0.3260	0.2213	−0.1677

2007 年以来,高销售毛利率股票组合(1—50)的表现整体上基本与沪深 300 指数一致。如图 3-5 所示。

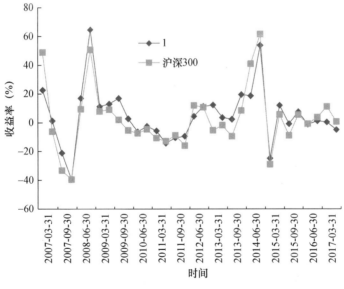

图 3-5 高销售毛利率股票组合表现

2007 年以来,高销售毛利率组合整体上并没有跑赢低销售毛利率组合。如图 3-6 所示。

(四) 销售净利率

由表 3-7 可知,从 2007 年至 2017 年的区间累计收益看,整体上强于沪深 300,销售净利率最高的两个组表现稍弱,其余单个组别之间并不具有明显的差异性。

由销售净利率最高的 50 只股票构成的等权重组合小幅跑赢沪深 300 指数,2007 年 3 月

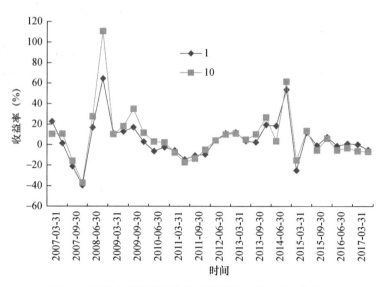

图 3-6 高销售毛利率组合相对低销售毛利率组合的表现

至 2017 年 6 月的累计收益率为 211.74%,年化收益率为 11.73%;同期沪深 300 指数的累计收益率为 16.36%,年化收益率为 1.49%。

表 3-7 销售净利率由高到低排序处于各区间的组合表现

销售净利率由高到低排	2007年3月到2017年6月	年化收益率	跑赢沪深300次数	跑赢沪深300概率
沪深300指数	16.36%	1.49%		
1	211.74%	11.73%	21	65.63%
2	246.35%	12.88%	20	62.50%
3	424.28%	17.54%	21	65.63%
4	497.59%	19.05%	21	65.63%
5	429.54%	17.66%	22	68.75%
6	487.61%	18.86%	20	62.50%
7	443.05%	17.95%	21	65.63%
8	379.66%	16.53%	21	65.63%
9	531.00%	19.69%	20	62.50%
10	461.47%	18.33%	21	65.63%

从各组合的绩效指标看,高销售净利率股票组合的表现小幅落后于低销售净利率股票组合,所有组合的 Alpha 值均为正。如表 3-8 所示。

表 3-8　销售净利率由高到低排序处于各区间的组合的绩效分析

g	Alpha	Beta	Sharpe	TR	IR	Jensen
1	0.0235	0.8259	0.1783	0.3630	0.1872	−0.8542
2	0.0242	0.8187	0.1841	0.3662	0.1931	−0.8375
3	0.0230	0.9129	0.2228	0.3284	0.2293	−1.4256
4	0.0245	0.8884	0.2353	0.3375	0.2438	0.2691
5	0.0224	0.9257	0.2152	0.3239	0.2198	0.2519
6	0.0229	0.9222	0.2286	0.3251	0.2368	−0.0713
7	0.0240	0.8940	0.2245	0.3353	0.2329	−0.6350
8	0.0226	0.9152	0.1889	0.3276	0.1959	2.3389
9	0.0249	0.8883	0.2365	0.3375	0.2448	−2.6337
10	0.0246	0.8856	0.2305	0.3386	0.2390	2.0135

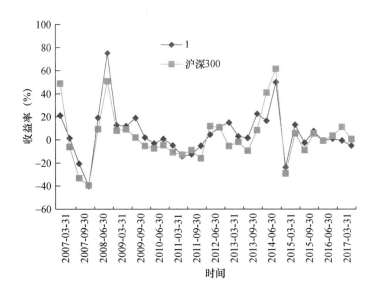

图 3-7　高销售净利率股票组合表现

2007 年以来，高销售净利率股票组合(1—50)整体上跑赢沪深 300 指数；但 2014 年 6 月到 2014 年 12 月，高销售净利率股票组合(1—50)的表现明显弱于沪深 300 指数。

2007 年以来，高销售净利率组合整体上跑输低销售净利率组合。

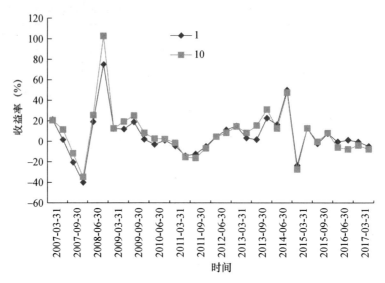

图 3-8 高销售净利率组合相对低销售净利率组合的表现

五、结　　论

通过对 2007 年以来市场的分析，整体上来说，从净资产收益率（扣除非经常性损益、摊薄）、总资产报酬率和销售毛利率等盈利性指标看，盈利能力较强的股票组合表现较好。盈利能力较强股票构成的组合整体上超越沪深 300 指数，也优于盈利能力较弱股票构成的组合。但销售毛利率和净利率较高股票构成的组合表现反而较差，落后于沪深 300 指数，也落后于销售净利率较低股票构成的组合。

盈利因子（净资产收益率、总资产报酬率、销售毛利率）是影响股票收益的重要因子，其中净资产收益率指标较为显著。

六、多因子测试结果

（一）双因子(ROA、ROE)

1. 选股策略

（1）分析方法为排序法；

（2）研究范围为上市股票中所有股票，研究期间为 2007 年 3 月至 2017 年 6 月；

（3）由于销售净利率与 ROE 效果相对显著，采取销售净利率、ROE 作为构建组合的双因子；

（4）分别按销售净利率与 ROE 排序，把所有股票从大到小等分成 3 份，分别标号 1、2、3（其中 1 中的股票销售净利率或 ROE 最大），然后构建组合 11、12、13、21、22、23、31、32、33，如11代表销售净利率与ROE标号为1的股票重合部分、33代表销售净利率与ROE标号为3的股票重合部分；

(5) 组合构建时股票的买入卖出价格为组合调整日收盘价；

(6) 组合构建时为等权重；

(7) 组合调整周期为季度，每季度最后一个交易日收盘后构建下一期的组合；

(8) 组合构建时，买卖冲击成本为0.1%，买卖佣金为0.1%，印花税为0.1%。

2. 测试结果

由表3-9可知，从2007年3月至2017年6月的区间累计收益看，整体上说，销售净利率越高，表现越好。高双指标组合13表现较好，即销售净利率最高、ROE最低的组合；其他组合的表现均好于沪深300指数。

股票构成的等权重组合13大幅跑赢沪深300指数，2007年3月至2017年6月的累计收益率为715.22%，年化收益率为22.71%；同期沪深300指数的累计收益率为16.36%，年化收益率为1.49%。

表3-9 各双因子组合的测试结果

组合	2007年3月到2017年6月	年化收益率	跑赢沪深300次数	跑赢沪深300概率
沪深300指数	16.36%	1.49%		
11	343.34%	15.63%	21	65.62%
12	414.91%	17.34%	20	62.50%
13	715.22%	22.71%	23	71.88%
21	366.05%	16.20%	22	68.75%
22	407.80%	17.17%	20	62.50%
23	391.25%	16.80%	20	62.50%
31	636.31%	21.50%	24	75.00%
32	233.61%	12.47%	21	65.62%
33	369.12%	16.28%	21	65.62%

2007年以来，高双指标股票组合整体上跑赢沪深300指数；但2014年3月到2014年9月和2016年6月到2017年6月期间，高双指标股票组合的表现略弱于沪深300指数。如图3-9所示。

(二) 四因子(ROA、ROE、销售毛利率、销售净利率)

1. 选股策略

(1) 分析方法为排序法；

(2) 研究范围为上市股票中根据指标选取的前800只，研究期间为2007年3月至2017年6月；

(3) 考虑的主要盈利性指标有ROE(扣除非经常性损益、摊薄)、ROA、销售毛利率、销售

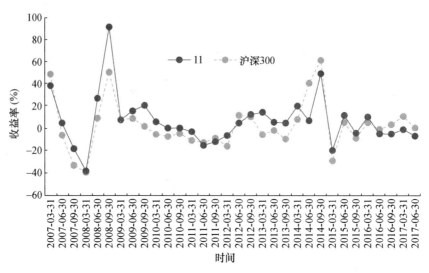

图 3-9 高双指标组合的表现

净利率;

(4) 分别按 ROE、ROA、销售毛利率、销售净利率进行排序,分别选取各自排名靠前的 1/3 股票,标号为 1,然后构建组合 1111,代表这四组股票中的重合部分;

(5) 组合构建时股票的买入卖出价格为组合调整日收盘价;

(6) 组合构建时为等权重;

(7) 组合调整周期为季度,每季度最后一个交易日收盘后构建下一期的组合;

(8) 组合构建时,买卖冲击成本为 0.1%,买卖佣金为 0.1%,印花税为 0.1%;

(9) 在持有期内,若某只成份股被调出前 800 只,不对组合进行调整。

2. 测试结果

由表 3-10 可知,从 2007 年 3 月至 2017 年 6 月的区间累计收益看,整体上说,高四指标组合的表现略好于沪深 300 指数,2007 年 3 月至 2017 年 6 月的累计收益率为 357.07%,年化收益率为 13.22%;同期沪深 300 指数的累计收益率为 16.36%,年化收益率为 1.49%。

表 3-10 高四指标组合的测试结果

组合	2007 年 3 月到 2017 年 6 月	年化收益率	跑赢沪深 300 次数	跑赢沪深 300 概率
沪深 300 指数	16.36%	1.49%		
1111	357.07%	13.22%	22	68.75%

2007 年以来,高四指标股票组合整体上跑赢沪深 300 指数;2008 年 3 月到 2011 年 3 月期间,高四指标股票组合的表现完全战胜沪深 300 指数。如图 3-10 所示。

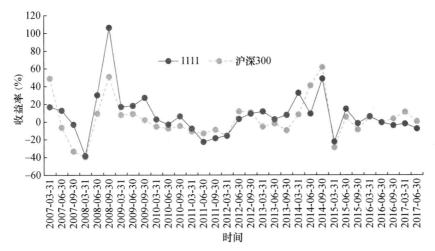

图 3-10 高四指标组合的表现

七、SAS 语句解析

此次只列举了 ROE 单因子和多因子策略语句,其他单因子策略语句与 ROE 因子策略基本一致,不再赘述。

(一) ROE 单因子策略语句

```
/*按照 ROE 逆序排列,即 ROE 大的股票排在前*/
proc sort data=yyyz.total1;
by accper decending roe;
run;
/*生成变量 a,代表每季度股票根据 ROE 排序的位置*/
data yyyz.roe;
set yyyz.total1;
by accper;
if first.accper then a=1;
else a+1;
run;
/*按照排序结果将股票分组*/
data yyyz.roe2;
set yyyz.roe;
if a<=50 then g=1;
if 50<a<=100 then g=2;
if 100<a<=200 then g=3;
if 200<a<=300 then g=4;
```

```
if 300<a<=400 then g=5;
if 400<a<=500 then g=6;
if 500<a<=600 then g=7;
if 600<a<=700 then g=8;
if 700<a<=750 then g=9;
if 750<a<=800 then g=10;
run;
/*生成相对无风险利率的超额收益率及相对市场收益率的超额收益率,去除空数据*/
data yyyz.roe2;
set yyyz.roe2;
r_rf=rate-ratef;
r_rm=rate-ratem;
if stkcd='没有单位' then delete;
run;
/*计算每季度各组平均超额收益*/
proc sql;
create table yyyz.roe3 as
select stkcd,accper,g,roe,month,avg(rate) as ar,avg(ratef) as arf,avg(ratem) as arm,avg(r_rf) as ar_rf,avg(r_rm) as ar_rm
from yyyz.roe2
group by accper,g;
quit;
    proc sort nodupkey data=yyyz.roe3;
by accper g;
run;
/*计算每季度各组战胜概率*/
data yyyz.roe3;
set yyyz.roe3;
if ar_rm>0 then t=1;
else t=0;
s=1;
run;
proc sql;
create table yyyz.roe3 as
select *,sum(t) as count,sum(s) as all
from yyyz.roe3
group by g;
quit;
data yyyz.roe3;
set yyyz.roe3;
prob=count/all;
run;
```

```
/*对结果进行统计分析*/
proc univariate data=yyyz.roe3;
class g;
var ar arf arm ar_rf ar_rm;output out=yyyz.roe4 sum=sar sarf sarm sar_rf sar_rm mean=mar marf marm mar_rf mar_rm;run;
proc summary data=yyyz.roe2 nway missing;
class g;
var rate ;output out=yyyz.roe22 std=std;
run;
/*构成CAPM模型,计算Beta值*/
proc sort data=yyyz.roe2;
by g;
proc reg data=yyyz.roe2 outest=yyyz.croe1 rsquare adjrsq cp;
by g;
model r_rf=r_rm/dw spec;
slope:test r_rm=1;
/* output out=czyz.cyysrr1 r=r p=p l95=l u95=u Intercept=c r_rm=r_m; */
run;quit;
data yyyz.croe2(keep=g alpha beta);
set yyyz.croe1;
rename Intercept=alpha;
rename r_rm=beta;
run;
proc sql;
create table yyyz.roe8 as
    select *
    from yyyz.roe2,yyyz.roe22,yyyz.roe4,yyyz.croe2
    where roe22.g=roe2.g=roe4.g=croe2.g;
        quit;
/*计算夏普比率,信息比率,特雷诺比率和詹森指数*/
data yyyz.roe8(keep=accper g alpha beta sharpe TR jensen1 IR);
set yyyz.roe8;
sharpe=(mar-rf)/std;
TR=sarf/beta;
jensen1=mar-alpha-beta*r_rm;
IR=mar/std;
run;
    proc sort nodupkey data=yyyz.roe8;
by accper g;
run;
proc sql;
create table yyyz.roe8 as
```

```
select g, alpha, beta, sharpe, TR, IR, sum(jensen1) as jensen
from yyyz.roe8
group by g;
quit;
    proc sort nodupkey data=yyyz.roe8;
by g;
run;
```

(二) 多因子策略语句

(ROE、ROA 策略)

```
/* 将 roe2 数据集根据 roe 排序每季度分为三组 */
proc sql;
create table yyyz.droe as
select * ,int(max(a)/3) as a1,mod(max(a),3) as a2
from yyyz.roe2 group by accper ;
quit;
data yyyz.droe1;
set yyyz.droe;
if a<=a1 then group1=1;
if a1<a<2*a1 then group1=2;
if a>2*a1 then group1=3;
run;
/* 将 roa2 数据集根据 roa 排序每季度分为三组,注意 roa2 数据集可以通过上文单因子策略语句运算
roa 单因子策略时获得。 */
proc sql;
create table yyyz.droa as
select * ,int(max(a)/3) as a1,mod(max(a),3) as a2
from yyyz.roa2 group by accper ;
quit;
data yyyz.droa1(keep=stkcd accper year month group2 roa);
set yyyz.droa;
if a<=a1 then group2=1;
if a1<a<2*a1 then group2=2;
if a>2*a1 then group2=3;
run;
/* 合并数据集 */
proc sql;
create table yyyz.d1 as
    select *
    from yyyz.droe1,yyyz.droa1
    where droe1.stkcd=droa1.stkcd and droe1.accper=droa1.accper;
```

```
        quit;
/*生成新的分组*/
data yyyz.d1;
set yyyz.d1;
group=group1*10+group2;
if stkcd='没有单位' then delete;
run;
proc sort data=yyyz.d1;
by accper group;
run;
/*计算每季度各组平均超额收益*/
proc sql;
create table yyyz.d2 as
    select stkcd,accper,group,roa,roe,month,avg(rate) as ar,avg(ratem) as arm,avg(ratef) as arf,
avg(r_rf) as ar_rf,avg(r_rm) as ar_rm
    from yyyz.d1
    group by accper,group;
quit;
proc sort nodupkey data=yyyz.d2;
by accper group;
run;
/*计算战胜概率*/
data yyyz.d2;
set yyyz.d2;
if ar_rm>0 then t=1;
else t=0;
s=1;
run;
proc sql;
create table yyyz.d2 as
select *,sum(t) as count,sum(s) as all
from yyyz.d2
group by group;
quit;
data yyyz.d2;
set yyyz.d2;
prob=count/all;
run;
    proc univariate data=yyyz.d2;
class group;
    var ar arf arm ar_rf ar_rm;output out=yyyz.d3 sum=sar sarf sarm sar_rf sar_rm mean=mar marf marm mar_rf mar_rm;run;
```

(四因子策略)
```
proc sort data=yyyz.roe2;
by accper stkcd;
run;
proc sort data=yyyz.roa2;
by accper stkcd;
run;
proc sort data=yyyz.xsmlv2;
by accper stkcd;
run;
proc sort data=yyyz.xsjlv2;
by accper stkcd;
run;
proc rank data=yyyz.roe2 out=yyyz.dd11 ties=mean percent;
var roe;
ranks rank_a; /* rank_a 是分位数 */
by accper; /* 这里是分组变量 */
run;
data yyyz.dd11;
set yyyz.dd11;
if rank_a<70 then delete;
run;
proc rank data=yyyz.roa2 out=yyyz.dd21 ties=mean percent;
var roa;
ranks rank_b; /* rank_a 是分位数 */
by accper; /* 这里是分组变量 */
run;
data yyyz.dd21;
set yyyz.dd21;
if rank_b<70 then delete;
run;
proc rank data=yyyz.xsmlv2 out=yyyz.dd31 ties=mean percent;
var xsmlv;
ranks rank_c; /* rank_a 是分位数 */
by accper; /* 这里是分组变量 */
run;
data yyyz.dd31;
set yyyz.dd31;
if rank_c<70 then delete;
run;
proc rank data=yyyz.xsjlv2 out=yyyz.dd41 ties=mean percent;
var xsjlv;
```

```
ranks rank_d; /* rank_a 是分位数 */
by accper; /* 这里是分组变量 */
run;
data yyyz.dd41;
set yyyz.dd41;
if rank_d<70 then delete;
run;
proc sql;
create table yyyz.dd1 as
    select *
    from yyyz.dd11,yyyz.dd21,yyyz.dd31,yyyz.dd41
    where dd11.stkcd=dd21.stkcd=dd31.stkcd=dd41.stkcd and dd11.accper=dd21.accper=dd31.accper=dd41.accper;
quit;
data yyyz.dd1;
    set yyyz.dd1;
    year1=year+0;
    month1=month+0;
    drop month year;
    rename month1=month;
    rename year1=year;
    run;
proc sql;
create table yyyz.dd2 as
select stkcd,accper,roe,roa,xsjlv,xsmlv,month, avg(rate) as ar,avg(ratem) as arm,avg(ratef) as arf,avg(r_rf) as ar_rf,avg(r_rm) as ar_rm
    from yyyz.dd1
    group by accper;
    quit;
    proc sort nodupkey data=yyyz.dd2;
    by accper;
    run;
        proc univariate data=yyyz.dd2;
    var ar arf arm;output out=yyyz.dd3 sum=sar sarf sarm mean=mar marf marm;run;
```

第四章 成长因子

一、投资要点

成长因子是影响股票收益的重要因子。第一章对盈利因子进行了分析,本章主要分析成长因子(营业收入同比增长率、营业利润同比增长率、归属母公司的净利润同比增长率(扣除非经常性损益)、经营活动产生的现金流量净额同比增长率等)的历史表现。

(1) 由营业收入同比增长率最高的 50 只上市股构成的等权重组合跑赢沪深 300 指数,2007 年 3 月至 2017 年 6 月的累计收益率为 486.71%,年化收益率为 18.84%;同期沪深 300 指数的累计收益率为 16.36%,年化收益率为 1.49%。

(2) 由营业利润同比增长率最高的 50 只中证 800 指数成份股构成的等权重组合小幅跑赢沪深 300 指数,2007 年 3 月至 2017 年 6 月的累计收益率为 850.40%,年化收益率为 24.57%;同期沪深 300 指数的累计收益率为 16.36%,年化收益率为 1.49%。

(3) 由归属母公司的净利润同比增长率最高的 50 只上市股构成的等权重组合大幅跑赢沪深 300 指数,2007 年 3 月至 2017 年 6 月的累计收益率为 872.43%,年化收益率为 24.85%;同期沪深 300 指数的累计收益率为 16.36%,年化收益率为 1.49%。

(4) 由经营活动产生的现金流量净额同比增长率最高的 50 只上市股构成的等权重组合大幅跑赢沪深 300 指数,2007 年 3 月至 2017 年 6 月的累计收益率为 373.11%,年化收益率为 16.37%;同期沪深 300 指数的累计收益率为 16.36%,年化收益率为 1.49%。

(5) 通过对 2007 年以来市场的分析,整体上来说,我国市场上存在较为显著的成长股效应,从营业收入同比增长率、营业利润同比增长率、归属母公司的净利润同比增长率(扣除非经常性损益)、经营活动产生的现金流量净额同比增长率等成长性指标看,成长性较高的股票组合表现较好。

二、实现过程

我们继续采用排序法对各因子进行分析。
(1) 研究范围为上市股票中根据指标选取的前 800 只;
(2) 研究期间为 2007 年 3 月至 2017 年 6 月;
(3) 组合调整周期为季度,每月最后一个交易日收盘后构建下一期的组合;
(4) 我们按各指标排序,把 800 只股票分成(1—50)(1—100)(101—200)(201—300)(301—400)(401—500)(501—600)(601—700)(701—800)(751—800)10 个组合;
(5) 组合构建时股票的买入卖出价格为组合调整日收盘价;

(6) 组合构建时为等权重；

(7) 在持有期内,若某只成份股被调出前800只,不对组合进行调整；

(8) 组合构建时,买卖冲击成本为0.1%,买卖佣金为0.1%,印花税为0.1%；

(9) 考虑的主要成长性指标有：营业收入同比增长率、营业利润同比增长率、归属母公司的净利润同比增长率(扣除非经常性损益)、经营活动产生的现金流量净额同比增长率；

(10) 每年1月、2月、3月、4月的财务数据来源于上年的三季报,5月、6月、7月、8月的财务数据来源于当年的一季报,9月、10月的财务数据来源于当年的半年报,11月、12月的财务数据来源于当年的三季报。

三、成长因子指标介绍

(一) 营业收入同比增长率

营业收入同比增长率是企业在一定期间内取得的营业收入与其上年同期营业收入的增长的百分比,反映企业在此期间内营业收入的增长或下降等情况。由于营业收入是时期性数据,一定期间可以指会计年度起始日至会计报表截止日,也可以指某一个月、季度或年等不同区间,可视使用者的不同需要作出不同的选择。因此,营业收入同比增长率按不同的区间可以分为季度营业收入同比增长率、年化营业收入同比增长率等。

(二) 营业利润同比增长率

营业利润同比增长率又称销售利润同比增长率,是企业本年营业利润增长额与上年营业利润总额的比率,反映企业营业利润的增减变动情况。

营业利润同比增长率(销售利润同比增长率)＝本年营业利润增长额/上年营业利润总额×100%

其中,本年营业利润增长额＝本年营业利润总额－上年营业利润总额

营业利润增长率越高,说明企业百元商品销售额提供的营业利润越多,企业的盈利能力越强；反之,此比率越低,说明企业盈利能力越弱。

(三) 归属母公司的净利润同比增长率(扣除非经常性损益)

根据企业会计准则体系(2006)的有关规定,"归属于母公司所有者的净利润"是反映在企业合并净利润中,归属于母公司股东(所有者)所有的那部分净利润。

(四) 经营活动产生的现金流量净额同比增长率

经营活动产生的现金流量净额＝现金及现金等价物的净增加额－筹资活动产生的现金流量净额－投资活动产生的现金流量净额。

四、单因子测试结果

(一) 营业收入同比增长率

由表 4-1 可知,从 2007 年至 2017 年的区间累计收益看,整体上说,营业收入同比增速越高,表现越好。营业收入同比增长率较高股票构成的组合 4 表现较好;同时,其他组合的表现都好于沪深 300 指数。

由营业收入同比增长率最高的 50 只上市股构成的等权重组合跑赢沪深 300 指数,2007 年 3 月至 2017 年 6 月的累计收益率为 486.71%,年化收益率为 18.84%;同期沪深 300 指数的累计收益率为 16.36%,年化收益率为 1.49%。

表 4-1 营业收入同比增长率由高到低排序处于各区间的组合表现

营业收入增长由高到低排	2007 年 3 月到 2017 年 6 月	年化收益率	跑赢沪深 300 次数	跑赢沪深 300 概率
沪深 300 指数	16.36%	1.49%		
1	486.71%	18.84%	20	62.50%
2	716.15%	22.73%	22	68.75%
3	622.24%	21.28%	20	62.50%
4	800.08%	23.91%	22	68.75%
5	639.14%	21.55%	22	68.75%
6	670.74%	22.05%	23	71.88%
7	423.47%	17.53%	22	68.75%
8	362.86%	16.12%	21	65.63%
9	588.12%	20.70%	21	65.63%
10	276.04%	13.79%	21	65.63%

从各组合的绩效指标看,低营业收入同比增长率股票组合的 Alpha 值好于高营业收入同比增长率股票组合,所有组合的 Alpha 值均为正,夏普(Sharpe)比率在 0.15—0.25 之间。如表 4-2 所示。

表 4-2 营业收入同比增长率由高到低排序处于各区间的组合的绩效分析

g	Alpha	Beta	Sharpe	TR	IR	Jensen
1	0.0213	0.9534	0.2177	0.3145	0.2247	−1.4266
2	0.0197	0.9857	0.2000	0.3042	0.2059	0.5851
3	0.0228	0.9334	0.2486	0.3212	0.2548	0.5732
4	0.0223	0.9474	0.2490	0.3164	0.2565	0.9125
5	0.0242	0.9093	0.2448	0.3297	0.2494	1.2649
6	0.0224	0.9412	0.2452	0.3185	0.2531	1.3717
7	0.0230	0.9098	0.2055	0.3295	0.2135	0.2477
8	0.0248	0.8562	0.2139	0.3502	0.2221	0.8687
9	0.0259	0.8716	0.2474	0.3440	0.2559	−0.3410
10	0.0227	0.8941	0.1869	0.3353	0.1953	1.6824

2007年以来,高营业收入同比增长率股票组合1整体上跑赢沪深300指数。特别是市场处于上涨行情(2008年3月至2008年9月)时,高营业收入同比增长率股票组合1表现较好;但在上涨行情的后期(2008年9月至2009年3月),高营业收入同比增长率股票组合表现较差。在2009年3月至2012年9月的这段震荡行情中,高营业收入同比增长率股票组合1的表现也比较好。在2013年9月至2014年9月的小幅上涨行情中,高营业收入同比增长率股票组合表现一般。如图4-1所示。

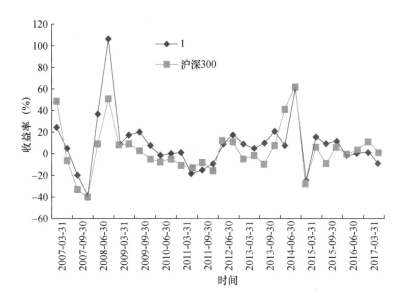

图4-1 高营业收入同比增长率股票组合表现

2007年以来,高营业收入同比增长率组合整体上并没有显著跑赢低营业收入同比增长率组合。高营业收入同比增长率组合跑赢低营业收入增长率组合主要表现在2012年6月至2013年3月;而在其他时间段,高营业收入同比增长率组合并没有显著跑赢低营业收入增长率组合。如图4-2所示。

(二) 营业利润同比增长率

由表4-3可知,从2007年至2017年的区间累计收益看,整体上说,营业利润同比增速越高,表现越好。营业利润同比增长率较高股票构成的组合3表现较好;同时,其他组合的表现都好于沪深300指数。

由营业利润同比增长率最高的50只中证800指数成份股构成的等权重组合小幅跑赢沪深300指数,2007年3月至2017年6月的累计收益率为850.40%,年化收益率为24.57%;同期沪深300指数的累计收益率为16.36%,年化收益率为1.49%。

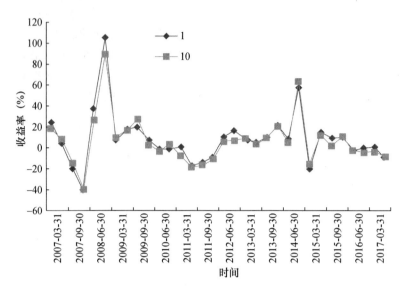

图 4-2 高营业收入同比增长率组合相对低营业收入同比增长率组合的表现

表 4-3 营业利润同比增长率由高到低排序处于各区间的组合表现

营业利润增长 由高到低排	2007年3月到 2017年6月	年化收益率	跑赢沪深 300 次数	跑赢沪深 300 概率
沪深 300 指数	16.36%	1.49%		
1	850.40%	24.57%	22	68.75%
2	839.69%	24.43%	22	68.75%
3	956.72%	25.86%	22	68.75%
4	709.46%	22.63%	22	68.75%
5	485.11%	18.81%	21	65.63%
6	481.18%	18.73%	21	65.63%
7	415.97%	17.36%	20	62.50%
8	357.63%	16.00%	20	62.50%
9	464.24%	18.39%	22	68.75%
10	295.05%	14.34%	21	65.63%

从各组合的绩效指标看,低营业利润同比增长率股票组合的表现好于高营业利润同比增长率股票组合,各个组合的 Alpha 值均为正。如表 4-4 所示。

表 4-4 营业利润同比增长率由高到低排序处于各区间的组合的绩效分析

g	Alpha	Beta	Sharpe	TR	IR	Jensen
1	0.0213	0.9640	0.2684	0.3110	0.2757	0.5690
2	0.0192	0.9939	0.2153	0.3017	0.2212	0.7163
3	0.0225	0.9495	0.2710	0.3158	0.2769	0.8448

(续表)

4	0.0234	0.9277	0.2462	0.3232	0.2538	−1.6965
5	0.0235	0.9069	0.2193	0.3306	0.2239	0.2711
g	Alpha	Beta	Sharpe	TR	IR	Jensen
6	0.0250	0.8716	0.2265	0.3440	0.2351	0.4208
7	0.0243	0.8809	0.2231	0.3403	0.2319	−0.1520
8	0.0239	0.8777	0.2082	0.3416	0.2162	−0.3017
9	0.0255	0.8621	0.2330	0.3478	0.2418	1.3232
10	0.0228	0.8935	0.1955	0.3356	0.2041	1.0110

2007年以来，高营业利润同比增长率股票组合1整体上跑赢沪深300指数。特别是市场处于上涨行情（2008年9月至2009年6月、2012年9月至2014年3月）时，高营业利润同比增长率股票组合1表现较好。在2009年6月至2012年9月的这段震荡行情中，高营业利润同比增长率股票组合1的表现也比较好。在2014年3月至9月，高营业利润同比增长率股票组合1的表现一般，并未跑赢沪深300指数，但2014年9月之后，整体上还是跑赢了沪深300指数。如图4-3所示。

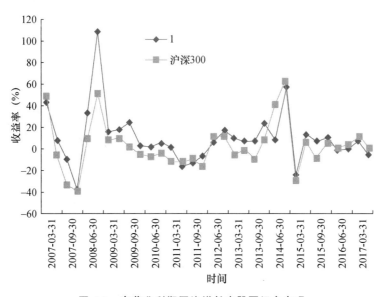

图4-3 高营业利润同比增长率股票组合表现

2007年以来，高营业利润同比增长率组合整体上略微跑赢低营业利润同比增长率组合。高营业利润同比增长率组合跑赢低营业利润增长率组合主要集中于2010年4月至2011年2月的这轮震荡行情中以及2015年9月至2017年；而在2007年10月至2008年11月这轮大熊市以及2011年3月至2015年6月，高营业利润同比增长率组合的表现和低营业利润增长率组合的表现基本类似。如图4-4所示。

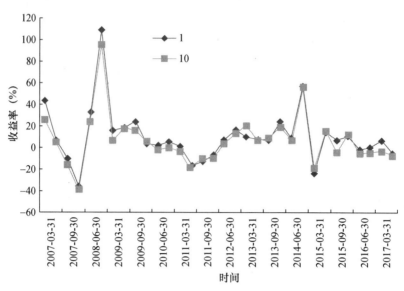

图 4-4 高营业利润同比增长率组合相对低营业利润同比增长率组合的表现

(三) 归属母公司的净利润同比增长率(扣除非经常性损益)

由表 4-5 可知,从 2007 年至 2017 年的区间累计收益看,整体上说,归属母公司的净利润同比增速越高,表现越好。归属母公司的净利润同比增长率较高股票构成的组合 3、组合 1 表现较好;同时,其他组合的表现都好于沪深 300 指数。

由归属母公司的净利润同比增长率最高的 50 只上市股构成的等权重组合大幅跑赢沪深 300 指数,2007 年 3 月至 2017 年 6 月的累计收益率为 872.43%,年化收益率为 24.85%。

表 4-5 归属母公司的净利润同比增长率由高到低排序处于各区间的组合表现

归属母公司净利润 由高到低排	2007 年 3 月到 2017 年 6 月	年化收益率	跑赢沪深 300 次数	跑赢沪深 300 概率
沪深 300 指数	16.36%	1.49%		
1	872.43%	24.85%	22	68.75%
2	625.90%	21.34%	22	68.75%
3	1082.28%	27.25%	23	71.88%
4	629.50%	21.39%	23	71.88%
5	439.91%	17.88%	22	68.75%
6	649.77%	21.72%	24	75.00%
7	581.75%	20.60%	22	68.75%
8	447.64%	18.05%	23	71.88%
9	393.26%	16.85%	21	65.63%
10	312.38%	14.82%	21	65.63%

从各组合的绩效指标看,低归属母公司的净利润同比增长率股票组合的表现好于高归属母公司的净利润同比增长率股票组合,各个组合的 Alpha 值均为正。如图表-6 所示。

表 4-6 归属母公司的净利润同比增长率由高到低排序处于各区间的组合的绩效分析

g	Alpha	Beta	Sharpe	TR	IR	Jensen
1	0.0207	0.9729	0.2557	0.3082	0.2625	2.4977
2	0.0237	0.9174	0.2389	0.3268	0.2463	−0.6238
3	0.0207	0.9746	0.2505	0.3076	0.2556	0.9038
4	0.0227	0.9350	0.2399	0.3206	0.2477	2.9770
5	0.0258	0.8479	0.2316	0.3536	0.2368	0.8622
6	0.0240	0.9120	0.2381	0.3287	0.2460	0.9301
7	0.0245	0.8962	0.2417	0.3345	0.2501	−0.4394
8	0.0233	0.9067	0.2157	0.3307	0.2232	0.9499
9	0.0259	0.8378	0.2305	0.3578	0.2398	1.9573
10	0.0226	0.9015	0.1961	0.3326	0.2046	1.5396

2007 年以来,高归属母公司的净利润同比增长率股票组合 1 整体上显著跑赢沪深 300 指数。市场处于上涨行情(2008 年 3 月至 2009 年 3 月、2013 年 3 月至 2014 年 3 月)时,高归属母公司的净利润同比增长率股票组合 1 表现较好。在 2009 年 6 月至 2011 年 3 月的这段震荡行情中,高归属母公司的净利润同比增长率股票组合 1 的表现也比较好。如图 4-5 所示。

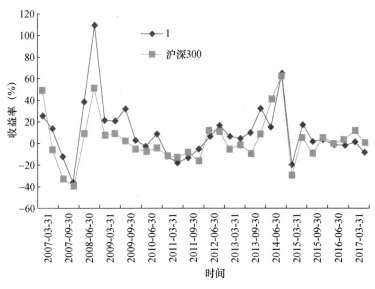

图 4-5 高归属母公司的净利润同比增长率股票组合表现

2007 年以来,高归属母公司的净利润同比增长率组合整体上略微跑赢低归属母公司的净利润同比增长率组合。高归属母公司的净利润同比增长率组合跑赢低归属母公司的净利润同比增长率组合主要集中于 2010 年 7 月至 2011 年 1 月以及 2013 年 9 月至 2014 年 9 月的震荡行情中；而在其他时间段，高归属母公司的净利润同比增长率组合的表现并没有显著好于低归属母公司的净利润比率增长率组合。如图 4-6 所示。

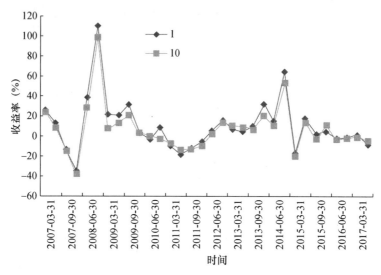

图 4-6　高归属母公司的净利润同比增长率组合相对低归属母公司的净利润同比增长率组合的表现

（四）经营活动产生的现金流量净额同比增长率

由经营活动产生的现金流量净额同比增长率最高的 50 只上市股构成的等权重组合大幅跑赢沪深 300 指数，2007 年 3 月至 2017 年 6 月的累计收益率为 373.11%，年化收益率为 16.37%；同期沪深 300 指数的累计收益率为 16.36%，年化收益率为 1.49%。如表 4-7 所示。

表 4-7　经营活动产生的现金流量净额同比增长率由高到低排序处于各区间的组合表现

现金流量增长率由高到低排	2007 年 3 月到 2017 年 6 月	年化收益率	跑赢沪深 300 次数	跑赢沪深 300 概率
沪深 300 指数	16.36%	1.49%		
1	373.11%	16.37%	21	65.63%
2	443.58%	17.96%	20	62.50%
3	479.60%	18.70%	22	68.75%
4	346.97%	15.73%	21	65.63%
5	475.86%	18.63%	21	65.63%
6	293.33%	14.29%	22	68.75%
7	402.82%	17.07%	20	62.50%
8	439.23%	17.87%	21	65.63%
9	309.18%	14.74%	22	68.75%
10	305.58%	14.64%	20	62.50%

从各组合的绩效指标看,低经营活动产生的现金流量净额同比增长率股票组合的表现好于高经营活动产生的现金流量净额同比增长率股票组合,各个组合的 Alpha 值均为正。如表 4-8 所示。

表 4-8　经营活动产生的现金流量净额同比增长率由高到低排序处于各区间的组合的绩效分析

g	Alpha	Beta	Sharpe	TR	IR	Jensen
1	0.0214	0.9447	0.2082	0.3174	0.2156	−1.8649
2	0.0239	0.8899	0.2161	0.3369	0.2241	1.4473
3	0.0207	0.9635	0.1968	0.3112	0.2022	0.8027
4	0.0242	0.8686	0.2018	0.3452	0.2102	−0.3170
5	0.0227	0.9222	0.2170	0.3251	0.2215	2.1205
6	0.0241	0.8533	0.1940	0.3514	0.2029	1.0415
7	0.0232	0.9057	0.2118	0.3310	0.2200	2.6500
8	0.0238	0.8960	0.2197	0.3346	0.2273	0.2535
9	0.0237	0.8762	0.2000	0.3422	0.2086	−0.4067
10	0.0254	0.8184	0.2011	0.3663	0.2102	−0.6919

2007 年以来,高经营活动产生的现金流量净额同比增长率股票组合 1 整体上跑赢沪深 300 指数。特别是在 2008 年 6 月至 2011 年 3 月(熊市初期,大盘宽幅震荡下挫)以及 2012 年 9 月至 2014 年 3 月时间段内,高经营活动产生的现金流量净额同比增长率股票组合的表现显著超越沪深 300 指数。其他时间段则表现一般。如图 4-7 所示。

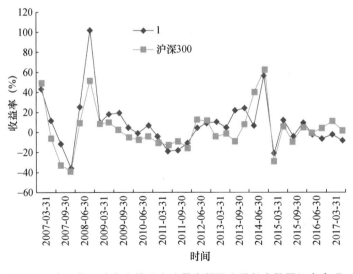

图 4-7　高经营活动产生的现金流量净额同比增长率股票组合表现

2007 年以来,高经营活动产生的现金流量净额同比增长率组合整体上并未显著跑赢低经营活动产生的现金流量净额同比增长率组合。高经营活动产生的现金流量净额同比增长率组合跑赢低经营活动产生的现金流量净额同比增长率组合主要表现在 2007 年 6 月之前;

而在其他时间段,高经营活动产生的现金流量净额同比增长率组合并没有显著跑赢低经营活动产生的现金流量净额同比增长率组合。如图4-8所示。

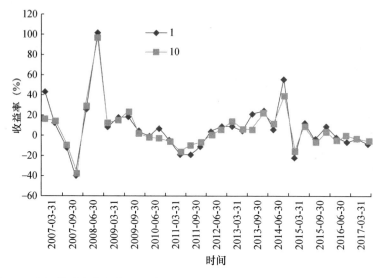

图4-8 高经营活动产生的现金流量净额同比增长率组合相对低经营活动产生的现金流量净额同比增长率组合的表现

五、结　　论

通过对2007年以来市场的分析,整体上来说,我国市场上存在较为显著的成长股效应,从营业收入同比增长率、营业利润同比增长率、归属母公司的净利润同比增长率(扣除非经常性损益)、经营活动产生的现金流量净额同比增长率等成长性指标看,成长性较高的股票组合表现较好。成长性较高股票构成的组合整体上超越沪深300指数,也优于成长性较低股票构成的组合。

成长因子(营业收入同比增长率、营业利润同比增长率、归属母公司的净利润同比增长率(扣除非经常性损益)、经营活动产生的现金流量净额同比增长率)是影响股票收益的重要因子。

但是,由于财务报告公告的滞后性,成长因子的影响力大大减弱。假设在每个季度初就可以准确预测各公司该季度的财务报告所公告的成长性指标(每年的1月、2月、3月使用当年一季报的数据,每年的4月、5月、6月使用当年半年报的数据,每年的7月、8月、9月使用当年三季报的数据,每年的10月、11月、12月使用当年年报的数据),则利用成长因子选股的有效性大大提高。

六、多因子测试结果

(一) 双因子(归属母公司利润、营业利润增长)

1. 选股策略

(1) 分析方法为排序法。

(2) 研究范围为上市股票中的所有股票,研究期间为2007年3月至2017年6月。

(3) 由于归属母公司利润与营业利润增长效果相对显著,采取归属母公司利润与营业利润增长作为构建组合的双因子。

(4) 分别按归属母公司利润与营业利润增长排序,把所有股票从大到小等分成3份,分别标号1、2、3(其中1中的股票归属母公司利润或营业利润增长最大),然后构建组合11、12、13、21、22、23、31、32、33。如11代表归属母公司利润与营业利润增长标号为1的股票重合部分,33代表归属母公司利润与营业利润增长标号为3的股票重合部分。

(5) 组合构建时股票的买入卖出价格为组合调整日收盘价。

(6) 组合构建时为等权重。

(7) 组合调整周期为季度,每季度最后一个交易日收盘后构建下一期的组合。

(8) 组合构建时,买卖冲击成本为0.1%,买卖佣金为0.1%,印花税为0.1%。

2. 测试结果

由表4-9可知,从2007年3月至2017年6月的区间累计收益看,整体上说,归属母公司利润越高,表现越好。高双指标组合12表现较好,即归属母公司利润最高,营业利润增长中等的组合;其他组合的表现均好于沪深300指数。

股票构成的等权重组合12大幅跑赢沪深300指数,2007年3月至2017年6月的累计收益率为765.60%,年化收益率为23.43%;同期沪深300指数的累计收益率为16.36%,年化收益率为1.49%。

表4-9 各双因子组合的测试结果

组合	2007年3月到2017年6月	年化收益率	跑赢沪深300次数	跑赢沪深300概率
沪深300指数	16.36%	1.49%		
11	696.34%	22.43%	23	71.88%
12	765.60%	23.43%	22	68.75%
13	628.01%	21.37%	23	71.88%
21	365.73%	16.19%	21	65.63%
22	232.10%	12.42%	20	62.50%
23	248.28%	12.94%	20	62.50%

(续表)

组合	2007年3月到 2017年6月	年化收益率	跑赢沪深 300 次数	跑赢沪深 300 概率
31	332.66%	15.36%	21	65.63%
32	311.60%	14.80%	21	65.63%
33	274.62%	13.75%	21	65.63%

由表4-9可知,双因子组合均能在较大概率下跑赢沪深300,其中组合11与组合13跑赢沪深300的概率高达71.88%。图4-9显示了组合11,即归属母公司利润最高且营业利润增长最大的组合的每期收益率情况。

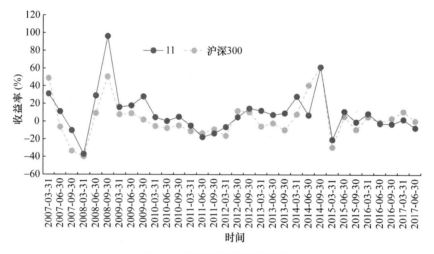

图4-9 高双指标组合的表现

(二) 四因子(营业收入增长、营业利润增长、归属母公司净利润增长、现金流量净额增长)

1. 选股策略

(1) 分析方法为排序法;

(2) 研究范围为上市股票中根据指标选取的前800只,研究期间为2007年3月至2017年6月;

(3) 主要盈利性指标有营业收入同比增长率、营业利润同比增长率、归属母公司的净利润同比增长率(扣除非经常性损益)、经营活动产生的现金流量净额同比增长率;

(4) 分别按营业收入增长率、营业利润增长率、归属母公司的净利润增长率、现金流量净额增长率进行排序,分别选取各自排名靠前的1/3股票,标号为1,然后构建组合1111,代表这四组股票中的重合部分;

(5) 组合构建时股票的买入卖出价格为组合调整日收盘价;

(6) 组合构建时为等权重;

(7) 组合调整周期为季度,每季度最后一个交易日收盘后构建下一期的组合;

(8) 组合构建时,买卖冲击成本为 0.1%,买卖佣金为 0.1%,印花税为 0.1%;
(9) 在持有期内,若某只成份股被调出前 800 只,不对组合进行调整。

2. 测试结果

表 4-10 和图 4-10 分别显示了高四指标组合的测试结果以及每期收益率情况。高四指标组合在测试区间内能够获得 352.83% 的累计收益,年化收益率为 13.08%,跑赢沪深 300 概率为 65.62%。

表 4-10 四因子股票组合的测试结果

组合	2007年3月到 2017年6月	年化收益率	跑赢沪深 300 次数	跑赢沪深 300 概率
沪深 300 指数	16.36%	1.49%		
1111	352.83%	13.08%	21	65.62%

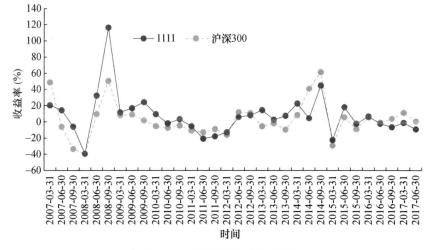

图 4-10 高四指标组合的表现

七、SAS 语句解析

此次只列举了净利润增长单因子和多因子策略语句,其他单因子策略语句与净利润增长因子策略基本一致,不再赘述。(归属母公司净利润增长:jlrr;营业利润增长:yylrr;营业收入增长:yylrr;现金流量增长:xjllr)

(一) 净利润增长单因子策略语句

```
/* 按照 jlrr 逆序排列,即 jlrr 大的股票排在前 */
proc sort data=yyyz.total1;
by accper decending jlrr ;
run;
```

```
/* 生成变量 a,代表每季度股票根据 JLRR 排序的位置 */
data yyyz.jlrr;
set yyyz.total1;
by accper;
if first.accper then a=1;
else a+1;
run;
/* 按照排序结果将股票分组 */
data yyyz.jlrr2;
set yyyz.jlrr;
if a<=50 then g=1;
if 50<a<=100 then g=2;
if 100<a<=200 then g=3;
if 200<a<=300 then g=4;
if 300<a<=400 then g=5;
if 400<a<=500 then g=6;
if 500<a<=600 then g=7;
if 600<a<=700 then g=8;
if 700<a<=750 then g=9;
if 750<a<=800 then g=10;
run;
/* 生成相对无风险利率的超额收益率及相对市场收益率的超额收益率,去除空数据 */
data yyyz.jlrr2;
set yyyz.jlrr2;
r_rf=rate-ratef;
r_rm=rate-ratem;
if stkcd='没有单位' then delete;
run;
/* 计算每季度各组平均超额收益 */
proc sql;
create table yyyz.jlrr3 as
select stkcd,accper,g,jlrr,month,avg(rate) as ar,avg(ratef) as arf,avg(ratem) as arm,avg(r_rf) as ar_rf,avg(r_rm) as ar_rm
from yyyz.jlrr2
group by accper,g;
quit;
    proc sort nodupkey data=yyyz.jlrr3;
by accper g;
run;
/* 计算每季度各组战胜概率 */
data yyyz.jlrr3;
set yyyz.jlrr3;
```

```
if ar_rm>0 then t=1;
else t=0;
s=1;
run;
proc sql;
create table yyyz.jlrr3 as
select *,sum(t) as count,sum(s) as all
from yyyz.jlrr3
group by g;
quit;
data yyyz.jlrr3;
set yyyz.jlrr3;
prob=count/all;
run;
/* 对结果进行统计分析 */
proc univariate data=yyyz.jlrr3;
class g;
var ar arf arm ar_rf ar_rm;output out=yyyz.jlrr4 sum=sar sarf sarm sar_rf sar_rm mean=mar marf marm mar_rf mar_rm;run;
proc summary data=yyyz.jlrr2 nway missing;
class g;
var rate ;output out=yyyz.jlrr22 std=std;
run;
/* 构成 CAPM 模型,计算 Beta 值 */
proc sort data=yyyz.jlrr2;
by g;
proc reg data=yyyz.jlrr2 outest=yyyz.cjlrr1 rsquare adjrsq cp;
by g;
model r_rf=r_rm/dw spec;
slope:test r_rm=1;
/* output out=czyz.cyysrr1 r=r p=p l95=l u95=u Intercept=c r_rm=r_m; */
run;quit;
data yyyz.cjlrr2(keep=g alpha beta);
set yyyz.cjlrr1;
rename Intercept=alpha;
rename r_rm=beta;
run;
proc sql;
create table yyyz.jlrr8 as
  select *
  from yyyz.jlrr2,yyyz.jlrr22,yyyz.jlrr4,yyyz.cjlrr2
  where jlrr22.g=jlrr2.g=jlrr4.g=cjlrr2.g;
```

```
quit;
/*计算夏普比率,信息比率,特雷诺比率和詹森指数*/
data yyyz.jlrr8(keep=accper g alpha beta sharpe TR jensen1 IR);
set yyyz.jlrr8;
sharpe=(mar-rf)/std;
TR=sarf/beta;
jensen1=mar-alpha-beta*r_rm;
IR=mar/std;
run;
    proc sort nodupkey data=yyyz.jlrr8;
by accper g;
run;
proc sql;
create table yyyz.jlrr8 as
select g, alpha, beta, sharpe, TR, IR, sum(jensen1) as jensen
from yyyz.jlrr8
group by g;
quit;
    proc sort nodupkey data=yyyz.jlrr8;
by g;
run;
```

(二)多因子策略语句

```
(jlrr、yylrr策略)
/*将jlrr2数据集根据jlrr排序每季度分为三组*/
proc sql;
create table yyyz.djlrr as
select *,int(max(a)/3) as a1,mod(max(a),3) as a2
from yyyz.jlrr2 group by accper;
quit;
data yyyz.djlrr1;
set yyyz.djlrr;
if a<=a1 then group1=1;
if a1<a<2*a1 then group1=2;
if a>2*a1 then group1=3;
run;
/*将yylrr2数据集根据yylrr排序每季度分为三组,注意yylrr2数据集可以通过上文单因子策略语句运算yylrr单因子策略时获得。*/
proc sql;
create table yyyz.dyylrr as
select *,int(max(a)/3) as a1,mod(max(a),3) as a2
```

```
from yyyz.yylrr2 group by accper ;
quit;
data yyyz.dyylrr1(keep=stkcd accper year month group2 yylrr);
set yyyz.dyylrr;
if a<=a1 then group2=1;
if a1<a<2*a1 then group2=2;
if a>2*a1 then group2=3;
run;
/*合并数据集*/
proc sql;
create table yyyz.d1 as
    select *
    from yyyz.djlrr1,yyyz.dyylrr1
    where djlrr1.stkcd=dyylrr1.stkcd and djlrr1.accper=dyylrr1.accper;
    quit;
/*生成新的分组*/
data yyyz.d1;
set yyyz.d1;
group=group1*10+group2;
if stkcd='没有单位' then delete;
run;
proc sort data=yyyz.d1;
by accper group;
run;
/*计算每季度各组平均超额收益*/
proc sql;
create table yyyz.d2 as
select stkcd,accper,group,yylrr,jlrr,month,avg(rate) as ar,avg(ratem) as arm,avg(ratef) as arf,avg(r_rf) as ar_rf,avg(r_rm) as ar_rm
    from yyyz.d1
    group by accper,group;
    quit;
proc sort nodupkey data=yyyz.d2;
by accper group;
run;
/*计算战胜概率*/
data yyyz.d2;
set yyyz.d2;
if ar_rm>0 then t=1;
else t=0;
s=1;
run;
```

```
proc sql;
create table yyyz.d2 as
select * ,sum(t) as count,sum(s) as all
from yyyz.d2
group by group;
quit;
data yyyz.d2;
set yyyz.d2;
prob=count/all;
run;
    proc univariate data=yyyz.d2;
class group;
var ar arf arm ar_rf ar_rm;output out=yyyz.d3 sum=sar sarf sarm sar_rf sar_rm mean=mar marf marm mar_rf mar_rm;run;
```

(四因子策略)

```
proc sort data=yyyz.jlrr2;
by accper stkcd;
run;
proc sort data=yyyz.yylrr2;
by accper stkcd;
run;
proc sort data=yyyz.xjllr2;
by accper stkcd;
run;
proc sort data=yyyz.yysrr2;
by accper stkcd;
run;
proc rank data=yyyz.jlrr2 out=yyyz.dd11 ties=mean percent ;
var jlrr;
ranks rank_a; /* rank_a 是分位数 */
by accper; /* 这里是分组变量 */
run;
data yyyz.dd11;
set yyyz.dd11;
if rank_a<70 then delete;
run;
proc rank data=yyyz.yylrr2 out=yyyz.dd21 ties=mean percent ;
var yylrr;
ranks rank_b; /* rank_a 是分位数 */
by accper; /* 这里是分组变量 */
run;
data yyyz.dd21;
```

```
set yyyz.dd21;
if rank_b<70 then delete;
run;
proc rank data=yyyz.xjllr2 out=yyyz.dd31 ties=mean percent;
var xjllr;
ranks rank_c; /*rank_a 是分位数*/
by accper; /*这里是分组变量*/
run;
data yyyz.dd31;
set yyyz.dd31;
if rank_c<70 then delete;
run;
proc rank data=yyyz.yysrr2 out=yyyz.dd41 ties=mean percent;
var yysrr;
ranks rank_d; /*rank_a 是分位数*/
by accper; /*这里是分组变量*/
run;
data yyyz.dd41;
set yyyz.dd41;
if rank_d<70 then delete;
run;
proc sql;
create table yyyz.dd1 as
    select *
    from yyyz.dd11,yyyz.dd21,yyyz.dd31,yyyz.dd41
    where dd11.stkcd=dd21.stkcd=dd31.stkcd=dd41.stkcd and dd11.accper=dd21.accper=dd31.accper=dd41.accper;
quit;
data yyyz.dd1;
set yyyz.dd1;
year1=year+0;
month1=month+0;
drop month year;
rename month1=month;
rename year1=year;
run;
proc sql;
create table yyyz.dd2 as
select stkcd,accper,jlrr,yylrr,yysrr,xjllr,month,avg(rate) as ar,avg(ratem) as arm,avg(ratef) as arf,avg(r_rf) as ar_rf,avg(r_rm) as ar_rm
from yyyz.dd1
group by accper;
```

```
quit;
proc sort nodupkey data=yyyz.dd2;
by accper;
run;
    proc univariate data=yyyz.dd2;
var ar arf arm;output out=yyyz.dd3 sum=sar sarf sarm mean=mar marf marm;run;
```

第五章 估值因子

一、投资要点

本节主要分析估值因子(市盈率、市净率、市销率、市现率、企业价值倍数等)的历史表现。

(1) 由市盈率最低的 50 只股票构成的等权重组合小幅跑赢沪深 300 指数,2004 年 3 月至 2014 年 3 月的累计收益率为 310.15%,年化收益率为 10.00%;同期沪深 300 指数的累计收益率为 136.02%,年化收益率为 4.39%。

(2) 由市净率最高的 50 只股票构成的等权重组合小幅跑赢沪深 300 指数,2004 年 3 月至 2014 年 3 月的累计收益率为 380.90%,年化收益率为 12.29%;同期沪深 300 指数的累计收益率为 136.02%,年化收益率为 4.39%。

(3) 由市现率最低的 50 只股票构成的等权重组合小幅跑赢沪深 300 指数,2004 年 3 月至 2014 年 3 月的累计收益率为 326.71%,年化收益率为 10.54%;同期沪深 300 指数的累计收益率为 136.02%,年化收益率为 4.39%。

(4) 由市销率最低的 50 只股票构成的等权重组合小幅跑赢沪深 300 指数,2004 年 3 月至 2014 年 3 月的累计收益率为 374.06%,年化收益率为 12.07%;同期沪深 300 指数的累计收益率为 136.02%,年化收益率为 4.39%。

(5) 由企业价值倍数最低的 50 只股票构成的等权重组合小幅跑赢沪深 300 指数,2004 年 3 月至 2014 年 3 月的累计收益率为 346.40%,年化收益率为 11.17%;同期沪深 300 指数的累计收益率为 136.02%,年化收益率为 4.39%。

(6) 通过对 2005 年以来市场的分析,整体上来说,从市盈率、市净率、市现率、市销率和企业价值倍数等估值指标看,指标较低的股票组合表现较好。低指标股票构成的组合整体上超越沪深 300 指数,也优于盈利能力较弱股票构成的组合。但市净率较高股票构成的组合表现反而较好,超过市销率较低股票构成的组合。

(7) 估值因子(市盈率、市净率、市现率、市销率、企业价值倍数)是影响股票估值的重要因子,其中市盈率、市销率、企业价值倍数的影响较为显著。

二、实现过程

我们采用排序法对各因子进行分析。
(1) 研究范围为上市股票中根据指标选取的前 800 只;
(2) 研究期间为 2004 年 3 月至 2014 年 3 月;
(3) 组合调整周期为季度,每季度最后一个交易日收盘后构建下一期的组合;

(4) 我们按各指标排序,把800只成份股分成(1—50)(1—100)(101—200)(201—300)(301—400)(401—500)(501—600)(601—700)(701—800)(751—800)10个组合;

(5) 组合构建时股票的买入卖出价格为组合调整日收盘价;

(6) 组合构建时为等权重;

(7) 在持有期内,若某只成份股被调出前800只,不对组合进行调整;

(8) 组合构建时,买卖冲击成本为0.1%,买卖佣金为0.1%,印花税为0.1%;

(9) 主要估值指标有市盈率、市净率、市销率、市现率、企业价值倍数等;

(10) 每年1月、2月、3月、4月的财务数据来源于上年的三季报,5月、6月、7月、8月的财务数据来源于当年的一季报,9月、10月的财务数据来源于当年的半年报,11月、12月的财务数据来源于当年的三季报。

三、估值因子指标介绍

一般而言,估值类因子共筛选出五个,分别为市盈率、市净率、市销率、市现率和企业价值倍数。

1. 市盈率

市盈率指在一个考察期(通常为12个月的时间)内,股票的价格和每股收益的比率。"P/E ratio"表示市盈率;"price per share"表示每股的股价;"earnings per share"表示每股收益,即股票的价格与该股上一年度每股税后利润之比(P/E),该指标为衡量股票投资价值的一种动态指标。投资者通常利用该指标估量某股票的投资价值,或者用该指标在不同公司的股票之间进行比较。一般认为,如果一家公司股票的市盈率过高,那么该股票的价格存在泡沫,价值被高估。

市盈率的计算方法是:

$$市盈率(静态市盈率)=每股市价/每年每股盈利$$

2. 市净率

市净率(price to book ratio,PB或PBR)即股票的股价净值比,又名市账率,指每股市价除以每股净资产,通常作为股票孰贱孰贵的指标之一。股票净值是决定股票市场价格走向的主要根据。上市公司的每股内含净资产值高而每股市价不高的股票,即市净率越低的股票,其投资价值越高,相反,其投资价值就越小,但在判断投资价值时还要考虑当时的市场环境以及公司经营情况、盈利能力等因素。

市净率的计算方法是:

$$市净率=每股市价/每股净资产$$

3. 市现率

市现率(price to cansh flow,PCF)是股票价格与每股现金流量的比率。市现率可用于评价股票的价格水平和风险水平。市现率越小,表明上市公司的每股现金增加额越多,经营压力越小。对于参与资本运作的投资机构,市现率还意味着其运作资本的增加效率。不过,在对上市公司的经营成果进行分析时,每股的经营现金流量数据更具参考价值。

市现率的计算方法是：

$$市现率 = 成交价 / 每股现金流量$$

4. 市销率

市销率又称为收入乘数，是指普通股每股市价与每股销售收入的比率（price to sales，PS）。市销率越低，说明该公司股票目前的投资价值越大。

市销率的优点主要有：不会出现负值，对于亏损企业和资不抵债的企业，也可以计算出一个有意义的价值乘数；比较稳定、可靠，不容易被操纵；收入乘数对价格政策和企业战略变化敏感，可以反映这种变化的后果。市销率的缺点主要是：不能反映成本的变化，而成本是影响企业现金流量和价值的重要因素之一；只能用于同行业对比，不同行业的市销率对比没有意义；目前，上市公司关联销售较多，该指标也不能剔除关联销售的影响。

市销率的计算方法是：

$$市销率 = 每股市价 / 每股销售额$$

5. 企业价值倍数

企业价值（enterprise value，EV）经常被用于相对估值倍数计算。它的计算公式是：EV＝股权市场价值＋少数股东权益＋有息债务－现金。资产负债表科目涉及少数股东权益、短期借款、一年内到期长期借款、长期借款、应付债券和现金及现金等价物。它包含了企业对股东和债权人共同来说的价值。

用 EV 做计算的估值倍数最常见的是 EV/EBITDA 和 EV/EBIT。两者都是类似于 PE 的估值，不同的是这两个指标剔除了企业的财务杠杆因素。其中，EV/EBITDA 更适用于重资产类型的行业，因为它剔除了不同折旧政策对企业估值的影响。当然，与 PE 相类似，这两个倍数的计算同样有很多选择：最近完整财年的、最近 12 个月的和预测的，在使用中需要用根据同类选择所计算的指标进行类比。

四、单因子测试结果

（一）市盈率

由表 5-1 可知，从 2004 年至 2014 年的跑赢沪深 300 次数看，整体上说，市盈率越低，表现越好。市盈率较低股票构成的组合（1—50）、组合（100—200）表现较好；其他组合的表现均好于沪深 300 指数。

由市盈率较低的 50 只股票构成的等权重组合大幅跑赢沪深 300 指数，2004 年 3 月至 2014 年 3 月的累计收益率为 310.15%，年化收益率为 10.00%；同期沪深 300 指数的累计收益率为 136.02%，年化收益率为 4.39%。

表 5-1 市盈率由高到低排序处于各区间的组合表现

市盈率 由低到高排	2004年3月到 2014年3月	年化收益率	跑赢沪深 300次数	跑赢沪深 300概率
沪深300指数	136.02%	4.39%		
1	310.15%	10.00%	23	74.19%
2	305.31%	9.85%	22	70.97%
3	332.99%	10.74%	24	77.42%
4	306.66%	9.89%	21	67.74%
5	316.61%	10.21%	21	67.74%
6	333.51%	10.76%	20	64.52%
7	312.84%	10.09%	21	67.74%
8	322.07%	10.39%	21	67.74%
9	348.19%	11.23%	22	70.97%
10	336.97%	10.87%	22	70.97%

从各组合的绩效指标看,高市盈率股票组合的表现与低市盈率股票组合差别不大,各组的 Alpha 值均为正。如表 5-2 所示。

表 5-2 市盈率由低到高排序处于各区间的组合的绩效分析

g	Alpha	Beta	Sharpe	TR	IR	Jensen
1	0.0387	0.9411	0.2742	0.2763	0.2767	0.3198
2	0.0386	0.9420	0.2720	0.2760	0.2792	−0.1998
3	0.0362	0.9889	0.2825	0.2629	0.2863	1.3092
4	0.0381	0.9521	0.2613	0.2731	0.2768	1.0022
5	0.0385	0.9472	0.2727	0.2745	0.2799	0.8148
6	0.0370	0.9745	0.1878	0.2668	0.1980	0.2925
7	0.0390	0.9364	0.2606	0.2777	0.2661	0.8831
8	0.0409	0.9044	0.2986	0.2875	0.3065	0.8789
9	0.0393	0.9426	0.3107	0.2759	0.3181	1.2563
10	0.0387	0.9508	0.2904	0.2735	0.2985	1.7151

2004年以来,低市盈率股票组合(1—50)整体上跑赢沪深300指数;特别是2008年9月以来及2013年6月,低市盈率股票组合(1—50)的表现明显强于沪深300指数。市场处于上涨初期(2008年9月至2009年3月,2013年6月至2014年3月)时,低市盈率股票组合(1—50)表现较好;在2006年9月至2008年9月的这轮大熊市中,低市盈率股票组合(1—50)在熊市初期表现较差,而熊市末期表现较好。如图5-1所示。

第五章 估值因子

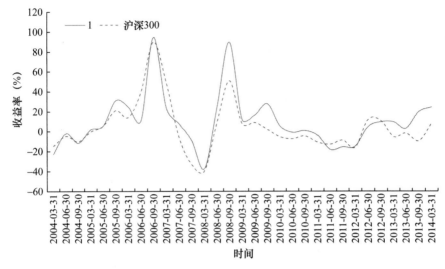

图 5-1 低市盈率股票组合表现

高市盈率组合与低市盈率组合表现无太大差别。如图 5-2 所示。

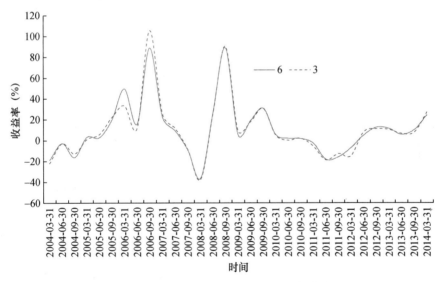

图 5-2 高市盈率组合相对低市盈率组合的表现

(二) 市净率

由表 5-3 可知,从 2004 年至 2014 年的跑赢沪深 300 次数看,除第一组外,市净率分组表现差别不大,均好于沪深 300 指数,市净率较高组合相对于市净率较低组合表现好一些。

由市净率最低的 50 只股票构成的等权重组合大幅跑赢沪深 300 指数,2004 年 3 月至 2014 年 3 月的累计收益率为 276.78%,年化收益率为 8.93%;同期沪深 300 指数的累计收益率为 136.02%,年化收益率为 4.39%。

表 5-3 市净率由低到高排序处于各区间的组合表现

市净率 由低到高排	2004年3月到 2014年3月	年化收益率	跑赢沪深 300次数	跑赢沪深 300概率
沪深300指数	136.02%	4.39%		
1	276.78%	8.93%	21	67.74%
2	319.58%	10.31%	22	70.97%
3	308.30%	9.95%	22	70.97%
4	336.21%	10.85%	22	70.97%
5	354.82%	11.45%	21	67.74%
6	321.54%	10.37%	21	67.74%
7	326.89%	10.54%	21	67.74%
8	356.41%	11.50%	22	70.97%
9	338.43%	10.92%	21	67.74%
10	380.90%	12.29%	23	74.19%

从各组合的绩效指标看,高市净率股票组合的表现与低市净率股票组合无太大差别,组合的 Alpha 值均为正,其月超额收益率在 5% 的显著水平下显著为正。如表 5-4 所示。

表 5-4 市净率由低到高排序处于各区间的组合的绩效分析

g	Alpha	Beta	Sharpe	TR	IR	Jensen
1	0.0387	0.9251	0.2433	0.2811	0.2458	−0.7832
2	0.0365	0.9815	0.2601	0.2649	0.2666	−2.5206
3	0.0350	1.0066	0.2382	0.2583	0.2417	−0.0763
4	0.0332	1.0347	0.2284	0.2513	0.2407	1.9700
5	0.0356	0.9974	0.1953	0.2607	0.1998	1.8310
6	0.0404	0.9158	0.2774	0.2839	0.2930	0.2541
7	0.0390	0.9407	0.2845	0.2764	0.2902	−0.0015
8	0.0349	1.0071	0.2500	0.2582	0.2559	−0.0984
9	0.0375	0.9674	0.2918	0.2688	0.2990	−2.5338
10	0.0404	0.9383	0.3284	0.2771	0.3365	−0.2816

2004 年以来,低市净率股票组合(1—50)整体上跑赢沪深 300 指数;特别是 2008 年 9 月以来,低市净率股票组合(1—50)的表现明显强于沪深 300 指数。市场处于上涨初期(2008 年 9 月至 2008 年 12 月)时,低市净率股票组合(1—50)表现较好;在 2006 年 9 月至 2008 年 3 月的这轮大熊市后期,低市净率股票组合(1—50)表现较差。如图 5-3 所示。

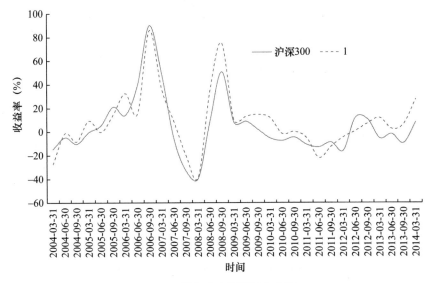

图 5-3 低市净率股票组合表现

2008 年以来,高市净率组合在少数时点跑赢了低市净率组合。如图 5-4 所示。

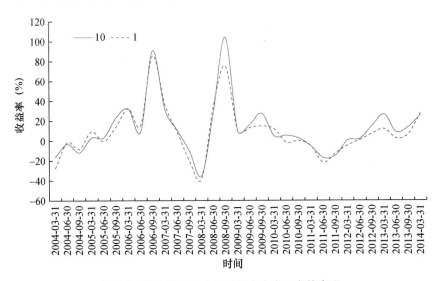

图 5-4 高市净率组合相对低市净率组合的表现

(三) 市现率

由表 5-5 可知,从 2004 年至今的区间累计收益看,各组合差别不大。

由市现率最低的 50 只股票构成的等权重组合大幅跑赢沪深 300 指数,2004 年 3 月至 2014 年 3 月的累计收益率为 326.71%,年化收益率为 10.54%;同期沪深 300 指数的累计收益率为 136.02%,年化收益率为 4.39%。

表 5-5 市现率由低到高排序处于各区间的组合表现

市现率由低到高排	2004年3月到2014年3月	年化收益率	跑赢沪深300次数	跑赢沪深300概率
沪深300指数	136.02%	4.39%		
1	326.71%	10.54%	21	67.74%
2	342.90%	11.06%	22	70.97%
3	312.24%	10.07%	23	74.19%
4	333.65%	10.76%	23	74.19%
5	339.38%	10.95%	21	67.74%
6	339.51%	10.95%	21	67.74%
7	346.14%	11.17%	23	74.19%
8	316.07%	10.20%	22	70.97%
9	345.52%	11.15%	20	64.52%
10	341.10%	11.00%	22	70.97%

从各组合的绩效指标看,高市现率股票组合的表现与低市现率股票组合相差不大,组合的 Alpha 值均为正。如表 5-6 所示。

表 5-6 市现率由低到高排序处于各区间的组合的绩效分析

g	Alpha	Beta	Sharpe	TR	IR	Jensen
1	0.0356	0.9973	0.1515	0.2607	0.1528	−2.2285
2	0.0367	0.9811	0.3047	0.2650	0.3119	0.3678
3	0.0394	0.9307	0.2748	0.2794	0.2788	−0.0009
4	0.0378	0.9632	0.2829	0.2699	0.2982	1.2559
5	0.0353	1.0026	0.2441	0.2593	0.2501	1.0153
6	0.0368	0.9785	0.2620	0.2657	0.2759	0.0490
7	0.0387	0.9488	0.2992	0.2741	0.3049	0.3899
8	0.0375	0.9638	0.2406	0.2698	0.2470	−0.5940
9	0.0327	1.0397	0.2837	0.2501	0.2906	0.3025
10	0.0387	0.9518	0.2767	0.2732	0.2843	3.1704

2004 年以来,低市现率股票组合(1—50)的表现整体上超越沪深 300 指数,尤其是在两轮牛市中表现突出,而在 2006 年 9 月到 2008 年 6 月的熊市初期表现差于大盘。如图 5-5 所示。

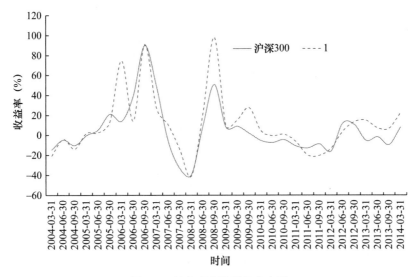

图 5-5 低市现率股票组合表现

2004 年以来,尽管差别不大,但在 2006 年 9 月到 2007 年 9 月的熊市中,低市现率组合整体上略微跑赢高市现率组合;特别是 2009 年 9 月,低市现率组合的表现明显超越高市现率组合。如图 5-6 所示。

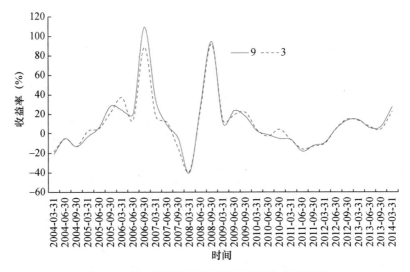

图 5-6 高市现率组合相对低市现率组合的表现

(四) 市销率

由表 5-7 可知,从 2004 年至 2014 年的区间累计收益看,整体上说,市销率越低,表现越好。市销率较低股票构成的组合(1—50)、组合(1—100)表现较好;其他组合的表现略好于沪深 300 指数。

由市销率最高的 50 只股票构成的等权重组合大幅跑赢沪深 300 指数,2004 年 3 月至

2014年3月的累计收益率为374.06%,年化收益率为12.07%;同期沪深300指数的累计收益率为136.02%,年化收益率为4.39%。

表5-7 市销率由低到高排序处于各区间的组合表现

市销率 由低到高排	2004年3月到 2014年3月	年化收益率	跑赢沪深 300次数	跑赢沪深 300概率
沪深300指数	136.02%	4.39%		
1	374.06%	12.07%	22	70.97%
2	393.06%	12.68%	20	64.52%
3	378.22%	12.20%	22	70.97%
4	332.89%	10.74%	22	70.97%
5	340.79%	10.99%	21	67.74%
6	356.69%	11.51%	21	67.74%
7	365.01%	11.77%	22	70.97%
8	321.73%	10.38%	20	64.52%
9	333.42%	10.76%	23	74.19%
10	322.76%	10.41%	20	64.52%

从各组合的绩效指标看,高市销率股票组合的表现整体好于低市销率股票组合,所有组合的Alpha值为正。如表5-8所示。

表5-8 市销率由低到高排序处于各区间的组合的绩效分析

g	Alpha	Beta	Sharpe	TR	IR	Jensen
1	0.0316	1.0495	0.2298	0.2477	0.2316	−1.1991
2	0.0356	0.9969	0.1761	0.2608	0.1797	0.9977
3	0.0355	0.9982	0.2348	0.2605	0.2375	1.7501
4	0.0364	0.9843	0.2621	0.2642	0.2764	1.8976
5	0.0367	0.9824	0.2791	0.2647	0.2859	−1.0566
6	0.0368	0.9799	0.2440	0.2654	0.2564	2.3865
7	0.0367	0.9827	0.2954	0.2646	0.3007	−0.2804
8	0.0364	0.9840	0.2505	0.2642	0.2571	2.4517
9	0.0346	1.0123	0.2694	0.2568	0.2761	−0.5772
10	0.0386	0.9374	0.2883	0.2774	0.2967	−0.1660

2004年以来，低市销率股票组合(1—50)整体上跑赢沪深300指数；尤其是2006年9月和2008年9月，低市销率股票组合(1—50)的表现明显强于沪深300指数。如图5-7所示。

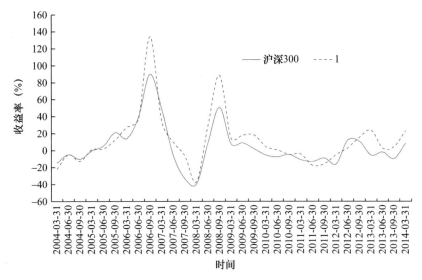

图 5-7　低市销率股票组合表现

2005年以来，高市销率组合与低市销率组合表现差别不大，低市销率组合在2007年熊市后期表现略好于高市销率组合。如图5-8所示。

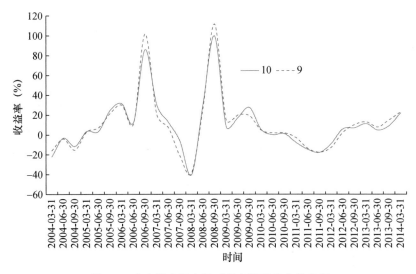

图 5-8　高市销率组合相对低市销率组合的表现

（五）企业价值倍数

由表5-9可以看出，各组表现差别不大，从2004年到2014年的累计收益来看，均大幅超过沪深300指数，企业价值倍数越低，表现越好。由企业价值倍数最低的50只股票组成的组合 10,2004 到 2014 累计收益为 346.40%,年化收益率为 11.17%;同期沪深 300 指数的累计收益为 136.02%,年化收益率为 4.39%。

表 5-9 企业价值倍数由高到低排序处于各区间的组合表现

企业价值倍数由高到低排	2004 年 3 月到 2014 年 3 月	年化收益率	跑赢沪深 300 次数	跑赢沪深 300 概率
沪深 300 指数	136.02%	4.39%		
1	313.15%	10.10%	22	70.97%
2	288.43%	9.30%	19	61.29%
3	305.36%	9.85%	23	74.19%
4	331.35%	10.69%	20	64.52%
5	304.72%	9.83%	20	64.52%
6	329.18%	10.62%	22	70.97%
7	320.08%	10.33%	21	67.74%
8	351.22%	11.33%	23	74.19%
9	300.93%	9.71%	20	64.52%
10	346.40%	11.17%	22	70.97%

由表 5-10 中的 Alpha 值可看出,企业价值倍数越低的股票组合表现越好,Alpha 值均为正数。

表 5-10 企业价值倍数由高到低排序处于各区间的组合的绩效分析

g	Alpha	Beta	Sharpe	TR	IR	Jensen
1	0.0355	0.9982	0.2720	0.2605	0.2745	1.7285
2	0.0371	0.9642	0.1938	0.2697	0.1992	1.3511
3	0.0374	0.9637	0.2657	0.2698	0.2696	−0.6224
4	0.0360	0.9910	0.2585	0.2624	0.2726	−2.6138
5	0.0384	0.9445	0.2623	0.2753	0.2695	−0.6410
6	0.0373	0.9712	0.2698	0.2677	0.2847	1.3091
7	0.0406	0.9136	0.2908	0.2846	0.2967	1.3952
8	0.0389	0.9509	0.3092	0.2734	0.3167	0.6756
9	0.0402	0.9078	0.2739	0.2864	0.2816	0.3277
10	0.0382	0.9514	0.2974	0.2733	0.3054	0.5458

由图 5-9 可以看出,低企业价值倍数组合整体跑赢大盘,尤其在 2008 年 6 月牛市以来表现一直较好。

高企业价值倍数组合与低企业价值倍数表现差别较小,仅在 2006 年 9 月和 2008 年 10 略微超过沪深 300 指数。如图 5-10 所示。

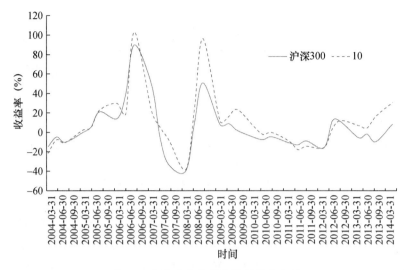

图 5-9 低企业价值倍数股票组合表现

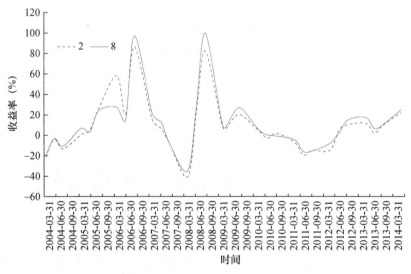

图 5-10 高企业价值倍数组合相对低企业价值倍数组合的表现

五、结　论

通过对 2005 年以来市场的分析，整体上来说，从市盈率、市净率、市现率、市销率和企业价值倍数等估值指标看，指标较低的股票组合表现较好。低指标股票构成的组合整体上超越沪深 300 指数，也优于盈利能力较弱股票构成的组合。但市净率较高股票构成的组合表现反而较好，超过市销率较低股票构成的组合。

估值因子（市盈率、市净率、市现率、市销率、企业价值倍数）是影响股票估值的重要因子，其中市盈率、市销率、企业价值倍数的影响较为显著。

六、多因子测试结果

(一) 双因子(市销率、企业价值倍数)

1. 选股策略

(1) 分析方法为排序法;

(2) 研究范围为上市股票中根据指标选取的前 800 只,研究期间为 2004 年 3 月至 2014 年 3 月;

(3) 由于市销率与企业价值倍数效果相对显著,采取市销率与企业价值倍数作为构建组合的双因子;

(4) 分别按市销率与企业价值倍数由低到高排序,把 800 只成份股从大到小等分成 3 份,分别标号 1、2、3(其中 1 中的股票市销率与企业价值倍数最小),然后构建组合 11、12、13、21、22、23、31、32、33。如 11 代表市销率与企业价值倍数标号为 1 的股票重合部分,33 代表市销率与企业价值倍数标号为 3 的股票重合部分。

(5) 组合构建时股票的买入卖出价格为组合调整日收盘价;

(6) 组合构建时为等权重;

(7) 组合调整周期为季度,每季度最后一个交易日收盘后构建下一期的组合;

(8) 组合构建时,买卖冲击成本为 0.1%,买卖佣金为 0.1%,印花税为 0.1%;

(9) 在持有期内,若某只成份股被调出前 800 只,不对组合进行调整。

2. 测试结果

由表 5-11 和图 5-11 可以看出,以市销率与企业价值倍数为指标组成的组合,自 2004 年以来表现整体好于沪深 300 指数,尤其在两轮牛市中表现突出。

表 5-11 各双因子组合的测试结果

组合	2004 年 3 月到 2014 年 3 月	年化收益率	跑赢沪深 300 次数	跑赢沪深 300 概率
沪深 300 指数	136.02%	4.39%		
11	334.80%	10.80%	22	70.97%
12	314.73%	10.15%	22	70.97%
13	299.33%	9.66%	22	70.97%
21	336.83%	10.87%	21	67.74%
22	316.38%	10.21%	20	64.52%
23	313.14%	10.10%	22	70.97%
31	398.43%	12.85%	21	67.74%
32	350.57%	11.31%	22	70.97%
33	372.41%	12.01%	24	77.42%

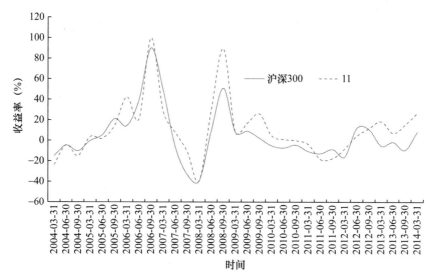

图 5-11 双因子组合 1 表现

(二) 五因子(市盈率、市净率、市现率、市销率、企业价值倍数)

1. 选股策略

(1) 分析方法为排序法;

(2) 研究范围为上市股票中根据指标选取的前 800 只,研究期间为 2004 年 3 月至 2014 年 3 月;

(3) 主要估值指标有市盈率、市净率、市现率、市销率、企业价值倍数;

(4) 分别按市盈率、市净率、市现率、市销率、企业价值倍数由低到高排序,分别选取各自排名靠前的 1/3 股票,标号为 1,然后构建组合 1111,代表这四组股票中的重合部分;

(5) 组合构建时股票的买入卖出价格为组合调整日收盘价;

(6) 组合构建时为等权重;

(7) 组合调整周期为季度,每季度最后一个交易日收盘后构建下一期的组合;

(8) 组合构建时,买卖冲击成本为 0.1%,买卖佣金为 0.1%,印花税为 0.1%;

(9) 在持有期内,若某只成份股被调出前 800 只,不对组合进行调整。

2. 测试结果

由表 5-12 和图 5-12 可以看出,由五项指标排序构建的组合整体跑赢沪深 300 指数,在 2006 年 9 月到 2008 年 3 月的熊市后期和 2008 年 3 月起,组合表现大幅超过大盘指标,而在 2005 年 3 月到 2006 年 9 月的牛市及 2006 年 9 月到 2008 年 3 月的熊市初期,组合表现小幅落后于沪深 300 指数。

表 5-12　五因子组合的测试结果

组合	2004年3月到2014年3月	年化收益率	跑赢沪深300次数	跑赢沪深300概率
沪深300指数	136.02%	4.39%		
1111	284.48%	9.18%	17	54.84%

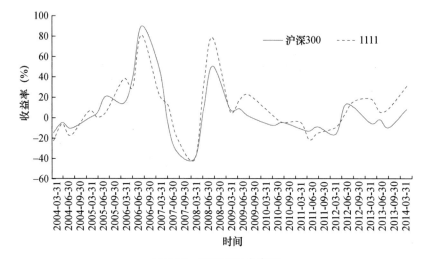

图 5-12　五因子组合表现

七、SAS 语句解析

此次只列举了市销率单因子和多因子策略语句,其他单因子策略语句与市销率因子策略基本一致,不再赘述。(市盈率:pe;市净率:pb;市销率:ps;市现率:pcf;企业价值倍数:ev)

(一)市销率单因子策略语句

```
/*按照 ps 排列,即 ps 小的股票排在前*/
proc sort data=yyyz.total1;
by accper ps;
run;
/*生成变量 a,代表每季度股票根据 ps 排序的位置*/
data yyyz.ps;
set yyyz.total1;
by accper;
if first.accper then a=1;
else a+1;
run;
```

```
/*按照排序结果将股票分组*/
data yyyz.ps2;
set yyyz.ps;
if a<=50 then g=1;
if 50<a<=100 then g=2;
if 100<a<=200 then g=3;
if 200<a<=300 then g=4;
if 300<a<=400 then g=5;
if 400<a<=500 then g=6;
if 500<a<=600 then g=7;
if 600<a<=700 then g=8;
if 700<a<=750 then g=9;
if 750<a<=800 then g=10;
run;
/*生成相对无风险利率的超额收益率及相对市场收益率的超额收益率,去除空数据*/
data yyyz.ps2;
set yyyz.ps2;
r_rf=rate-ratef;
r_rm=rate-ratem;
if stkcd='没有单位' then delete;
run;
/*计算每季度各组平均超额收益*/
proc sql;
create table yyyz.ps3 as
select stkcd,accper,g,ps,month,avg(rate) as ar,avg(ratef) as arf,avg(ratem) as arm,avg(r_rf) as ar_rf,avg(r_rm) as ar_rm
    from yyyz.ps2
    group by accper,g;
quit;
    proc sort nodupkey data=yyyz.ps3;
    by accper g;
run;
/*计算每季度各组战胜概率*/
data yyyz.ps3;
set yyyz.ps3;
if ar_rm>0 then t=1;
else t=0;
s=1;
run;
proc sql;
create table yyyz.ps3 as
select *,sum(t) as count,sum(s) as all
```

```
from yyyz.ps3
group by g;
quit;
data yyyz.ps3;
set yyyz.ps3;
prob=count/all;
run;
/*对结果进行统计分析*/
proc univariate data=yyyz.ps3;
class g;
var ar arf arm ar_rf ar_rm;output out=yyyz.ps4 sum=sar sarf sarm sar_rf sar_rm mean=mar marf
marm mar_rf mar_rm;run;
proc summary data=yyyz.ps2 nway missing;
class g;
var rate ;output out=yyyz.ps22 std=std;
run;
/*构成 CAPM 模型,计算 Beta 值*/
proc sort data=yyyz.ps2;
by g;
proc reg data=yyyz.ps2 outest=yyyz.cps1 rsquare adjrsq cp;
by g;
model r_rf=r_rm/dw spec;
slope:test r_rm=1;
/*output out=czyz.cyysrr1 r=r p=p l95=l u95=u Intercept=c r_rm=r_m;*/
run;quit;
data yyyz.cps2(keep=g alpha beta);
set yyyz.cps1;
rename Intercept=alpha;
rename r_rm=beta;
run;
proc sql;
create table yyyz.ps8 as
    select *
    from yyyz.ps2,yyyz.ps22,yyyz.ps4,yyyz.ps2
    where ps22.g=ps2.g=ps4.g=cps2.g;
      quit;
/*计算夏普比率,信息比率,特雷诺比率和詹森指数*/
data yyyz.ps8(keep=accper g alpha beta sharpe TR jensen1 IR);
set yyyz.ps8;
sharpe=(mar-rf)/std;
TR=sarf/beta;
jensen1=mar-alpha-beta*r_rm;
```

```
IR=mar/std;
run;
    proc sort nodupkey data=yyyz.ps8;
by accper g;
run;
proc sql;
create table yyyz.ps8 as
select g, alpha, beta, sharpe, TR, IR, sum(jensen1) as jensen
from yyyz.ps8
group by g;
quit;
    proc sort nodupkey data=yyyz.ps8;
by g;
run;
```

(二) 多因子策略语句

```
(ps、ev 策略)
/* 将 ps2 数据集根据 ps 排序每季度分为三组 */
proc sql;
create table yyyz.dps as
select *,int(max(a)/3) as a1,mod(max(a),3) as a2
from yyyz.ps2 group by accper ;
quit;
data yyyz.dps1;
set yyyz.dps;
if a<=a1 then group1=1;
if a1<a<2*a1 then group1=2;
if a>2*a1 then group1=3;
run;
/* 将 ev2 数据集根据 ev 排序每季度分为三组,注意 ev2 数据集可以通过上文单因子策略语句运算 ev
单因子策略时获得。*/
proc sql;
create table yyyz.dev as
select *,int(max(a)/3) as a1,mod(max(a),3) as a2
from yyyz.ev2 group by accper ;
quit;
data yyyz.dev1(keep=stkcd accper year month group2 ev);
set yyyz.dev;
if a<=a1 then group2=1;
if a1<a<2*a1 then group2=2;
if a>2*a1 then group2=3;
```

```
run;
/* 合并数据集 */
proc sql;
create table yyyz.d1 as
    select *
    from yyyz.dps1,yyyz.dev1
    where dps1.stkcd=dev1.stkcd and dps1.accper=dev1.accper;
        quit;
/* 生成新的分组 */
data yyyz.d1;
set yyyz.d1;
group=group1*10+group2;
if stkcd='没有单位' then delete;
run;
proc sort data=yyyz.d1;
by accper group;
run;
/* 计算每季度各组平均超额收益 */
proc sql;
create table yyyz.d2 as
select stkcd,accper,group,ev,ps,month,avg(rate) as ar,avg(ratem) as arm,avg(ratef) as arf,avg(r_rf) as ar_rf,avg(r_rm) as ar_rm
    from yyyz.d1
    group by accper,group;
    quit;
    proc sort nodupkey data=yyyz.d2;
    by accper group;
    run;
/* 计算战胜概率 */
data yyyz.d2;
set yyyz.d2;
if ar_rm>0 then t=1;
else t=0;
s=1;
run;
proc sql;
create table yyyz.d2 as
select *,sum(t) as count,sum(s) as all
from yyyz.d2
group by group;
quit;
data yyyz.d2;
```

```
set yyyz.d2;
prob=count/all;
run;
    proc univariate data=yyyz.d2;
class group;
var ar arf arm ar_rf ar_rm;output out=yyyz.d3 sum=sar sarf sarm sar_rf sar_rm mean=mar marf marm mar_rf mar_rm;run;
```

（五因子策略）

```
proc sort data=yyyz.ps2;
by accper stkcd;
run;
proc sort data=yyyz.ev2;
by accper stkcd;
run;
proc sort data=yyyz.pe2;
by accper stkcd;
run;
proc sort data=yyyz.pb2;
by accper stkcd;
run;
proc sort data=yyyz.pcf2;
by accper stkcd;
run;
proc rank data=yyyz.ps2 out=yyyz.dd11 ties=mean percent ;
var ps;
ranks rank_a;  /* rank_a 是分位数 */
by accper;  /* 这里是分组变量 */
run;
data yyyz.dd11;
set yyyz.dd11;
if rank_a<70 then delete;
run;
proc rank data=yyyz.ev2 out=yyyz.dd21 ties=mean percent ;
var ev;
ranks rank_b;  /* rank_a 是分位数 */
by accper;  /* 这里是分组变量 */
run;
data yyyz.dd21;
set yyyz.dd21;
if rank_b<70 then delete;
run;
proc rank data=yyyz.pe2 out=yyyz.dd31 ties=mean percent ;
```

```
var pe;
ranks rank_c; /* rank_a 是分位数 */
by accper; /* 这里是分组变量 */
run;
data yyyz.dd31;
set yyyz.dd31;
if rank_c<70 then delete;
run;
proc rank data=yyyz.pb2 out=yyyz.dd41 ties=mean percent;
var pb;
ranks rank_d; /* rank_a 是分位数 */
by accper; /* 这里是分组变量 */
run;
data yyyz.dd41;
set yyyz.dd41;
if rank_d<70 then delete;
run;
proc rank data=yyyz.pcf2 out=yyyz.dd51 ties=mean percent;
var pcf;
ranks rank_d; /* rank_a 是分位数 */
by accper; /* 这里是分组变量 */
run;
data yyyz.dd51;
set yyyz.dd51;
if rank_d<70 then delete;
run;
proc sql;
create table yyyz.dd1 as
   select *
   from yyyz.dd11,yyyz.dd21,yyyz.dd31,yyyz.dd41,yyyz.dd51
   where dd11.stkcd=dd21.stkcd=dd31.stkcd=dd41.stkcd=dd51.stkcd and dd11.accper=dd21.accper=dd31.accper=dd41.accper=dd51.accper;
quit;
data yyyz.dd1;
set yyyz.dd1;
year1=year+0;
month1=month+0;
drop month year;
rename month1=month;
rename year1=year;
run;
proc sql;
```

```
create table yyyz.dd2 as
select stkcd,accper,ps,ev,pe,pb,pcf,month, avg(rate) as ar,avg(ratem) as arm,avg(ratef) as arf,
avg(r_rf) as ar_rf,avg(r_rm) as ar_rm
from yyyz.dd1
group by accper;
quit;
proc sort nodupkey data=yyyz.dd2;
by accper;
run;
   proc univariate data=yyyz.dd2;
      var ar arf arm;output out=yyyz.dd3 sum=sar sarf sarm mean=mar marf marm;run;
```

第六章 股东因子

一、投资要点

前面几章对成长因子、盈利因子、估值因子进行了分析,本章主要分析股东因子(户均持股比例、户均持股比例变化、机构持股比例变化)的历史表现。

(1) 由户均持股比例最高的沪深300指数成份股(组合1)构成的等权重组合显著跑赢沪深300指数,2007年3月至2017年6月的累计收益率为2292.34%,年化收益率为36.31%;同期沪深300指数的累计收益率为16.36%,年化收益率为1.49%。

(2) 由户均持股比例上升最大的沪深300指数成份股(组合1)构成的等权重组合跑赢沪深300指数,2007年3月至2017年6月的累计收益率为600.74%,年化收益率为20.92%;同期沪深300指数的累计收益率为16.36%,年化收益率为1.49%。

(3) 由机构持股比例最高的沪深300指数成份股(组合1)构成的等权重组合跑赢沪深300指数,2007年3月至2017年6月的累计收益率为365.20%,年化收益率为16.18%;同期沪深300指数的累计收益率为16.36%,年化收益率为1.49%。

(4) 由机构持股比例上升最大的沪深300指数成份股(组合1)构成的等权重组合跑赢沪深300指数,2007年3月至2017年6月的累计收益率为295.96%,年化收益率为14.37%;同期沪深300指数的累计收益率为16.36%,年化收益率为1.49%。

(5) 股东因子(户均持股比例、户均持股比例变化、机构持股比例变化)是影响股票收益的重要因子,其中户均持股比例变化、机构持股比例变化是影响较为显著的正向因子。

二、实现过程

我们采用排序法对各因子进行分析。

(1) 研究范围为上市股票中根据指标选取的前800只;

(2) 研究期间为2007年3月至2017年6月;

(3) 组合调整周期为季度,每季度最后一个交易日收盘后构建下一期的组合;

(4) 按各指标排序,把800只成份股分成(1—50)(1—100)(101—200)(201—300)(301—400)(401—500)(501—600)(601—700)(701—800)(751—800)10个组合;

(5) 组合构建时股票的买入卖出价格为组合调整日收盘价;

(6) 组合构建时为等权重;

(7) 在持有期内,若某只成份股被调出前800只,不对组合进行调整;

(8) 组合构建时,买卖冲击成本为 0.1%,买卖佣金为 0.1%,印花税为 0.1%;

(9) 股东因子为户均持股比例、户均持股比例变化(相对前 1 个季度)、机构持股比例变化(机构包括基金、券商、券商理财、信托);

(10) 组合 A 相对组合 B 的表现定义为:组合 A 的净值/组合 B 的净值的走势。

三、股东因子指标介绍

(一) 户均持股比例

一般来说,户均持股比例大的股票集中度高,上涨较容易,若户均持股比例不断上升,股东会增加持仓数。反之,说明股东有减仓行为。

户均持股比例计算公式为:

$$户均持股比例=(全部流通股本/流通股东总数)/全部流通股数×100\%$$

(二) 户均持股比例变化

户均持股比例变化是指户均持股比例按照时间变化的情况。

户均持股比例变化计算公式为:

$$户均持股比例变化=户均持股比例-前 1 季度户均持股比例$$

(三) 机构持股比例

机构持股比例计算公式为:

$$机构持股比例=机构持股合计÷流通 A 股×100\%$$

其中,机构持股合计=基金持股数量+券商持股数量+券商理财产品持股数量+QFII 持股数量+保险公司持股数量+社保基金持股数量+企业年金持股数量+信托公司持股数量+财务公司持股数量+银行持股数量+一般法人持股数量+非金融类上市公司持股数量。

(四) 机构持股比例变化

机构持股比例变化是指机构持股比例按照时间变化的情况。

机构持股比例变化计算公式为:

$$机构持股比例变化=机构持股比例-前 1 季度机构持股比例$$

四、单因子测试结果

(一) 户均持股比例

由表 6-1 可知,从 2007 年至 2017 年的区间累计收益看,整体上说,户均持股比例越高,表现越好。户均持股比例较高股票构成的组合 1、组合 2 表现最好,大幅跑赢沪深 300 指数;户均持股比例位于中间靠前位置的股票构成的组合 5、组合 6 表现较好,大幅跑赢沪深 300 指数;户均持股比例较低股票构成的组合 9、组合 10 表现较差,但仍优于沪深 300 指数。

从跑赢沪深 300 指数的概率看,组合 2 表现最好,跑赢概率达 71.88%;而户均持股比例较低股票构成的组合 7、组合 8、组合 10 表现最差,跑赢概率为 65.63%。所有组合跑赢概率介于 65% 和 75% 之间。

由户均持股比例最高的沪深 300 指数成份股(组合 1)构成的等权重组合显著跑赢沪深 300 指数,2007 年 3 月至 2017 年 6 月的累计收益率为 2292.34%,年化收益率为 36.31%;同期沪深 300 指数的累计收益率为 16.36%,年化收益率为 1.49%。

表 6-1 户均持股比例由高到低排序处于各区间的组合表现

户均持股比例由高到低排	2007 年 3 月到 2017 年 6 月	年化收益率	跑赢沪深 300 次数	跑赢沪深 300 概率
沪深 300 指数	16.36%	1.49%		
1	2292.34%	36.31%	22	68.75%
2	1559.17%	31.53%	23	71.88%
3	1311.72%	29.47%	22	68.75%
4	1313.29%	29.48%	23	71.88%
5	1130.90%	27.75%	22	68.75%
6	982.56%	26.16%	22	68.75%
7	669.31%	22.02%	21	65.63%
8	562.46%	20.26%	21	65.63%
9	483.86%	18.79%	22	68.75%
10	561.48%	20.24%	21	65.63%

从各组合的绩效指标看,户均持股比例较高股票组合的表现略优于户均持股比例较低股票组合。如表 6-2 所示。

表 6-2　户均持股比例由高到低排序处于各区间的组合的绩效分析

g	Alpha	Beta	Sharpe	TR	IR	Jensen
1	0.028338	0.902461	0.318463	0.332211	0.325132	−1.42177
2	0.026052	0.920066	0.306047	0.325854	0.313024	−2.23664
3	0.027242	0.897503	0.292239	0.334046	0.298075	0.516939
4	0.022649	0.954803	0.282739	0.313999	0.289768	1.05727
5	0.02479	0.922544	0.260623	0.324979	0.264651	1.743497
6	0.025713	0.905966	0.273234	0.330926	0.280949	2.318632
7	0.025602	0.890129	0.251679	0.336814	0.259746	−1.3074
8	0.025027	0.888427	0.238431	0.337459	0.246022	1.760786
9	0.024809	0.887227	0.230427	0.337915	0.23857	0.41804
10	0.026	0.868421	0.238774	0.345233	0.24707	0.29752

2007年以来,户均持股比例较高股票构成的组合1整体上跑赢沪深300指数,户均持股比例较高股票组合在2014年6月至2015年3月以及2016年6月至2017年6月期间略弱于沪深300指数。如图6-1所示。

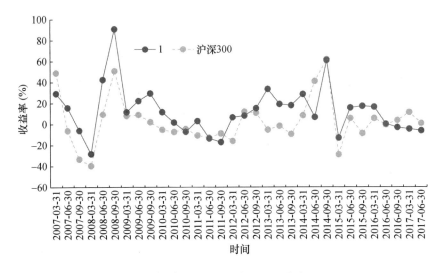

图 6-1　高户均持股比例股票组合表现

2007年以来,户均持股比例较高股票构成的组合整体上与户均持股比例较低股票构成的组合表现相近,户均持股比例最高股票组合1在2011年9月至2013年9月期间略强于户均持股比例最低股票组合10。如图6-2所示。

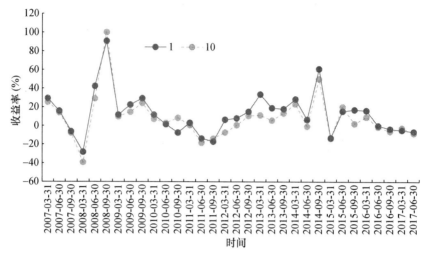

图 6-2　高户均持股比例组合 1 与组合 10 的表现对比

(二) 户均持股比例变化

由表 6-3 可知,从 2007 年至 2017 年的区间累计收益看,整体上说,户均持股比例上升越大,表现越好。户均持股比例上升股票构成的组合 1、组合 7 表现较好,大幅超越沪深 300 指数;户均持股比例上升股票构成的组合 3、组合 8 表现较差,落后于沪深 300 指数。

由户均持股比例上升最大的沪深 300 指数成份股(组合 1)构成的等权重组合跑赢沪深 300 指数,2007 年 3 月至 2017 年 6 月间的累计收益率为 600.74%,年化收益率为 20.92%;同期沪深 300 指数的累计收益率为 16.36%,年化收益率为 1.49%。

表 6-3　户均持股比例上升由大到小排序处于各区间的组合表现

户均持股比例变化由高到低排	2007 年 3 月到 2017 年 6 月	年化收益率	跑赢沪深 300 次数	跑赢沪深 300 概率
沪深 300 指数	16.36%	1.49%		
1	600.74%	20.92%	23	72%
2	441.76%	17.92%	20	63%
3	387.79%	16.72%	22	69%
4	409.81%	17.22%	21	66%
5	480.48%	18.72%	23	72%
6	566.46%	20.33%	23	72%
7	575.48%	20.49%	22	69%
8	363.43%	16.14%	20	63%
9	512.49%	19.34%	21	66%
10	421.09%	17.47%	23	72%

从各组合的绩效指标看,户均持股比例上升较大股票组合的表现与户均持股比例上升较小股票组合没有明显差异,所有组合 Alpha 值均为正。如表 6-4 所示。

表 6-4　户均持股比例上升由大到小排序处于各区间的组合的绩效分析

g	Alpha	Beta	Sharpe	TR	IR	Jensen
1	0.024963	0.891355	0.226386	0.33635	0.233511	−0.43308
2	0.024945	0.874043	0.215128	0.343013	0.222847	−1.17133
3	0.023323	0.898299	0.202448	0.333751	0.208677	1.950268
4	0.023225	0.906659	0.211802	0.330673	0.219878	−0.98147
5	0.02469	0.884949	0.232371	0.338785	0.237193	0.326432
6	0.025033	0.886262	0.238915	0.338283	0.247258	−0.46392
7	0.023878	0.909583	0.238619	0.32961	0.246794	−3.14622
8	0.023376	0.896348	0.209961	0.334477	0.217765	0.153085
9	0.024914	0.883036	0.24002	0.339519	0.248616	0.753528
10	0.025514	0.855051	0.228105	0.350631	0.236974	0.067785

2007 年以来,户均持股比例上升较大股票构成的组合 1 整体上跑赢沪深 300 指数,户均持股变化较大股票组合 1 跑赢沪深 300 指数主要集中在 2008 年 3 月至 2009 年 3 月一年。如图 6-3 所示。

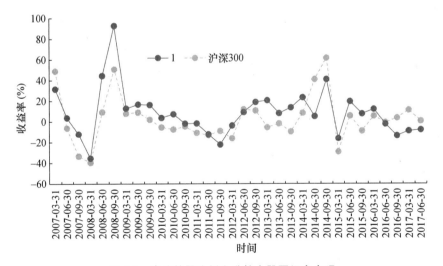

图 6-3　户均持股比例上升较大股票组合表现

2007 年以来,户均持股比例上升较大股票构成的组合整体上和户均持股比例上升较小股票构成的组合表现相当。如图 6-4 所示。

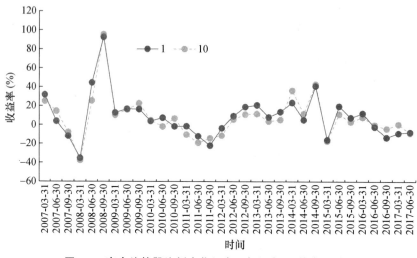

图 6-4 高户均持股比例变化组合 1 与组合 10 的表现对比

(三) 机构持股比例

由表 6-5 可知,从 2007 年至 2017 年的区间累计收益来看,在 10 个机构持股比例组合当中,组合 4 和组合 10 表现最好,大幅跑赢沪深 300 指数;组合 3 表现相对较差,但仍好于沪深 300 指数。整体上看,机构持股比例越高并不意味着组合的表现越好。

从跑赢沪深 300 指数的概率来看,组合 7 和组合 8 跑赢概率较高,均为 68.75%;组合 3 跑赢概率较低,为 59.38%。

表 6-5 高机构持股比例组合表现

机构持股比例由高到低排	2007年3月到2017年6月	年化收益率	跑赢沪深300次数	跑赢沪深300概率
沪深300指数	16.36%	1.49%		
1	365.20%	16.18%	20	62.50%
2	434.09%	17.76%	21	65.63%
3	263.34%	13.41%	19	59.38%
4	523.27%	19.54%	21	65.63%
5	381.80%	16.58%	21	65.63%
6	411.19%	17.25%	21	65.63%
7	485.66%	18.82%	22	68.75%
8	410.42%	17.24%	22	68.75%
9	447.77%	18.05%	20	62.50%
10	506.05%	19.22%	21	65.63%

从各组合的绩效指标看,机构持股比例较高组合的 Beta 相对较低,而机构持股比例较低组合的 Beta 相对较高,如表 6-6 所示。

表 6-6　高机构持股比例组合的绩效分析

g	Alpha	Beta	Sharpe	TR	IR	Jensen
1	0.0265	0.8009	0.2248	0.3743	0.2339	0.6003
2	0.0241	0.8845	0.2268	0.3390	0.2352	−0.7710
3	0.0227	0.8855	0.1944	0.3386	0.2014	1.6027
4	0.0220	0.9412	0.2409	0.3185	0.2492	0.4988
5	0.0239	0.8837	0.2200	0.3393	0.2251	1.7536
6	0.0256	0.8467	0.2248	0.3541	0.2338	2.4051
7	0.0239	0.8989	0.2212	0.3335	0.2294	−2.2765
8	0.0229	0.9111	0.2057	0.3291	0.2131	−0.0471
9	0.0222	0.9315	0.2098	0.3218	0.2176	0.7503
10	0.0228	0.9281	0.2340	0.3230	0.2421	0.8801

2007 年至 2017 年的测试区间内,高机构持股比例组合整体上跑赢沪深 300 指数,但跑赢幅度并不大,如图 6-5 所示。

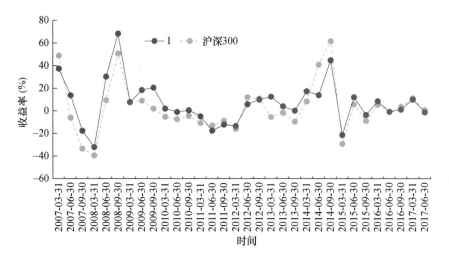

图 6-5　高机构持股比例股票组合表现

(四) 机构持股比例变化

由表 6-7 可知,从 2007 年至 2017 年的区间累计收益看,整体上说,机构持股比例上升越大,并不意味着表现越好。机构持股比例上升较低股票构成的组合 7 表现最好,大幅超越沪

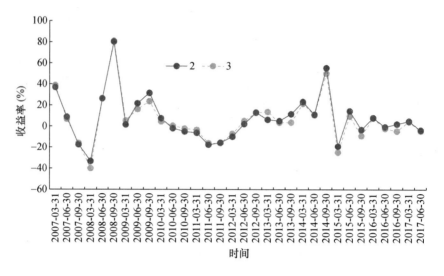

图 6-6　高机构持股比例组合 2 与组合 3 的表现对比

深 300 指数；机构持股比例上升股票构成的组合 4、组合 9 表现较差,但仍好于沪深 300 指数。

从跑赢沪深 300 指数的概率看,机构持股比例上升较大股票组合的表现与机构持股比例上升较小股票组合持平。机构持股比例上升较大股票构成的组合 2、组合 3 和组合 5 的跑赢概率均为 68.75%,而机构持股比例上升较小股票构成的组合 6、组合 7 的跑赢概率也均为 68.75%。

由机构持股比例上升最大的沪深 300 指数成份股(组合 1)构成的等权重组合跑赢沪深 300 指数,2007 年 3 月至 2017 年 6 月的累计收益率为 295.96%,年化收益率为 14.37%;同期沪深 300 指数的累计收益率为 16.36%,年化收益率为 1.49%。

表 6-7　机构持股比例上升由大到小排序处于各区间的组合表现

机构持股比例变化由高到低排	2007 年 3 月到 2017 年 6 月	年化收益率	跑赢沪深 300 次数	跑赢沪深 300 概率
沪深 300 指数	16.36%	1.49%		
1	295.96%	14.37%	19	59.38%
2	325.59%	15.18%	22	68.75%
3	409.86%	17.22%	22	68.75%
4	208.95%	11.63%	21	65.63%
5	305.68%	14.64%	22	68.75%
6	382.27%	16.59%	22	68.75%
7	546.13%	19.97%	22	68.75%
8	298.41%	14.44%	20	62.50%
9	278.27%	13.86%	21	65.63%
10	408.24%	17.19%	19	59.38%

从各组合的绩效指标看,机构持股比例上升较大股票组合的表现与机构持股比例上升较小股票组合持平,所有组合的 Alpha 值均为正。如表 6-8 所示。

表 6-8 机构持股比例上升由大到小排序处于各区间的组合的绩效分析

g	Alpha	Beta	Sharpe	TR	IR	Jensen
1	0.0239	0.8651	0.1882	0.3466	0.1960	1.5027
2	0.0230	0.9022	0.2006	0.3323	0.2084	1.2281
3	0.0224	0.9241	0.2077	0.3244	0.2138	0.0659
4	0.0229	0.8625	0.1747	0.3476	0.1836	1.5737
5	0.0234	0.8753	0.1976	0.3425	0.2026	1.1121
6	0.0212	0.9452	0.1817	0.3172	0.1890	−0.3598
7	0.0224	0.9342	0.2333	0.3209	0.2414	−0.7747
8	0.0235	0.8743	0.1980	0.3429	0.2062	0.4177
9	0.0237	0.8649	0.1973	0.3466	0.2062	−0.9002
10	0.0242	0.8849	0.2178	0.3388	0.2262	2.8938

2007 年以来,机构持股比例上升较大股票构成的组合 1 整体上跑赢沪深 300 指数,机构持股比例上升较大股票组合 1 跑赢沪深 300 指数主要集中在 2008 年 3 月至 2009 年 3 月一年。如图 6-7 所示。

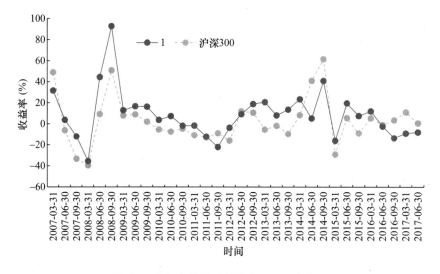

图 6-7 高机构持股比例变化股票组合表现

2007 年以来,机构持股比例上升较大股票组合的表现整体上与机构持股比例上升较小股票组合持平。如图 6-8 所示。

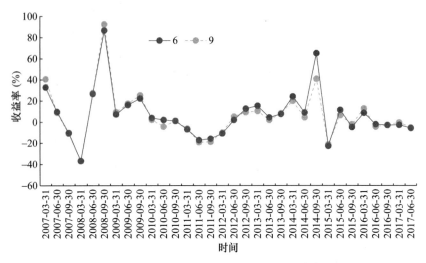

图 6-8 高机构持股比例变化组合 6 与组合 9 的表现对比

五、结　　论

通过对 2007 年以来市场的分析,股东因子(户均持股比例、户均持股比例变化、机构持股比例变化)是影响股票收益的重要因子,其中户均持股比例变化、机构持股比例变化是影响较为显著的正向因子。

从户均持股比例看,整体上说,户均持股比例较高的股票表现较好,但表现最好的组合并不是户均持股比例最高股票构成的组合;户均持股比例最低股票构成的组合表现最差。2007 年 3 月至 2017 年 6 月,由户均持股比例最高的 50 只沪深 300 指数成份股构成的等权重组合的年化收益率为 36.31%,跑赢沪深 300 指数的概率为 68.75%;由户均持股比例最低的 50 只沪深指数成分股构成的等权重组合的年化收益率为 20.24%,跑赢沪深 300 指数的概率为 65.63%;同期沪深 300 指数的年化收益率为 1.49%。

从户均持股比例变化看,户均持股比例上升较大的股票构成的组合表现较好,跑赢沪深 300 指数,也大大好于户均持股比例上升较小的股票构成的组合。2007 年 3 月至 2017 年 6 月,由户均持股比例上升最大的 50 只沪深 300 指数成份股构成的等权重组合的年化收益率为 20.92%,跑赢沪深 300 指数的概率为 72%;由户均持股比例上升最小的 50 只沪深 300 指数成份股构成的等权重组合的年化收益率为 17.47%,跑赢沪深 300 指数的概率为 72%;同期沪深 300 指数的年化收益率为 1.49%。

从机构持股比例变化看,机构持股比例上升较大的股票构成的组合表现较好,跑赢沪深 300 指数,但与机构持股比例上升较小的股票构成的组合没有明显差异。2007 年 3 月至 2017 年 6 月,由机构持股比例上升最大的 50 只沪深 300 指数成份股构成的等权重组合的年化收益率为 14.37%,跑赢沪深 300 指数的概率为 59.38%;由机构持股比例上升最小的 50 只沪深 300 指数成份股构成的等权重组合的年化收益率为 17.19%,跑赢沪深 300 指数的概率为 59.38%;同期沪深 300 指数的年化收益率为 1.49%。

六、多因子测试结果

(一) 双因子(户均持股比例、户均持股比例增长)

1. 选股策略

(1) 分析方法为排序法;

(2) 研究范围为上市股票中根据指标选取的前 800 只,研究期间为 2007 年 3 月至 2017 年 6 月;

(3) 由于户均持股比例与户均持股比例增长效果相对显著,采取户均持股比例与户均持股比例增长作为构建组合的双因子;

(4) 我们分别按户均持股比例与户均持股比例增长排序,把 800 只成份股从大到小等分成 3 份,分别标号 1、2、3(其中 1 中的股票户均持股比例或户均持股比例增长最大),然后构建组合 11、12、13、21、22、23、31、32、33。如 11 代表户均持股比例与户均持股比例增长标号为 1 的股票重合部分,33 代表户均持股比例与户均持股比例增长标号为 3 的股票重合部分。

(5) 组合构建时股票的买入卖出价格为组合调整日收盘价;

(6) 组合构建时为等权重;

(7) 组合调整周期为季度,每季度最后一个交易日收盘后构建下一期的组合;

(8) 组合构建时,买卖冲击成本为 0.1%,买卖佣金为 0.1%,印花税为 0.1%;

(9) 在持有期内,若某只成份股被调出前 800 只,不对组合进行调整。

2. 测试结果

由表 6-9 和图 6-9 可以看出,高户均持股比例组合的表现最好,能够获得较高的收益。

表 6-9 各双因子组合的测试结果

组合	2007 年 3 月到 2017 年 6 月	年化收益率	跑赢沪深 300 次数	跑赢沪深 300 概率
沪深 300 指数	16.36%	1.49%		
11	986.57%	26.21%	18	56.25%
12	1485.88%	30.95%	22	68.75%
13	1031.90%	26.71%	22	68.75%
21	319.16%	15.01%	21	65.63%
22	508.74%	19.27%	21	65.63%
23	226.22%	12.23%	22	68.75%
31	163.85%	9.93%	19	59.38%
32	191.49%	11.00%	18	56.25%
33	26.39%	2.31%	19	59.38%

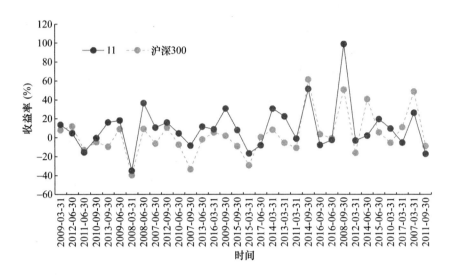

图 6-9 高双指标组合的表现

(二) 四因子

1. 选股策略

(1) 分析方法为排序法;

(2) 研究范围为上市股票中根据指标选取的前 800 只,研究期间为 2007 年 3 月至 2017 年 6 月;

(3) 主要盈利性指标有户均持股比例、户均持股比例变化、机构持股比例、机构持股比例变化;

(4) 分别按户均持股比例、户均持股比例变化、机构持股比例、机构持股比例变化排序,分别选取各自排名靠前的 1/3 股票,标号为 1,然后构建组合 1111,代表这四组股票中的重合部分;

(5) 组合构建时股票的买入卖出价格为组合调整日收盘价;

(6) 组合构建时为等权重;

(7) 组合调整周期为季度,每季度最后一个交易日收盘后构建下一期的组合;

(8) 组合构建时,买卖冲击成本为 0.1%,买卖佣金为 0.1%,印花税为 0.1%;

(9) 在持有期内,若某只成份股被调出前 800 只,不对组合进行调整。

2. 测试结果

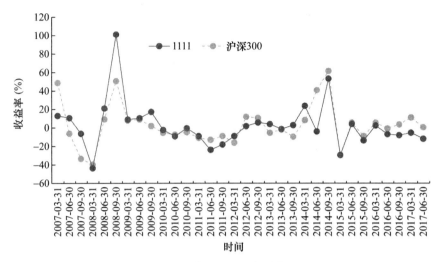

图 6-10 高四指标组合的表现

七、SAS 语句解析

此次只列举了户均持股比例单因子和多因子策略语句,其他单因子策略语句与户均持股比例因子策略基本一致,不再赘述。(户均持股因子:hjcg;户均持股变化因子:hjcgc;机构持股因子:jgcg;机构持股变化因子:jgcgc)

(一) 户均持股比例单因子策略语句

```
/*按照 hjcg 逆序排列,即 hjcg 大的股票排在前*/
proc sort data=gdyz.total1;
by accper decending hjcg;
run;
/*生成变量 a,代表每季度股票根据 hjcg 排序的位置*/
data gdyz.hjcg;
set gdyz.total1;
by accper;
if first.accper then a=1;
else a+1;
run;
/*按照排序结果将股票分组*/
data gdyz.hjcg2;
set gdyz.hjcg;
if a<=50 then g=1;
if 50<a<=100 then g=2;
```

```
if 100<a<=200 then g=3;
if 200<a<=300 then g=4;
if 300<a<=400 then g=5;
if 400<a<=500 then g=6;
if 500<a<=600 then g=7;
if 600<a<=700 then g=8;
if 700<a<=750 then g=9;
if 750<a<=800 then g=10;
run;
/*生成相对无风险利率的超额收益率及相对市场收益率的超额收益率,去除空数据*/
data gdyz.hjcg2;
set gdyz.hjcg2;
r_rf=rate-ratef;
r_rm=rate-ratem;
if stkcd='没有单位' then delete;
run;
/*计算每季度各组平均超额收益*/
proc sql;
create table gdyz.hjcg3 as
select stkcd,accper,g,hjcg,month,avg(rate) as ar,avg(ratef) as arf,avg(ratem) as arm,avg(r_rf) as ar_rf,avg(r_rm) as ar_rm
from gdyz.hjcg2
group by accper,g;
quit;
    proc sort nodupkey data=gdyz.hjcg3;
by accper g;
run;
/*计算每季度各组战胜概率*/
data gdyz.hjcg3;
set gdyz.hjcg3;
if ar_rm>0 then t=1;
else t=0;
s=1;
run;
proc sql;
create table gdyz.hjcg3 as
select *,sum(t) as count,sum(s) as all
from gdyz.hjcg3
group by g;
quit;
data gdyz.hjcg3;
set gdyz.hjcg3;
```

```
prob=count/all;
run;
/*对结果进行统计分析*/
proc univariate data=gdyz.hjcg3;
class g;
var ar arf arm ar_rf ar_rm;output out=gdyz.hjcg4 sum=sar sarf sarm sar_rf sar_rm mean=mar marf marm mar_rf mar_rm;run;
proc summary data=gdyz.hjcg2 nway missing;
class g;
var rate ;output out=gdyz.hjcg22 std=std;run;
/*构成 CAPM 模型,计算 Beta 值*/
proc sort data=gdyz.hjcg2;
by g;
proc reg data=gdyz.hjcg2 outest=gdyz.chjcg1 rsquare adjrsq cp;
by g;
model r_rf=r_rm/dw spec;
slope:test r_rm=1;
/* output out=czyz.cyysrr1 r=r p=p l95=l u95=u Intercept=c r_rm=r_m; */
run;quit;
data gdyz.chjcg2(keep=g alpha beta);
set gdyz.chjcg1;
rename Intercept=alpha;
rename r_rm=beta;
run;
proc sql;
create table gdyz.hjcg8 as
    select *
    from gdyz.hjcg2,gdyz.hjcg22,gdyz.hjcg4,gdyz.chjcg2
    where hjcg22.g=hjcg2.g=hjcg4.g=chjcg2.g;
    quit;
/*计算夏普比率,信息比率,特雷诺比率和詹森指数*/
data gdyz.hjcg8(keep=accper g alpha beta sharpe TR jensen1 IR);
set gdyz.hjcg8;
sharpe=(mar-rf)/std;
TR=sarf/beta;
jensen1=mar-alpha-beta*r_rm;
IR=mar/std;
run;
    proc sort nodupkey data=gdyz.hjcg8;
by accper g;
run;
proc sql;
```

```
create table gdyz.hjcg8 as
select g, alpha, beta, sharpe, TR, IR, sum(jensen1) as jensen
from gdyz.hjcg8
group by g;
quit;
    proc sort nodupkey data=gdyz.hjcg8;
by g;
run;
```

(二) 多因子策略语句

(hjcg、hjcgc 策略)

```
/*将 hjcg2 数据集根据 hjcg 排序每季度分为三组*/
proc sql;
create table gdyz.dhjcg as
select *,int(max(a)/3) as a1,mod(max(a),3) as a2
from gdyz.hjcg2 group by accper ;
quit;
data gdyz.dhjcg1;
set gdyz.dhjcg;
if a<=a1 then group1=1;
if a1<a<2*a1 then group1=2;
if a>2*a1 then group1=3;
run;
/*将 hjcgc2 数据集根据 hjcgc 排序每季度分为三组,注意 hjcgc2 数据集可以通过上文单因子策略语
句运算 hjcgc 单因子策略时获得。*/
proc sql;
create table gdyz.dhjcgc as
select *,int(max(a)/3) as a1,mod(max(a),3) as a2
from gdyz.hjcgc2 group by accper ;
quit;
data gdyz.dhjcgc1(keep=stkcd accper year month group2 hjcgc);
set gdyz.dhjcgc;
if a<=a1 then group2=1;
if a1<a<2*a1 then group2=2;
if a>2*a1 then group2=3;
run;
/*合并数据集*/
proc sql;
create table gdyz.d1 as
   select *
   from gdyz.dhjcg1,gdyz.dhjcgc1
```

```
    where dhjcg1.stkcd=dhjcgc1.stkcd and dhjcg1.accper=dhjcgc1.accper;
    quit;
/*生成新的分组*/
data gdyz.d1;
set gdyz.d1;
group=group1*10+group2;
if stkcd='没有单位' then delete;
run;
proc sort data=gdyz.d1;
by accper group;
run;
/*计算每季度各组平均超额收益*/
proc sql;
create table gdyz.d2 as
select stkcd,accper,group,hjcgc,hjcg,month,avg(rate) as ar,avg(ratem) as arm,avg(ratef) as arf,avg(r_rf) as ar_rf,avg(r_rm) as ar_rm
    from gdyz.d1
    group by accper,group;
quit;
proc sort nodupkey data=gdyz.d2;
by accper group;
run;
/*计算战胜概率*/
data gdyz.d2;
set gdyz.d2;
if ar_rm>0 then t=1;
else t=0;
s=1;
run;
proc sql;
create table gdyz.d2 as
select *,sum(t) as count,sum(s) as all
from gdyz.d2
group by group;
quit;
data gdyz.d2;
set gdyz.d2;
prob=count/all;
run;
    proc univariate data=gdyz.d2;
class group;
var ar arf arm ar_rf ar_rm;output out=gdyz.d3 sum=sar sarf sarm sar_rf sar_rm mean=mar marf
```

marm mar_rf mar_rm;run;
（四因子策略）
```
    proc sort data=gdyz.hjcg2;
    by accper stkcd;
    run;
    proc sort data=gdyz.hjcgc2;
    by accper stkcd;
    run;
    proc sort data=gdyz.jgcgc2;
    by accper stkcd;
    run;
    proc sort data=gdyz.jgcg2;
    by accper stkcd;
    run;
    proc rank data=gdyz.hjcg2 out=gdyz.dd11 ties=mean percent ;
    var hjcg;
    ranks rank_a; /* rank_a 是分位数 */
    by accper; /* 这里是分组变量 */
    run;
    data gdyz.dd11;
    set gdyz.dd11;
    if rank_a<70 then delete;
    run;
    proc rank data=gdyz.hjcgc2 out=gdyz.dd21 ties=mean percent ;
    var hjcgc;
    ranks rank_b; /* rank_a 是分位数 */
    by accper; /* 这里是分组变量 */
    run;
    data gdyz.dd21;
    set gdyz.dd21;
    if rank_b<70 then delete;
    run;
    proc rank data=gdyz.jgcgc2 out=gdyz.dd31 ties=mean percent ;
    var jgcgc;
    ranks rank_c; /* rank_a 是分位数 */
    by accper; /* 这里是分组变量 */
    run;
    data gdyz.dd31;
    set gdyz.dd31;
    if rank_c<70 then delete;
    run;
    proc rank data=gdyz.jgcg2 out=gdyz.dd41 ties=mean percent ;
```

```
var jgcg;
ranks rank_d; /* rank_a 是分位数 */
by accper; /* 这里是分组变量 */
run;
data gdyz.dd41;
set gdyz.dd41;
if rank_d<70 then delete;
run;
proc sql;
create table gdyz.dd1 as
select * from gdyz.dd11,gdyz.dd21,gdyz.dd31,gdyz.dd41 where dd11.stkcd=dd21.stkcd=dd31.stkcd=dd41.stkcd and dd11.accper=dd21.accper=dd31.accper=dd41.accper;
quit;
data gdyz.dd1;
set gdyz.dd1;
year1=year+0;
month1=month+0;
drop month year;
rename month1=month;
rename year1=year;
run;
proc sql;
create table gdyz.dd2 as
select stkcd,accper,hjcg,hjcgc,jgcg,jgcgc,month,avg(rate) as ar,avg(ratem) as arm,avg(ratef) as arf,avg(r_rf) as ar_rf,avg(r_rm) as ar_rm
from gdyz.dd1
group by accper;
quit;
proc sort nodupkey data=gdyz.dd2;
by accper;
run;
proc univariate data=gdyz.dd2;
var ar arf arm;output out=gdyz.dd3 sum=sar sarf sarm mean=mar marf marm;run;
```

第七章 波 动 因 子

一、投 资 要 点

本章主要分析波动因子(波动率、波动率变化、振幅、振幅变化等)的历史表现。

(1) 由波动率最低的 50 只股票构成的等权重组合大幅跑赢沪深 300 指数,2005 年 1 月至 2017 年 9 月的累计收益率为 908.00%,年化收益率为 25.28%;同期沪深 300 指数的累计收益率为 204.12%,年化收益率为 11.46%。

(2) 由波动率变化最小的 50 只股票构成的等权重组合大幅跑赢沪深 300 指数,2005 年 1 月至 2017 年 9 月的累计收益率为 713.05%,年化收益率为 22.69%;同期沪深 300 指数的累计收益率为 204.12%,年化收益率为 11.46%。

(3) 由振幅最低的 50 只股票构成的等权重组合大幅跑赢沪深 300 指数,2005 年 1 月至 2017 年 9 月的累计收益率为 1587.07%,年化收益率为 31.74%;同期沪深 300 指数的累计收益率为 204.12%,年化收益率为 11.46%。

(4) 由振幅变化最大的 50 只股票构成的等权重组合大幅跑赢沪深 300 指数,2005 年 1 月至 2017 年 9 月的累计收益率为 374.72%,年化收益率为 16.41%;同期沪深 300 指数的累计收益率为 204.12%,年化收益率为 11.46%。

二、实 现 过 程

我们采用排序法对各因子进行分析。

(1) 研究范围为上市股票中根据指标选取的前 800 只;

(2) 研究期间为 2005 年 1 月至 2017 年 9 月;

(3) 组合调整周期为月,每月最后一个交易日收盘后构建下一期的组合;

(4) 按各指标排序,把 800 只成份股分成(1—50)(1—100)(101—200)(201—300)(301—400)(401—500)(501—600)(601—700)(701—800)(751—800)10 个组合;

(5) 组合构建时股票的买入卖出价格为组合调整日收盘价;

(6) 组合构建时为等权重;

(7) 在持有期内,若某只成份股被调出前 800 只,不对组合进行调整;

(8) 组合构建时,买卖冲击成本为 0.1%,买卖佣金为 0.1%,印花税为 0.1%;

(9) 主要盈利性指标有波动率、波动率变化、振幅、振幅变化等。

三、波动因子指标介绍

（一）波动率（变化）

波动率是指标的资产投资回报率的变化程度。从统计角度看，它是以复利计的标的资产投资回报率的标准差。从经济意义上解释，产生波动率的主要原因来自以下三个方面：

(1) 宏观经济因素对某个产业部门的影响，即所谓的系统风险；
(2) 特定事件对某个企业的冲击，即所谓的非系统风险；
(3) 投资者心理状态或预期的变化对股票价格所产生的作用。

计算公式是：

波动率＝[有重要意义的第二高(低)点－有重要意义的第一高(低)点]/两高(低)点间的时间

（二）振幅（变化）

股票振幅就是股票开盘后的当日最高价和最低价之间的差的绝对值与前日收盘价的百分比，它在一定程度上表现股票的活跃程度。如有一股票，昨天收盘价是10元，今天最高上涨到11元，上涨10％，最低到过9元，下跌10％，那么振幅就为20％。简单来说，股票的振幅就是股票开盘后的当日最高价和最低价之间的差和前日收盘价的比差。

计算公式是：

$$振幅＝（当日最高点的价格－当日最低点的价格）/昨天收盘价×100\%$$

或者

$$振幅＝最高点的幅度＋最低点的幅度$$

股票振幅的数据分析，对考察股票有较大的帮助，一般可以预示几种可能：

(1) 庄家高度控盘，散户手中流动的筹码很少，数量不多的成交量导致股价出现很大波动；
(2) 庄家通过大幅拉高或杀跌进行吸筹或出货的操作；
(3) 处于多空明显分歧的阶段，如某股票在连续上涨或者涨停后，打开涨停或跌停时，就会出现较大的价格波动。

四、单因子测试结果

（一）波动率

由表7-1可知，从2005年至2017年的区间累计收益看，波动率由高至低排序时，整体上说，波动率越高，表现越好。波动率较高股票构成的组合(1—50)、组合(1—100)表现较好，其他组合的表现均超过沪深300指数。

表 7-1　波动率由高到低排序处于各区间的组合表现

波动率由高到低排	2005年1月到2017年9月	年化收益率	跑赢沪深300次数	跑赢沪深300概率
沪深300指数	204.12%	11.46%		
1	1194.23%	28.38%	92	58.97%
2	201.94%	11.38%	84	53.85%
3	243.76%	12.80%	76	48.72%
4	253.10%	13.10%	80	51.28%
5	311.49%	14.80%	83	53.21%
6	347.33%	15.74%	83	53.21%
7	376.88%	16.46%	80	51.28%
8	386.74%	16.70%	84	53.85%
9	383.39%	16.62%	91	58.33%
10	372.97%	16.37%	87	55.77%

由表 7-2 可知,由波动率最低的 50 只股票构成的等权重组合大幅跑赢沪深 300 指数,2007 年 3 月至 2017 年 9 月的累计收益率为 908.00%,年化收益率为 25.28%;同期沪深 300 指数的累计收益率为 204.12%,年化收益率为 11.46%。

表 7-2　波动率由低到高排序处于各区间的组合表现

波动率由低到高排	2005年1月到2017年9月	年化收益率	跑赢沪深300次数	跑赢沪深300概率
沪深300指数	204.12%	11.46%		
1	908.00%	25.28%	109	69.87%
2	458.27%	18.27%	93	59.62%
3	373.14%	16.37%	93	59.62%
4	345.74%	15.70%	92	58.97%
5	362.35%	16.11%	95	60.90%
6	416.40%	17.37%	97	62.18%
7	395.88%	16.91%	93	59.62%
8	396.70%	16.93%	92	58.97%
9	401.28%	17.03%	97	62.18%
10	424.17%	17.54%	94	60.26%

由表 7-3、7-4 可知,从各组合的绩效指标看,高波动率股票组合的表现略差于低波动率股票组合,各组的 Alpha 值均为正。

表 7-3 波动率由高到低排序处于各区间的组合的绩效分析

g	Alpha	Beta	Sharpe	TR	IR	Jensen
1	0.01124	0.99514	0.16219	0.33974	0.16866	−30.37607
2	0.01087	1.00122	0.05955	0.33768	0.06598	1.83728
3	0.01091	1.00624	0.06486	0.33600	0.07957	1.98813
4	0.01087	1.01141	0.07078	0.33428	0.07948	1.85695
5	0.01091	1.00940	0.09421	0.33494	0.10341	0.62693
6	0.01087	1.00834	0.12310	0.33530	0.13185	−1.41262
7	0.01080	1.00931	0.09319	0.33497	0.09879	2.32612
8	0.01088	1.00178	0.11480	0.33749	0.12881	2.41620
9	0.01098	0.99279	0.14764	0.34055	0.15245	0.82016
10	0.01116	0.98145	0.14558	0.34448	0.15046	−0.48397

表 7-4 波动率由低到高排序处于各区间的组合的绩效分析

g	Alpha	Beta	Sharpe	TR	IR	Jensen
1	0.0115	0.9851	0.1704	0.3432	0.1795	−2.4521
2	0.0115	0.9797	0.1082	0.3451	0.1131	2.2468
3	0.0115	0.9532	0.1371	0.3547	0.1560	−0.9392
4	0.0114	0.9501	0.1456	0.3558	0.1583	−0.4022
5	0.0112	0.9703	0.1283	0.3485	0.1389	−0.0093
6	0.0113	0.9730	0.1560	0.3475	0.1651	2.0352
7	0.0112	0.9839	0.1481	0.3436	0.1565	−0.0790
8	0.0111	0.9861	0.1498	0.3429	0.1676	−1.1974
9	0.0109	1.0004	0.1639	0.3379	0.1690	−0.3827
10	0.0108	1.0060	0.1703	0.3361	0.1753	0.0576

2005年以来,高波动率股票组合(1—50)整体上跑赢沪深300指数。市场处于上涨初期(2008年6月至2009年3月)时,高波动率股票组合(1—50)表现较好;在2007年3月至2008年3月的这轮大熊市中,高波动率股票组合(1—50)在熊市初期表现较好,熊市末期表现较差。而在2015年的大牛市中,高波动率股票组合(1—50)以及低波动率股票组合(1—50)表现十分抢眼。如图7-1、7-2所示。

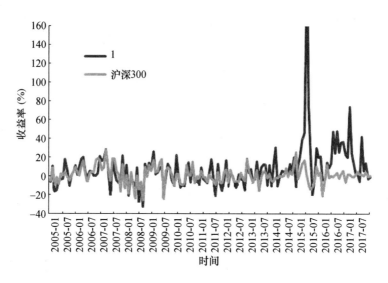

图 7-1 高波动率股票组合表现

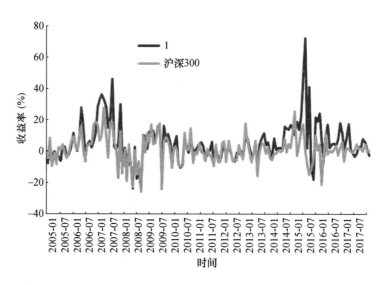

图 7-2 低波动率股票组合表现

2005 年以来,高波动率组合整体上与低净资产收益率组合收益基本一致,没有明显战胜。如图 7-3、7-4 所示。

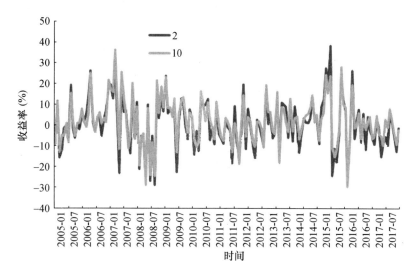

图 7-3 高波动率组合 2 与组合 10 的表现对比

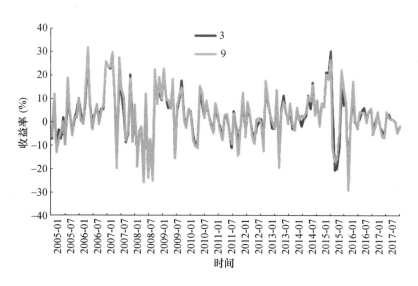

图 7-4 低波动率组合 3 与组合 9 的表现对比

(二) 波动率变化

由表 7-5 可知,从 2005 年至 2017 年的区间累计收益看,整体上说,波动率变化越低,表现越好。波动率变化较低股票构成的组合(401—500)、组合(601—700)表现较好;其他组合的表现均好于沪深 300 指数。

表 7-5　波动率变化由高到低排序处于各区间的组合表现

波动率变化由高到低排	2005年1月到2017年9月	年化收益率	跑赢沪深300次数	跑赢沪深300概率
沪深300指数	204.12%	11.46%		
1	1174.85%	28.19%	91	58.33%
2	329.14%	15.27%	79	50.64%
3	346.82%	15.73%	82	52.56%
4	336.46%	15.46%	88	56.41%
5	372.68%	16.36%	79	50.64%
6	367.41%	16.23%	90	57.69%
7	367.14%	16.23%	88	56.41%
8	376.15%	16.45%	92	58.97%
9	358.09%	16.01%	84	53.85%
10	364.75%	16.17%	87	55.77%

由波动率变化最低的50只股票构成的等权重组合大幅跑赢沪深300指数，2005年3月至2017年9月的累计收益率为713.05%，年化收益率为22.69%；同期沪深300指数的累计收益率为204.12%，年化收益率为11.46%。如表7-6所示。

表 7-6　波动率变化由低到高排序处于各区间的组合表现

波动率变化由低到高排	2005年1月到2017年9月	年化收益率	跑赢沪深300次数	跑赢沪深300概率
沪深300指数	204.12%	11.46%		
1	713.05%	22.69%	101	64.74%
2	373.62%	16.38%	82	52.56%
3	322.05%	15.08%	89	57.05%
4	349.08%	15.78%	90	57.69%
5	388.31%	16.73%	88	56.41%
6	352.75%	15.87%	89	57.05%
7	364.61%	16.17%	89	57.05%
8	390.88%	16.79%	90	57.69%
9	323.19%	15.11%	86	55.13%
10	382.39%	16.59%	87	55.77%

从各组合的绩效指标看,高波动率变化股票组合的表现与低波动率变化股票组合无太大差别,组合的 Alpha 值均为正,其月超额收益率在 5% 的显著水平下显著为正。如表 7-7、7-8 所示。

表 7-7 波动率变化由高到低排序处于各区间的组合的绩效分析

g	Alpha	Beta	Sharpe	TR	IR	Jensen
1	0.01113	0.99673	0.16075	0.33920	0.16728	−21.65917
2	0.01090	0.99336	0.10551	0.34035	0.11221	−2.84648
3	0.01090	0.99943	0.08641	0.33829	0.09932	−6.82623
4	0.01099	0.99375	0.11224	0.34022	0.12231	−1.82428
5	0.01083	1.00009	0.08502	0.33806	0.09185	−2.54491
6	0.01098	0.99946	0.13339	0.33827	0.14231	1.60810
7	0.01105	0.98194	0.13590	0.34431	0.14429	0.31874
8	0.01088	0.99279	0.13335	0.34055	0.15014	0.34852
9	0.01105	0.98170	0.13983	0.34440	0.14472	0.56912
10	0.01112	0.97641	0.14609	0.34626	0.15110	2.35894

表 7-8 波动率变化由低到高排序处于各区间的组合的绩效分析

g	Alpha	Beta	Sharpe	TR	IR	Jensen
1	0.01135	0.99346	0.13300	0.34032	0.14214	2.11856
2	0.01155	0.96634	0.13359	0.34987	0.14101	−1.78110
3	0.01117	0.98070	0.11213	0.34475	0.13038	1.36889
4	0.01095	0.99228	0.12815	0.34072	0.13920	−1.77280
5	0.01104	0.99725	0.10995	0.33902	0.11840	3.00915
6	0.01102	0.99111	0.13429	0.34112	0.14368	−0.31342
7	0.01107	0.98603	0.13242	0.34288	0.14066	−0.33754
8	0.01095	0.99493	0.14206	0.33981	0.15919	−0.62111
9	0.01094	0.98648	0.13119	0.34273	0.13629	0.37437
10	0.01089	0.99056	0.15166	0.34131	0.15661	0.00233

2005 年以来,除 2015 年数据差别较大外,低波动率变化组合的表现和高波动率变化组合相差无几。如图 7-5、7-6 所示。

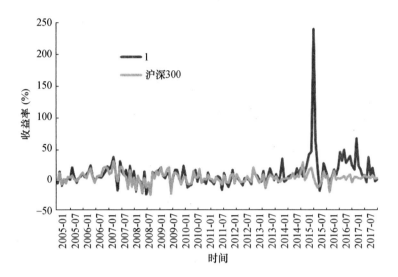

图 7-5 高波动率变化股票组合表现

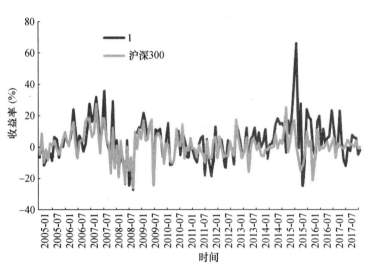

图 7-6 低波动率变化股票组合表现

高波动率变化组合 1 与组合 9 的表现主要在 2015 年至 2017 年期间差别较大,如图 7-7 所示;而低波动率变化组合 2 与组合 9 的表现整体上差别较小,如图 7-8 所示。

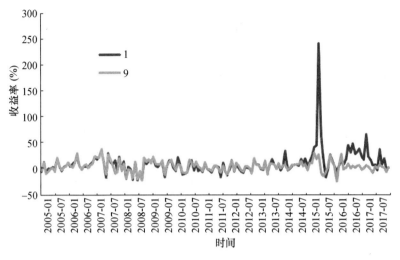

图 7-7　高波动率变化组合 1 与组合 9 的表现对比

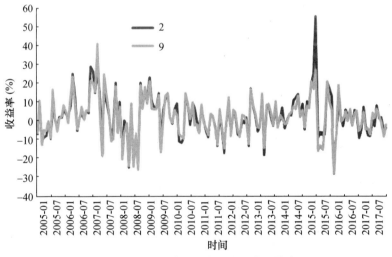

图 7-8　低波动率变化组合 2 与组合 9 的表现

(三) 振幅

由表 7-9 可知,从 2005 年至 2017 年的区间累计收益看,整体上说,振幅越低,表现越好。

表 7-9　振幅由高到低排序处于各区间的组合表现

振幅 由高到低排	2005 年 1 月到 2017 年 9 月	年化收益率	跑赢沪深 300 次数	跑赢沪深 300 概率
沪深 300 指数	204.12%	11.46%		
1	57.41%	4.53%	78	50.00%

(续表)

振幅 由高到低排	2005年1月到 2017年9月	年化收益率	跑赢沪深 300次数	跑赢沪深 300概率
2	164.35%	9.95%	75	48.08%
3	228.13%	12.29%	75	48.08%
4	249.18%	12.97%	77	49.36%
5	285.35%	14.07%	80	51.28%
6	301.61%	14.53%	78	50.00%
7	310.70%	14.78%	86	55.13%
8	331.06%	15.32%	87	55.77%
9	409.70%	17.22%	88	56.41%
10	358.89%	16.03%	88	56.41%

由振幅最低的50只股票构成的等权重组合大幅跑赢沪深300指数，2005年1月至2017年9月的累计收益率为1587.07%，年化收益率为31.74%；同期沪深300指数的累计收益率为204.12%，年化收益率为11.46%。如表7-10所示。

表7-10 振幅由低到高排序处于各区间的组合表现

振幅 由低到高排	2005年1月到 2017年9月	年化收益率	跑赢沪深 300次数	跑赢沪深 300概率
沪深300指数	204.12%	11.46%		
1	1587.07%	31.74%	116	74.36%
2	620.74%	21.25%	96	61.54%
3	440.97%	17.90%	98	62.82%
4	455.44%	18.21%	99	63.46%
5	436.53%	17.81%	98	62.82%
6	418.03%	17.41%	91	58.33%
7	429.35%	17.65%	95	60.90%
8	433.53%	17.74%	99	63.46%
9	376.72%	16.46%	96	61.54%
10	404.13%	17.10%	93	59.62%

从各组合的绩效指标看，高振幅股票组合的表现与低振幅股票组合差别不大，组合的Alpha值均为正。如表7-11、7-12所示。

表7-11 振幅由高到低排序处于各区间的组合的绩效分析

g	Alpha	Beta	Sharpe	TR	IR	Jensen
1	0.01085	0.98784	0.00347	0.34225	0.01723	3.97550
2	0.01092	0.97637	0.05043	0.34627	0.05729	0.26011
3	0.01091	1.00392	0.06516	0.33677	0.08121	1.78397
4	0.01092	1.00148	0.08048	0.33759	0.09055	2.02411

(续表)

g	Alpha	Beta	Sharpe	TR	IR	Jensen
5	0.01093	1.00475	0.08149	0.33649	0.09025	0.36828
6	0.01084	1.00872	0.09909	0.33517	0.10728	1.40636
7	0.01088	0.99419	0.11209	0.34007	0.12037	5.27179
8	0.01091	0.99955	0.11007	0.33824	0.12609	−1.57507
9	0.01100	0.99420	0.11779	0.34007	0.12137	3.37786
10	0.01093	1.00190	0.13483	0.33745	0.13953	−0.80420

表 7-12 振幅由低到高排序处于各区间的组合的绩效分析

g	Alpha	Beta	Sharpe	TR	IR	Jensen
1	0.01135	0.99349	0.21222	0.34031	0.21853	−0.19052
2	0.01115	0.98813	0.13125	0.34215	0.13555	−1.44219
3	0.01126	0.97389	0.15504	0.34715	0.17270	1.41948
4	0.01111	0.99443	0.11477	0.33998	0.12221	1.11101
5	0.01118	0.98403	0.16648	0.34358	0.17777	−0.32533
6	0.01123	0.98046	0.16484	0.34483	0.17445	−0.54159
7	0.01114	0.98955	0.16324	0.34166	0.17178	0.21786
8	0.01116	0.98007	0.16032	0.34497	0.17755	−0.41016
9	0.01100	0.98943	0.15290	0.34171	0.15797	1.64223
10	0.01099	0.98694	0.16221	0.34257	0.16722	2.01981

2005 年以来,高振幅股票组合的表现整体上超过沪深 300 指数。如图 7-9 所示。

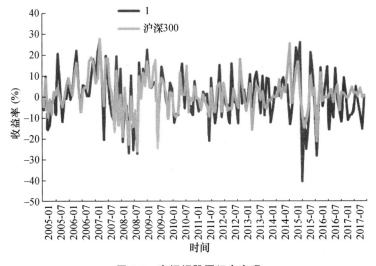

图 7-9 高振幅股票组合表现

低振幅组合 1 的表现主要是在 2015 年至 2017 年明显超过沪深 300 指数，如图 7-10 所示。

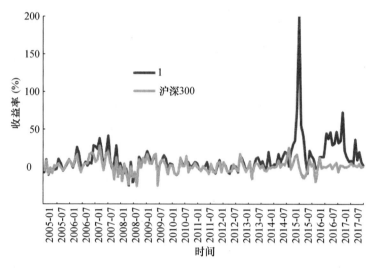

图 7-10　低振幅股票组合表现

2005 年以来，高振幅组合 1 与组合 10 差别不大，2015 年低振幅组合 1 与组合 7 表现出较大差异。如图 7-11、7-12 所示。

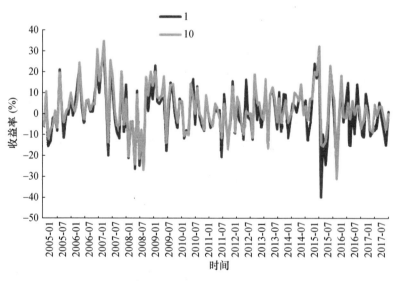

图 7-11　高振幅组合 1 与组合 10 的表现对比

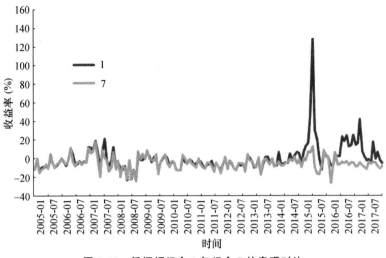

图 7-12　低振幅组合 1 与组合 7 的表现对比

(四) 振幅变化

由表 7-13 可知,从 2005 年至 2017 年的区间累计收益看,整体上说,振幅变化不同组合的表现差别不大,表现均好于沪深 300 指数。

由振幅变化最高的 50 只股票构成的等权重组合大幅跑赢沪深 300 指数,2005 年 1 月至 2017 年 9 月的累计收益率为 374.72%,年化收益率为 16.41%;同期沪深 300 指数的累计收益率为 204.12%,年化收益率为 11.46%。

表 7-13　振幅变化由高到低排序处于各区间的组合表现

振幅变化 由高到低排	2005 年 1 月到 2017 年 9 月	年化收益率	跑赢沪深 300 次数	跑赢沪深 300 概率
沪深 300 指数	204.12%	11.46%		
1	374.72%	16.41%	87	55.77%
2	395.53%	16.90%	86	55.13%
3	407.72%	17.18%	90	57.69%
4	347.05%	15.73%	89	57.05%
5	354.07%	15.91%	88	56.41%
6	401.20%	17.03%	95	60.90%
7	382.68%	16.60%	88	56.41%
8	405.53%	17.13%	98	62.82%
9	401.28%	17.03%	88	56.41%
10	361.46%	16.09%	83	53.21%

从各组合的绩效指标看,高振幅变化股票组合的表现与低振幅变化股票组合差别不大,所有组合的 Alpha 均值为正。如表 7-14 所示。

表 7-14 振幅变化由高到低排序处于各区间的组合的绩效分析

g	Alpha	Beta	Sharpe	TR	IR	Jensen
1	0.0109	0.9948	0.1117	0.3398	0.1272	−1.1706
2	0.0108	1.0025	0.1137	0.3372	0.1197	2.4620
3	0.0109	0.9932	0.0973	0.3404	0.1094	0.1272
4	0.0109	0.9954	0.1163	0.3396	0.1264	0.9014
5	0.0110	0.9918	0.1263	0.3409	0.1370	−2.1406
6	0.0110	0.9976	0.1189	0.3389	0.1261	0.0478
7	0.0110	0.9892	0.1351	0.3418	0.1430	−0.5277
8	0.0111	0.9878	0.1254	0.3423	0.1399	0.9030
9	0.0110	0.9987	0.1044	0.3385	0.1077	2.9868
10	0.0111	0.9946	0.1373	0.3399	0.1420	−2.1949

2005 年以来,高振幅变化组合(1—50)整体上跑赢沪深 300 指数。如图 7-13 所示。

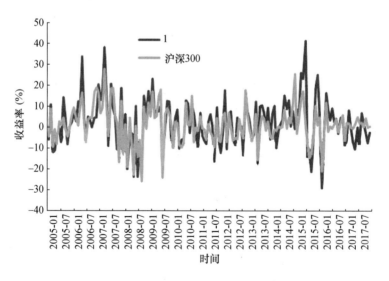

图 7-13 高振幅变化股票组合表现

2005 年以来,高振幅变化组合整体的表现并没有好于低振幅变化组合。如图 7-14 所示。

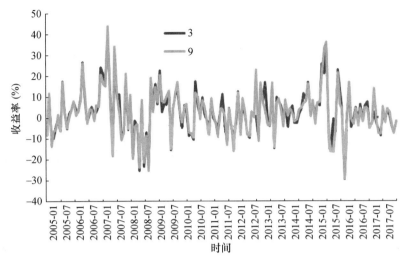

图 7-14　高振幅变化组合 3 与组合 9 的表现对比

五、结　　论

通过对 2005 年以来市场的分析，整体上来说，从波动率、波动率变化、振幅、振幅变化等波动性指标看，波动性较强股票构成的组合表现较好，整体上超越沪深 300 指数，也优于波动性较弱股票构成的组合。但波动率变化较高股票构成的组合表现反而较差，虽好于沪深 300 指数，但落后于波动变化较低股票构成的组合。

波动因子（波动率、波动率变化、振幅、振幅变化）是影响股票收益的重要因子，其中波动率指标的影响较为显著。

六、多因子测试结果

(一) 双因子(波动率、振幅)

1. 选股策略

(1) 分析方法为排序法；

(2) 研究范围为上市股票中根据指标选取的前 800 只，研究期间为 2005 年 1 月至 2017 年 9 月；

(3) 由于波动率与振幅效果相对显著，采取波动率、振幅作为构建组合的双因子；

(4) 分别按波动率与振幅排序，把 800 只成份股从大到小等分成 3 份，分别标号 1、2、3（其中 1 中的股票波动率或振幅最大），然后构建组合 11、12、13、21、22、23、31、32、33。如 11 代表波动率与振幅标号为 1 的股票重合部分，33 代表波动率与振幅标号为 3 的股票重合部分；

(5) 组合构建时股票的买入卖出价格为组合调整日收盘价;
(6) 组合构建时为等权重;
(7) 组合调整周期为月,每月最后一个交易日收盘后构建下一期的组合;
(8) 组合构建时,买卖冲击成本为 0.1%,买卖佣金为 0.1%,印花税为 0.1%;
(9) 在持有期内,若某只成份股被调出前 800 只,不对组合进行调整。

2. 测试结果

由表 7-15 可知,从 2005 年 1 月至 2017 年 9 月的区间累计收益来看,在 9 个双因子组合当中,组合 13,即波动率最高且振幅最低的组合的表现最好,区间累计收益高达 917.33%。另外,高双指标组合 11 的表现并不好,区间累计收益与沪深 300 指数持平,组合 11 具体表现如图 7-15 所示。

表 7-15 各双因子组合的测试结果

组合	2005 年 1 月到 2017 年 9 月	年化收益率	跑赢沪深 300 次数	跑赢沪深 300 概率
沪深 300 指数	204.12%	11.16%		
11	239.98%	12.68%	78	50.00%
12	370.77%	16.32%	90	57.69%
13	917.33%	25.40%	111	71.15%
21	320.31%	15.04%	83	53.21%
22	405.15%	17.12%	91	58.33%
23	474.94%	18.61%	97	62.18%
31	348.26%	15.76%	87	55.77%
32	380.75%	16.55%	94	60.26%
33	454.93%	18.20%	100	63.69%

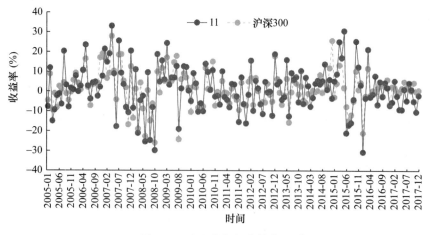

图 7-15 高双指标组合的表现

(二) 四因子(波动率、波动率变化、振幅、振幅变化)

1. 选股策略

(1) 分析方法为排序法;

(2) 研究范围为上市股票中根据指标选取的前 800 只,研究期间为 2005 年 1 月至 2017 年 9 月;

(3) 考虑的主要盈利性指标有波动率、波动率变化、振幅、振幅变化;

(4) 分别按波动率、波动率变化、振幅、振幅变化排序,分别选取各自排名靠前的 1/3 股票,标号为 1,然后构建组合 1111,代表这四组股票中的重合部分;

(5) 组合构建时股票的买入卖出价格为组合调整日收盘价;

(6) 组合构建时为等权重;

(7) 组合调整周期为月,每月最后一个交易日收盘后构建下一期的组合;

(8) 组合构建时,买卖冲击成本为 0.1%,买卖佣金为 0.1%,印花税为 0.1%;

(9) 在持有期内,若某只成份股被调出前 800 只,不对组合进行调整。

2. 测试结果

表 7-16 和图 7-16 分别显示了高四指标组合的测试结果以及每期表现,高四指标组合在测试区间内能够获得 464.22% 的累计收益,年化收益率 18.39%,跑赢沪深 300 指数的概率为 62.18%。

表 7-16 四因子组合的测试结果

组合	2005 年 1 月到 2017 年 9 月	年化收益率	跑赢沪深 300 次数	跑赢沪深 300 概率
沪深 300 指数	204.12%	11.46%		
1111	464.22%	18.39%	97	62.18%

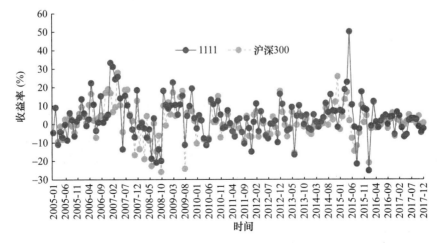

图 7-16 各四因子组合的表现

七、SAS 语句解析

此次只列举了波动率单因子和多因子策略语句,其他单因子策略语句与净利润增长因子策略基本一致,不再赘述。(波动率:stdm;波动率变化率:stdmc;振幅:zf;振幅变化率:zfc)

(一) 波动率单因子策略语句

```
/* 按照 stdm 逆序排列,即 stdm 大的股票排在前 */
proc sort data=yyyz.total1;
by accper decending stdm ;
run;
/* 生成变量 a,代表每季度股票根据 STDM 排序的位置 */
data yyyz.stdm;
set yyyz.total1;
by accper;
if first.accper then a=1;
else a+1;
run;
/* 按照排序结果将股票分组 */
data yyyz.stdm2;
set yyyz.stdm;
if a<=50 then g=1;
if 50<a<=100 then g=2;
if 100<a<=200 then g=3;
if 200<a<=300 then g=4;
if 300<a<=400 then g=5;
if 400<a<=500 then g=6;
if 500<a<=600 then g=7;
if 600<a<=700 then g=8;
if 700<a<=750 then g=9;
if 750<a<=800 then g=10;
run;
/* 生成相对无风险利率的超额收益率及相对市场收益率的超额收益率,去除空数据 */
data yyyz.stdm2;
set yyyz.stdm2;
r_rf=rate-ratef;
r_rm=rate-ratem;
if stkcd='没有单位' then delete;
run;
```

```
/*计算每季度各组平均超额收益*/
proc sql;
create table yyyz.stdm3 as
    select stkcd,accper,g,stdm,month,avg(rate) as ar,avg(ratef) as arf,avg(ratem) as arm,avg(r_rf) as ar_rf,avg(r_rm) as ar_rm
    from yyyz.stdm2
    group by accper,g;
quit;
    proc sort nodupkey data=yyyz.stdm3;
by accper g;
run;
/*计算每季度各组战胜概率*/
data yyyz.stdm3;
set yyyz.stdm3;
if ar_rm>0 then t=1;
else t=0;
s=1;
run;
proc sql;
create table yyyz.stdm3 as
select *,sum(t) as count,sum(s) as all
from yyyz.stdm3
group by g;
quit;
data yyyz.stdm3;
set yyyz.stdm3;
prob=count/all;
run;
/*对结果进行统计分析*/
proc univariate data=yyyz.stdm3;
class g;
var ar arf arm ar_rf ar_rm;output out=yyyz.stdm4 sum=sar sarf sarm sar_rf sar_rm mean=mar marf marm mar_rf mar_rm;run;
proc summary data=yyyz.stdm2 nway missing;
class g;
var rate ;output out=yyyz.stdm22 std=std;run;
/*构成CAPM模型,计算Beta值*/
proc sort data=yyyz.stdm2;
by g;
proc reg data=yyyz.stdm2 outest=yyyz.cstdm1 rsquare adjrsq cp;
by g;
model r_rf=r_rm/dw spec;
```

```
slope:test r_rm=1;
/* output out=czyz.cyysrr1 r=r p=p l95=l u95=u Intercept=c r_rm=r_m; */
run;quit;
data yyyz.cstdm2(keep=g alpha beta);
set yyyz.cstdm1;
rename Intercept=alpha;
rename r_rm=beta;
run;
proc sql;
create table yyyz.stdm8 as
  select *
  from yyyz.stdm2,yyyz.stdm22,yyyz.stdm4,yyyz.cstdm2
  where stdm22.g=stdm2.g=stdm4.g=cstdm2.g;
  quit;
/*计算夏普比率,信息比率,特雷诺比率和詹森指数*/
data yyyz.stdm8(keep=accper g alpha beta sharpe TR jensen1 IR);
set yyyz.stdm8;
sharpe=(mar-rf)/std;
TR=sarf/beta;
jensen1=mar-alpha-beta*r_rm;
IR=mar/std;
run;
    proc sort nodupkey data=yyyz.stdm8;
by accper g;
run;
proc sql;
create table yyyz.stdm8 as
select g, alpha, beta, sharpe, TR, IR, sum(jensen1) as jensen
from yyyz.stdm8
group by g;
quit;
    proc sort nodupkey data=yyyz.stdm8;
by g;
run;
```

(二) 多因子策略语句

```
(stdm、stdmc 策略)
/*将 stdm2 数据集根据 stdm 排序每季度分为三组*/
proc sql;
create table yyyz.dstdm as
select *,int(max(a)/3) as a1,mod(max(a),3) as a2
```

```
   from yyyz.stdm2 group by accper；
quit；
data yyyz.dstdm1；
set yyyz.dstdm；
if a<=a1 then group1=1；
if a1<a<2*a1 then group1=2；
if a>2*a1 then group1=3；
run；
```
/*将 stdmc2 数据集根据 stdmc 排序每季度分为三组,注意 stdmc2 数据集可以通过上文单因子策略语句运算 stdmc 单因子策略时获得。*/
```
proc sql；
create table yyyz.dstdmc as
select *,int(max(a)/3) as a1,mod(max(a),3) as a2
from yyyz.stdmc2 group by accper；
quit；
data yyyz.dstdmc1(keep=stkcd accper year month group2 stdmc)；
set yyyz.dstdmc；
if a<=a1 then group2=1；
if a1<a<2*a1 then group2=2；
if a>2*a1 then group2=3；
run；
```
/*合并数据集*/
```
proc sql；
create table yyyz.d1 as
   select *
   from yyyz.dstdm1,yyyz.dstdmc1
   where dstdm1.stkcd=dstdmc1.stkcd and dstdm1.accper=dstdmc1.accper；
   quit；
```
/*生成新的分组*/
```
data yyyz.d1；
set yyyz.d1；
group=group1*10+group2；
if stkcd='没有单位' then delete；
run；
proc sort data=yyyz.d1；
by accper group；
run；
```
/*计算每季度各组平均超额收益*/
```
proc sql；
create table yyyz.d2 as
select stkcd,accper,group,stdmc,stdm,month,avg(rate) as ar,avg(ratem) as arm,avg(ratef) as arf,avg(r_rf) as ar_rf,avg(r_rm) as ar_rm
```

```
from yyyz.d1
group by accper,group;
quit;
proc sort nodupkey data=yyyz.d2;
by accper group;
run;
/*计算战胜概率*/
data yyyz.d2;
set yyyz.d2;
if ar_rm>0 then t=1;
else t=0;
s=1;
run;
proc sql;
create table yyyz.d2 as
select *,sum(t) as count,sum(s) as all
from yyyz.d2
group by group;
quit;
data yyyz.d2;
set yyyz.d2;
prob=count/all;
run;
    proc univariate data=yyyz.d2;
class group;
var ar arf arm ar_rf ar_rm;output out=yyyz.d3 sum=sar sarf sarm sar_rf sar_rm mean=mar marf marm mar_rf mar_rm;run;
(四因子策略)
proc sort data=yyyz.stdm2;
by accper stkcd;
run;
proc sort data=yyyz.stdmc2;
by accper stkcd;
run;
proc sort data=yyyz.zfc2;
by accper stkcd;
run;
proc sort data=yyyz.zf2;
by accper stkcd;
run;
proc rank data=yyyz.stdm2 out=yyyz.dd11 ties=mean percent ;
var stdm;
```

```
ranks rank_a; /* rank_a 是分位数 */
by accper; /* 这里是分组变量 */
run;
data yyyz.dd11;
set yyyz.dd11;
if rank_a<70 then delete;
run;
proc rank data=yyyz.stdmc2 out=yyyz.dd21 ties=mean percent ;
var stdmc;
ranks rank_b; /* rank_a 是分位数 */
by accper; /* 这里是分组变量 */
run;
data yyyz.dd21;
set yyyz.dd21;
if rank_b<70 then delete;
run;
proc rank data=yyyz.zfc2 out=yyyz.dd31 ties=mean percent ;
var zfc;
ranks rank_c; /* rank_a 是分位数 */
by accper; /* 这里是分组变量 */
run;
data yyyz.dd31;
set yyyz.dd31;
if rank_c<70 then delete;
run;
proc rank data=yyyz.zf2 out=yyyz.dd41 ties=mean percent ;
var zf;
ranks rank_d; /* rank_a 是分位数 */
by accper; /* 这里是分组变量 */
run;
data yyyz.dd41;
set yyyz.dd41;
if rank_d<70 then delete;
run;
proc sql;
create table yyyz.dd1 as
    select *
    from yyyz.dd11,yyyz.dd21,yyyz.dd31,yyyz.dd41
    where dd11.stkcd=dd21.stkcd=dd31.stkcd=dd41.stkcd and dd11.accper=dd21.accper=dd31.accper=dd41.accper;
    quit;
    data yyyz.dd1;
```

```
    set yyyz.dd1;
    year1=year+0;
    month1=month+0;
    drop month year;
    rename month1=month;
    rename year1=year;
    run;
proc sql;
create table yyyz.dd2 as
    select stkcd,accper,stdm,stdmc,zf,zfc,month,avg(rate) as ar,avg(ratem) as arm,avg(ratef) as arf,avg(r_rf) as ar_rf,avg(r_rm) as ar_rm
    from yyyz.dd1
    group by accper;
quit;
proc sort nodupkey data=yyyz.dd2;
by accper;
run;
    proc univariate data=yyyz.dd2;
    var ar arf arm;output out=yyyz.dd3 sum=sar sarf sarm mean=mar marf marm;run;
```

第八章 交投因子

一、投资要点

本章主要分析交投因子(换手率、换手率变化等)的历史表现。

(1) 由换手率最低的股票构成的等权重组合10大幅跑赢沪深300指数,2005年1月至2017年9月的累计收益率为393.57%,年化收益率为16.85%;同期沪深300指数的累计收益率为204.12%,年化收益率为11.16%。

(2) 由换手率变化最低的股票构成的等权重组合10大幅跑赢沪深300指数,2005年1月至2017年9月的累计收益率为402.00%,年化收益率为17.05%;同期沪深300指数的累计收益率为204.12%,年化收益率为11.16%。

(3) 通过对2005年以来市场的分析,整体上来说,换手率较低、换手率变化较小的股票组合表现较好,整体上超越沪深300指数,也优于换手率较高、换手率变化较大的股票构成的组合。交投因子(换手率、换手率变化)是影响股票收益的重要因子,其中换手率指标的影响较为显著。

二、实现过程

我们采用排序法对各因子进行分析。

(1) 研究范围为上市股票中根据指标选取的前800只;
(2) 研究期间为2005年1月至2017年9月;
(3) 组合调整周期为月,每月最后一个交易日收盘后构建下一期的组合;
(4) 按各指标排序,把800只成份股分成(1—50)(1—100)(101—200)(201—300)(301—400)(401—500)(501—600)(601—700)(701—800)(751—800)10个组合;
(5) 组合构建时股票的买入卖出价格为组合调整日收盘价;
(6) 组合构建时为等权重;
(7) 在持有期内,若某只成份股被调出前800只,不对组合进行调整;
(8) 组合构建时,买卖冲击成本为0.1%,买卖佣金为0.1%,印花税为0.1%;
(9) 考虑的交投因子有换手率、换手率变化等。

三、交投因子指标介绍

(一) 换手率

换手率也称周转率,指在一定时期内市场中股票转手买卖的频率,是反映股票流通性强弱的指标之一。

换手率计算方式为:

$$换手率 = 某一段时期内的成交量 / 发行总股数 \times 100\%$$

换手率越高,股票的流动性越高,进出市场比较容易,交投活跃,人们购买该只股票的意愿越高;反之,股票的换手率越低,人们的购买意愿越低。

(二) 换手率变化

换手率变化的计算方式为:

$$换手率变化 = 最近1个月日均换手率 / 之前两个月的日均换手率$$

四、单因子测试结果

(一) 换手率

由表8-1可知,从2005年至2017年的区间累计收益看,整体上说,换手率越低,表现越好。换手率较低股票构成的组合10、组合9与组合8表现较好;除组合1之外,其他组合的表现略好于沪深300指数。

表8-1 换手率由高到低排序处于各区间的组合表现

换手率由高到低排	2005年1月到2017年9月	年化收益率	跑赢沪深300次数	跑赢沪深300概率
沪深300指数	204.12%	11.16%		
1	−8.56%	−0.87%	69	44.23%
2	191.48%	11.00%	78	50.00%
3	203.04%	11.42%	76	48.72%
4	257.62%	13.24%	72	46.15%
5	309.69%	14.75%	76	48.72%
6	328.95%	15.27%	76	48.72%
7	333.51%	15.38%	83	53.21%
8	385.54%	16.67%	90	57.69%
9	379.87%	16.53%	88	56.41%
10	393.57%	16.85%	87	55.77%

由表 8-2 可知，由换手率最低的股票构成的等权重组合 1 大幅跑赢沪深 300 指数，2005 年 1 月至 2017 年 9 月的累计收益率为 1672.37%，年化收益率为 32.38%；同期沪深 300 指数的累计收益率为 204.12%，年化收益率为 11.16%。

表 8-2 换手率由低到高排序处于各区间的组合表现

换手率 由低到高排	2005 年 1 月到 2017 年 9 月	年化收益率	跑赢沪深 300 次数	跑赢沪深 300 概率
沪深 300 指数	204.12%	11.16%		
1	1672.37%	32.38%	112	71.79%
2	389.32%	16.76%	99	63.46%
3	458.41%	18.27%	106	67.95%
4	429.88%	17.67%	99	63.46%
5	449.16%	18.08%	98	62.82%
6	463.26%	18.37%	97	62.18%
7	451.51%	18.13%	97	62.18%
8	442.56%	17.94%	98	62.82%
9	396.66%	16.93%	92	58.97%
10	402.00%	17.05%	94	60.26%

从各组合的绩效指标看，高换手率股票组合的表现与低换手率股票组合持平，各组的 Alpha 值均为正。如表 8-3、8-4 所示。

表 8-3 换手率由高到低排序处于各区间的组合的绩效分析

g	Alpha	Beta	Sharpe	TR	IR	Jensen
1	0.0108	0.9878	−0.0178	0.3423	−0.0028	1.4038
2	0.0108	1.0049	0.0463	0.3364	0.0516	3.3119
3	0.0109	1.0024	0.0522	0.3373	0.0671	2.2564
4	0.0109	1.0025	0.0812	0.3373	0.0910	−4.6745
5	0.0109	1.0002	0.0837	0.3380	0.0920	0.2852
6	0.0110	0.9972	0.0996	0.3391	0.1071	1.1184
7	0.0109	1.0022	0.1202	0.3374	0.1284	0.4914
8	0.0109	1.0025	0.1343	0.3372	0.1508	1.3478
9	0.0110	0.9987	0.1367	0.3385	0.1411	1.0315
10	0.0109	1.0015	0.1479	0.3376	0.1526	−3.0795

表 8-4 换手率由低到高排序处于各区间的组合的绩效分析

g	Alpha	Beta	Sharpe	TR	IR	Jensen
1	0.0115	0.9895	0.2154	0.3417	0.2215	−33.0981
2	0.0116	0.9271	0.1640	0.3647	0.1727	−0.5155
3	0.0114	0.9731	0.1489	0.3474	0.1651	1.2947
4	0.0115	0.9661	0.1716	0.3500	0.1834	0.2515
5	0.0112	0.9854	0.1545	0.3431	0.1646	1.7260
6	0.0110	0.9979	0.1568	0.3388	0.1650	0.5601
7	0.0109	1.0006	0.1163	0.3379	0.1221	−0.6046
8	0.0112	0.9839	0.1631	0.3436	0.1802	0.6048
9	0.0108	1.0013	0.1591	0.3377	0.1641	0.9571
10	0.0112	0.9829	0.1647	0.3440	0.1698	−0.8015

2005 年以来,高换手率股票组合 1 整体上与沪深 300 指数持平;相对于沪深 300 指数,组合 1 的变化幅度更加剧烈。如图 8-1 所示。

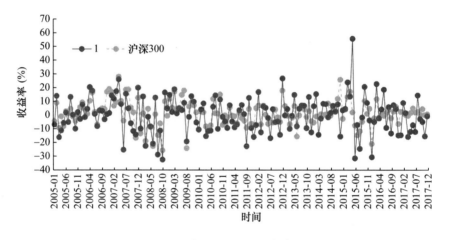

图 8-1 高换手率股票组合表现

2005 年以来,低换手率组合整体上略微跑赢高换手率组合,但是两组合的变化趋势相近。如图 8-2 所示。

(二) 换手率变化

由表 8-5 可知,从 2005 年至 2017 年的区间累计收益看,整体上说,换手率变化越低,表现越好。换手率变化较低股票构成的组合 8、组合 9 表现较好,其他组合的表现略好于沪深 300 指数。

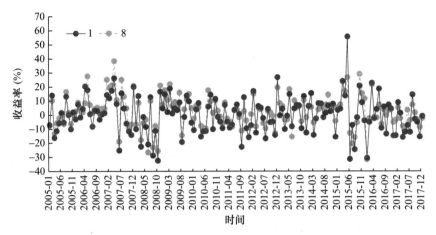

图 8-2 高换手率组合相对低换手率组合的表现

表 8-5 换手率变化由高到低排序处于各区间的组合表现

换手率变化 由高到低排	2005年1月到 2017年9月	年化收益率	跑赢沪深 300次数	跑赢沪深 300概率
沪深300指数	204.12%	11.16%		
1	87.94%	6.35%	70	44.87%
2	216.31%	11.89%	73	46.79%
3	232.31%	12.43%	75	48.08%
4	293.13%	14.29%	81	51.92%
5	299.89%	14.48%	83	53.21%
6	316.61%	14.94%	81	51.92%
7	338.75%	15.52%	86	55.13%
8	354.56%	15.92%	86	55.13%
9	350.95%	15.83%	87	55.77%
10	325.96%	15.19%	85	54.49%

由换手率变化最低的股票构成的等权重组合1大幅跑赢沪深300指数,2005年1月至2017年9月间的累计收益率为1724.72%,年化收益率为32.75%;同期沪深300指数的累计收益率为204.12%,年化收益率为11.16%。

表 8-6 换手率变化由低到高排序处于各区间的组合表现

换手率变化 由低到高排	2005年1月到 2017年9月	年化收益率	跑赢沪深 300次数	跑赢沪深 300概率
沪深300指数	204.12%	11.16%		
1	1724.72%	32.75%	106	67.95%
2	472.29%	18.55%	95	60.90%
3	436.61%	17.81%	95	60.90%

(续表)

换手率变化 由低到高排	2005年1月到 2017年9月	年化收益率	跑赢沪深 300次数	跑赢沪深 300概率
4	449.52%	18.08%	101	64.74%
5	430.89%	17.69%	92	58.97%
6	411.72%	17.27%	92	58.97%
7	419.74%	17.44%	92	58.97%
8	386.69%	16.69%	92	58.97%
9	353.73%	15.90%	89	57.05%
10	390.72%	16.79%	93	59.62%

从各组合的绩效指标看,高换手率变化股票组合的表现与低换手率变化股票组合无太大差别,所有组合的 Alpha 值均为正。如表 8-7、8-8 所示。

表 8-7 换手率变化由高到低排序处于各区间的组合的绩效分析

g	Alpha	Beta	Sharpe	TR	IR	Jensen
1	0.0106	1.0036	0.0134	0.3369	0.0280	2.7772
2	0.0107	1.0109	0.0585	0.3344	0.0643	−2.2548
3	0.0109	1.0027	0.0701	0.3372	0.0870	2.7040
4	0.0109	1.0068	0.0627	0.3358	0.0692	1.9331
5	0.0109	0.9979	0.0825	0.3388	0.0909	−0.9972
6	0.0110	0.9957	0.1102	0.3395	0.1188	0.6592
7	0.0110	0.9987	0.1177	0.3385	0.1257	0.9055
8	0.0109	1.0027	0.1176	0.3372	0.1335	1.6723
9	0.0111	0.9894	0.1380	0.3417	0.1429	−1.1677
10	0.0109	1.0076	0.1297	0.3356	0.1347	1.6603

表 8-8 换手率变化由低到高排序处于各区间的组合的绩效分析

g	Alpha	Beta	Sharpe	TR	IR	Jensen
1	0.0116	0.9927	0.2256	0.3406	0.2318	−55.4497
2	0.0113	0.9821	0.1597	0.3443	0.1667	−6.4279
3	0.0115	0.9708	0.1552	0.3482	0.1730	1.2029
4	0.0114	0.9774	0.1684	0.3459	0.1795	−2.4264
5	0.0111	0.9901	0.1339	0.3415	0.1431	1.2407
6	0.0111	0.9888	0.1363	0.3419	0.1444	0.3885
7	0.0112	0.9793	0.1655	0.3453	0.1744	1.9678
8	0.0112	0.9822	0.1412	0.3442	0.1585	0.1729
9	0.0110	0.9900	0.1393	0.3415	0.1442	1.6202
10	0.0109	1.0009	0.1372	0.3378	0.1416	0.0588

2005 年以来,高换手率变化股票组合 1 整体上与沪深 300 指数持平,且组合 1 的变化幅度大于沪深 300 指数。如图 8-3 所示。

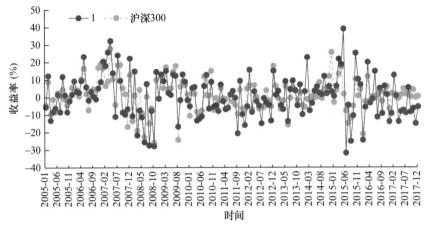

图 8-3 高换手率变化股票组合表现

2005 年以来,低换手率变化组合 1 整体上跑赢低换手率变化组合 4,两组合呈现相同变化趋势,组合 1 的变化幅度大于组合 4。如图 8-4 所示。

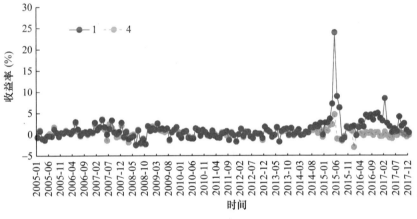

图 8-4 高换手率变化组合相对低换手率变化组合的表现

五、结　　论

通过对 2005 年以来市场的分析,整体上来说,从换手率、换手率变化等交投指标看,换手较低股票构成的组合表现较好。换手率变化较小股票构成的组合整体上超越沪深 300 指数,也优于换手率变化较大股票构成的组合。但换手率较高股票构成的组合表现反而较差,落后于沪深 300 指数,也落后于换手率较低股票构成的组合。

交投因子(换手率、换手率变化)是影响股票收益的重要因子,其中换手率变化指标的影响较为显著。

六、多因子测试结果

1. 选股策略

(1) 分析方法为排序法;

(2) 研究范围为上市股票中根据指标选取的前 800 只,研究期间为 2005 年 1 月至 2017 年 9 月;

(3) 由于换手率与换手率变化效果相对显著,采取换手率、换手率变化作为构建组合的双因子;

(4) 分别按换手率与换手率变化排序,把 800 只成份股从大到小等分成 3 份,分别标号 1、2、3(其中 1 中的股票换手率最高,换手率变化最大),然后构建组合 11、12、13、21、22、23、31、32、33,如 11 代表换手率与换手率变化标号为 1 的股票重合部分,33 代表换手率与换手率变化标号为 3 的股票重合部分;

(5) 组合构建时股票的买入卖出价格为组合调整日收盘价;

(6) 组合构建时为等权重;

(7) 组合调整周期为月,每月最后一个交易日收盘后构建下一期的组合;

(8) 组合构建时,买卖冲击成本为 0.1%,买卖佣金为 0.1%,印花税为 0.1%;

(9) 在持有期内,若某只成份股被调出前 800 只,不对组合进行调整。

2. 测试结果

由表 8-9 可知,换手率越低且换手率变化越小的组合,收益越高。在 9 个双因子组合当中,换手率最高且换手率变化最大的组合 11 的表现最差,具体每期收益如图 8-5 所示。

表 8-9 各双因子组合的测试结果

组合	2005 年 1 月到 2017 年 9 月	年化收益率	跑赢沪深 300 次数	跑赢沪深 300 概率
沪深 300 指数	204.12%	11.16%		
11	186.74%	10.82%	72	46.15%
12	307.15%	14.68%	80	51.28%
13	330.88%	15.32%	85	54.49%
21	344.97%	15.68%	89	57.05%
22	399.45%	16.99%	90	57.69%
23	459.21%	18.29%	94	60.26%
31	428.29%	17.63%	92	58.97%
32	427.37%	17.61%	97	62.18%
33	648.80%	21.70%	108	69.23%

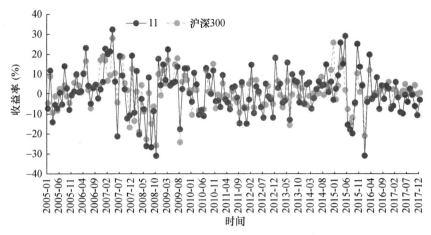

图 8-5 高双指标组合的表现

七、SAS 语句解析

/* 按照换手率变化(a_exratec)逆序排列,即 a_exratec 大的股票排在前(需要注意的是,数据中已处理好 a_exratec 为股票上一个月的换手率,自行处理的时候需要注意这一问题。即过去的数据才能用来预测现在。后文数据也做了相同处理。)*/

```
data jtyz.total1;
set cw.trademonth3;
run;
proc sort data=jtyz.total1;
by trdmnt decending a_exratec ;
run;
/* 生成变量 a,代表每月股票根据 a_exratec 排序的位置 */
data jtyz.erc;
set jtyz.total1;
by trdmnt;
if first.trdmnt then a=1;
else a+1;
run;
    /* 按照排序结果将股票分组 */
data jtyz.erc2;
set jtyz.erc;
if a<=50 then g=1;
if 50<a<=100 then g=2;
if 100<a<=200 then g=3;
if 200<a<=300 then g=4;
if 300<a<=400 then g=5;
```

```
if 400<a<=500 then g=6;
if 500<a<=600 then g=7;
if 600<a<=700 then g=8;
if 700<a<=750 then g=9;
if 750<a<=800 then g=10;
run;
    /*生成相对无风险利率的超额收益率及相对市场收益率的超额收益率,去除空数据*/
data jtyz.erc2;
set jtyz.erc2;
r_rf=Mretnd-ratef;
r_rm=Mretnd-ratem;
rate=Mretnd+0;
run;
    /*计算每月各组平均超额收益*/
proc sql;
create table jtyz.erc3 as
select stkcd,trdmnt,g,a_exratec,month,avg(rate) as ar,avg(ratef) as arf,avg(ratem) as arm,avg(r_rf) as ar_rf,avg(r_rm) as ar_rm
from jtyz.erc2
group by trdmnt,g;
quit;
/*计算每月各组战胜概率*/
    proc sort nodupkey data=jtyz.erc3;
by trdmnt g;
run;
data jtyz.erc3;
set jtyz.erc3;
if ar_rm>0 then t=1;
else t=0;
s=1;
run;
proc sql;
create table jtyz.erc3 as
select *,sum(t) as count,sum(s) as all
from jtyz.erc3
group by g;
quit;
data jtyz.erc3;
set jtyz.erc3;
prob=count/all;
run;
```

```sas
/* 对结果进行统计分析 */
proc univariate data=jtyz.erc3;
class g;
var ar arf arm ar_rf ar_rm;output out=jtyz.erc4 sum=sar sarf sarm sar_rf sar_rm mean=mar marf marm mar_rf mar_rm;run;
proc summary data=jtyz.erc2 nway missing;
class g;
var rate ;output out=jtyz.erc22 std=std;run;
/* 构成 CAPM 模型,计算 Beta 值 */
proc sort data=jtyz.erc2;
by g;
proc reg data=jtyz.erc2 outest=jtyz.cerc1 rsquare adjrsq cp;
by g;
model r_rf=r_rm/dw spec;
slope:test r_rm=1;
/* output out=czyz.cyysrr1 r=r p=p l95=l u95=u Intercept=c r_rm=r_m; */
run;quit;
data jtyz.cerc2(keep=g alpha beta);
set jtyz.cerc1;
rename Intercept=alpha;
rename r_rm=beta;
run;
proc sql;
create table jtyz.er8 as
    select *
    from jtyz.er2,jtyz.er22,jtyz.er4,jtyz.cer2
    where er22.g=er2.g=er4.g=cer2.g;
    quit;
/* 计算夏普比率,信息比率,特雷诺比率和詹森指数 */
data jtyz.er8(keep=accper g alpha beta sharpe TR jensen1 IR);
set jtyz.er8;
sharpe=(mar-ratef)/std;
TR=sarf/beta;
jensen1=mar-alpha-beta*r_rm;
IR=mar/std;
run;
    proc sort nodupkey data=jtyz.er8;
by trdmnt g;
run;
proc sql;
create table jtyz.er8 as
select g, alpha, beta, sharpe, TR, IR, sum(jensen1) as jensen
```

```
from jtyz.er8
group by g;
quit;
   proc sort nodupkey data=jtyz.er8;
by g;
run;
```

第九章 动量反转因子

一、投资要点

本章主要分析动量反转因子的历史表现。

(1) 动量组合中筛选出的(9,2)动量组合大幅跑赢沪深 300 指数,2004 年 3 月至 2014 年 8 月的累计收益率为 15753.18%,年化收益率为 62.01%;同期沪深 300 指数的累计收益率为 73.23%,年化收益率为 5.37%。

(2) 反转组合中筛选出的(1,1)反转组合大幅跑赢沪深 300 指数,2004 年 3 月至 2014 年 8 月的累计收益率为 497683.98%,年化收益率为 124.96%;同期沪深 300 指数的累计收益率为 73.23%,年化收益率为 5.37%。

二、实现过程

我们继续采用排序法对各因子进行分析。

(1) 研究范围为沪深 300 成分股中剔除形成期连续停牌股票后,根据指标选取的前 30 只;

(2) 研究期间为 2004 年 3 月至 2014 年 3 月;

(3) 组合调整周期为周,每周最后一个交易日收盘后构建下一期的组合;

(4) 我们按各指标排序,选取前 30 只构建 1、2、3、4、5、6、7、8、9、10 这 10 个组合;

(5) 组合构建时股票的买入卖出价格为组合调整日收盘价;

(6) 组合构建时为等权重;

(7) 在持有期内,若某只成份股被调出前 30 只,不对组合进行调整;

(8) 组合构建时,买卖冲击成本为 0.1%,买卖佣金为 0.1%,印花税为 0.1%;

(9) 考虑的动量反转指标为测试时点前 P 周的累计收益率;

(10) 根据形成期 P 和观察期 Q 的不同组合,可以形成不同的基于动量(反转)的(P,Q)策略。

(11) 将从两个维度来测试 A 股市场的动量反转效应:超额收益的大小以及超额收益的稳定性。超额收益的大小主要用平均超额收益率来衡量,而对超额收益的稳定性,我们运用 3 个指标衡量:一是超额收益的 t 值检验,p 值越小,说明超额收益率显著不为 0;二是跑赢沪深 300 的胜率,即超额收益率大于 0 的比例,胜率越高,说明超额收益率越稳定;三是超额收益率和胜率的变异系数,变异系数越小,说明对参数的敏感性越小,策略越稳定。

三、动量反转因子指标介绍

(一) 动量效应

动量效应是指投资组合的形成期业绩方向与观察期业绩方向持续一致的股价波动现象。简单地说,就是过去表现差的股票会继续表现差,价格继续下跌,过去表现好的股票会继续上涨。动量投资策略是指投资者买入过去表现好的股票,而卖出过去表现差的股票。

(二) 反转效应

反转效应是指投资组合的形成期业绩方向与其观察期业绩方向持续相反的股价波动现象。简单地说,就是过去表现差的股票会在一定时期内恢复到它应有的价值,价格会上涨,而过去表现好的股票会因为价格过高而回落,即价格会下跌。反转投资策略是指投资者买入过去表现差的股票,而卖出过去表现好的股票。

(三) 变异系数

若设 (i,j) 组合的年化超额收益为 $r(i,j)$,则 (i,j) 组合年化超额收益率的变异系数 $CV_r(i,j)$ 计算公式如下:

$$CV_r(i,j) = \sum_{s=i-1}^{i+1} \sum_{t=j-1, t \leqslant s}^{j+1} (\min(r(s,t) - r(i,j), 0))^2 / r(i,j)$$

类似地,若设 (i,j) 组合的胜率为 $w(i,j)$,则 (i,j) 组合胜率的变异系数 $CV_w(i,j)$ 计算公式为:

$$CV_w(i,j) = \sum_{s=i-1}^{i+1} \sum_{t=j-1, t \leqslant s}^{j+1} \min(w(s,t) - w(i,j), 0))^2 / w(i,j)$$

四、研究现状

反转和动量效应最初被当作反对市场有效的证据,由 De Bondt and Thaler(1985)、Jegadeesh and Titman(1993)作为市场异象而公之于众。Fama and French(1970)在前人的基础上,创造性地将有效市场假设(efficient market hypothesis,EMH)归纳为公理,在 EMH 下,证券的价格或收益率遵循随机游走(random walk)理论,时间序列不应具备价格预测功能。De Bondt and Thaler(1985)通过考察前期业绩中的"输家"和"赢家"组合在其后的表现,发现业绩发生了逆转,前期业绩表现较差的证券后期业绩表现较好,且该种现象较为显著。与此相对,Jegadeesh and Titman(1993)在其他数据样本上采用相似的研究方法,发现证券的业绩具有"强者恒强,弱者恒弱"的动量持续性,利用该种现象可以获得超额收益。这表明,现实的证券价格时间序列具备价格预测功能,该结论与 EMH 结论大相径庭,对 EMH 形成了有力的冲击。对此,Fama and French(1993)认为超额收益率来自于风险补偿,反转效应可用 Fama-French 三因子模型(FF3)给予解释,但 FF3 难以解释动量效应。无独有偶,Sehgal and Jain(2013)以印度、中国、韩国股市为样本得到了类似的结论。但 Antoniou(2006)等以英国股市为例声称反转效应难以运用FF3进行解释。如今,Cakicia et al.(2013)、Asness等(2013)等从局部因素、流动性风险、全球风险等角度尝试对其进行诠释,但尚未获得普遍的认可,其解释力度也远远不够。

对此,许多学者尝试使用行为金融学的理论进行解释。De Bondt and Thaler(1985)首次指出反转效应是由于投资者对市场新流入的信息反应过度而导致的;对于动量效应,Jegadeesh and Titman(1993)率先将其归因于投资者对信息的反应不足。Tetlock(2011)对此不以为然,认为投资者对信息的反应不足导致了反转效应,对信息的反应过度导致了动量效应。Grinblatt and Han(2005)、Asem et al.(2011)等将反转和动量效应归因于前景理论、心理账户、投资者过度自信等非理性行为。Kubińska et al.(2012)指出处置效应导致了反转和动量效应,且对前者的影响更大。但Novy-Marx et al.(2012)认为反转效应可能是日历效应产生的幻觉,与处置效应无关。对此,Li et al.(2010)发现中国股市无动量效应,但存在显著的反转效应,且该现象与日历效应无关。Chou et al.(2010)认为中国股市存在动量效应,投资者未对信息作出充分反应。可见,行为金融理论将反转和动量效应归因于投资者行为偏差,但不同的行为偏差间相容性较差,至今未对此给出可接受的解释。

对于中国市场动量反转效应的研究也有很多。赵学军和王永宏(2001),朱战宇、吴冲锋和王承炜(2004)以及鲁臻和邹恒甫(2007)肯定了中国A股市场存在较为显著的反转效应。周琳杰(2002)的研究主要肯定了中国市场动量效应的存在。黄俊和陈平(2009)认为中国市场在6个月的周期内动量效应显著,而在一年后则表现为反转效应。方立兵、曾勇和郭炳伸(2011)以中国沪深股市1998年1月至2009年11月所有A股的月度收益为样本,经研究认为动量效应并不显著,但反转效应却显著存在。潘莉和徐建国(2011)发现中国A股个股回报率在多个时间频率上表现出明显的反转,惯性效应仅在超短期的日回报率和特定时段的周回报率上存在,并且交易量对反转效应有重要影响。宁欣和王志强(2012)采用风险调整后的收益评价,即基于残差收益排序,考察中国A股市场月度数据的动量或反转效应,结果发现,在全样本阶段存在显著的残差反转效应,不存在残差动量效应。

五、测 试 结 果

(一) 动量效应

表9-1给出了不同(P,Q)动量组合的平均年化收益率。从表中可以发现,动量组合的收益率基本随着观察期Q的延长而降低,最高收益组合出现在(6,1)处,即形成期为6周且观察期为1周时能获得最大收益。

表9-2给出了不同(P,Q)动量组合获取超额收益的胜率。同样,随着观察期Q的延长,动量组合的表现超过沪深300指数的概率降低。当形成期P为1周时,都能大幅跑赢大盘;而当形成期P超过5周后,基本都输给了大盘。

表9-3和表9-4分别给出了收益率和胜率的变异系数。我们发现,当形成期P大于1周时,绝大多数动量组合收益率的变异系数都小于10%,同时,绝大多数动量组合胜率的变异系数都小于1%。这表明绝大多数动量组合的策略是稳定的。

表 9-1 不同(P,Q)动量组合的平均年化收益率

P	Q									
	1	2	3	4	5	6	7	8	9	10
1	0.187									
2	0.384	0.247								
3	0.569	0.334	0.243							
4	0.430	0.251	0.188	0.154						
5	0.481	0.271	0.205	0.170	0.146					
6	0.586	0.327	0.245	0.194	0.166	0.147				
7	0.481	0.281	0.217	0.175	0.151	0.136	0.124			
8	0.500	0.291	0.218	0.175	0.149	0.133	0.122	0.114		
9	0.573	0.319	0.237	0.191	0.161	0.143	0.131	0.121	0.116	
10	0.558	0.316	0.235	0.188	0.160	0.143	0.130	0.121	0.115	0.107

表 9-2 不同(P,Q)动量组合获取超额收益的胜率

P	Q									
	1	2	3	4	5	6	7	8	9	10
1	0.526									
2	0.570	0.538								
3	0.574	0.529	0.525							
4	0.573	0.532	0.517	0.497						
5	0.586	0.534	0.532	0.505	0.484					
6	0.608	0.569	0.548	0.522	0.505	0.511				
7	0.581	0.534	0.520	0.500	0.496	0.498	0.499			
8	0.608	0.549	0.524	0.496	0.495	0.503	0.493	0.494		
9	0.587	0.550	0.525	0.503	0.492	0.509	0.494	0.497	0.485	
10	0.607	0.551	0.533	0.506	0.491	0.496	0.493	0.494	0.488	0.494

表 9-3 不同动量组合收益率对(P,Q)的敏感性分析(%)

P	Q									
	1	2	3	4	5	6	7	8	9	10
1	0.00									
2	15.67	1.49								
3	55.11	13.12	4.49							
4	15.53	2.47	0.78	0.04						
5	25.52	4.54	2.08	0.47	0.00					
6	48.07	11.99	6.32	3.06	1.13	0.46				
7	20.68	3.33	1.82	0.75	0.39	0.27	0.08			
8	25.07	4.77	1.97	0.83	0.32	0.18	0.05	0.00		
9	37.62	7.72	3.71	2.05	0.98	0.65	0.42	0.11	0.08	
10	20.72	3.99	1.79	0.77	0.36	0.22	0.11	0.06	0.05	0.00

表 9-4 不同动量组合胜率对(P,Q)的敏感性分析(%)

P	Q									
	1	2	3	4	5	6	7	8	9	10
1	0.00									
2	0.79	0.08								
3	0.89	0.03	0.15							
4	0.91	0.05	0.10	0.04						
5	1.05	0.06	0.41	0.10	0.00					
6	2.21	1.20	1.15	0.59	0.12	0.26				
7	0.59	0.06	0.19	0.01	0.00	0.01	0.01			
8	2.22	0.41	0.35	0.00	0.00	0.08	0.00	0.02		
9	0.70	0.29	0.32	0.08	0.00	0.33	0.00	0.05	0.00	
10	1.11	0.18	0.31	0.08	0.00	0.01	0.00	0.02	0.00	0.02

综合以上所述的四项指标,我们选取(9,2)的动量组合,其平均年化收益率达到31.9%,胜率达到55%,并且收益率和胜率的敏感系数均较小。

(二) 反转效应

表 9-5 给出了不同(P,Q)反转组合的平均年化收益率。从表中可以发现,反转组合的收益率基本随着观察期 Q 的延长而降低,最高收益的组合出现在(1,1)处,即形成期和观察期都为 1 周时能获得最大收益。

表 9-6 给出了不同(P,Q)反转组合获取超额收益的胜率,同样随着观察期 Q 的延长,动量组合的表现超过沪深 300 指数的概率降低。当形成期 P 小于 3 周时,都能大幅跑赢大盘;而当形成期 P 超过 5 周后,基本都输给了大盘。

表 9-7 和表 9-8 分别给出了收益率和胜率的变异系数,我们发现,所有反转组合收益率和胜率的变异系数都小于1%,表明反转组合的策略都是非常稳定的。

表 9-5 不同(P,Q)反转组合的平均年化收益率

P	Q									
	1	2	3	4	5	6	7	8	9	10
1	0.451									
2	0.384	0.202								
3	0.309	0.177	0.146							
4	0.309	0.186	0.154	0.141						
5	0.267	0.169	0.144	0.130	0.116					
6	0.316	0.198	0.157	0.134	0.117	0.101				
7	0.329	0.197	0.160	0.139	0.120	0.100	0.086			
8	0.329	0.193	0.147	0.127	0.108	0.093	0.081	0.074		
9	0.251	0.148	0.121	0.104	0.087	0.078	0.070	0.064	0.060	
10	0.224	0.135	0.107	0.089	0.077	0.069	0.063	0.060	0.054	0.049

表 9-6　不同(P,Q)反转组合获取超额收益的胜率

P	Q									
	1	2	3	4	5	6	7	8	9	10
1	0.572									
2	0.537	0.543								
3	0.537	0.522	0.535							
4	0.538	0.547	0.524	0.511						
5	0.538	0.539	0.521	0.514	0.497					
6	0.539	0.545	0.527	0.516	0.497	0.509				
7	0.559	0.545	0.539	0.517	0.501	0.500	0.496			
8	0.555	0.552	0.531	0.511	0.498	0.499	0.491	0.490		
9	0.527	0.540	0.534	0.514	0.501	0.500	0.497	0.490	0.485	
10	0.512	0.532	0.517	0.499	0.493	0.489	0.495	0.487	0.483	0.489

表 9-7　不同反转组合收益率对(P,Q)的敏感性分析(%)

P	Q									
	1	2	3	4	5	6	7	8	9	10
1	0.03									
2	0.03	0.06								
3	0.00	0.02	0.05							
4	0.01	0.11	0.15	0.16						
5	0.00	0.04	0.06	0.05	0.02					
6	0.01	0.15	0.13	0.07	0.03	0.00				
7	0.00	0.07	0.10	0.10	0.06	0.02	0.01			
8	0.04	0.16	0.14	0.15	0.12	0.10	0.06	0.06		
9	0.01	0.05	0.08	0.08	0.05	0.05	0.03	0.03	0.03	
10	0.00	0.02	0.02	0.01	0.01	0.00	0.00	0.01	0.00	0.00

表 9-8　不同反转组合胜率对(P,Q)的敏感性分析(%)

P	Q									
	1	2	3	4	5	6	7	8	9	10
1	0.36									
2	0.04	0.11								
3	0.04	0.00	0.16							
4	0.04	0.42	0.05	0.04						
5	0.00	0.13	0.04	0.11	0.00					
6	0.00	0.20	0.09	0.19	0.00	0.13				
7	0.15	0.10	0.35	0.21	0.01	0.02	0.01			
8	0.21	0.34	0.17	0.07	0.00	0.02	0.00	0.01		
9	0.04	0.30	0.44	0.21	0.04	0.06	0.07	0.02	0.00	0.00
10	0.00	0.12	0.07	0.01	0.00	0.00	0.03	0.00	0.00	0.01

综合以上所述的四项指标,我们选取了(1,1)的反转组合,其平均年化收益率达到45.1%,胜率达到57.2%,并且收益率和胜率的敏感系数均较小。

六、回 溯 测 试

(一) 动量组合回溯测试

在长达10年的回测过程中,动量组合(9,2)取得了15753.18%的累计收益,远高于同期沪深300指数取得的73.23%的累计收益。在测试阶段,该动量策略战胜指数的频率约为57.8%。动量策略的表现如图9-1、9-2所示:

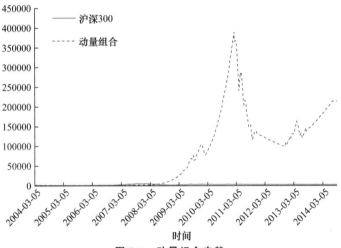

图 9-1　动量组合走势

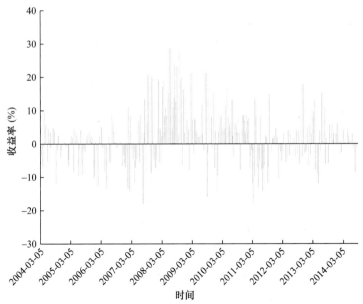

图 9-2　动量组合超额收益

(二) 反转组合回溯测试

在长达 10 年的回测过程中,反转组合(1,1)取得了 497683.98% 的累计收益,远高于同期沪深 300 指数取得的 73.23% 的累计收益。在测试阶段,该反转策略战胜指数的频率约为 56.9%。反转策略的表现如下图所示:

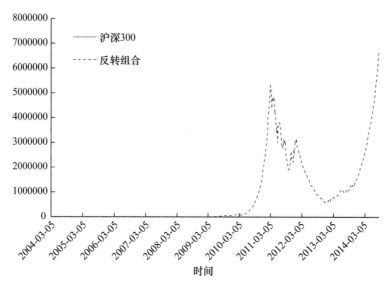

图 9-3 反转组合走势

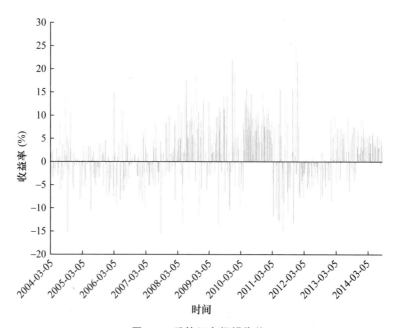

图 9-4 反转组合超额收益

七、结合财务指标的动量反转策略测试

在作出实际投资决策时,还需要结合更多因素对选股组合作出判断,比如在使用动量反转策略之前,可以先根据 Fama-French 三因子模型等以公司财务指标为依据进行股票池的第一轮筛选,这样会有更好的效果。

表 9-9 是根据 2013 年公司一季报初步选股后再使用反转策略的结果,考虑到投资期限的限制,形成期和持有期都只选择 1—10 的区间。从表中可以看出,年化收益率最高可以达到 112.83%,平均年化收益也有 88.15%。

表 9-9　使用 2013 年公司一季报初步选股后使用反转策略年化收益率

P	Q									
	1	2	3	4	5	6	7	8	9	10
1	38.15%									
2	12.24%	1.68%								
3	42.33%	36.19%	48.96%							
4	80.94%	61.94%	83.11%	68.92%						
5	89.67%	103.51%	119.76%	118.44%	105.74%					
6	69.10%	79.82%	93.02%	107.76%	86.11%	93.29%				
7	112.83%	93.01%	111.11%	97.10%	99.82%	92.40%	117.57%			
8	102.46%	106.99%	94.45%	101.63%	104.15%	126.31%	131.81%	129.93%		
9	81.44%	60.58%	76.37%	75.01%	111.14%	110.15%	99.18%	90.41%	52.07%	
10	104.94%	130.51%	123.08%	141.33%	144.60%	114.13%	85.93%	37.18%	32.47%	15.44%

八、SAS 语句解析

```
/*保留所需的参数*/
data base;
set stkdata.trsdata;
keep stkcd trddt clsprc;
run;
/*分别取出时间的年、月、日,并且将日期参数转换为数值型*/
data base1;
set base;
trddt_yy=substr(trddt,1,4);
trddt_mm=substr(trddt,6,2);
trddt_dd=substr(trddt,9,2);
trddt_dt=mdy(trddt_mm,trddt_dd,trddt_yy);
```

```
format trddt_dt yymmdd10.;
informat trddt_dt yymmdd10.;
run;
data base2;
set base1;
if 2009<=trddt_yy<=2013;
run;
/*取出 HS300 股票的交易数据*/
proc sql;
create table index_data as
select *
from hs300,base2
where hs300.stkcd=base2.stkcd;
quit;
data base3;
set index_data;
keep stkcd clsprc trddt_dt;
rename trddt_dt=trddt;
run;
/*将日交易数据转换为周交易数据,如果可以直接获得周交易数据可以省略该步*/
data base4;
set base3;
wd=weekday(trddt);
dif=dif(wd);
dif2=dif(trddt);
if (dif<0 and dif^=.)or dif2>=7 then index=1;
/*第二天的星期日小于第一天的星期日,或第二天与第一天的时间间隔大于 7 天时,表示第二天为新的一周*/
/*将数据做处理,考察上一周期的动量效应对下一周期的收益表现*/
else index=0;
run;
data base5(keep=stkcd clpr trddt);
set base4;
stkcd=lag(stkcd);
trddt=lag(trddt);
clpr=lag(clsprc);
if index=1;
run;
data base6;
set base5;
return=log(clpr)-log(lag(clpr));
run;
```

```
proc sort data=base6;
by stkcd;
run;
data r_week;
set base6;
by stkcd;
first=first.stkcd;
if first=1 then delete;
drop first;
run;
data a;
set r_week;
r_week=return*(1-0.006);
drop return;
wk=int((trddt-3)/7+2);
run;
proc sort data=a;
by stkcd trddt;
run;
%macro obs;
proc sql;
create table a&p&q as
select stkcd,sum(r_week) format=.12 as r_sum,count(stkcd) as cnt
from a
where wk between %eval(&pointweek-&p) and &pointweek-1
group by stkcd;
quit;
%mend obs;
%macro hold;
proc sql;
create table c_a&p&q as
select stkcd,sum(r_week) format=.12 as r_sum
from b_a&p&q
where wk between &pointweek and %eval(&pointweek+&q-1)
group by stkcd;
quit;
%mend hold;
%macro wyx;
%obs;
data a&p&q;
set a&p&q;
```

```
    if cnt< %eval(&p/2) then delete;
    run;
    proc sort data=a&p&q;
    by descending r_sum;
    run;
    data a&p&q;
    set a&p&q;
    if 20<_n_<=50;
    run;
    proc sql;
    create table b_a&p&q as
    select * from a&p&q,a
    where a&p&q..stkcd=a.stkcd;
    quit;
    %hold;
    Ods listing close;
    Ods output summary=temp;
    proc means data=c_a&p&q;
    var r_sum;
    run;
    Ods listing;
    proc append base=dl.mean_all&p&q data=temp;
    run;
    %mend wyx;
    %macro test;
    %do p=1 %to 20;
      %do q=1 %to &p;
        %do pointweek=%eval(2560+&p) %to %eval(2819-&q);
          %wyx;
        %end;
      %end;
    %end;
    %mend test;
    %test;
    run;
    %macro handle;
    data dl.mean_all&p&q;
    set dl.mean_all&p&q;
    mean=r_sum_mean;
    run;
    %mend handle;
```

```
%macro table1;
Ods listing close;
Ods output summary=temp;
proc means data=dl.mean_all&p&q;
var mean;
run;
Ods listing;
proc append base=dl.table1 data=temp ;
run;
%mend table1;
%macro do1;
%do p=1 %to 20;
   %do q=1 %to &p;
      %handle;
      %table1;
   %end;
%end;
%mend do1;
%do1;
run;
```

第二部分　行业选股策略

第十章 原材料行业

在第一部分"因子选股策略"中,我们分析了各选股因子在全市场样本空间下的表现。但是,不同行业的某些财务指标整体差异性较大,可比性不高;另一方面,不同行业的股票走势特征可能不同,其驱动因子也可能不同。因此,在第二部分"行业选股策略"中,我们将逐一分析各行业内的各个选股因子的表现,并选取其中表现显著的因子建立每个行业内的多因子选股模型。

一、研究背景介绍

(一) 行业介绍

本章以原材料行业为样本空间,剔除行业内在调仓日为 st 的股票,以及在换仓日停牌的股票,研究期间为 2007 年 5 月至 2017 年 10 月,换仓频率为月。原材料行业包括钢铁、有色、化纤、化工、建材、造纸等多个行业。考虑行业个股和各行业内样本股票数量,我们采用的行业分类标准为中证一级行业分类,总共包括 10 个行业:工业、电信业务、公用事业、金融地产、可选消费、能源、信息技术、医药卫生、原材料和主要消费。本章采用表 10-1 中对原材料行业的中证一级行业分类,股票共计 492 只。

表 10-1 中证行业分类

一级行业名称	二级行业名称	股票数量(只)
工业	商业服务与商业用品	642
	运输	
	资本品	
电信业务	电信业务	5
公用事业	公用事业	85
金融地产	保险	202
	房地产	
	银行	
	综合金融	
可选消费	媒体	448
	零售业	
	耐用消费品与服装	
	汽车与汽车零部件	
	消费者服务	
能源	能源	66

(续表)

一级行业名称	二级行业名称	股票数量(只)
信息技术	半导体产品与设备	388
	技术硬件与设备	
	软件与服务	
医药卫生	医疗保健设备与服务	172
	制药、生物科技和生命科学	
原材料	原材料	492
主要消费	食品与主要用品零售	180
	家庭与个人用品	
	食品、饮料与烟草	

(二) 各选股因子介绍

影响股价走势的主要因子包括市场整体走势(市场因子、系统性风险),估值因子(市盈率、市净率、市销率、市值企业价值比、PEG等),成长因子(营业收入增长率、营业利润增长率、净利润增长率、每股收益增长率、净资产增长率、股东权益增长率、经营活动产生的现金流量净额增长率等),盈利能力因子(销售净利率、毛利率、净资产收益率、资产收益率、营业费用比例、财务费用比例、息税前利润与营业总收入比等),杠杆因子(负债权益比、资产负债率等),动量反转因子(前期涨跌幅等),交易因子(前期换手率、量比等),规模因子(流通市值、总市值、自由流通市值、流通股本、总股本等),股价因子(股票价格),红利因子(股息率、股息支付率),股价波动因子(前期股价振幅、日收益率标准差等),等等。

表10-2中的因子库包含规模因子、估值因子、成长因子、盈利因子、动量反转因子、交投因子、波动因子、股东因子8大类因子中的30个因子。我们将其中的估值因子、成长因子、盈利因子、股东因子4类因子称为季度因子,季度因子是从上市公司的财务报表中获取的,上市公司的财务报表每年按季公布,其中年度报表延后4个月公布,即上年度的财务报表是在次年的4月底前公布;半年报延后2个月公布,即半年报的财务报表是在8月底前公布;一、三季度的财务报表延后1个月公布,即一季度的财务报表在4月底前公布,三季度的财务报表在10月底前公布。而剩余的因子即规模因子、动量反转因子、交投因子、波动因子则可以实时获得,为了配合我们的换仓频率(换仓频率为月),我们把剩余的因子称为月度因子。

我们将对各个因子进行详细的分析,并根据它们的表现选出合适的因子进行行业内多因子选股。而下文中无论是对因子选股能力的评价还是之后的多因子选股建模,都是按照季度因子和月度因子进行区分,投资期限也是严格遵循季度因子和月度因子的实际情况和特点进行安排。

表 10-2　因子库

规模因子	总市值（tv）	总股本×股票收盘价
	流通市值（mv）	流通股本×股票收盘价
估值因子	E/P（pe）	最近 12 个月每股收益/股价
	B/P（pb）	最近 12 个月每股净资产/股价
	SR/P（ps）	最近 12 个月每股销售额/股价
	CF/P（pcf）	最近 12 个月每股经营性现金流/股价
	EBITDA/EV（ev）	企业收益（扣除利息、税金、折旧和摊销前的收益，来源于最新年报）/企业价值（剔除货币资金）
成长因子	营业收入同比增长率（yysrr）	营业收入/去年同期营业收入－1
	营业利润同比增长率（yylrr）	营业利润/去年同期营业利润－1
	归属母公司的净利润同比增长率（扣除非经常性损益）（jlrr）	归属母公司的净利润/去年同期归属母公司的净利润－1
	经营活动产生的现金流净额同比增长率（xjlrr）	经营活动产生的现金流净额/去年同期经营活动产生的现金流净额－1
盈利因子	净资产收益率（ROE）（扣除非经常性损益、摊薄）	扣除非经常性损益后的净利润/期末净资产
	总资产报酬率（ROA）	息税前利润×2/（期初总资产＋期末总资产）
	销售毛利率（xsmlv）	毛利/营业收入
	销售净利率（xsjlv）	净利润/营业收入
动量反转因子	最近 1 个月涨跌幅（rate1）	
	最近 2 个月涨跌幅（rate2）	
	最近 3 个月涨跌幅（rate3）	
	最近 6 个月涨跌幅（rate6）	
	最近 12 个月涨跌幅（rateyear）	
交投因子	最近 1 个月日均换手率（a_exrate）	
	换手率变化（a_exratec）	最近 1 个月日均换手率/之前两个月日均换手率
波动因子	最近 1 个月波动率（stdm）	最近 1 个月日收益率的标准差
	波动率变化（stdmc）	最近 1 个月波动率/之前两个月波动率
	最近 1 个月振幅（zf）	（月最高价－月最低价）/前一个月收盘价
	振幅变化（zfc）	最近 1 个月振幅/前两个月振幅
股东因子	户均持股比例（hjcg）	（流通股合计/股东户数）/流通股合计
	机构持股比例（jgcg）	所有机构持股/总股本
	户均持股比例变化（hjcgc）	户均持股比例－前 1 季度户均持股比例
	机构持股比例变化（jgcgc）	机构持股比例－前 1 季度机构持股比例

二、各因子选股能力分析

本书的目的是通过构建行业内股票的多因子模型来进行行业内选股，但是因子是多种多样的，应该选择哪几种因子来构建多因子模型是必须首先解决的问题。因此，本节将研究因子的选股能力问题，即因子与股票收益率的关系如何，哪些因子对行业内股票的收益率有显著的影响。为此，我们将建立多种指标来检验各因子与行业内股票的收益率关系，对因子进行综合评价,从而确定因子是否有效。

本节首先使用横截面回归法进行因子选股能力分析,之后采用排序打分法研究因子的选股能力。

(一) 从信息系数方面分析各因子选股能力

我们采用横截面回归法来研究因子的选股能力,计算并分析各因子的信息系数(当期因子得分(百分位降序打分法)与下期股票收益率得分(百分位降序打分法)的相关系数)。当信息系数为正时,表示因子得分越高,在下一期股票表现越好;反之,当信息系数为负时,表示因子得分越高,在下一期股票表现越差。

各因子总体的信息系数情况分析如表10-3和表10-4所示。

表10-3 各因子信息系数(月度)

因子	P值	均值	标准差	最大值	中值	最小值
最近1个月涨幅(%)	0.0000	-0.0704	0.1439	0.2129	-0.0748	-0.4017
最近2个月涨幅(%)	0.0000	-0.0779	0.1614	0.2660	-0.0668	-0.4635
最近3个月涨幅(%)	0.0000	-0.0694	0.1685	0.3131	-0.0504	-0.5026
最近6个月涨幅(%)	0.0000	-0.0563	0.1663	0.2584	-0.0310	-0.5378
最近12个月涨幅(%)	0.0000	-0.0580	0.1578	0.3257	-0.0557	-0.5489
最近1个月波动率(%)	0.0000	-0.0488	0.1557	0.2866	-0.0688	-0.3673
波动率变化	0.0022	-0.0157	0.0951	0.1824	-0.0212	-0.2964
最近1个月振幅(%)	0.0000	-0.0571	0.1250	0.2149	-0.0464	-0.3735
振幅变化	0.7935	0.0024	0.0707	0.1651	0.0024	-0.1273
最近1个月日均换手率(%)	0.0000	-0.0605	0.1637	0.2794	-0.0628	-0.5178
换手率变化	0.0000	-0.0641	0.1173	0.2094	-0.0655	-0.3952
流通市值	0.0000	-0.0888	0.2120	0.4242	-0.1044	-0.4889
总市值	0.0000	-0.1074	0.1979	0.3912	-0.1269	-0.5572

表10-4 各因子信息系数(季度)

因子	P值	均值	标准差	最大值	中值	最小值
E/P	0.0000	0.0237	0.1091	0.1871	0.0437	-0.2477
B/P	0.0221	-0.0061	0.1591	0.2439	0.0129	-0.3707
CF/P	0.7781	-0.0136	0.0880	0.1211	0.0028	-0.2526
EBITDA/EV	0.0000	0.0148	0.1273	0.2152	0.0245	-0.3858
SR/P	0.0000	0.0626	0.1433	0.2479	0.0637	-0.2066
营业利润增长率(%)	0.0000	0.0756	0.1172	0.3888	0.0540	-0.0879
营业收入增长率(%)	0.0000	0.0526	0.0905	0.2191	0.0483	-0.1335
经营活动产生的现金流净额增长率(%)	0.9670	0.0076	0.0734	0.2322	0.0017	-0.0797
净利润增长率(%)	0.0000	0.0726	0.1149	0.3581	0.0690	-0.1469
户均持股比例	0.0000	0.2169	0.1800	0.4584	0.2480	-0.0787
户均持股比例变化	0.0000	0.0391	0.0740	0.2027	0.0440	-0.1284

（续表）

因子	P 值	均值	标准差	最大值	中值	最小值
机构持股比例	0.9226	−0.0040	0.1112	0.3322	−0.0168	−0.2096
机构持股比例变化	0.0005	0.0161	0.1083	0.2043	0.0316	−0.2426
销售毛利率(%)	0.0000	0.0448	0.1647	0.3084	0.0756	−0.2354
销售净利率(%)	0.0000	0.0529	0.1667	0.3084	0.0997	−0.2398
ROE(%)	0.0000	0.0317	0.1959	0.4860	0.0585	−0.3765
ROA(%)	0.0000	0.0426	0.1902	0.3997	0.0653	−0.3472

由表10-3、10-4可知,原材料行业内的股票表现出较为显著的反转效应,动量反转中的最近1个月涨幅、最近2个月涨幅、最近3个月涨幅、最近6个月涨幅、最近12个月涨幅5个因子的信息系数均为负(前期涨幅越大,下一个月表现越差),且在1%的显著水平下显著为负;原材料行业内的股票也表现出一定的小盘股效应,规模因子中的流通市值的信息系数为−0.0888,总市值因子的信息系数为−0.1074(前期流通市值越大,下一个月表现越差;前期总市值越大,下一个月表现越差),在1%的显著水平下显著为负;最近1个月日均换手率、换手率变化2个交投因子也是较为显著的负向因子,其信息系数分别为−0.0605、−0.0641(最近1个月日均换手率越高,下一个月表现越差;换手率变化越大,下一个月表现越差),在1%的显著水平下显著为负;此外,最近1个月波动率、波动率变化、最近1个月振幅3个波动因子也是表现较为显著的负向因子,其信息系数分别为−0.0488、−0.0157、−0.0571(最近1个月波动率越高,下一个月表现越差;波动率变化越大,下一个月表现越差;最近1个月振幅越大,下一个月表现越差),在1%的显著水平下显著为负。

估值因子表现出较为显著的正向效应,E/P、EBITDA/EV、SR/P 3个因子的信息系数分别为0.0237、0.0148、0.0626(前期估值越低(E/P、EBITDA/EV、SR/P越高),下个月表现越好),在1%的显著水平下显著为正。成长因子也表现出一定的正向效应,营业利润增长率、营业收入增长率、净利润增长率3个因子的信息系数均在1%的显著水平下显著为正,其信息系数分别为0.0756、0.0526、0.0726(前期营业利润增长率越高,下个月表现越好;前期营业收入增长率越高,下个月表现越好;前期净利润增长率越高,下个月表现越好)。户均持股比例、户均持股比例变化、机构持股比例变化等股东因子也表现出较为显著的正向效应(户均持股比例越高,下个月表现越好;户均持股比例上升越高,下个月表现越好;机构持股比例上升越高,下个月表现越好),在1%的显著水平下显著为正。此外,销售毛利率、销售净利率、ROE、ROA 4个盈利因子也是表现较为显著的正向因子,其信息系数分别为0.0448、0.0529、0.0317、0.0426(前期销售毛利率越高,下个月表现越好;前期销售净利率越高,下个月表现越好;前期ROE越高,下个月表现越好;前期ROA越高,下个月表现越好),在1%的显著水平下显著为正。

波动因子(振幅变化)、股东因子(机构持股比例)、估值因子(CF/P)、成长因子(经营活动产生的现金流净额增长率)等的信息系数在0附近或P值不显著,也就是说,这些因子对股票下个月表现的影响不显著。

通过对各因子总体的表现情况进行分析之后,我们又对各因子每年的表现情况进行了分析,主要分析每年各因子信息系数的一致性,即因子在总体年份中的表现情况,表10-5列出了每年各因子信息系数的均值情况。

表 10-5 每年各因子信息系数的均值

因子	2007	2008	2009	2010	2011	2012	2013	2014	2015	2016	2017
E/P	-0.0929	0.0635	0.0023	-0.0206	0.0258	0.0503	0.1129	0.0985	0.2221	0.1348	0.1001
B/P	-0.1776	0.1032	-0.1429	0.0658	-0.0115	0.0168	0.0835	0.0546	0.0564	-0.2971	-0.2950
CF/P	-0.0565	-0.0112	-0.1090	0.0451	0.0124	-0.0625	0.0798	0.0068	-0.0036	-0.1252	-0.2010
EBITDA/EV	-0.1209	0.1462	-0.0200	0.0061	0.0096	-0.0104	0.0599	0.1132	0.0418	-0.1625	-0.2659
SR/P	-0.0492	0.1352	-0.1023	0.0679	0.0562	0.1516	0.1685	0.0936	0.0919	0.2590	0.2707
营业利润增长率（%）	0.0365	0.0691	0.0424	-0.0257	0.0790	0.2187	0.1161	0.0558	0.0730	0.0082	0.1251
营业收入增长率（%）	0.0585	0.0658	-0.0124	0.0042	0.0574	0.1010	0.0933	0.0529	0.0747	0.0422	0.0563
经营活动产生的现金流净额增长率（%）	0.1028	-0.0636	0.0590	-0.0084	-0.0430	-0.0055	0.0011	0.0400	-0.0286	0.0349	0.0711
净利润增长率（%）	0.0508	0.0498	0.0755	-0.0649	0.0842	0.2224	0.0833	0.0932	0.0640	0.1017	0.1065
户均持股比例	0.1168	0.3341	0.1690	0.1762	0.1132	0.2130	0.4271	0.1232	0.3064	0.0794	-0.2958
户均持股比例变化	-0.0524	0.0610	-0.0132	0.0861	0.0177	0.0997	0.0720	0.0465	0.0283	0.0669	0.0085
机构持股比例变化	0.1046	-0.0912	-0.0385	-0.0243	-0.0081	0.0229	0.0218	-0.0508	0.0017	0.0435	0.2814
销售毛利率（%）	-0.0261	-0.0570	0.0274	0.0592	-0.0027	-0.0202	0.0555	0.0888	-0.0557	0.0461	0.0443
销售净利率（%）	-0.0297	-0.0522	-0.0260	0.0161	0.0948	0.1383	0.2070	-0.0590	0.0390	-0.0287	-0.0061
ROE（%）	-0.0218	-0.0282	-0.0135	0.0249	0.0858	0.1508	0.2078	-0.0528	0.0473	-0.0188	-0.0209
ROA（%）	-0.0672	0.1135	0.0097	0.0553	0.1021	0.1448	0.1467	0.1375	0.0317	0.0259	0.0646
最近 1 个月涨幅（%）	-0.0777	-0.0508	0.0146	0.0588	0.0915	0.1366	0.2080	0.1188	0.0563	-0.0127	-0.0143
最近 2 个月涨幅（%）	-0.0783	-0.0462	-0.1018	-0.0228	-0.0776	-0.1274	-0.0580	-0.0469	-0.1381	-0.0708	-0.0245
最近 3 个月涨幅（%）	-0.0855	-0.0162	-0.1258	-0.0707	-0.0749	-0.1479	-0.0246	-0.0780	-0.1632	-0.0991	-0.0231
最近 6 个月涨幅（%）	-0.1084	-0.0073	-0.1007	-0.0518	-0.0579	-0.1406	-0.0134	-0.0766	-0.1908	-0.1127	-0.0361
最近 12 个月涨幅（%）	-0.1239	-0.0492	-0.1016	0.0112	-0.0500	-0.1122	0.0260	-0.0498	-0.1232	-0.0970	0.0316
最近 1 个月振幅（%）	-0.1123	-0.0915	-0.1248	-0.0169	0.1021	-0.0454	0.0467	-0.0089	-0.1250	-0.1102	0.0266
波动率变化	-0.0693	-0.0512	-0.0313	-0.0244	-0.0646	-0.0536	-0.0331	-0.0664	-0.0369	-0.0212	-0.0740
最近 1 个月振幅（%）	0.0217	-0.0020	-0.0465	0.0156	0.0188	-0.0251	0.0019	-0.0470	-0.0832	-0.0891	-0.1460
振幅变化	-0.0329	-0.0129	-0.0487	-0.0741	-0.0788	-0.0870	-0.0417	-0.0862	-0.0522	-0.0551	-0.0298
最近 1 个月日均换手率（%）	0.0201	0.0262	-0.0141	-0.0153	0.0129	-0.0076	-0.0067	0.0042	-0.0288	-0.0953	0.1733
换手率变化	-0.1018	-0.0615	-0.0394	-0.0344	-0.0834	-0.1053	-0.0127	-0.0422	-0.2032	-0.0959	0.1092
流通市值	-0.0480	-0.0467	-0.0666	-0.0957	-0.0682	-0.0746	-0.0528	-0.0595	-0.0790	-0.0420	-0.0686
总市值	-0.0379	-0.0940	-0.0599	-0.0765	-0.0580	-0.0422	-0.1844	-0.1728	-0.0790	-0.0420	-0.0686
	-0.0529	-0.1117	-0.0749	-0.0943	-0.0985	-0.0744	-0.1835	-0.1827	0.0564	-0.2971	-0.2950

从每年各因子信息系数的一致性方面看,估值因子中的 SR/P、E/P,成长因子中的营业利润增长率、营业收入增长率、净利润增长率,股东因子中的户均持股比例、户均持股比例变化等因子在大多数年份里的信息系数均值均为正;交投因子中的最近 1 个月日均换手率、换手率变化,动量反转因子中的最近 1 个月涨幅、最近 2 个月涨幅、最近 3 个月涨幅、最近 6 个月涨幅、最近 12 个月涨幅,波动因子中的最近 1 个月振幅,规模因子中的流通市值、总市值等因子在大多数年份里的信息系数均值均为负;而其他因子每年的表现则并不十分一致。

(二) 从 FF 排序法方面来分析各因子的选股能力

前文使用了横截面回归法来进行因子选股能力分析,现在将采用排序打分法,按各因子把样本股分为 10 组(降序法),比较分析各组股票的表现。我们认为,较好的选股因子应该表现出如下几个特征:

(1) 选股区分度,其计算方法为:[因子排名靠前组合(如第 1 组)表现－因子排名靠后组合(如第 10 组)表现]/样本平均表现。若选股区分度为正数,则说明该因子有正向选股能力,且数字越大,效果越显著;反之,若选股区分度为负数,则说明该因子有负向选股能力,且数字越大,效果越显著。

(2) 单调性,主要是根据因子得分从高到低排序选出的股票组合的表现情况进行分析。如果收益率是单调递减的,则表示该因子是正向因子,对正向因子来说,第 1 组、第 2 组到第 9 组、第 10 组的股票组合的表现是逐步递减的;反之,如果收益率是单调递增的,则表示该因子是负向因子,对负向因子来说,第 1 组、第 2 组到第 9 组、第 10 组的股票组合的表现是逐步递增的。

(3) 稳定性,主要是以样本股票的平均表现为基准,计算靠前组合和靠后组合超过基准的收益情况(也可能表现为负),以此得到各组合的信息比率。一般而言,多头组合有较高的信息比率(为正),空头组合有较低的信息比率(为负),也即当信息比率为正的时候,可认为是多头,当信息比率为负的时候,可认为是空头。

因而,本节主要从选股区分度、单调性和稳定性三个角度来研究因子的选股能力。

1. 选股区分度

根据选股区分度的计算公式,我们计算了两组选股区分度的数据,即选股区分度 1 和选股区分度 2。选股区分度 1 的计算公式为:(第 1 组样本组合的表现－第 10 组样本组合的表现)/样本平均表现;选股区分度 2 的计算公式为:(第 2 组样本组合的表现－第 9 组样本组合的表现)/样本平均表现。此外,我们又通过对这两组选股区分度进行分化计算得到了另外两个指标,即 $0.8 \times$ 选股区分度 $1 + 0.2 \times$ 选股区分度 2,$0.6 \times$ 选股区分度 $1 + 0.4 \times$ 选股区分度 2,从而进一步研究因子的选股能力强弱,具体数据列于表 10-6 和表 10-7。

表 10-6　各因子选股区分度(月度)

因子	区分度1:(第1组—第10组)/基准	区分度2(第2组—第9组)/基准	0.8×区分度1+0.2×区分度2	0.6×区分度1+0.4×区分度2
最近1个月涨幅(%)	-0.9964	-0.9075	-0.9787	-0.9609
最近2个月涨幅(%)	-1.5052	-0.5328	-1.3107	-1.1162
最近3个月涨幅(%)	-1.2715	-0.5377	-1.1247	-0.9780
最近6个月涨幅(%)	-1.0307	-0.4181	-0.9081	-0.7856
最近12个月涨幅(%)	-0.4450	-0.5123	-0.4584	-0.4719
最近1个月波动率(%)	-0.6949	-0.2934	-0.6146	-0.5343
波动率变化	-0.1811	-0.3731	-0.2195	-0.2579
最近1个月振幅(%)	-0.8550	-0.3360	-0.7512	-0.6474
振幅变化	0.2195	0.1412	0.2039	0.1882
最近1个月日均换手率(%)	-1.0004	-0.3000	-0.8603	-0.7202
换手率变化	-1.2004	-0.5711	-1.0745	-0.9487
流通市值	-2.0441	-1.1587	-1.8671	-1.6900
总市值	-2.4953	-1.0477	-2.2058	-1.9163

表 10-7　各因子选股区分度(季度)

因子	区分度1:(第1组—第10组)/基准	区分度2(第2组—第9组)/基准	0.8×区分度1+0.2×区分度2	0.6×区分度1+0.4×区分度2
E/P	0.0462	0.1213	0.0612	0.0763
B/P	0.2572	0.3704	0.2798	0.3025
CF/P	0.1260	-0.4605	0.0087	-0.1086
EBITDA/EV	-0.0891	0.3700	0.0027	0.0945
SR/P	0.8108	0.4270	0.7341	0.6573
营业利润增长率(%)	0.5345	0.6948	0.5665	0.5986
营业收入增长率(%)	0.1273	0.9539	0.2926	0.4579
经营活动产生的现金流净额增长率(%)	-0.1786	0.2320	-0.0965	-0.0144
净利润增长率(%)	0.5920	0.5215	0.5779	0.5638
户均持股比例	1.9889	1.4533	1.8818	1.7747
户均持股比例变化	0.3489	0.3801	0.3552	0.3614
机构持股比例	-0.0507	0.0959	-0.0214	0.0079
机构持股比例变化	-0.1527	0.1715	-0.0879	-0.0230
销售毛利率(%)	0.2952	0.3093	0.2980	0.3008
销售净利率(%)	0.2370	0.5113	0.2919	0.3467
ROE(%)	0.1748	0.4472	0.2293	0.2838
ROA(%)	0.1666	0.6327	0.2598	0.3531

从选股区分度看,股东因子中的户均持股比例、户均持股比例变化,估值因子中的E/P、B/P、SR/P,成长因子中的营业利润增长率、营业收入增长率、净利润增长率,盈利因子中的销售毛利率、销售净利率、ROE、ROA等因子均表现出一定的正向选股能力;交投因子中的

最近1个月日均换手率、换手率变化,动量反转因子中的最近1个月涨幅、最近2个月涨幅、最近3个月涨幅、最近6个月涨幅、最近12个月涨幅,波动因子中的最近1个月波动率、波动率变化、最近1个月振幅,规模因子中的流通市值、总市值等因子表现出较好的负向选股能力;而其他因子在选股区分度上表现得并不十分明显。

2. 单调性

我们每期根据各因子的情况对行业内的股票进行了排序(降序法),并把样本股票分成了10组,同时分别计算了各组在研究期(2007年5月至2017年10月)的累计收益率情况,根据第1组、第2组到第9组、第10组的股票组合的表现情况,分析每个因子的单调性,具体数据列于表10-8。

从单调性看,股东因子中的户均持股比例等因子表现出较为明显的单调递减特征,估值因子中的SR/P,成长因子中的营业利润增长率等因子表现出一定的单调递减特征;交投因子中的换手率变化,动量反转因子中的最近1个月涨幅、最近2个月涨幅、最近3个月涨幅、最近6个月涨幅,波动因子中的最近1个月振幅等因子表现出一定的单调递增特征,规模因子中的流通市值、总市值等因子表现出较为明显的单调递增特征;其他大多数因子的单调性不明显。

3. 稳定性

为了考察各因子表现的稳定性,我们分别计算了靠前组合和靠后组合相对于样本基准收益率的表现情况,表10-9列出了第1组和第10组的具体数据,同时又加入了两个指标(0.8×第1组+0.2×第2组,0.8×第10组+0.2×第9组),进一步考察各因子表现的稳定性。

从各因子排序构建的各组合的信息比率来看,股东因子中的户均持股比例变化、户均持股比例,估值因子中的CF/P、SR/P,成长因子中的营业利润增长率、净利润增长率,盈利因子中的销售净利率等因子的第1组的信息比率为正,第10组的信息比率为负,且差距较大;交投因子中的最近1个月日均换手率,动量反转因子中的最近2个月涨幅,波动因子中的最近1个月波动率、波动率变化、最近1个月振幅等因子的第1组的信息比率为负,第10组的信息比率为正,且差距较大;而其他因子排序所构建的各组合的表现并不明显。

前面研究了各因子排序构建的各组合的信息比率情况,下面将进一步研究各因子排名靠前组合和靠后组合各年的超额收益率情况,具体数据列于表10-10和表10-11。

从排名靠前组合各年的超额收益率看,交投因子中的换手率变化,估值因子中的SR/P,成长因子中的营业利润增长率,波动因子中的最近1个月波动率、波动率变化、最近1个月振幅、振幅变化等因子排名靠前组合在大多数年份的超额收益率均为正;规模因子中的流通市值、总市值等因子排名靠前组合在大多数年份的超额收益率均为负;其他因子的表现则不明显。

表 10-8 根据各因子排序构建的各组合累计收益率（2007 年 5 月至 2017 年 10 月）

因子	第1组	第2组	第3组	第4组	第5组	第6组	第7组	第8组	第9组	第10组
E/P	1.3909	1.9445	1.9574	1.8414	1.9762	1.7067	1.1861	0.9786	1.7503	1.3169
B/P	1.5648	1.5596	1.5229	2.0574	1.9908	1.6430	1.9491	1.6634	0.9664	1.1529
CF/P	2.0321	1.3322	1.8540	1.6209	1.2666	1.3250	1.3085	1.3487	2.0696	1.8303
EBITDA/EV	1.6241	1.8335	1.7325	1.6834	1.8210	1.6254	1.4024	1.2672	1.2409	1.7668
SR/P	2.1460	1.9855	2.1391	1.6716	1.4365	1.7063	1.5102	1.3678	1.3017	0.8475
营业利润增长率（%）	2.0968	2.6221	1.5607	1.8739	1.4425	1.3047	1.3207	1.0858	1.5095	1.2409
营业收入增长率（%）	2.0559	2.3584	1.8025	1.8328	1.4051	1.1876	1.3772	1.2826	0.8308	1.8520
经营活动产生的现金流净额增长率（%）	1.6028	1.9783	1.7146	1.4616	1.5460	1.1828	1.5072	1.4901	1.6067	1.8889
净利润增长率（%）	2.1385	2.2936	1.8181	1.7597	1.5317	1.4842	1.2516	1.1394	1.4585	1.1906
户均持股比例	3.4027	2.8619	2.2112	1.7310	1.3867	1.3549	1.2965	1.1955	0.5346	0.2175
户均持股比例变化	2.8722	2.1827	1.5919	1.6812	1.3348	0.8498	0.7041	0.8324	1.5740	2.3134
机构持股比例	1.6897	1.8546	1.6124	1.4625	1.3929	1.3315	1.4832	1.6956	1.7010	1.7709
机构持股比例变化	1.8492	1.7061	1.7879	1.6094	1.3944	1.4353	1.4042	1.2449	1.4314	2.0937
销售毛利率（%）	2.1520	1.9318	1.6594	1.5527	1.5522	1.4614	1.1574	1.4254	1.4365	1.6794
销售净利率（%）	2.0777	2.0540	1.6977	1.9021	1.4707	1.3183	1.0913	1.4603	1.2352	1.6981
ROE（%）	1.7751	1.8644	1.6198	1.5805	1.7284	1.4874	1.6243	1.7044	1.1483	1.4952
ROA（%）	2.0184	2.0244	1.7075	1.4364	1.5501	1.4415	1.3211	1.7355	1.0112	1.7516
最近1个月涨幅（%）	0.3126	0.9850	1.4426	1.6220	1.5514	1.9326	1.6781	2.0852	2.4396	1.9097
最近2个月涨幅（%）	0.3473	0.8839	1.0518	1.8312	1.4492	1.7705	1.9522	2.0859	1.7379	2.7599
最近3个月涨幅（%）	0.1965	1.0781	1.5095	1.6691	1.5057	1.9273	2.0784	1.7799	1.9400	2.2343
最近6个月涨幅（%）	0.6762	0.9911	1.1773	1.9895	1.8948	1.6095	1.6387	1.9625	1.6612	2.3282
最近12个月涨幅（%）	0.9941	0.8078	1.4699	1.6257	1.7607	1.8347	2.0997	2.0754	1.6289	1.7073
最近1个月波动率（%）	0.6714	1.3982	1.6543	1.3548	2.1976	1.7828	1.5285	1.7691	1.8684	1.7851
波动率变化	1.1501	1.3328	1.7481	1.8882	1.7454	1.5591	1.6436	1.6010	1.9308	1.4403
最近1个月振幅（%）	0.8408	1.1610	1.2014	1.2397	1.2834	1.6365	1.7775	1.8158	1.7996	2.2111
振幅变化	1.9480	1.4325	1.7754	1.5148	1.7703	2.0022	1.2858	1.4980	1.2062	1.5962
换手率（%）	0.0030	1.1755	1.6905	1.5326	1.9327	2.0430	2.2412	2.1399	1.6563	1.6065
最近1个月日均换手率（%）	0.2139	1.1979	2.0032	1.3311	1.4078	1.6956	1.9736	1.8946	2.1132	2.1379
换手率变化	0.0596	0.7223	0.9545	1.0832	1.5281	1.4850	1.8262	2.2513	2.5795	3.3359
流通市值	0.7807	0.7807	0.9545	1.0832	1.5281	1.4850	1.8262	2.2513	2.5795	3.3359
总市值	-0.0001	0.7807	0.7717	0.9934	1.2451	1.3845	1.8844	2.2315	2.4600	3.9994

表 10-9 根据各因子排序构建的各组合的信息比率

因子	第1组	0.8×第1组+0.2×第2组	第10组	0.8×第10组+0.2×第9组
E/P	−0.0291	−0.0188	0.0240	−0.0109
B/P	−0.0514	−0.0509	−0.0317	−0.0110
CF/P	0.0473	0.0314	−0.0358	−0.0359
EBITDA/EV	−0.0673	−0.0559	−0.0369	0.0023
SR/P	0.0774	0.0702	−0.0711	−0.0561
营业利润增长率(%)	0.0253	0.0188	−0.0383	−0.0278
营业收入增长率(%)	0.0379	0.0595	0.0026	0.0098
经营活动产生的现金流净额增长率(%)	−0.0419	−0.0291	−0.0323	−0.0327
净利润增长率(%)	0.0107	0.0162	−0.0591	−0.0535
户均持股比例	0.0607	0.0480	−0.0897	0.0720
户均持股比例变化	0.0481	0.0475	−0.0033	−0.0017
机构持股比例	−0.0462	−0.0473	−0.0196	0.0000
机构持股比例变化	0.0767	0.0555	−0.0918	−0.0799
销售毛利率(%)	−0.0229	−0.0124	−0.0496	−0.0440
销售净利率(%)	0.0722	0.0801	0.0069	−0.0134
ROE(%)	−0.0478	−0.0337	0.0251	0.0584
ROA(%)	−0.0774	−0.0383	−0.0224	−0.0121
最近1个月涨幅(%)	−0.0272	−0.0257	−0.0102	0.0099
最近2个月涨幅(%)	−0.0201	−0.0230	0.0060	0.0023
最近3个月涨幅(%)	−0.0214	−0.0232	−0.0152	−0.0108
最近6个月涨幅(%)	−0.0135	−0.0217	−0.0229	−0.0246
最近12个月涨幅(%)	−0.0443	−0.0354	−0.0384	−0.0409
最近1个月波动率(%)	−0.0547	−0.0478	0.0315	0.0267
波动率变化	−0.0383	−0.0294	0.0291	0.0259
最近1个月振幅(%)	−0.0348	−0.0257	0.0109	0.0006
振幅变化	0.0019	0.0038	0.0060	0.0022
最近1个月日均换手率(%)	−0.0562	−0.0460	0.0813	0.0728
换手率变化	−0.0573	−0.0460	−0.0121	0.0033
流通市值	−0.0537	−0.0463	0.0016	−0.0072
总市值	−0.0448	−0.0352	−0.0155	−0.0096

从排名靠后组合各年的超额收益率看,估值因子中的 EBITDA/EV、SR/P,成长因子中的营业利润增长率、净利润增长率等因子排名靠后组合在大多数年份的超额收益率均为负;交投因子中的换手率变化、最近1个月日均换手率,动量反转因子中的最近1个月涨幅、最近2个月涨幅、最近3个月涨幅、最近6个月涨幅、最近12个月涨幅,波动因子中的最近1个月波动率、波动率变化、最近1个月振幅、振幅变化,规模因子中的流通市值、总市值等因子排名靠后组合在大多数年份的超额收益率均为正;其他因子的表现则不明显。

表 10-10 各因子排名靠前组合各年超额收益率

因子	2007	2008	2009	2010	2011	2012	2013	2014	2015	2016	2017
E/P	0.0055	−0.7363	0.1911	0.1698	0.3256	−0.1457	−0.0374	−0.0895	0.5042	0.1987	−0.1213
B/P	0.3201	−0.6960	0.2883	0.2019	0.3574	−0.1073	0.0595	−0.1137	0.4935	0.3122	−0.0409
CF/P	0.0609	−0.7619	0.1909	0.1869	0.2931	−0.1447	−0.0221	−0.1100	0.4631	0.2206	−0.0851
EBITDA/EV	0.0879	−0.7535	0.2026	0.1696	0.3183	−0.1626	−0.0420	−0.0976	0.5418	0.1842	−0.1142
SR/P	0.0900	−0.6874	0.2984	0.1817	0.2617	−0.0876	0.0139	0.0921	0.4983	0.2080	−0.1088
营业利润增长率（%）	0.1387	−0.7537	0.1335	0.1297	0.3281	0.1988	−0.0057	0.0939	0.4022	0.1596	−0.0965
营业收入增长率（%）	−0.0153	−0.7724	0.1113	0.1386	0.2727	−0.1530	0.0150	−0.1066	0.3497	0.2058	−0.0791
经营活动产生的现金流净额增长率（%）	0.0114	−0.8354	0.1732	0.1357	0.2883	−0.2245	−0.0204	−0.1114	0.4106	0.1591	−0.0612
净利润增长率（%）	0.1139	−0.8141	0.0879	0.1462	0.3439	−0.2092	−0.0401	−0.0746	0.3930	0.1419	−0.0969
户均持股比例	0.1061	−0.7949	0.2182	0.1750	0.2044	−0.1427	0.0842	−0.1032	0.4660	0.2466	−0.0851
户均持股比例变化	0.2591	−0.7576	0.2562	0.2259	0.2645	−0.1293	0.0675	−0.1053	0.4613	0.2789	0.0046
机构持股比例	0.0044	−0.7980	0.0948	0.1218	0.2925	−0.2172	−0.0062	−0.0877	0.3858	0.1641	−0.0728
机构持股比例变化	0.0942	−0.7409	0.1554	0.1998	0.3308	−0.1505	0.0148	−0.0860	0.3568	0.2542	−0.0783
销售毛利率（%）	0.1215	−0.7276	0.2074	0.1661	0.2655	−0.1559	0.0132	−0.0921	0.3998	0.2088	−0.0522
销售净利率（%）	0.1042	−0.7312	0.1937	0.1666	0.2494	−0.1580	0.0257	−0.0897	0.4132	0.1898	−0.0545
ROE（%）	0.2757	−0.7339	0.2068	0.1484	0.3001	−0.1544	0.0274	−0.0905	0.4108	0.2254	−0.0499
ROA（%）	0.1507	−0.7257	0.2108	0.1608	0.2932	−0.1626	0.0560	−0.0856	0.4135	0.2671	−0.0538
最近1个月涨幅（%）	0.1192	−0.0994	0.0040	0.2923	−0.0643	−0.2161	0.1707	0.2079	0.1421	−0.0861	−0.3486
最近2个月涨幅（%）	0.0146	−0.0692	−0.0450	0.3183	0.0147	−0.2967	0.2543	0.2035	0.1458	−0.0829	−0.3088
最近3个月涨幅（%）	−0.1231	−0.0795	−0.0516	0.3057	0.0336	−0.2424	0.2348	0.2178	0.1455	−0.1016	−0.3528
最近6个月涨幅（%）	−0.0433	−0.1055	0.0317	0.4049	0.0193	−0.1654	0.2819	0.2413	0.2751	0.0467	−0.2282
最近12个月涨幅（%）	−0.0059	−0.0637	−0.0177	0.3169	−0.0198	−0.0082	0.3308	0.2719	0.2663	−0.0442	−0.1756
波动率变化	0.0854	−0.0552	0.0819	0.2187	0.0869	−0.0872	0.1523	0.2627	0.8920	0.4110	−0.3102
最近1个月波动率（%）	0.6533	−0.0097	0.0682	0.1765	0.0454	−0.0542	0.1080	0.2691	0.8282	0.4551	−0.2054
最近1个月振幅（%）	0.1441	0.1785	0.1386	0.1843	−0.0439	−0.1372	0.2208	0.2409	0.3804	0.1490	−0.5601
振幅变化	0.2416	0.4388	0.2251	0.3081	0.1303	−0.0422	0.1704	0.3725	0.4531	0.2179	−0.3147
最近1个月日均换手率（%）	−0.1668	−0.0656	0.0319	0.1498	0.0469	−0.2218	0.1801	0.2231	0.5542	0.1003	−0.6056
换手率变化	0.1520	0.0173	0.0882	0.0675	0.0123	−0.1382	0.0727	0.2246	0.3495	0.0558	−0.4749
流通市值	0.1990	−0.1314	−0.2484	0.1146	−0.0805	−0.0374	−0.1132	−0.1091	−0.0021	−0.0222	−0.0233
总市值	0.2033	−0.1119	−0.2261	0.0832	−0.0711	−0.0535	−0.1148	0.1063	−0.0158	−0.0192	0.0246

表 10-11 各因子排名靠后组合各年超额收益率

因子	年份										
	2007	2008	2009	2010	2011	2012	2013	2014	2015	2016	2017
E/P	−0.0337	−0.8297	0.1472	0.1515	0.3390	−0.2556	−0.0628	−0.0550	0.3591	0.2240	−0.0476
B/P	−0.1022	−0.7956	0.0910	0.0628	0.2683	−0.2397	−0.0937	−0.0721	0.3475	0.0393	−0.1057
CF/P	0.1161	−0.7526	0.1519	0.1393	0.2596	−0.1597	−0.0198	−0.0522	0.3802	0.2502	−0.0513
EBITDA/EV	−0.0039	−0.8687	0.2011	−0.1532	0.3297	−0.2283	−0.0536	−0.0614	−0.3761	0.2225	−0.0378
SR/P	−0.0788	−0.7865	0.1058	−0.0834	0.2882	−0.2788	−0.0783	−0.0920	−0.3237	0.1600	−0.0508
营业利润增长率(%)	−0.1022	−0.7892	0.1789	−0.1570	0.2874	−0.2428	−0.0699	−0.0610	−0.3653	0.1585	−0.0637
营业收入增长率(%)	0.0851	−0.8145	0.1773	0.1409	0.2729	−0.2082	−0.0872	−0.0914	0.3866	0.1575	−0.0690
经营活动产生的现金净额增长率(%)	0.0571	−0.7746	0.1733	0.1188	0.2624	−0.1908	−0.0252	−0.0954	0.3669	0.1325	−0.1086
净利润增长率(%)	−0.0761	−0.8254	0.1619	−0.1325	0.2787	−0.2322	−0.0771	−0.0925	−0.3818	0.1211	−0.1053
户均持股比例	0.0086	−0.7740	0.1782	0.1059	0.2582	−0.2311	−0.0944	−0.0857	0.3695	0.0267	−0.0493
户均持股比例变化	−0.0005	−0.8129	0.1247	0.0987	0.2588	−0.1801	0.0089	−0.0775	0.3662	0.2430	−0.0735
机构持股比例(%)	0.0006	−0.7942	0.1387	0.1543	0.2886	−0.2296	−0.0563	−0.0799	0.4302	0.2236	−0.0790
机构持股比例变化	−0.0419	−0.7753	0.1407	0.1802	0.2571	−0.2148	−0.0511	−0.0779	0.4691	0.2364	−0.0827
销售毛利率(%)	−0.0506	−0.7923	0.2028	0.1376	0.3266	−0.2172	−0.0367	−0.0420	0.4113	0.1630	−0.0761
销售净利率(%)	−0.0583	−0.8394	0.2052	0.1527	0.3307	−0.2213	−0.0527	−0.0473	0.3824	0.1700	−0.0821
ROE(%)	−0.0896	−0.8205	0.1820	0.1505	0.3332	−0.2166	−0.0549	−0.0489	0.4038	0.1687	−0.0565
ROA(%)	−0.0541	−0.8366	0.2139	0.1539	0.3406	−0.2178	−0.0382	−0.0479	0.3855	0.1836	−0.0572
最近1个月涨幅(%)	0.2710	0.2286	0.3588	0.1973	0.1382	0.1861	0.1891	0.3709	1.3875	0.5037	−0.1330
最近2个月涨幅(%)	0.5955	0.3516	0.3459	0.3252	0.1104	0.2087	0.1913	0.4225	1.5483	0.5975	−0.0367
最近3个月涨幅(%)	0.5763	0.0504	0.3427	0.2644	0.1243	0.1468	0.1756	0.4397	1.5957	0.6130	−0.0507
最近6个月涨幅(%)	0.6476	0.3436	0.3457	0.2432	0.1083	0.1381	0.0811	0.3529	1.4085	0.6398	−0.1245
最近12个月涨幅(%)	0.3724	0.2739	0.4264	0.2520	0.0565	−0.0228	0.1148	0.2935	1.5392	0.6197	−0.2003
波动率变化	0.5797	0.3840	0.2602	0.1685	0.1379	−0.0746	0.1009	0.3443	0.7340	0.2560	−0.1515
振幅变化	0.2994	0.1559	0.3278	0.2144	0.0894	−0.0317	0.0869	0.3865	0.9057	0.2908	−0.2390
最近1个月振幅(%)	0.4613	0.3897	0.2678	0.3259	0.1440	0.0444	0.1221	0.3838	1.0930	0.4801	0.0711
换手率变化	0.2585	0.0774	0.2992	0.2205	0.0067	0.0368	0.1958	0.3563	1.0012	0.2657	−0.2206
最近1个月日均换手率(%)	0.5420	0.0856	0.2074	0.1811	0.1434	0.0489	0.1145	0.2975	1.0087	0.4942	0.1445
流通市值	0.3234	0.1300	0.3195	0.3920	0.1375	0.0556	0.2160	0.4549	1.2379	0.5264	−0.0692
总市值	0.8274	0.4407	0.3870	0.3204	0.0798	0.0336	0.4102	0.6133	1.6605	0.6065	−0.2049
	0.8348	0.4975	0.4413	0.3574	0.2229	0.1218	0.4598	0.6304	1.5658	0.7597	−0.2452

三、多因子模型的构建和评价

上文对行业内交投因子、动量反转因子、波动因子和规模因子4大类月度因子以及股东因子、估值因子、成长因子和盈利因子4大类季度因子共8大类因子,分别从信息系数、选股区分度、单调性和稳定性等方面进行了评价,目的是根据上述评价体系考察各选股因子的表现情况,为后面构建行业内多因子模型提供一个比较有效的参考因子范围,并进一步分析和评价该多因子模型的表现情况。

(一) 各因子综合评价

根据行业内各因子的表现情况,我们把结果汇总在表10-12和表10-13中,分别代表月度选股因子综合评价和季度选股因子综合评价结果,现作如下分析:

综合各因子的信息系数、选股区分度、单调性和稳定性,在原材料行业内表现较好的正向因子有:(1) 估值因子中的SR/P;(2) 成长因子中的营业利润增长率。表现较好的负向因子有:(1) 动量反转因子中的最近2个月涨幅;(2) 波动因子中的最近1个月振幅。其中,估值因子中的SR/P、成长因子中的营业利润增长率等表现较好的因子为季度因子,动量反转因子中的最近2个月涨幅、波动因子中的最近1个月振幅等表现较好的因子为月度因子。

表 10-12 月度选股因子综合评价

因子	信息系数	选股区分度	单调性	稳定性
最近1个月涨幅(%)	显著为负	强	有一定的	—
最近2个月涨幅(%)	显著为负	强	有一定的	强
最近3个月涨幅(%)	显著为负	强	有一定的	—
最近6个月涨幅(%)	显著为负	强	有一定的	—
最近12个月涨幅(%)	显著为负	强	—	—
最近1个月波动率(%)	显著为负	强	—	强
波动率变化	显著为负	较强	—	强
最近1个月振幅(%)	显著为负	强	有一定的	强
振幅变化	—	一般	—	—
最近1个月日均换手率(%)	显著为负	强	—	强
换手率变化	显著为负	强	有一定的	—
流通市值	显著为负	强	显著	—
总市值	显著为负	强	显著	—

表 10-13 季度选股因子综合评价

因子	信息系数	选股区分度	单调性	稳定性
E/P	显著为正	一般	—	—
B/P	显著为负	较强	—	—
CF/P	—	—	—	强
EBITDA/EV	显著为正	—	—	—
SR/P	显著为正	强	有一定的	强
营业利润增长率(%)	显著为正	强	有一定的	强
营业收入增长率(%)	显著为正	较强	—	—
经营活动产生的现金流净额增长率(%)	—	—	—	—
净利润增长率(%)	显著为正	强	—	强
户均持股比例	显著为正	强	显著	—
户均持股比例变化	显著为正	较强	—	有一定的
机构持股比例	—	—	—	—
机构持股比例变化	显著为正	—	—	强
销售毛利率(%)	显著为正	较强	—	—
销售净利率(%)	显著为正	强	—	强
ROE(%)	显著为正	强	—	强
ROA(%)	显著为正	强	—	—

(二) 行业内多因子模型构建

我们的目的是根据行业内各因子的表现情况筛选出表现较为显著的选股因子,并据此进一步进行行业内多因子选股模型的构建。

由前面的分析可知,在原材料行业内如下因子表现较好:(1)季度因子:估值因子中的 SR/P、成长因子中的营业利润增长率,(2)月度因子:动量反转因子中的最近 2 个月涨幅、波动因子中的最近 1 个月振幅。其中,估值因子中的 SR/P、成长因子中的营业利润增长率为正向因子,动量反转因子中的最近 2 个月涨幅、波动因子中的最近 1 个月振幅为负向因子,我们将选择上述 2 个季度因子和 2 个月度因子构建多因子选股模型。

构建多因子选股模型大致分为两步:第一步,根据前文中表现较为显著的季度因子进行行业内选股,此时可以认为我们选出的股票是一个大的股票池,由于股票池是根据季度因子进行选择的,因而股票池的换仓频率为季,而考虑到上市公司财务报表发布的延后性和实际情况,我们一年只进行三次股票池的换仓,在 4 月底进行一次换仓(上年报和一季报此时出完),作为 5 月至 8 月投资的股票池;8 月底进行一次换仓(半年报此时出完),作为 9 月至 10 月投资的股票池;10 月底进行一次换仓(三季报此时出完),作为 11 月至次年 4 月投资的股票池。第二步,根据前文中表现较为显著的月度因子进行股票池内的选股,换仓频率为月,此时选出的股票组合就是最终的投资组合。因而,我们的投资组合可以概括为:三次股票池的换仓和月度投资组合的换仓,每年总的投资组合的换仓次数为12次,即换仓频率为月。

多因子选股模型的具体选股步骤可以分为:(1)季度股票池的选股:根据表现较为显著的季度因子,对行业内的股票进行各季度因子相应的排序,其中正向因子按倒序法排序,即数值越大、表现越好的股票排在前面;负向因子按正序法排序,即数值越小、表现越好的股票排在前面。然后对按每个因子排序的股票,各选取前2/3,最后选出每个2/3中重合的股票,组成季度股票池,每年根据财报进行三次换股,其他时间保持不变。(2)月度股票投资组合的选股:① 根据表现较为显著的月度因子,对股票池内的股票按因子相应的特征(同季度因子排序一样,正向因子逆序,负向因子正序)采用百分比打分法(越靠前的股票分值越大,分值根据股票在排序中的百分位确定),得到各个因子得分;② 计算出交投因子、动量反转因子、波动因子和规模因子各大类月度因子的得分(等权重),作为该类因子中的各因子的均值,如交投因子的得分=(换手率变化得分+最近1个月日均换手率得分)/2;③ 计算出交投因子、动量反转因子、波动因子和规模因子各大类月度因子得分(等权重)的均值,作为该股票的综合得分;④ 选出综合得分排名靠前(以实际情况为准,根据行业股票和股票池内股票数量选择10只、20只、30只)的股票构建多头组合,选出综合得分靠后(以实际情况为准,根据行业股票和股票池内股票数量选择10只、20只、30只)的股票构建空头组合。多头组合和空头组合的换仓频率为月,每月对投资组合进行重新选择。

(三) 行业内多因子模型投资组合的评价

1. 行业内多因子选股模型的表现

对于原材料行业多因子模型的构建,首先根据估值因子中的SR/P、成长因子中的营业利润增长率2个季度因子构建了一个基本的季度股票池,季度股票池根据上市公司财务报表的公布时间(4月底、8月底、10月底)每年进行3次更换,然后在季度股票池的基础上,再根据动量反转因子中的最近2个月涨幅、波动因子中的最近1个月振幅2个月度因子每月进行季度股票池内的股票再选股,选出排名靠前的前10只、20只、30只股票分别构建多头组合,排名靠后的后10只、20只、30只股票分别构建空头组合。其中,根据季度因子构建的股票池的等额投资表现如图10-1所示,根据月度因子在季度股票池基础上再选股的10只、20只、30只股票多头组合以及10只、20只、30只股票空头组合的等额投资表现如图10-2所示。

我们通过对股票池内的股票进行等额投资,分别于每年5月初、9月初和11月初进行股票池换仓,起始投资时间为2007年5月1日,并记起始资金的净值为1。由图10-1可知,根据季度因子构建的股票池在研究期间内(2007年5月至2017年10月)的表现好于行业的基准表现。截至2017年10月31日的投资组合净值为5.03,累计收益率为403.36%,年化收益率为15.82%,而同期行业基准的累计收益率为319.91%,年化收益率为13.93%。可见,我们选出的季度因子有一定的选股能力。

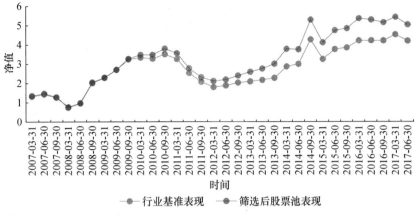

图 10-1 原材料行业季度因子股票池表现

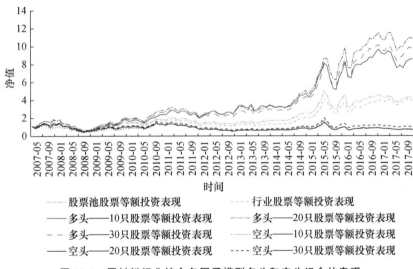

图 10-2 原材料行业综合多因子模型多头和空头组合的表现

我们在行业股票池选股的基础上,通过月度因子每月对股票池内的股票进行重新选股,选出综合得分排名靠前的 10 只、20 只、30 只股票分别构建多头组合,排名靠后的 10 只、20 只、30 只股票分别构建空头组合,分别于每月初进行投资组合换仓,换仓频率为月,起始投资时间为 2007 年 5 月 1 日,并记起始资金的净值为 1。

由图 10-2 可知,由综合得分排名靠前的 10 只、20 只、30 只股票构建的多头组合均大幅超越基准,而由综合得分排名靠后的 10 只、20 只、30 只股票构建的空头组合均大幅落后于基准。2007 年 5 月至 2017 年 10 月,10 只、20 只、30 只多头组合的累计收益率分别为 760.53%、987.40%、875.41%,年化收益率分别为 20.74%、23.24%、22.07%;10 只、20 只、30 只空头组合的累计收益率分别为 -37.99%、-28.91%、-0.124%,年化收益率分别为 -4.098%、-2.944%、-0.011%。可见,我们选出的多头投资组合表现都比较优异,能够跑赢行业基准收益率,也说明之前选出的月度因子具有较强的选股能力。

2. 行业内多因子选股模型的评价

我们对行业内多因子选股模型分别从月超额收益率、月跑赢概率、Alpha 比率、Beta、Sharpe 比率、TR、Jensen 比率、IR 等方面进行了分析,具体结果列于表 10-14,同时又对每年的超额收益率情况进行了统计,结果见表 10-15。

表 10-14　以原材料行业为样本的多因子选股模型分析

等额投资	多头——10 只	多头——20 只	多头——30 只	空头——10 只	空头——20 只	空头——30 只
月超额收益率均值	0.0059	0.0079	0.0073	−0.0132	−0.0124	−0.0099
月超额收益率标准差	0.0987	0.1045	0.1015	0.1465	0.1377	0.1319
月超额收益率最大值	0.7191	1.2590	1.2590	1.1002	1.3888	1.3888
月超额收益率中位数	−0.0048	−0.0059	−0.0063	−0.0359	−0.0309	−0.0270
月超额收益率最小值	−0.3894	−0.3894	−0.3894	−0.4885	−0.4885	−0.4885
月跑赢次数	72	79	79	50	47	46
月跑赢概率	0.5714	0.6270	0.6270	0.3968	0.3730	0.3651
Alpha 比率	0.0138	0.0153	0.0148	−0.0299	−0.0275	−0.0264
Beta	1.0728	1.1496	1.1354	0.9796	1.0000	0.9168
Sharpe 比率	0.9870	0.9673	1.0859	0.7601	0.7772	0.8125
TR	2.7118	2.7467	2.7091	0.5092	0.6035	0.9982
Jensen 比率	−0.0611	−0.0272	−0.0163	0.0453	0.0641	0.0440
IR	0.4315	0.0055	0.0948	0.0739	0.2469	0.0502

表 10-15　以原材料行业为样本的多因子选股策略各年超额收益率

年份	多头——10 只	多头——20 只	多头——30 只	空头——10 只	空头——20 只	空头——30 只
2007	−1.85%	22.55%	17.59%	−33.55%	−8.48%	−11.57%
2008	−0.13%	−6.36%	−7.72%	15.94%	6.73%	10.46%
2009	19.71%	15.03%	17.54%	−35.48%	−34.90%	−24.46%
2010	14.97%	22.00%	19.80%	34.98%	16.39%	14.12%
2011	20.18%	8.64%	5.26%	−19.02%	−19.53%	−15.51%
2012	32.27%	23.22%	19.05%	−29.88%	−29.10%	−25.24%
2013	5.86%	6.13%	8.81%	13.02%	1.12%	2.37%
2014	−13.70%	−4.45%	−6.81%	−16.88%	−24.49%	−16.71%
2015	0.39%	9.25%	10.97%	−43.73%	−29.74%	−24.02%
2016	3.73%	3.23%	6.00%	−19.88%	−17.19%	−18.91%
2017	−6.54%	0.52%	1.07%	−31.64%	−16.48%	−15.04%

由表 10-14 可知,从月超额收益率看,综合得分排名靠前的 10 只、20 只、30 只股票构建的多头组合,其月超额收益率均值均为正;而由综合得分排名靠后的 10 只、20 只、30 只股票构建的空头组合,其月超额收益率均值均为负。从超越基准的胜率(超额收益率为正)看,多头组合的胜率在 60% 左右,而空头组合的胜率则在 40% 左右。从信息比率(IR)、特雷诺比率(TR)、詹森(Jensen)比率、夏普(Sharpe)比率和 Alpha 比率来看,多头组合 IR、Alpha 比率均为正,且 TR 在 2.7 左右,Sharpe 比率在 1 左右;空头组合 Alpha 比率均小于 0,Sharpe 比率在 0.8 左右,TR 小于 1,表现差于多头组合。

由表 10-15 可知,从 2007 年至 2017 年的年超额收益率看,多头组合在各年的超额收益率大多数为正,特别是在 2009 年、2010 年和 2012 年,10 只、20 只、30 只多头组合大幅超越基准;而空头组合在各年的超额收益率多为负,特别是在 2007 年、2009 年、2012 年、2014 年至 2017 年,10 只、20 只、30 只空头组合大幅低于基准。

四、小　　结

为了研究行业内因子的选股能力情况,我们分别运用横截面回归法和排序打分法等构建了多种考察因子表现情况的指标,分别从各因子的信息系数、选股区分度、单调性和稳定性等方面分析各因子的选股能力,并选出了几个表现比较显著的季度因子和月度因子,据此构建了行业内的多因子选股模型,同时对该模型的表现情况进行了验证,共得到如下研究结论:

综合各因子的信息系数、选股区分度、单调性和稳定性,在原材料行业内表现较好的正向因子有:(1) 估值因子中的 SR/P;(2) 成长因子中的营业利润增长率。表现较好的负向因子有:(1) 动量反转因子中的最近 2 个月涨幅;(2) 波动因子中的最近 1 个月振幅。其中,估值因子中的 SR/P、成长因子中的营业利润增长率等表现较好的因子为季度因子,动量反转因子中的最近 2 个月涨幅、波动因子中的最近 1 个月振幅为表现较好的月度因子。

根据季度因子构建的股票池在研究期间内(2007 年 5 月至 2017 年 10 月)的表现好于行业的基准表现,截至 2017 年 10 月 31 日的投资组合净值为 5.03,累计收益率为 403.36%,年化收益率为 15.82%,而同期行业基准的累计收益率为 319.91%,年化收益率为 13.93%,可见,我们选出的季度因子有一定的选股能力。

在季度因子股票池的基础上,根据月度因子再选股得到的综合得分排名靠前的 10 只、20 只、30 只股票构建的多头组合均大幅超越基准,而由综合得分排名靠后的 10 只、20 只、30 只股票构建的空头组合均大幅落后于基准。2007 年 5 月至 2017 年 10 月,10 只、20 只、30 只多头组合的累计收益率分别为 760.53%、987.40%、875.41%,年化收益率分别为 20.74%、23.24%、22.07%;10 只、20 只、30 只空头组合的累计收益率分别为 −37.99%、−28.91%、−0.124%,年化收益率分别为 −4.098%、−2.944%、−0.011%。

从月超额收益率看,综合得分排名靠前的 10 只、20 只、30 只股票构建的多头组合,其月超额收益率均值均为正;而由综合得分排名靠后的 10 只、20 只、30 只股票构建的空头组合,其月超额收益率均值均为负。从超越基准的胜率(超额收益率为正)看,多头组合的胜率在 60% 左右,而空头组合的胜率则在 40% 左右。从 IR、TR、Jensen 比率、Sharpe 比率和 Alpha

比率来看,多头组合 IR、Alpha 比率均为正,且 TR 在 2.7 左右,Sharpe 比率在 1 左右;空头组合 Alpha 比率均小于 0,Sharpe 比率在 0.8 左右,TR 小于 1,表现差于多头组合。

从 2007 年至 2017 年的年超额收益率看,多头组合各年的超额收益率大多数为正,特别是在 2009 年、2010 年和 2012 年,10 只、20 只、30 只多头组合大幅超越基准;而空头组合各年的超额收益率多为负,特别是在 2007 年、2009 年、2012 年、2014 至 2017 年,10 只、20 只、30 只空头组合大幅低于基准。

五、SAS 语句解析

```
/*导入行业股票数据。*/
Proc Import Out=ycl
Datafile="E:\原材料.xlsx"
Dbms=Excel Replace;
Getnames=Yes;* 导入源文件字段名作为 SAS 数据集的字段名;
Mixed=NO;* 若某一列中包含数值型和字符型变量,将数值型按照缺省值处理。若选的是 YES 则是将数值型转换成字符型存储,默认为 NO;
Scantext=Yes;* 将源文件中各列值的最长长度作为该列在 SAS 中的字段长度。;
Usedate=Yes;* 对于包含日期字段的源文件字段,在 SAS 中只保留 DATE 值,并以 DATE.格式存储。;
Scantime=Yes;* 对于源文件中只有 time 值的列,自动以时间格式(TIME)存储;
Run;
/*生成股票代码变量 stkcd*/
data ycl.kxxx(keep=stkcd);
set ycl;
stkcd=substr(_COL0,1,6);
run;
proc sort nodupkey data=ycl.kxxx;
by stkcd;
run;
/*从总数据中,选出需要的行业股票 2007 年以后的数据,其中 data1 是季度数据,data2 是月度数据*/
proc sql;
create table ycl.data1 as
    select *
    from cw.tdata3,ycl.kxxx
    where tdata3.stkcd=kxxx.stkcd;
        quit;
proc sql;
create table ycl.data2 as
    select *
    from cw.trademonth4,ycl.kxxx
```

第十章 原材料行业

```
        where trademonth4.stkcd=kxxx.stkcd;
    quit;
data ycl.data2;
set ycl.data2;
if year<2007 then delete;
run;
    data ycl.data1;
set ycl.data1;
if year<2007 then delete;
run;
/*根据收益率将股票每期分组*/
proc rank data=ycl.data1 out=ycl.b descending ties=mean percent;
var rate;
ranks rank_b; /*rank_b是分位数*/
by accper; /*这里是分组变量*/
run;
data ycl.b;
set ycl.b;
keep stkcd accper rank_b;
run;
%macro dr(i);
/*根据对应的宏变量将股票每期分组*/
proc rank data=ycl.data1 out=ycl.a&i descending ties=mean percent;
var &i;
ranks rank_&i; /*rank_a是分位数*/
by accper; /*这里是分组变量*/
run;
proc sql;
create table ycl.a&i as
    select *
    from ycl.a&i,ycl.b
    where a&i..stkcd=b.stkcd and a&i..accper=b.accper;run;
%mend dr;
%dr(pe);%dr(pb);%dr(pcf);%dr(ps);%dr(ev);
%dr(yylrr);%dr(yysrr);%dr(xjllr);%dr(jlrr);%dr(hjcg);%dr(hjcgc);%dr(jgcg);%dr
(jgcgc);%dr(roe);%dr(roa);%dr(xsmlv);%dr(xsjlv);
%macro d(i);
/*计算各因子的信息系数,包括月度、季度,然后对信息系数进行统计分析*/
ODS OUTPUT PearsonCorr=ycl.b&i;
proc corr data=ycl.a&i fisher;
var rank_&i ;
with rank_b;by accper;
```

```
run;
ODS OUTPUT CLOSE;
    proc univariate data=ycl.b&i;
var rank_&i;output out=ycl.c&i mean=meanc median=medianc std=stdc max=maxc min=minc;
run;
ODS OUTPUT PearsonCorr=ycl.d&i;
proc corr data=ycl.a&i fisher;
var rank_b ;
with rank_&i;
run;
ODS OUTPUT CLOSE;
%mend d;
%d(pe); %d(pb); %d(pcf); %d(ps); %d(ev);
%d(yylrr); %d(yysrr); %d(xjllr); %d(jlrr); %d(hjcg); %d(hjcgc); %d(jgcg); %d(jgcgc); %d(roe); %d(roa); %d(xsmlv); %d(xsjlv);
%macro da(i);
data ycl.e&i;
set ycl.d&i;
keep Prank_b Variable;
run;
data ycl.e&i;
merge ycl.e&i ycl.c&i;
run;
%mend da;
%da(pe); %da(pb); %da(pcf); %da(ps); %da(ev);
%da(yylrr); %da(yysrr); %da(xjllr); %da(jlrr); %da(hjcg); %da(hjcgc); %da(jgcg); %da(jgcgc); %da(roe); %da(roa); %da(xsmlv); %da(xsjlv);
data ycl.qdata1;
set ycl.ehjcgc ycl.epb ycl.epcf ycl.eev ycl.eps ycl.eyylrr ycl.eyysrr ycl.exjllr ycl.ejlrr ycl.ehjcg ycl.epe ycl.ejcg ycl.ejcgc ycl.exsmlv ycl.exsjlv ycl.eroe ycl.eroa;
run;
/*创建宏DR,设置宏变量I,对应股票的不同因子。*/
%macro dr(i);
proc sort data=ycl.data2;
by year month descending &i;
run;
/*根据因子排序结果每月将所有股票分为十组。Trdmnt为表示月份数据*/
data ycl.g&i;
set ycl.data2;
by trdmnt;
if first.trdmnt then a1=1;
else a1+1;
```

```
run;
proc sql;
create table ycl.g&i as
select * ,int(max(a1)/10) as a2,mod(max(a1),10) as a3
from ycl.g&i group by trdmnt;
quit;
data ycl.g&i;
set ycl.g&i;
if a1<=a2 then group=1;
if a2<a1<=(2*a2) then group=2;
if (2*a2)<a1<=(3*a2) then group=3;
if (3*a2)<a1<=(4*a2) then group=4;
if (4*a2)<a1<=(5*a2) then group=5;
if (5*a2)<a1<=(6*a2) then group=6;
if (6*a2)<a1<=(7*a2) then group=7;
if (7*a2)<a1<=(8*a2) then group=8;
if (8*a2)<a1<=(9*a2) then group=9;
if (9*a2)<a1 then group=10;
run;
/*根据股票分组结果,计算每组的平均收益。*/
proc sql;
create table ycl.h&i as
select stkcd,trdmnt,group,&i,rate,avg(rate) as ar&i
from ycl.g&i
group by group;
quit;
proc sort nodupkey data=ycl.h&i;
by group;
run;
    proc sort data=ycl.h&i;
by descending group;
run;
/*调用宏,其中调用的宏参数分别为本章测试的因子,具体名称对应见本章第一节。*/
%mend dr;
%dr(stdm);%dr(stdmc);%dr(zf);%dr(zfc);%dr(a_exrate);
%dr(a_exratec);%dr(rate1);%dr(rate2);%dr(rate3);%dr(rate6);%dr(rateyear);%dr(mv);%dr(tv);
%macro d(i);
/*计算区分度。*/
data ycl.i&i;
set ycl.h&i;
qfd1=(ar&i-lag9(ar&i))/ar1;
```

```
qfd2=(lag1(ar&i)-lag8(ar&i))/ar1;
qfd3=0.8*qfd1+0.2*qfd2;
qfd4=0.6*qfd1+0.4*qfd2;
run;
data ycl.i&i(keep=ar&i qfd1 qfd2 qfd3 qfd4);
set ycl.i&i;
if group=1;
run;
%mend d;
%d(stdm);%d(stdmc);%d(zf);%d(zfc);%d(a_exrate);
%d(a_exratec);%d(rate1);%d(rate2);%d(rate3);%d(rate6);%d(rateyear);%d(mv);%d(tv);
data ycl.mdata2;
set ycl.ia_exratec ycl.irate2 ycl.irate3 ycl.irate6 ycl.irateyear ycl.istdm ycl.istdmc ycl.izf ycl.izfc ycl.ia_exrate ycl.irate1 ycl.imv ycl.itv;
run;
/*由于选用的数据中,日期数据为字符型数据,取出年份数据。*/
%macro dr(i);
data ycl.b&i;
set ycl.b&i;
year1=substr(accper,1,4);
year=year1+0;
drop year1;
run;
%mend dr;
%dr(pe);%dr(pb);%dr(pcf);%dr(ps);%dr(ev);
%dr(yylrr);%dr(yysrr);%dr(xjllr);%dr(jlrr);%dr(hjcg);%dr(hjcgc);%dr(jgcg);%dr(jgcgc);%dr(roe);%dr(roa);%dr(xsmlv);%dr(xsjlv);
run;
/*计算各组合年平均收益*/
%macro d(i);
proc sql;
create table ycl.f&i as
select year,avg(rank_&i) as acorr&i
from ycl.b&i
group by year;
quit;
%mend d;
%d(pe);%d(pb);%d(pcf);%d(ps);%d(ev);%d(stdm);%d(stdmc);%d(zf);%d(zfc);%d(a_exrate);%d(mv);%d(tv);
%d(a_exratec);%d(rate1);%d(rate2);%d(rate3);%d(rate6);%d(rateyear);
%d(yylrr);%d(yysrr);%d(xjllr);%d(jlrr);%d(hjcg);%d(hjcgc);%d(jgcg);%d(jgcgc);%d(roe);%d(roa);%d(xsmlv);%d(xsjlv);
```

```
/*合并上文得出的数据集,便于综合分析*/
data ycl.ydata1;
    merge ycl.fa_exratec ycl.fpb ycl.fpcf ycl.fev ycl.fps ycl.fyylrr ycl.fyysrr ycl.fxjllr ycl.fjl-
rr ycl.fhjcg ycl.fhjcgc ycl.fjgcg ycl.fjgcgc ycl.fxsmlv ycl.fxsjlv ycl.froe ycl.froa ycl.frate1 ycl.
frate2 ycl.frate3 ycl.frate6 ycl.frateyear ycl.fstdm ycl.fstdmc ycl.fzf ycl.fzfc ycl.fa_exrate ycl.
fpe ycl.fmv ycl.ftv;
    by year;
run;
/*根据因子排序结果每季度将所有股票分为十组。Accper 是财报周期数据,刚好代表月度。后续处
理和前文基本一致,不赘述*/
%macro dr(i);
proc sort data=ycl.data1;
by accper descending &i;
run;
data ycl.g&i;
set ycl.data1;
by accper;
if first.accper then a1=1;
else a1+1;
run;
proc sql;
create table ycl.g&i as
select *,int(max(a1)/10) as a2,mod(max(a1),10) as a3
from ycl.g&i group by accper;
quit;
data ycl.g&i;
set ycl.g&i;
if a1<=a2 then group=1;
if a2<a1<=(2*a2) then group=2;
if (2*a2)<a1<=(3*a2) then group=3;
if (3*a2)<a1<=(4*a2) then group=4;
if (4*a2)<a1<=(5*a2) then group=5;
if (5*a2)<a1<=(6*a2) then group=6;
if (6*a2)<a1<=(7*a2) then group=7;
if (7*a2)<a1<=(8*a2) then group=8;
if (8*a2)<a1<=(9*a2) then group=9;
if (9*a2)<a1 then group=10;
run;
proc sql;
create table ycl.h&i as
select stkcd,accper,group,&i,rate,avg(rate) as ar&i
from ycl.g&i
```

```
group by group;
quit;
proc sql;
create table ycl.h&i as
select * ,avg(rate) as ar1
from ycl.h&i;
quit;
    proc sort nodupkey data=ycl.h&i;
by group;
run;
    proc sort data=ycl.h&i;
by descending group;
run;
%mend dr;
%dr(pe); %dr(pb); %dr(pcf); %dr(ps); %dr(ev);
%dr(yylrr); %dr(yysrr); %dr(xjllr); %dr(jlrr); %dr(hjcg); %dr(hjcgc); %dr(jgcg); %dr(jgcgc); %dr(roe); %dr(roa); %dr(xsmlv); %dr(xsjlv);
%macro d(i);
data ycl.i&i;
set ycl.h&i;
qfd1=(ar&i-lag9(ar&i))/ar1;
qfd2=(lag1(ar&i)-lag8(ar&i))/ar1;
qfd3=0.8*qfd1+0.2*qfd2;
qfd4=0.6*qfd1+0.4*qfd2;
run;
data ycl.i&i(keep=ar&i qfd1 qfd2 qfd3 qfd4);
set ycl.i&i;
if group=1;
run;
%mend d;
%d(pe); %d(pb); %d(pcf); %d(ps); %d(ev);
%d(yylrr); %d(yysrr); %d(xjllr); %d(jlrr); %d(hjcg); %d(hjcgc); %d(jgcg); %d(jgcgc); %d(roe); %d(roa); %d(xsmlv); %d(xsjlv);
data ycl.qdata2;
set ycl.ihjcgc ycl.ipb ycl.ipcf ycl.iev ycl.ips ycl.iyylrr ycl.iyysrr ycl.ixjllr ycl.ijlrr ycl.ihjcg ycl.ipe ycl.ijgcg ycl.ijgcgc ycl.ixsmlv ycl.ixsjlv ycl.iroe ycl.iroa;
run;
%macro dr(i);
data ycl.j&i(keep=group trate&i);
set ycl.h&i;
trate&i=ar&i*22;
run;
```

```
    proc sort data=ycl.j&i;
    by group;
    run;
    %mend dr;
    %dr(pe);%dr(pb);%dr(pcf);%dr(ps);%dr(ev);
    %dr(yylrr);%dr(yysrr);%dr(xjllr);%dr(jlrr);%dr(hjcg);%dr(hjcgc);%dr(jgcg);%dr
(jgcgc);%dr(roe);%dr(roa);%dr(xsmlv);%dr(xsjlv);
    %macro d(i);
    data ycl.j&i(keep=group trate&i);
    set ycl.h&i;
    trate&i=ar&i*93;
    run;
    proc sort data=ycl.j&i;
    by group;
    run;
    %mend d;
    %d(stdm);%d(stdmc);%d(zf);%d(zfc);%d(a_exrate);
    %d(a_exratec);%d(rate1);%d(rate2);%d(rate3);%d(rate6);%d(rateyear);%d(mv);%d(tv);
    data ycl.ydata2;
    merge ycl.ja_exratec ycl.jpb ycl.jpcf ycl.jev ycl.jps ycl.jyylrr ycl.jyysrr ycl.jxjllr ycl.jjl-
rr ycl.jhjcg ycl.jhjcgc ycl.jjgcg ycl.jjgcgc ycl.jxsmlv ycl.jxsjlv ycl.jroe ycl.jroa ycl.jrate1 ycl.
jrate2 ycl.jrate3 ycl.jrate6 ycl.jrateyear ycl.jstdm ycl.jstdmc ycl.jzf ycl.jzfc ycl.ja_exrate ycl.
jpe ycl.jmv ycl.jtv;
    by group;
    run;
    %macro dr(i);
    proc sql;
    create table ycl.k&i as
       select *
       from ycl.a&i,ycl.g&i
       where a&i..stkcd=g&i..stkcd and a&i..accper=g&i..accper;run;
    proc sort data=ycl.k&i;
    by group;
    run;
    ODS OUTPUT PearsonCorr=ycl.l&i;
    proc corr data=ycl.k&i fisher;
    var rank_&i ;
    with rank_b;by group;
    run;
    ODS OUTPUT CLOSE;
    data ycl.l&i;
    set ycl.l&i;
```

```
xxxs1&i=0.8*rank_&i+0.2*lag1(rank_&i);
xxxs2&i=0.2*rank_&i+0.8*lag1(rank_&i);
run;
data ycl.l&i(keep=group rank_&i xxxs1&i xxxs2&i);
set ycl.l&i;
if group=1 or group=2 or group=10;;
run;
%mend dr;
%dr(pe);%dr(pb);%dr(pcf);%dr(ps);%dr(ev);
%dr(yylrr);%dr(yysrr);%dr(xjllr);%dr(jlrr);%dr(hjcg);%dr(hjcgc);%dr(jgcg);%dr(jgcgc);%dr(roe);%dr(roa);%dr(xsmlv);%dr(xsjlv);
%macro d(i);
proc sql;
create table ycl.k&i as
    select *
    from ycl.a&i,ycl.g&i
    where a&i..stkcd=g&i..stkcd and a&i..trdmnt=g&i..trdmnt;run;
proc sort data=ycl.k&i;
by group;
run;
ODS OUTPUT PearsonCorr=ycl.l&i;
proc corr data=ycl.k&i fisher;
var rank_&i ;
with rank_b;by group;
run;
ODS OUTPUT CLOSE;
data ycl.l&i;
set ycl.l&i;
xxxs1&i=0.8*rank_&i+0.2*lag1(rank_&i);
xxxs2&i=0.2*rank_&i+0.8*lag1(rank_&i);
run;
data ycl.l&i(keep=group rank_&i xxxs1&i xxxs2&i);
set ycl.l&i;
if group=1 or group=2 or group=10;;
run;
%mend d;
%d(stdm);%d(stdmc);%d(zf);%d(zfc);%d(a_exrate);
%d(a_exratec);%d(rate1);%d(rate2);%d(rate3);%d(rate6);%d(rateyear);%d(mv);%d(tv);
data ycl.ydata3;
merge ycl.la_exratec ycl.lpb ycl.lpcf ycl.lev ycl.lps ycl.lyylrr ycl.lyysrr ycl.lxjllr ycl.ljlrr ycl.lhjcg ycl.lhjcgc ycl.ljgcg ycl.ljgcgc ycl.lxsmlv ycl.lxsjlv ycl.lroe ycl.lroa ycl.lrate1 ycl.lrate2 ycl.lrate3 ycl.lrate6 ycl.lrateyear ycl.lstdm ycl.lstdmc ycl.lzf ycl.lzfc ycl.la_exrate ycl.
```

```
lpe ycl.lmv ycl.ltv;
    by group;
    run;
    %macro dr(i);
    data ycl.g&i;
    set ycl.g&i;
    r_rm=Mretnd-ratem;
    run;
    proc sql;
    create table ycl.n&i as
    select stkcd,accper,group,year,&i,rate,avg(r_rm) as ar_rm&i
    from ycl.g&i
    group by group,accper;
    quit;
        proc sort nodupkey data=ycl.n&i;
    by group accper;
    run;
    proc sql;
    create table ycl.n&i as
    select * ,sum(ar_rm&i) as tr_rm&i
    from ycl.n&i
    group by year,group;
    quit;
        proc sort nodupkey data=ycl.n&i;
    by group year;
    run;
    proc sort data=ycl.n&i;
    by year descending group;
    run;
    data ycl.n&i;
    set ycl.n&i;
    tr_rm1&i=0.8*tr_rm&i+0.2*lag1(tr_rm&i);
    run;
    data ycl.o&i(keep= tr_rm1&i year);
    set ycl.n&i;
    if group=1;
    run;
    %mend dr;
    %dr(pe);%dr(pb);%dr(pcf);%dr(ps);%dr(ev);
    %dr(yylrr);%dr(yysrr);%dr(xjllr);%dr(jlrr);%dr(hjcg);%dr(hjcgc);%dr(jgcg);%dr(jgcgc);%dr(roe);%dr(roa);%dr(xsmlv);%dr(xsjlv);
```

```
%macro d(i);
data ycl.g&i;
set ycl.g&i;
r_rm=Mretnd-ratem;
run;
proc sql;
create table ycl.n&i as
select stkcd,trdmnt,year,group,&i,rate,avg(r_rm) as ar_rm&i
from ycl.g&i
group by group,trdmnt;
quit;
    proc sort nodupkey data=ycl.n&i;
by group trdmnt;
run;
proc sql;
create table ycl.n&i as
select * ,sum(ar_rm&i) as tr_rm&i
from ycl.n&i
group by year,group;
quit;
    proc sort nodupkey data=ycl.n&i;
by group year;
run;
proc sort data=ycl.n&i;
by year descending group;
run;
data ycl.n&i;
set ycl.n&i;
tr_rm1&i=0.8*tr_rm&i+0.2*lag1(tr_rm&i);
run;
data ycl.o&i(keep= tr_rm1&i year);
set ycl.n&i;
if group=1;
run;
%mend d;
%d(stdm);%d(stdmc);%d(zf);%d(zfc);%d(a_exrate);
%d(a_exratec);%d(rate1);%d(rate2);%d(rate3);%d(rate6);%d(rateyear);%d(mv);%d(tv);
data ycl.ydata4;
merge ycl.oa_exratec ycl.opb ycl.opcf ycl.oev ycl.ops ycl.oyylrr ycl.oyysrr ycl.oxjllr ycl.ojl-rr ycl.ohjcg ycl.ohjcgc ycl.ojgcg ycl.ojgcgc ycl.oxsmlv ycl.oxsjlv ycl.oroe ycl.oroa ycl.orate1 ycl.orate2 ycl.orate3 ycl.orate6 ycl.orateyear ycl.ostdm ycl.ostdmc ycl.ozf ycl.ozfc ycl.oa_exrate ycl.ope ycl.omv ycl.otv;
```

第十章 原材料行业

```
by year;
run;
%macro d(i);
proc sort data=ycl.n&i;
by year group;
run;
data ycl.n&i;
set ycl.n&i;
tr_rm2&i=0.8*tr_rm&i+0.2*lag1(tr_rm&i);
run;
data ycl.p&i(keep= tr_rm2&i year);
set ycl.n&i;
if group=10;
run;
%mend d;
%d(pe); %d(pb); %d(pcf); %d(ps); %d(ev); %d(stdm); %d(stdmc); %d(zf); %d(zfc); %d(a_exrate); %d(mv); %d(tv);
%d(a_exratec); %d(rate1); %d(rate2); %d(rate3); %d(rate6); %d(rateyear);
%d(yylrr); %d(yysrr); %d(xjllr); %d(jlrr); %d(hjcg); %d(hjcgc); %d(jgcg); %d(jgcgc); %d(roe); %d(roa); %d(xsmlv); %d(xsjlv);
data ycl.ydata5;
merge ycl.pa_exratec ycl.ppb ycl.ppcf ycl.pev ycl.pps ycl.pyylrr ycl.pyysrr ycl.pxjllr ycl.pjlrr ycl.phjcg ycl.phjcgc ycl.pjgcg ycl.pjgcgc ycl.pxsmlv ycl.pxsjlv ycl.proe ycl.proa ycl.prate1 ycl.prate2 ycl.prate3 ycl.prate6 ycl.prateyear ycl.pstdm ycl.pstdmc ycl.pzf ycl.pzfc ycl.pa_exrate ycl.ppe ycl.pmv ycl.ptv;
by year;
run;
```

第十一章 医药卫生行业

一、研究背景介绍

本章以医药卫生行业为样本空间,剔除行业内在调仓日为 st 的股票,以及在换仓日停牌的股票,研究期间为 2007 年 5 月至 2017 年 10 月,换仓频率为月。医药卫生行业包括医药卫生设备与服务、制药、生物科技和生命科学等多种行业。本章采用表 10-1 中对医药卫生行业的中证一级行业分类,股票共计 172 只。

二、各因子选股能力分析

本部分首先使用横截面回归法来进行因子选股能力分析,之后采用排序打分法来研究因子的选股能力。

(一) 从信息系数方面分析各因子选股能力

我们采用横截面回归法来研究因子的选股能力,计算并分析各因子的信息系数(当期因子得分(百分位降序打分法)与下期股票收益率得分(百分位降序打分法)的相关系数)。当信息系数为正时,表示因子得分越高,在下一期股票表现越好;反之,当信息系数为负时,表示因子得分越高,在下一期股票表现越差。

各因子总体的信息系数情况分析如表 11-1 和表 11-2 所示。

由表 11-1、表 11-2 可知,医药卫生行业内的股票表现出较为显著的反转效应,最近 1 个月涨幅、最近 2 个月涨幅、最近 3 个月涨幅、最近 6 个月涨幅、最近 12 个月涨幅 5 个因子的信息系数均为负(前期涨幅越大,下一个月表现越差),且在 1% 的显著水平下显著为负;最近 1 个月日均换手率、换手率变化等交投因子也是表现较为显著的负向因子,其信息系数分别为 -0.0496、-0.0566(最近 1 个月日均换手率越高,下一个月表现越差;换手率变化越大,下一个月表现越差),在 1% 的显著水平下显著为负;此外,最近 1 个月波动率、最近 1 个月振幅等波动因子也是表现较为显著的负向因子,其信息系数分别为 -0.0335、-0.0517(最近 1 个月波动率越高,下一个月表现越差;最近 1 个月振幅越大,下一个月表现越差),在 1% 的显著水平下显著为负。医药卫生行业内的股票也表现出较为显著的小盘股效应,流通市值、总市值等规模因子的信息系数分别为 -0.0514、-0.0732(流通市值越大,下一个月表现越差;总市值越大,下一个月表现越差),在 1% 的显著水平下显著为负。

股东因子中的户均持股比例、户均持股比例变化等因子表现出较为显著的正向效应,其信息系数分别为 0.1247、0.0472(前期户均持股比例越高,下个月表现越好;前期户均持股比例变化越大,下个月表现越好),在 1% 的显著水平下显著为正;此外,成长因子中的营业利润增长率、营业收入增长率、净利润增长率等因子也是较为显著的正向因子,其信息系数分别为 0.0710、0.0937、0.0776(前期营业利润增长率越高,下个月表现越好;前期营业收入增长率越高,下个月表现越好;前期净利润增长率越高,下个月表现越好),在 1% 的显著水平下显著为正。

估值因子(B/P、CF/P、EBITDA/EV、SR/P、E/P)、盈利因子(ROE、ROA、销售毛利率、销售净利率)、波动因子(波动率变化、振幅变化)、成长因子(经营活动现金流量净额增长率)、股东因子(机构持股比例、机构持股比例变化)等因子的信息系数在 0 附近或 P 值不显著,也就是说,这些因子对股票下个月表现的影响不显著。

表 11-1 各因子信息系数(月度)

因子	P 值	均值	标准差	最大值	中值	最小值
最近 1 个月涨幅(%)	0.0000	−0.0643	0.1656	0.3167	−0.0665	−0.5156
最近 2 个月涨幅(%)	0.0000	−0.0614	0.1840	0.3356	−0.0401	−0.5250
最近 3 个月涨幅(%)	0.0000	−0.0465	0.1705	0.3213	−0.0189	−0.6164
最近 6 个月涨幅(%)	0.0004	−0.0426	0.1926	0.3018	−0.0102	−0.5551
最近 12 个月涨幅(%)	0.0058	−0.0376	0.2017	0.3784	−0.0376	−0.4916
最近 1 个月波动率(%)	0.0012	−0.0335	0.1939	0.4636	−0.0352	−0.3971
波动率变化	0.2550	−0.0105	0.1244	0.2621	−0.0082	−0.2778
最近 1 个月振幅(%)	0.0000	−0.0517	0.1389	0.3832	−0.0716	−0.4084
振幅变化	0.9168	−0.0022	0.1300	0.3747	0.0014	−0.3418
最近 1 个月日均换手率(%)	0.0000	−0.0496	0.2302	0.4299	−0.0621	−0.5758
换手率变化	0.0000	−0.0566	0.1377	0.4872	−0.0693	−0.3673
流通市值	0.0000	−0.0514	0.2385	0.5398	−0.0552	−0.5606
总市值	0.0000	−0.0732	0.2367	0.4955	−0.0911	−0.4979

表 11-2 各因子信息系数(季度)

因子	P 值	均值	标准差	最大值	中值	最小值
E/P	0.1400	−0.0409	0.1674	0.3964	−0.0894	−0.3044
B/P	0.4344	−0.0070	0.1591	0.2497	0.0128	−0.3229
CF/P	0.6492	−0.0297	0.1440	0.3260	−0.0266	−0.3087
EBITDA/EV	0.0792	−0.0364	0.1793	0.4616	−0.0696	−0.3074
SR/P	0.8974	−0.0423	0.1495	0.3133	−0.0258	−0.3782
营业利润增长率(%)	0.0005	0.0710	0.1164	0.3000	0.0680	−0.2064

(续表)

因子	P值	均值	标准差	最大值	中值	最小值
营业收入增长率(%)	0.0000	0.0937	0.1277	0.3132	0.0915	−0.1565
经营活动产生的现金流净额增长率(%)	0.9660	−0.0005	0.1078	0.3228	−0.0118	−0.1568
净利润增长率(%)	0.0002	0.0776	0.1299	0.3256	0.0885	−0.2037
户均持股比例	0.0000	0.1247	0.1479	0.3358	0.1596	−0.1984
户均持股比例变化	0.0043	0.0472	0.1079	0.2057	0.0551	−0.1544
机构持股比例	0.2574	0.0320	0.1436	0.2342	0.0582	−0.3284
机构持股比例变化	0.0067	0.0268	0.1266	0.2650	0.0319	−0.2092
销售毛利率(%)	0.8958	−0.0043	0.1948	0.3323	0.0294	−0.3737
销售净利率(%)	0.8802	−0.0021	0.1880	0.3570	0.0447	−0.3509
ROE(%)	0.2108	0.0446	0.2187	0.5021	0.0804	−0.2940
ROA(%)	0.8621	0.0187	0.2302	0.4111	0.0840	−0.3681

通过对各因子总体的表现情况进行分析之后，我们又对各因子每年的表现情况进行了分析，主要分析每年各因子信息系数的一致性，即因子在总体年份中的表现情况，表11-3列出了每年各因子信息系数的均值情况。

从每年各因子信息系数的一致性方面看，成长因子中的营业利润增长率、营业收入增长率、净利润增长率，股东因子中的户均持股比例、户均持股比例变化、机构持股比例等因子在大多数年份里的信息系数均值均为正；交投因子中的换手率变化，估值因子中的SR/P，动量反转因子中的最近1个月涨幅、最近2个月涨幅、最近3个月涨幅、最近6个月涨幅、最近12个月涨幅，波动因子中的最近1个月波动率、最近1个月振幅，规模因子中的流通市值、总市值等因子在大多数年份里的信息系数均值均为负；而其他因子每年的表现则并不十分一致。

(二) 从FF排序法方面来分析各因子的选股能力

下面采用排序打分法，按各因子把样本股分为10组(降序法)，比较分析各组股票的表现。

1. 选股区分度

选股区分度具体数据列于表11-4和表11-5。

从选股区分度看，股东因子中的户均持股比例，成长因子中的营业利润增长率等因子表现出较好的正向选股能力，股东因子中的户均持股比例变化、机构持股比例变化，成长因子中的营业收入增长率、净利润增长率，盈利因子中的销售净利率、ROE等因子表现出一定的正向选股能力；交投因子中的换手率变化，动量反转因子中的最近1个月涨幅、最近2个月涨幅、最近3个月涨幅、最近12个月涨幅，波动因子中的最近1个月波动率、最近1个月振幅，规模因子中的流通市值、总市值，估值因子中的E/P、B/P、CF/P等因子表现出较好的负向选股能力；而其他因子在选股区分度上表现得并不十分明显。

表 11-3 每年各因子信息系数的均值

因子	2007	2008	2009	2010	2011	2012	2013	2014	2015	2016	2017
E/P	0.2219	-0.0668	-0.0593	0.0028	-0.0854	-0.0961	0.0946	0.3964	0.1772	-0.0437	0.1709
B/P	-0.0834	-0.0185	0.1647	0.0292	0.1442	0.0487	0.0035	-0.0304	-0.0858	-0.1675	-0.0587
CF/P	-0.0571	-0.0933	-0.0656	0.0710	-0.1061	0.0092	-0.0329	0.1712	-0.0467	-0.0903	-0.0275
EBITDA/EV	-0.2314	-0.0348	-0.0432	0.0114	-0.1000	-0.1090	0.0862	0.4616	-0.0059	-0.1987	-0.0617
SR/P	-0.1241	-0.0560	-0.1508	-0.0622	-0.0639	0.0332	0.1320	-0.0561	-0.0221	-0.2105	-0.0305
营业利润增长率(%)	0.1758	-0.0736	0.0078	0.0996	0.0958	0.1496	0.0427	0.0699	0.0286	0.0131	0.0193
营业收入增长率(%)	0.2068	0.0681	-0.0031	0.0664	0.1167	0.2063	0.0488	-0.0686	0.0568	0.1001	0.0451
经营活动产生的现金流净额增长率(%)	0.0626	-0.0953	-0.0443	-0.0276	0.1028	0.0295	-0.0080	-0.0709	0.0302	-0.0097	0.0670
净利润增长率(%)	0.2253	-0.1171	0.0138	0.1317	0.0990	0.1475	0.0651	0.0112	0.0710	0.1136	-0.2907
户均持股比例	0.0977	0.0551	0.0804	0.0930	0.1071	0.1723	0.2964	0.0376	0.1049	0.0643	-0.1671
户均持股比例变化	0.0884	-0.0601	0.1235	0.0438	0.0006	0.0481	0.0419	0.1794	0.1182	0.0625	0.0121
机构持股比例变化	0.0653	-0.0472	0.0074	0.1191	0.0804	0.0402	0.0347	-0.1958	-0.1239	0.0512	0.2209
销售毛利率(%)	-0.0431	-0.0545	0.0207	0.1241	-0.0114	0.0327	0.0396	0.2650	0.0895	0.0134	0.1208
销售净利率(%)	-0.0282	0.0420	-0.1690	-0.0680	0.0542	0.1837	0.0252	-0.2140	0.0365	0.0624	0.0618
ROE(%)	-0.0070	0.0058	-0.1605	-0.0673	0.0607	0.1822	0.0349	-0.1923	0.0363	0.0431	0.0676
ROA(%)	0.1151	0.0183	-0.1075	-0.0319	0.2506	0.2268	-0.0764	-0.2033	-0.0424	0.0772	-0.0045
最近1个月涨幅(%)	0.0816	-0.0231	-0.1644	-0.0715	0.2237	0.2201	-0.0346	0.2832	-0.0060	0.0570	-0.0355
最近2个月涨幅(%)	-0.0305	-0.0743	-0.1034	-0.0605	0.0038	-0.0737	-0.0923	-0.0879	-0.1531	-0.1327	0.0350
最近3个月涨幅(%)	-0.0887	-0.0178	-0.0853	-0.1033	0.0097	-0.0618	-0.0432	-0.1094	-0.1543	-0.1279	0.0479
最近6个月涨幅(%)	-0.0850	-0.0370	-0.1012	-0.0481	0.0281	-0.0511	-0.0105	-0.0716	-0.2153	-0.1308	0.0581
最近12个月涨幅(%)	-0.0832	-0.0152	-0.1424	-0.0509	0.0218	-0.0649	-0.0067	0.0102	-0.1470	-0.0916	0.1227
最近1个月波动率(%)	-0.1047	-0.0310	-0.1530	-0.0061	-0.0112	-0.0062	-0.0057	0.0293	-0.0858	-0.0813	0.1126
波动率变化	-0.0151	-0.0817	0.0131	-0.1415	-0.0016	-0.0271	-0.0010	-0.0089	0.0094	-0.0167	0.0056
最近1个月振幅(%)	0.0151	0.0347	-0.0227	-0.1340	0.0644	0.0129	-0.0423	-0.0128	0.0094	-0.0167	0.0056
振幅变化	-0.0164	-0.0644	-0.0304	-0.1226	-0.0052	-0.0869	-0.0468	-0.0389	-0.0910	-0.1330	-0.0675
换手率(%)	0.0803	-0.0710	-0.0080	-0.0152	-0.0429	0.0186	0.0381	-0.0212	-0.0254	0.0221	0.0105
最近1个月日均换手率(%)	-0.0661	-0.1111	-0.0250	-0.0904	-0.0522	-0.0790	-0.0023	0.0472	-0.0021	-0.1211	-0.1552
换手率变化	-0.0247	-0.0487	-0.0729	-0.1274	0.0266	-0.0524	-0.1039	-0.0477	0.0828	0.0840	-0.0471
流通市值	-0.0257	0.0008	-0.1092	-0.0084	-0.0306	0.0108	-0.0812	-0.1939	-0.1772	-0.0437	0.1709
总市值	-0.0684	0.0012	-0.1542	-0.0263	-0.0778	-0.0058	-0.0679	-0.2113	-0.1856	-0.0698	0.1669

表 11-4 各因子选股区分度(月度)

因子	区分度1:(第1组—第10组)/基准	区分度2(第2组—第9组)/基准	0.8×区分度1+0.2×区分度2	0.6×区分度1+0.4×区分度2
最近1个月涨幅(%)	−1.1017	−0.3665	−0.9546	−0.8076
最近2个月涨幅(%)	−0.7032	−0.0848	−0.5795	−0.4558
最近3个月涨幅(%)	−0.4048	−0.0640	−0.3367	−0.2685
最近6个月涨幅(%)	−0.5172	0.1015	−0.3935	−0.2697
最近12个月涨幅(%)	−0.1238	−0.3037	−0.1598	−0.1958
最近1个月波动率(%)	−0.3123	−0.0310	−0.2561	−0.1998
波动率变化	−0.3831	0.5425	−0.1980	−0.0129
最近1个月振幅(%)	−1.3457	−0.1639	−1.1093	−0.8730
振幅变化	0.0020	−0.1129	−0.0210	−0.0439
最近1个月日均换手率(%)	−0.4127	−0.6646	−0.4631	−0.5135
换手率变化	−0.8226	−0.4771	−0.7535	−0.6844
流通市值	−1.3382	−0.6173	−1.1941	−1.0499
总市值	−1.9984	−0.6662	−1.7320	−1.4655

表 11-5 各因子选股区分度(季度)

因子	区分度1:(第1组—第10组)/基准	区分度2(第2组—第9组)/基准	0.8×区分度1+0.2×区分度2	0.6×区分度1+0.4×区分度2
E/P	−0.0409	−0.2408	−0.0809	−0.1208
B/P	−0.0167	−0.0925	−0.0319	−0.0470
CF/P	−0.4324	−0.1538	−0.3767	−0.3210
EBITDA/EV	−0.0535	0.0393	−0.0350	−0.0164
SR/P	−0.3364	0.1031	−0.2485	−0.1606
营业利润增长率(%)	0.4720	0.3952	0.4567	0.4413
营业收入增长率(%)	0.5070	0.4243	0.4905	0.4739
经营活动产生的现金流净额增长率(%)	0.0446	−0.0359	0.0285	0.0124
净利润增长率(%)	0.4157	0.0745	0.3475	0.2792
户均持股比例	0.8111	0.2870	0.7062	0.6014
户均持股比例变化	0.4510	0.0560	0.3720	0.2930
机构持股比例	0.1355	−0.0638	0.0956	0.0558
机构持股比例变化	0.2407	0.2027	0.2331	0.2255
销售毛利率(%)	0.1638	0.1549	−0.1821	−0.2003
销售净利率(%)	0.1920	−0.0941	0.1724	−0.0528
ROE(%)	0.0524	−0.0563	0.0306	0.0089
ROA(%)	−0.1188	−0.1623	−0.1275	−0.1362

2. 单调性

我们每期根据各因子的情况对行业内的股票进行了排序(降序法),并把样本股票分成了10组,同时分别计算了各组在研究期(2007年5月至2017年10月)的累计收益率情况,根据第1组、第2组到第9组、第10组的股票组合的表现情况,分析每个因子的单调性情况,具体数据列于表11-6。

第十一章　医药卫生行业

表 11-6　根据各因子排序构建的各组合累计收益率（2007 年 5 月至 2017 年 10 月）

因子	第1组	第2组	第3组	第4组	第5组	第6组	第7组	第8组	第9组	第10组
E/P	1.9986	2.2575	2.3819	2.0600	2.7001	2.5650	2.1910	1.9771	1.7354	1.9100
B/P	1.8818	1.9840	2.0213	2.4874	2.6150	1.8110	2.5041	2.3659	2.1845	1.9181
CF/P	1.7305	1.8174	1.9443	2.3096	2.2866	1.9807	2.1954	2.3992	2.1508	2.6679
EBITDA/EV	1.6621	2.1979	2.0711	2.8279	2.5750	2.3369	2.3278	1.9430	2.1127	1.7782
SR/P	1.6261	2.0961	2.4331	2.5030	2.7749	1.4504	2.2547	2.2374	1.8725	2.3553
营业利润增长率（%）	2.9978	2.8167	2.1031	1.7318	1.9554	2.0203	1.8170	2.3778	1.9599	1.9745
营业收入增长率（%）	2.7496	2.8363	2.3159	2.0753	2.6500	1.8568	1.7615	2.0688	1.9164	1.6505
经营活动产生的现金流净额增长率（%）	2.4551	2.3417	1.8267	2.6242	1.6379	2.0210	2.1992	1.7223	2.4195	2.3584
净利润增长率（%）	2.9459	2.1677	2.6178	2.2382	1.5263	2.1051	2.0910	1.9897	2.0062	2.0447
户均持股比例	2.7948	2.7526	2.3734	2.7227	2.2379	2.3151	2.0031	1.7507	1.1304	1.0365
户均持股比例变化	2.9440	1.9437	2.6219	2.3864	2.4287	2.0551	1.7721	1.8182	1.8224	1.9663
机构持股比例	2.4519	1.9240	2.3999	1.9856	2.3127	2.0298	2.4236	1.9386	2.0623	2.1582
机构持股比例变化	2.6650	2.3692	2.3903	1.9080	2.1361	2.0448	2.3227	1.7818	1.9298	2.1431
销售毛利率（%）	1.7976	2.1521	2.3060	1.9848	1.8866	2.0910	2.4681	2.1403	2.7047	2.1528
销售净利率（%）	1.7839	2.2002	2.5098	2.0777	1.8024	2.0784	2.2110	1.9278	3.2714	1.9833
ROE（%）	1.9898	2.3230	1.9476	2.6495	2.0283	1.9797	2.7093	1.8500	2.4451	1.8762
ROA（%）	1.7235	2.3137	1.9619	2.0185	2.2111	2.3378	2.1304	2.4103	2.6655	1.9811
最近1个月涨幅（%）	0.8788	1.6851	1.4886	2.3206	2.1154	2.2806	2.1472	3.0827	2.5018	3.3334
最近2个月涨幅（%）	1.9186	2.0056	1.4075	1.6433	2.0432	2.0931	2.3438	2.6724	2.1945	3.4854
最近3个月涨幅（%）	2.3887	2.0884	1.7451	1.8064	1.4341	2.4248	2.0871	2.4019	2.2310	3.2907
最近6个月涨幅（%）	2.1615	2.2546	1.7565	1.6781	1.9169	2.3522	2.0577	2.3695	2.0286	3.3139
最近12个月涨幅（%）	2.3233	1.5549	1.7285	1.9775	2.6327	1.8867	2.7261	2.4902	2.2316	2.5992
最近1个月波动率（%）	1.3953	1.7990	1.8918	2.4147	2.3792	2.3881	2.7635	3.3205	2.7047	2.0912
波动率变化	1.2344	3.1003	1.8011	3.2611	1.9037	2.1741	2.6476	2.2275	1.8916	2.0880
最近1个月振幅（%）	0.6272	2.0852	1.7712	2.1446	3.2127	2.1196	2.0994	1.6571	2.4503	3.6256
振幅变化	2.1714	1.7710	2.2832	3.1913	2.7327	1.4341	2.7019	1.8313	2.0225	2.1669
最近1个月日均换手率（%）	1.2995	1.7643	2.0578	2.1173	2.6026	2.1380	2.4001	2.4260	3.2451	2.2191
换手率变化	0.9119	1.4440	1.7007	2.0373	2.4272	2.5193	2.9863	2.8172	2.5071	2.7446
流通市值	1.0246	1.2571	2.2339	1.4624	1.6991	2.0997	2.5624	2.6610	2.6326	4.0063
总市值	0.6592	1.0310	2.0561	2.0581	1.6465	2.0782	2.0167	2.0529	2.5153	5.1119

从单调性看,股东因子中的户均持股比例因子表现出较为明显的单调递减特征;成长因子中的营业利润增长率、营业收入增长率、净利润增长率等因子表现出一定的单调递减特征;交投因子中的换手率变化,动量反转因子中的最近1个月涨幅、最近2个月涨幅,波动因子中的最近1个月振幅,规模因子中的流通市值、总市值,估值因子中的CF/P等因子表现出较为明显的单调递增特征;其他大多数因子的单调性不明显。

3. 稳定性

为了考察各因子表现的稳定性,我们分别计算了靠前组合和靠后组合相对于样本基准收益率的表现情况,表11-7列出了第1组和第10组的具体数据,同时又加入了两个指标(0.8×第1组+0.2×第2组,0.8×第10组+0.2×第9组),进一步考察各因子表现的稳定性。

从各因子排序构建的各组合的信息比率来看,股东因子中的机构持股比例,成长因子中的营业利润增长率、营业收入增长率等因子的第1组的信息比率为正,第10组的信息比率为负,且差距较大;动量反转因子中的最近1个月涨幅、最近6个月涨幅、最近12个月涨幅,波动因子中的波动率变化、最近1个月振幅、振幅变化,估值因子中的B/P、CF/P、SR/P、E/P,盈利因子中的销售毛利率、销售净利率等因子的第1组的信息比率为负,第10组的信息比率为正,且差距较大;而其他因子排序所构建的各组合的表现并不明显。

前面研究了各因子排序构建的各组合的信息比率情况,下面将进一步研究各因子排名靠前组合和靠后组合各年的超额收益率情况,具体数据列于表11-8和表11-9。

从排名靠前组合各年的超额收益率看,交投因子中的换手率变化,成长因子中的净利润增长率,股东因子中的户均持股比例,盈利因子中的ROE,波动因子中的波动率变化、最近1个月波动率等因子排名靠前组合在大多数年份的超额收益率均为正;动量反转因子中的最近1个月涨幅、最近2个月涨幅、最近3个月涨幅,规模因子中的流通市值等因子排名靠前组合在大多数年份的超额收益率均为负;其他因子的表现则不明显。

从排名靠后组合各年的超额收益率看,估值因子中的E/P、B/P,成长因子中的净利润增长率等因子排名靠后组合在大多数年份的超额收益率均为负;交投因子中的换手率变化、最近1个月日均换手率,动量反转因子中的最近1个月涨幅、最近2个月涨幅、最近3个月涨幅、最近6个月涨幅、最近12个月涨幅,波动因子中的最近1个月波动率、波动率变化、最近1个月振幅、振幅变化,规模因子中的流通市值、总市值等因子排名靠后组合在大多数年份的超额收益率均为正;其他因子的表现则不明显。

表 11-7 根据各因子排序构建的各组合的信息比率

因子	第1组	0.8×第1组+0.2×第2组	第10组	0.8×第10组+0.2×第9组
E/P	−0.0175	−0.0105	0.0522	0.0371
B/P	−0.1740	−0.1473	0.0647	0.0399
CF/P	−0.0736	−0.0643	0.1677	0.1048
EBITDA/EV	−0.0545	−0.0577	−0.0872	−0.0575
SR/P	−0.1341	−0.1342	0.1247	0.1124
营业利润增长率(%)	0.1382	0.0878	−0.0843	0.0576
营业收入增长率(%)	0.0754	0.0677	−0.0612	0.0571
经营活动产生的现金流净额增长率(%)	0.1127	0.1160	0.0612	0.0381
净利润增长率(%)	0.0064	0.0110	−0.0148	0.0462
户均持股比例	0.0731	0.0616	0.1208	0.0922
户均持股比例变化	0.0283	0.0348	0.0123	0.0061
机构持股比例	0.1767	0.1446	−0.0322	−0.0084
机构持股比例变化	−0.1517	−0.1109	−0.0819	−0.0464
销售毛利率(%)	−0.1926	−0.1430	0.0222	0.0316
销售净利率(%)	−0.1383	−0.1013	0.0210	0.0060
ROE(%)	−0.0812	−0.0646	−0.0497	−0.0541
ROA(%)	−0.0925	−0.0869	−0.0021	0.0052
最近1个月涨幅(%)	−0.0562	−0.0447	0.0304	0.0102
最近2个月涨幅(%)	−0.0238	−0.0203	−0.0293	−0.0241
最近3个月涨幅(%)	−0.0250	−0.0281	−0.0187	−0.0174
最近6个月涨幅(%)	−0.0269	−0.0226	0.0578	0.0414
最近12个月涨幅(%)	−0.0171	−0.0083	0.0291	0.0212
最近1个月波动率(%)	0.0119	0.0044	0.0034	−0.0025
波动率变化	−0.0059	−0.0095	0.0543	0.0341
最近1个月振幅(%)	−0.0650	−0.0542	0.0209	0.0169
振幅变化	−0.0544	−0.0383	0.0410	0.0375
最近1个月日均换手率(%)	−0.0268	−0.0170	−0.0355	−0.0194
换手率变化	−0.0307	−0.0166	−0.0518	−0.0464
流通市值	−0.0191	0.0182	−0.0020	−0.0032
总市值	−0.0059	−0.0077	−0.0665	0.0407

表 11-8　各因子排名靠前组合各年超额收益率

因子	2007	2008	2009	2010	2011	2012	2013	2014	2015	2016	2017
E/P	−0.0116	−0.6352	0.1427	0.1498	0.2620	−0.1521	0.1516	−0.1200	0.6792	0.1182	−0.1100
B/P	0.2413	−0.4849	0.2380	0.2252	0.2501	−0.0339	0.2638	−0.0937	0.7084	0.1339	−0.0354
CF/P	−0.1429	−0.6597	0.2165	0.1009	0.1647	−0.0828	0.2267	−0.1345	0.6350	0.1373	−0.1076
EBITDA/EV	−0.0654	−0.5047	0.1555	0.2401	0.2612	−0.1600	0.1771	−0.1188	0.5193	0.1092	−0.1257
SR/P	0.0100	−0.5601	0.2209	0.2116	0.2008	−0.0877	0.2674	−0.1122	0.5888	0.1488	−0.0772
营业利润增长率(%)	0.0877	−0.7632	0.1542	0.1496	0.2116	−0.1267	0.1266	−0.1459	0.5580	0.1206	−0.0816
营业收入增长率(%)	−0.0506	−0.6591	0.1424	0.1744	0.1432	−0.0932	0.1356	−0.1548	0.4859	0.1350	−0.1019
经营活动产生的现金流净额增长率(%)	−0.0410	−0.6866	0.1252	0.1226	0.1462	−0.0913	0.1357	−0.1395	0.4115	0.1353	−0.0950
净利润增长率(%)	0.1157	−0.7397	0.1397	0.1099	0.2605	−0.1411	0.0994	−0.1337	0.5368	0.1529	−0.0669
户均持股比例	0.1315	−0.4995	0.1806	0.1534	0.1452	−0.0636	0.3241	−0.1145	0.6972	0.1909	−0.0457
户均持股比例变化	0.1556	−0.4637	0.2451	0.2627	0.2304	−0.0399	0.2814	−0.1456	0.6478	0.1761	−0.0375
机构持股比例	−0.1019	−0.7943	0.1009	0.0503	0.1936	−0.0440	0.1584	−0.1271	0.4337	0.0963	−0.0455
机构持股比例变化	−0.1692	−0.7568	0.1296	0.1702	0.2573	−0.0535	0.2202	−0.1375	0.5014	0.1583	−0.0672
销售毛利率(%)	−0.0343	−0.5976	0.1375	0.0992	0.1662	−0.1111	0.1674	−0.1243	0.3725	0.0895	−0.0724
销售净利率(%)	−0.0203	−0.5811	0.1364	0.0990	0.1708	−0.0921	0.1975	−0.1142	0.3734	0.1007	−0.0619
ROE(%)	0.0380	−0.6048	0.1066	0.0558	0.1543	0.0047	0.1960	−0.1034	0.3300	0.1168	−0.0588
ROA(%)	0.0518	−0.6718	0.1294	0.0463	0.1790	−0.0241	0.1800	−0.1145	0.3461	0.1154	−0.0564
最近1个月涨幅(%)	−0.0243	0.2799	−0.0734	−0.4015	0.0360	−0.0939	−0.2947	−0.1385	0.1306	−0.2985	−0.3582
最近2个月涨幅(%)	−0.0664	−0.3966	−0.0982	0.3066	−0.2473	−0.0658	0.7282	−0.1371	0.2263	−0.2733	−0.2188
最近3个月涨幅(%)	−0.1898	−0.3769	−0.0827	0.5080	−0.2219	−0.0176	−0.7302	0.1651	0.2240	−0.2885	−0.1881
最近6个月涨幅(%)	0.0316	0.5011	−0.1770	0.3524	−0.0720	−0.0018	0.8672	0.1984	0.3811	−0.1442	−0.1079
最近12个月涨幅(%)	−0.0815	0.3571	−0.1165	0.4400	0.0341	0.0991	0.7411	0.3056	0.4405	−0.1238	−0.1511
最近1个月波动率(%)	−0.0385	0.1511	0.1035	0.1232	−0.0457	0.0455	0.6770	0.2055	1.9591	0.2932	−0.3138
波动率变化	0.3328	0.4145	0.1049	0.2127	0.1320	−0.0182	0.3172	0.2069	1.6483	0.2687	−0.2554
最近1个月振幅(%)	0.2132	0.2164	−0.2357	0.2157	−0.0268	−0.0397	0.3298	0.2116	0.2222	−0.2223	−0.4434
振幅变化	0.0004	0.2021	0.0682	0.4928	−0.0428	0.0385	0.8171	0.2107	0.8280	0.1413	−0.3709
最近1个月日均换手率(%)	−0.1452	0.1597	−0.0926	0.1828	−0.0148	−0.0781	0.7590	0.2873	0.8159	−0.1398	−0.5292
换手率变化	0.1388	0.2900	−0.1249	0.1615	0.0994	−0.0632	0.2695	0.2301	0.3937	0.1154	−0.4733
流通市值	−0.0655	−0.4235	−0.0719	0.4259	−0.0242	−0.1047	0.2767	−0.0397	−0.1862	0.0444	−0.0070
总市值	−0.0617	0.4055	−0.2402	0.4217	−0.0748	0.0654	0.2733	−0.0258	0.1655	0.0027	0.0279

第十一章　医药卫生行业

表 11-9　各因子排名靠后组合各年超额收益率

因子	年份										
	2007	2008	2009	2010	2011	2012	2013	2014	2015	2016	2017
E/P	−0.1541	−0.8216	0.1324	−0.0366	−0.1824	−0.1702	0.0829	−0.1234	−0.6560	0.1377	−0.1034
B/P	−0.1945	−0.8010	0.0923	−0.0034	−0.1705	−0.1899	0.0209	−0.1380	−0.3078	0.0988	−0.1019
CF/P	−0.0642	−0.7436	0.1356	0.0797	−0.1824	−0.1352	0.1320	−0.1328	0.6547	0.1270	−0.1279
EBITDA/EV	−0.1389	−0.8273	0.1310	−0.0180	0.1773	−0.1313	0.0714	−0.1180	0.6298	0.1403	−0.1124
SR/P	−0.2293	−0.7596	0.0698	0.0374	0.1655	−0.1514	0.0615	−0.1184	0.6162	0.1346	−0.1209
营业利润增长率（%）	0.0995	−0.7713	0.1469	0.1026	0.1535	−0.1817	0.0800	−0.1566	0.5705	0.1361	−0.1240
营业收入增长率（%）	0.0373	−0.6988	0.1662	0.1832	0.1750	−0.1522	0.1133	−0.1478	0.6845	0.0747	−0.1028
经营活动产生的现金净额增长率	0.0308	−0.7097	0.1565	0.0937	0.1553	−0.1492	0.1324	−0.1530	0.7186	0.1416	−0.0889
净利润增长率（%）	−0.0515	−0.7783	0.1353	−0.0998	0.1800	−0.1772	−0.0668	−0.1651	−0.6989	0.1427	−0.1088
户均持股比例	−0.1423	−0.7318	0.1790	0.0337	0.1568	−0.1712	0.0958	−0.1206	0.3826	0.0665	−0.1052
户均持股比例变化	−0.1254	−0.7725	0.0779	0.0416	0.1299	−0.0945	0.1891	−0.1456	0.5159	0.0648	−0.1186
机构持股比例	−0.0154	−0.6748	0.1212	0.1650	0.2191	−0.1531	0.1146	−0.1374	0.4864	0.1088	−0.1506
机构持股比例变化	−0.0915	−0.6807	0.1418	0.1831	0.1821	−0.1667	0.0954	−0.1456	0.7578	0.1038	−0.1510
销售毛利率（%）	−0.1089	−0.7594	0.0888	0.1020	0.2220	−0.1902	0.0951	−0.1566	0.5215	0.1459	−0.1040
销售净利率（%）	−0.0841	−0.7767	0.1050	0.0992	0.2050	−0.1919	0.0897	−0.1572	0.4549	0.1347	−0.1031
ROE（%）	−0.1461	−0.7847	0.1056	0.0882	0.2039	−0.2107	0.0764	−0.1499	0.4840	0.1357	−0.1094
ROA（%）	−0.0841	−0.7650	0.0753	0.1254	0.2137	−0.2001	0.0800	−0.1501	0.4788	0.1366	−0.1040
最近 1 个月涨幅（%）	0.6103	0.5003	0.1528	0.4571	0.0562	0.0759	0.5862	0.4066	2.4413	0.5034	−0.2393
最近 2 个月涨幅（%）	0.8776	0.4360	0.0599	0.5409	0.0178	0.1022	0.5765	0.4097	2.6208	0.4959	−0.2188
最近 3 个月涨幅（%）	0.9302	0.4366	0.0274	0.4626	−0.0062	0.1439	0.5019	0.3761	2.6583	0.5405	−0.2200
最近 6 个月涨幅（%）	0.8927	0.3950	0.1246	0.3953	−0.0055	0.1269	0.4758	0.3183	2.4213	0.3692	−0.2226
最近 12 个月涨幅（%）	0.7685	0.3795	0.1114	0.3892	−0.0502	0.0284	0.5242	0.2342	2.2338	0.3825	−0.2384
最近 1 个月波动率（%）	0.1327	0.3393	−0.1601	0.5714	−0.0022	0.0183	0.4727	0.3045	0.7234	0.1179	−0.2371
波动率变化	0.0483	0.4545	−0.0341	0.5761	−0.0804	0.0479	0.4893	0.2228	0.8239	0.0269	−0.3405
最近 1 个月振幅（%）	0.9119	0.5237	0.0270	0.6348	0.0421	0.1180	0.5066	0.3418	1.9684	0.3868	−0.1667
振幅变化	0.0163	0.5544	0.0664	0.5072	0.0271	0.0447	0.4053	0.3093	1.2180	0.0061	−0.3367
最近 1 个月日均换手率（%）	0.4807	0.4858	−0.0830	0.5431	0.0470	0.1104	0.4147	0.2338	1.8123	0.3796	0.0570
换手率变化	0.2160	0.5697	0.0103	0.4577	0.0314	0.0683	0.6270	0.3721	2.1852	0.4123	−0.1123
流通市值	0.7592	0.4242	0.1575	0.3774	0.0857	0.0841	0.9345	0.4996	2.4467	0.4535	−0.2233
总市值	0.9047	0.3775	0.2356	0.5657	0.1859	0.1844	0.9824	0.6445	2.2729	0.5553	−0.3989

三、多因子模型的构建和评价

上文对 8 大类因子分别从信息系数、选股区分度、单调性和稳定性等方面进行了评价,目的也是根据上述评价体系考察各选股因子的表现情况,为后面构建行业内多因子模型提供一个比较有效的参考因子范围,并进一步分析和评价该多因子模型的表现情况。

(一) 各因子综合评价

根据行业内各因子的表现情况,我们把结果汇总在表 11-10 和表 11-11 中,分别代表月度选股因子综合评价和季度选股因子综合评价结果,现作如下分析:

综合各因子的信息系数、选股区分度、单调性和稳定性,在医药卫生行业内表现较好的正向因子有:(1) 成长因子中的营业利润增长率;(2) 成长因子中的营业收入增长率。表现较好的负向因子有:(1) 动量反转因子中的最近 1 个月涨幅;(2) 波动因子中的最近 1 个月振幅。其中,成长因子中的营业利润增长率、营业收入增长率等表现较好的因子为季度因子,动量反转因子中的最近 1 个月涨幅、波动因子中的最近 1 个月振幅等表现较好的因子为月度因子。

表 11-10 月度选股因子综合评价

因子	信息系数	选股区分度	单调性	稳定性
最近 1 个月涨幅(%)	显著为负	强	显著	强
最近 2 个月涨幅(%)	显著为负	强	有一定的	—
最近 3 个月涨幅(%)	显著为负	较强	—	—
最近 6 个月涨幅(%)	显著为负	—	—	有一定的
最近 12 个月涨幅(%)	显著为负	较强	—	有一定的
最近 1 个月波动率(%)	显著为负	一般	—	—
波动率变化	—	—	—	强
最近 1 个月振幅(%)	显著为负	强	显著	强
振幅变化	—	—	—	强
最近 1 个月日均换手率(%)	显著为负	强	—	—
换手率变化	显著为负	强	有一定的	—
流通市值	显著为负	强	显著	—
总市值	显著为负	强	显著	—

表 11-11　季度选股因子综合评价

因子	信息系数	选股区分度	单调性	稳定性
E/P	—	较强	—	较强
B/P	—	一般	—	强
CF/P	—	强	有一定的	强
EBITDA/EV	—	—	—	—
SR/P	—	—	—	强
营业利润增长率(%)	显著为正	强	有一定的	有一定的
营业收入增长率(%)	显著为正	较强	有一定的	有一定的
经营活动产生的现金流净额增长率(%)				
净利润增长率(%)	显著为正	较强	有一定的	
户均持股比例	显著为正	强	显著	
户均持股比例变化	显著为正	较强		
机构持股比例	—	—	—	强
机构持股比例变化	显著为正	一般		
销售毛利率(%)	—	强	—	较强
销售净利率(%)	—	较强	—	强
ROE(%)	—	一般	—	—
ROA(%)	—	—	较强	—

(二) 行业内多因子模型构建

我们的目的是根据行业内各因子的表现情况筛选出表现较为显著的选股因子,并据此进一步进行行业内多因子选股模型的构建。

由前面的分析可知,在医药卫生行业内如下因子表现较好:(1)季度因子:成长因子中的营业利润增长率、营业收入增长率;(2)月度因子:动量反转因子中的最近1个月涨幅、波动因子中的最近1个月振幅。其中,成长因子中的营业利润增长率、营业收入增长率为正向因子,动量反转因子中的最近1个月涨幅、波动因子中的最近1个月振幅为负向因子。我们将选择上述2个季度因子和2个月度因子构建多因子选股模型。

(三) 行业内多因子模型投资组合的评价

1. 行业内多因子选股模型的表现

对于医药卫生行业的多因子模型构建,首先根据成长因子中的营业利润增长率、营业收入增长率2个季度因子构建一个基本的季度股票池,季度股票池根据上市公司财务报表的公布时间(4月底、8月底、10月底)每年进行3次更换;然后在季度股票池的基础上,再根据动量反转因子中的最近1个月涨幅和波动因子中的最近1个月振幅2个月度因子每月进行季度股票池内的股票再选股,选出排名靠前的前10只、20只、30只股票分别构建多头组合,排名靠后的后10只、20只、30只股票分别构建空头组合。其中,根据季度因子构建的股票池的等额投资表现如图 11-1 所示,根据月度因子在季度股票池基础上再选股的 10 只、20 只、30 只股票多头组合以及 10 只、20 只、30 只股票空头组合的等额投资表现如图 11-2 所示。

我们通过对股票池内的股票进行等额投资,分别于每年 5 月初、9 月初和 11 月初进行股票池换仓,起始投资时间为 2007 年 5 月 1 日,并记起始资金的净值为 1。由图 11-1 可知,根据季度因子构建的股票池在研究期间内(2007 年 5 月至 2017 年 10 月)的表现远好于行业的基准表现。截至 2017 年 10 月 31 日的投资组合净值为 6.34,累计收益率为 534.13%,年化收益率为 17.56%,而同期行业基准的累计收益率为 485.37%,年化收益率为 16.74%。可见,我们的股票池表现上佳,说明之前选出的季度因子具有较强的选股能力。

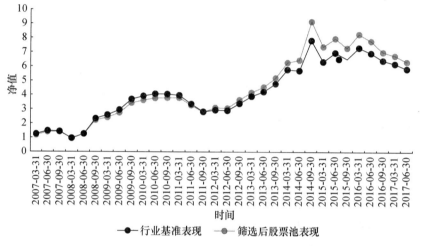

图 11-1 医药卫生行业季度因子股票池表现

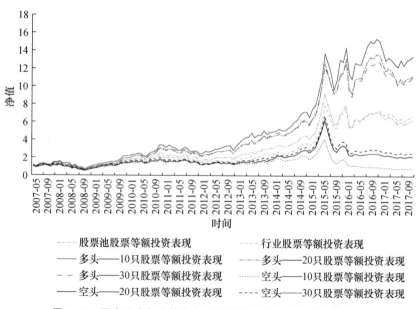

图 11-2 医疗卫生行业综合多因子模型多头和空头组合的表现

我们在行业股票池选股的基础上,通过月度因子每月对股票池内的股票进行重新选股,选出综合得分排名靠前的 10 只、20 只、30 只股票分别构建多头组合,排名靠后的后 10 只、20 只、30 只股票分别构建空头组合,分别于每月初进行投资组合换仓,换仓频率为月,起始投资时间为 2007 年 5 月 1 日,并记起始资金的净值为 1。

由图 11-2 可知,由综合得分排名靠前的 10 只、20 只、30 只股票构建的多头组合均大幅超越基准,而由综合得分排名靠后的 10 只、20 只、30 只股票构建的空头组合均大幅落后于基准。2007 年 5 月至 2017 年 10 月,10 只、20 只、30 只多头组合的累计收益率分别为 1 241.78%、1 020.87%、1 004.31%,年化收益率分别为 25.52%、23.56%、23.41%,而同期基准累计收益率为 570.31%,年化收益率为 17.42%;10 只、20 只、30 只空头组合的累计收益率分别为 -15.10%、114.53%、151.96%,年化收益率分别为 -1.42%、6.91%、8.42%。可见,我们的多头投资组合表现都比较优异,能够跑赢行业基准收益率,说明之前选出的月度因子具有较强的选股能力。

2. 行业内多因子选股模型的评价

我们对行业内的多因子选股模型,分别从月超额收益率、月跑赢概率、Alpha 比率、Beta、Sharpe 比率、TR、Jensen 比率、IR 等方面进行了分析,具体结果列于表 11-12,同时又对每年的超额收益率情况进行了统计,结果见表 11-13。

表 11-12　以医药卫生行业为样本的多因子选股模型分析

等额投资	多头——10 只	多头——20 只	多头——30 只	空头——10 只	空头——20 只	空头——30 只
月超额收益率均值	0.0053	0.0041	0.0038	-0.0158	-0.0091	-0.0078
月超额收益率标准差	0.0925	0.0949	0.0942	0.1236	0.1152	0.1100
月超额收益率最大值	0.6716	1.1549	1.1549	0.8084	0.8650	0.8650
月超额收益率中位数	-0.0076	-0.0082	-0.0078	-0.0324	-0.0204	-0.0182
月超额收益率最小值	-0.3027	-0.3027	-0.3763	-0.5025	-0.5025	-0.5025
跑赢次数	65	66	66	50	49	53
跑赢概率	0.5159	0.5238	0.5238	0.3968	0.3889	0.4206
Alpha 比率	0.0232	0.0170	0.0181	-0.0416	-0.0214	-0.0204
Beta	0.9252	1.1448	1.0972	0.7111	0.7682	0.7709
Sharpe 比率	0.0043	0.0526	0.1783	0.4601	0.6510	0.5532
TR	3.4995	2.6967	2.7766	0.8213	1.8539	2.0572
Jensen 比率	-0.0430	-0.0367	-0.0248	0.0841	0.0807	0.0655
IR	-0.2619	-0.1986	-0.0746	0.2672	0.4442	0.3366

由表 11-12 可知,从月超额收益率看,综合得分排名靠前的 10 只、20 只、30 只股票构建的多头组合,其月超额收益率均值均为正;而由综合得分排名靠后的 10 只、20 只、30 只股票构建的空头组合,其月超额收益率均值仍为正,但幅度小于多头组合。从超越基准的胜率(超额收益率为正)看,多头组合的胜率不足 55%,而空头组合的胜率不足 45%。从 IR、TR

和 Sharpe 比率来看,多头组合均表现较好,TR 均大于 2.5,空头组合的 TR 则大体小于 2,表现差于多头组合。

由表 11-13 可知,从 2007 年至 2017 年的年超额收益率看,多头组合在各年的超额收益率大多数为正,特别是在 2008 年、2010 年和 2012 年,10 只多头组合大幅超越基准,而空头组合在各年的超额收益率多为负。

表 11-13 以医药卫生行业为样本的多因子选股策略各年超额收益率

年份	多头——10 只	多头——20 只	多头——30 只	空头——10 只	空头——20 只	空头——30 只
2007 年	7.96%	5.03%	6.58%	−24.39%	−16.43%	−8.79%
2008 年	25.91%	13.09%	12.44%	14.36%	7.69%	6.16%
2009 年	0.94%	5.12%	2.51%	−15.36%	−10.27%	−7.06%
2010 年	17.11%	16.24%	20.06%	−9.55%	−7.06%	−5.82%
2011 年	2.28%	3.89%	4.92%	14.17%	5.66%	4.85%
2012 年	20.60%	17.10%	12.61%	−9.94%	−2.87%	−3.24%
2013 年	−2.47%	3.30%	6.56%	−14.85%	−9.36%	−6.67%
2014 年	−3.62%	−8.37%	−8.21%	−17.13%	2.13%	−0.08%
2015 年	−6.82%	−1.34%	−8.62%	−81.51%	−54.46%	−51.11%
2016 年	5.14%	4.79%	2.44%	−48.16%	−25.87%	−22.28%
2017 年	−0.42%	−7.28%	−3.79%	−6.39%	−3.90%	−4.52%

四、小　　结

为了研究行业内因子的选股能力情况,我们分别运用横截面回归法和排序打分法等构建了多种考察因子表现情况的指标,分别从各因子的信息系数、选股区分度、单调性和稳定性等方面分析各因子的选股能力,并选出几个表现比较显著的季度因子和月度因子,据此构建了行业内的多因子选股模型,对该模型的表现情况进行了验证,得到如下研究结论:

综合各因子的信息系数、选股区分度、单调性和稳定性,医药卫生行业内如下因子表现较好:(1) 季度因子:成长因子中的营业利润增长率、营业收入增长率;(2) 月度因子:动量反转因子中的最近 1 个月涨幅、波动因子中的最近 1 个月振幅。其中,成长因子中的营业利润增长率、营业收入增长率为正向因子,动量反转因子中的最近 1 个月涨幅、波动因子中的最近 1 个月振幅为负向因子。我们将选择上述 2 个季度因子和 2 个月度因子构建多因子选股模型。

截至 2017 年 10 月 31 日的投资组合净值为 6.34,累计收益率为 534.13%,年化收益率为 17.56%,而同期行业基准的累计收益率为 485.37%,年化收益率为 16.74%。可见,我们的股票池表现上佳,说明之前选出的季度因子具有较强的选股能力。

在季度因子股票池的基础上,由综合得分排名靠前的 10 只、20 只、30 只股票构建的多头组合均大幅超越基准,而由综合得分排名靠后的 10 只、20 只、30 只股票构建的空头组合均大幅落后于基准。2007年5月至2017年10月,10只、20只、30只多头组合的累计收益率分别为1 241.78%、1 020.87%、1 004.31%,年化收益率分别为25.52%、23.56%、23.41%,而同期基准累计收益率为570.31%,年化收益率为17.42%;10只、20只、30只空头组合的累计收益率分别为-15.10%、114.53%、151.96%,年化收益率分别为-1.42%、6.91%、8.42%。可见,我们构建的多头投资组合表现都比较优异,能够跑赢行业基准收益率,说明之前选出的月度因子具有较强的选股能力。

从月超额收益率看,综合得分排名靠前的10只、20只、30只股票构建的多头组合,其月超额收益率均值均为正;而由综合得分排名靠后的10只、20只、30只股票构建的空头组合,其月超额收益率均值仍为正,但幅度小于多头组合。从超越基准的胜率(超额收益率为正)看,多头组合的胜率不足55%,而空头组合的胜率不足45%。从IR、TR和Sharpe比率来看,多头组合均表现较好,TR均大于2.5,空头组合TR则大体小于2,表现差于多头组合。

从2007年至2017年的年超额收益率看,多头组合在各年的超额收益率大多数为正,特别是在2008年、2010年和2012年,10只多头组合大幅超越基准;而空头组合在各年的超额收益率多为负。可见,我们的多因子选股模型表现上佳,说明之前选出的因子具有较强的选股能力。

五、SAS语句解析

```
/*导入行业股票数据。*/
Proc Import Out=yyws
Datafile="E:\医药卫生.xlsx"
Dbms=Excel Replace;
Getnames=Yes; *导入源文件字段名作为SAS数据集的字段名;
Mixed=NO; *若某一列中包含数值型和字符型变量,将数值型按照缺省值处理。若选的是YES则是将数值型转换成字符型存储,默认为NO;
Scantext=Yes; *将源文件中各列值的最长长度作为该列在SAS中的字段长度。
Usedate=Yes; *对于包含日期字段的源文件字段,在SAS中只保留DATE值,并以DATE.格式存储。;
Scantime=Yes; *对于源文件中只有time值的列,自动以时间格式(TIME)存储;
Run;
/*生成股票代码变量stkcd*/
data yyws.kxxx(keep=stkcd);
set yyws;
stkcd=substr(_COL0,1,6);
run;
proc sort nodupkey data=yyws.kxxx;
by stkcd;
run;
/*从总数据中,选出需要的行业股票2007年以后的数据,其中data1是季度数据,data2是月度数据*/
proc sql;
```

```
create table yyws.data1 as
  select *
  from cw.tdata3,yyws.kxxx
  where tdata3.stkcd=kxxx.stkcd;
    quit;
proc sql;
create table yyws.data2 as
  select *
  from cw.trademonth4,yyws.kxxx
  where trademonth4.stkcd=kxxx.stkcd;
    quit;
    data yyws.data2;
    set yyws.data2;
    if year<2007 then delete;
    run;
    data yyws.data1;
    set yyws.data1;
    if year<2007 then delete;
    run;
/*根据收益率将股票每期分组*/
proc rank data=yyws.data1 out=yyws.b descending ties=mean percent ;
var rate;
ranks rank_b; /*rank_b是分位数*/
by accper; /*这里是分组变量*/
run;
data yyws.b;
set yyws.b;
keep stkcd accper rank_b;
run;
%macro dr(i);
/*根据对应的宏变量将股票每期分组*/
proc rank data=yyws.data1 out=yyws.a&i descending ties=mean percent ;
var &i;
ranks rank_&i; /*rank_a是分位数*/
by accper; /*这里是分组变量*/
run;
proc sql;
create table yyws.a&i as
  select *
  from yyws.a&i,yyws.b
  where a&i..stkcd=b.stkcd and a&i..accper=b.accper;run;
%mend dr;
```

```
%dr(pe);%dr(pb);%dr(pcf);%dr(ps);%dr(ev);
%dr(yylrr);%dr(yysrr);%dr(xjllr);%dr(jlrr);%dr(hjcg);%dr(hjcgc);%dr(jgcg);%dr(jgcgc);%dr(roe);%dr(roa);%dr(xsmlv);%dr(xsjlv);
%macro d(i);
/*计算各因子的信息系数,包括月度、季度,然后对信息系数进行统计分析*/
ODS OUTPUT PearsonCorr=yyws.b&i;
proc corr data=yyws.a&i fisher;
var rank_&i;
with rank_b;by accper;
run;
ODS OUTPUT CLOSE;
    proc univariate data=yyws.b&i;
var rank_&i;output out=yyws.c&i mean=meanc median=medianc std=stdc max=maxc min=minc;
run;
ODS OUTPUT PearsonCorr=yyws.d&i;
proc corr data=yyws.a&i fisher;
var rank_b;
with rank_&i;
run;
ODS OUTPUT CLOSE;
%mend d;
%d(pe);%d(pb);%d(pcf);%d(ps);%d(ev);
%d(yylrr);%d(yysrr);%d(xjllr);%d(jlrr);%d(hjcg);%d(hjcgc);%d(jgcg);%d(jgcgc);%d(roe);%d(roa);%d(xsmlv);%d(xsjlv);
%macro da(i);
data yyws.e&i;
set yyws.d&i;
keep Prank_b Variable;
run;
data yyws.e&i;
merge yyws.e&i yyws.c&i;
run;
%mend da;
%da(pe);%da(pb);%da(pcf);%da(ps);%da(ev);
%da(yylrr);%da(yysrr);%da(xjllr);%da(jlrr);%da(hjcg);%da(hjcgc);%da(jgcg);%da(jgcgc);%da(roe);%da(roa);%da(xsmlv);%da(xsjlv);
data yyws.qdata1;
set yyws.ehjcgc yyws.epb yyws.epcf yyws.eev yyws.eps yyws.eyylrr yyws.eyysrr yyws.exjllr yyws.ejlrr yyws.ehjcg yyws.epe yyws.ejgcg yyws.ejgcgc yyws.exsmlv yyws.exsjlv yyws.eroe yyws.eroa;
run;
/*创建宏DR,设置宏变量I,对应股票的不同因子。*/
%macro dr(i);
```

```
proc sort data=yyws.data2;
by year month descending &i;
run;
/*根据因子排序结果每月将所有股票分为十组。Trdmnt 为表示月份数据*/
data yyws.g&i;
set yyws.data2;
by trdmnt;
if first.trdmnt then a1=1;
else a1+1;
run;
proc sql;
create table yyws.g&i as
select *,int(max(a1)/10) as a2,mod(max(a1),10) as a3
from yyws.g&i group by trdmnt;
quit;
data yyws.g&i;
set yyws.g&i;
if a1<=a2 then group=1;
if a2<a1<=(2*a2) then group=2;
if (2*a2)<a1<=(3*a2) then group=3;
if (3*a2)<a1<=(4*a2) then group=4;
if (4*a2)<a1<=(5*a2) then group=5;
if (5*a2)<a1<=(6*a2) then group=6;
if (6*a2)<a1<=(7*a2) then group=7;
if (7*a2)<a1<=(8*a2) then group=8;
if (8*a2)<a1<=(9*a2) then group=9;
if (9*a2)<a1 then group=10;
run;
/*根据股票分组结果,计算每组的平均收益。*/
proc sql;
create table yyws.h&i as
select stkcd,trdmnt,group,&i,rate,avg(rate) as ar&i
from yyws.g&i
group by group;
quit;
proc sort nodupkey data=yyws.h&i;
by group;
run;
    proc sort data=yyws.h&i;
by descending group;
run;
/*调用宏,其中调用的宏参数分别为本章测试的因子,具体名称对应见本章第一节。*/
```

第十一章 医药卫生行业

```
%mend dr;
%dr(stdm);%dr(stdmc);%dr(zf);%dr(zfc);%dr(a_exrate);
%dr(a_exratec);%dr(rate1);%dr(rate2);%dr(rate3);%dr(rate6);%dr(rateyear);%dr(mv);%dr(tv);
%macro d(i);
/*计算区分度。*/
data yyws.i&i;
set yyws.h&i;
qfd1=(ar&i－lag9(ar&i))/ar1;
qfd2=(lag1(ar&i)－lag8(ar&i))/ar1;
qfd3=0.8*qfd1+0.2*qfd2;
qfd4=0.6*qfd1+0.4*qfd2;
run;
data yyws.i&i(keep=ar&i qfd1 qfd2 qfd3 qfd4);
set yyws.i&i;
if group=1;
run;
%mend d;
%d(stdm);%d(stdmc);%d(zf);%d(zfc);%d(a_exrate);
%d(a_exratec);%d(rate1);%d(rate2);%d(rate3);%d(rate6);%d(rateyear);%d(mv);%d(tv);
data yyws.mdata2;
set yyws.ia_exratec yyws.irate2 yyws.irate3 yyws.irate6 yyws.irateyear yyws.istdm yyws.istdmc yyws.izf yyws.izfc yyws.ia_exrate yyws.irate1 yyws.imv yyws.itv;
run;
/*由于选用的数据中,日期数据为字符型数据,取出年份数据。*/
%macro dr(i);
data yyws.b&i;
set yyws.b&i;
year1=substr(accper,1,4);
year=year1+0;
drop year1;
run;
%mend dr;
%dr(pe);%dr(pb);%dr(pcf);%dr(ps);%dr(ev);
%dr(yylrr);%dr(yysrr);%dr(xjllr);%dr(jlrr);%dr(hjcg);%dr(hjcgc);%dr(jgcg);%dr(jgcgc);%dr(roe);%dr(roa);%dr(xsmlv);%dr(xsjlv);
run;
/*计算各组合年平均收益*/
%macro d(i);
proc sql;
create table yyws.f&i as
select year,avg(rank_&i) as acorr&i
```

```
from yyws.b&i
group by year;
quit;
%mend d;
%d(pe);%d(pb);%d(pcf);%d(ps);%d(ev);%d(stdm);%d(stdmc);%d(zf);%d(zfc);%d(a_exrate);%d(mv);%d(tv);
%d(a_exratec);%d(rate1);%d(rate2);%d(rate3);%d(rate6);%d(rateyear);
%d(yylrr);%d(yysrr);%d(xjllr);%d(jlrr);%d(hjcg);%d(hjcgc);%d(jgcg);%d(jgcgc);%d(roe);%d(roa);%d(xsmlv);%d(xsjlv);
/*合并上文得出的数据集,便于综合分析*/
data yyws.ydata1;
    merge yyws.fa_exratec yyws.fpb yyws.fpcf yyws.fev yyws.fps yyws.fyylrr yyws.fyysrr yyws.fxjllr yyws.fjlrr yyws.fhjcg yyws.fhjcgc yyws.fjgcg yyws.fjgcgc yyws.fxsmlv yyws.fxsjlv yyws.froe yyws.froa yyws.frate1 yyws.frate2 yyws.frate3 yyws.frate6 yyws.frateyear yyws.fstdm yyws.fstdmc yyws.fzf yyws.fzfc yyws.fa_exrate yyws.fpe yyws.fmv yyws.ftv;
    by year;
run;
/*根据因子排序结果每季度将所有股票分为十组,Accper是财报周期数据,刚好代表月度。后续处理和前文基本一致,不赘述*/
%macro dr(i);
proc sort data=yyws.data1;
    by accper descending &i;
run;
data yyws.g&i;
    set yyws.data1;
    by accper;
    if first.accper then a1=1;
    else a1+1;
run;
proc sql;
    create table yyws.g&i as
    select *,int(max(a1)/10) as a2,mod(max(a1),10) as a3
    from yyws.g&i group by accper;
quit;
data yyws.g&i;
    set yyws.g&i;
    if a1<=a2 then group=1;
    if a2<a1<=(2*a2) then group=2;
    if (2*a2)<a1<=(3*a2) then group=3;
    if (3*a2)<a1<=(4*a2) then group=4;
    if (4*a2)<a1<=(5*a2) then group=5;
    if (5*a2)<a1<=(6*a2) then group=6;
```

第十一章 医药卫生行业

```
if (6*a2)<a1<=(7*a2) then group=7;
if (7*a2)<a1<=(8*a2) then group=8;
if (8*a2)<a1<=(9*a2) then group=9;
if (9*a2)<a1 then group=10;
run;
proc sql;
create table yyws.h&i as
select stkcd,accper,group,&i,rate,avg(rate) as ar&i
from yyws.g&i
group by group;
quit;
proc sql;
create table yyws.h&i as
select * ,avg(rate) as ar1
from yyws.h&i;
quit;
   proc sort nodupkey data=yyws.h&i;
by group;
run;
   proc sort data=yyws.h&i;
by descending group;
run;
%mend dr;
%dr(pe);%dr(pb);%dr(pcf);%dr(ps);%dr(ev);
%dr(yylrr);%dr(yysrr);%dr(xjllr);%dr(jlrr);%dr(hjcg);%dr(hjcgc);%dr(jgcg);%dr(jgcgc);%dr(roe);%dr(roa);%dr(xsmlv);%dr(xsjlv);
   %macro d(i);
data yyws.i&i;
set yyws.h&i;
qfd1=(ar&i-lag9(ar&i))/ar1;
qfd2=(lag1(ar&i)-lag8(ar&i))/ar1;
qfd3=0.8*qfd1+0.2*qfd2;
qfd4=0.6*qfd1+0.4*qfd2;
run;
data yyws.i&i(keep=ar&i qfd1 qfd2 qfd3 qfd4);
set yyws.i&i;
if group=1;
run;
%mend d;
%d(pe);%d(pb);%d(pcf);%d(ps);%d(ev);
%d(yylrr);%d(yysrr);%d(xjllr);%d(jlrr);%d(hjcg);%d(hjcgc);%d(jgcg);%d(jgcgc);%d(roe);%d(roa);%d(xsmlv);%d(xsjlv);
```

```
data yyws.qdata2;
    set yyws.ihjcgc yyws.ipb yyws.ipcf yyws.iev yyws.ips yyws.iyylrr yyws.iyysrr yyws.ixjllr yyws.ijlrr yyws.ihjcg yyws.ipe yyws.ijgcg yyws.ijgcgc yyws.ixsmlv yyws.ixsjlv yyws.iroe yyws.iroa;
    run;
    %macro dr(i);
    data yyws.j&i(keep=group trate&i);
    set yyws.h&i;
    trate&i=ar&i*22;
    run;
    proc sort data=yyws.j&i;
    by group;
    run;
    %mend dr;
    %dr(pe);%dr(pb);%dr(pcf);%dr(ps);%dr(ev);
    %dr(yylrr);%dr(yysrr);%dr(xjllr);%dr(jlrr);%dr(hjcg);%dr(hjcgc);%dr(jgcg);%dr(jgcgc);%dr(roe);%dr(roa);%dr(xsmlv);%dr(xsjlv);
    %macro d(i);
    data yyws.j&i(keep=group trate&i);
    set yyws.h&i;
    trate&i=ar&i*93;
    run;
    proc sort data=yyws.j&i;
    by group;
    run;
    %mend d;
    %d(stdm);%d(stdmc);%d(zf);%d(zfc);%d(a_exrate);
    %d(a_exratec);%d(rate1);%d(rate2);%d(rate3);%d(rate6);%d(rateyear);%d(mv);%d(tv);
    data yyws.ydata2;
    merge yyws.ja_exratec yyws.jpb yyws.jpcf yyws.jev yyws.jps yyws.jyylrr yyws.jyysrr yyws.jxjllr yyws.jjlrr yyws.jhjcg yyws.jhjcgc yyws.jjgcg yyws.jjgcgc yyws.jxsmlv yyws.jxsjlv yyws.jroe yyws.jroa yyws.jrate1 yyws.jrate2 yyws.jrate3 yyws.jrate6 yyws.jrateyear yyws.jstdm yyws.jstdmc yyws.jzf yyws.jzfc yyws.ja_exrate yyws.jpe yyws.jmv yyws.jtv;
    by group;
    run;
    %macro dr(i);
    proc sql;
    create table yyws.k&i as
      select *
      from yyws.a&i,yyws.g&i
      where a&i..stkcd=g&i..stkcd and a&i..accper=g&i..accper;run;
    proc sort data=yyws.k&i;
    by group;
```

```
run;
ODS OUTPUT PearsonCorr=yyws.l&i;
proc corr data=yyws.k&i fisher;
var rank_&i ;
with rank_b;by group;
run;
ODS OUTPUT CLOSE;
data yyws.l&i;
set yyws.l&i;
xxxs1&i=0.8*rank_&i+0.2*lag1(rank_&i);
xxxs2&i=0.2*rank_&i+0.8*lag1(rank_&i);
run;
data yyws.l&i(keep=group rank_&i xxxs1&i xxxs2&i);
set yyws.l&i;
if group=1 or group=2 or group=10;;
run;
%mend dr;
%dr(pe);%dr(pb);%dr(pcf);%dr(ps);%dr(ev);
%dr(yylrr);%dr(yysrr);%dr(xjllr);%dr(jlrr);%dr(hjcg);%dr(hjcgc);%dr(jgcg);%dr(jgcgc);%dr(roe);%dr(roa);%dr(xsmlv);%dr(xsjlv);
%macro d(i);
proc sql;
create table yyws.k&i as
  select *
  from yyws.a&i,yyws.g&i
  where a&i..stkcd=g&i..stkcd and a&i..trdmnt=g&i..trdmnt;run;
proc sort data=yyws.k&i;
by group;
run;
ODS OUTPUT PearsonCorr=yyws.l&i;
proc corr data=yyws.k&i fisher;
var rank_&i ;
with rank_b;by group;
run;
ODS OUTPUT CLOSE;
data yyws.l&i;
set yyws.l&i;
xxxs1&i=0.8*rank_&i+0.2*lag1(rank_&i);
xxxs2&i=0.2*rank_&i+0.8*lag1(rank_&i);
run;
data yyws.l&i(keep=group rank_&i xxxs1&i xxxs2&i);
set yyws.l&i;
```

```
if group=1 or group=2 or group=10;;
run;
%mend d;
%d(stdm);%d(stdmc);%d(zf);%d(zfc);%d(a_exrate);
%d(a_exratec);%d(rate1);%d(rate2);%d(rate3);%d(rate6);%d(rateyear);%d(mv);%d(tv);
data yyws.ydata3;
merge yyws.la_exratec yyws.lpb yyws.lpcf yyws.lev yyws.lps yyws.lyylrr yyws.lyysrr yyws.lxjllr yyws.ljlrr yyws.lhjcg yyws.lhjcgc yyws.ljgcg yyws.ljgcgc yyws.lxsmlv yyws.lxsjlv yyws.lroe yyws.lroa yyws.lrate1 yyws.lrate2 yyws.lrate3 yyws.lrate6 yyws.lrateyear yyws.lstdm yyws.lstdmc yyws.lzf yyws.lzfc yyws.la_exrate yyws.lpe yyws.lmv yyws.ltv;
by group;
run;
%macro dr(i);
data yyws.g&i;
set yyws.g&i;
r_rm=Mretnd-ratem;
run;
proc sql;
create table yyws.n&i as
select stkcd,accper,group,year,&i,rate,avg(r_rm) as ar_rm&i
from yyws.g&i
group by group,accper;
quit;
    proc sort nodupkey data=yyws.n&i;
by group accper;
run;
proc sql;
create table yyws.n&i as
select * ,sum(ar_rm&i) as tr_rm&i
from yyws.n&i
group by year,group;
quit;
    proc sort nodupkey data=yyws.n&i;
by group year;
run;
proc sort data=yyws.n&i;
by year descending group;
run;
data yyws.n&i;
set yyws.n&i;
tr_rm1&i=0.8*tr_rm&i+0.2*lag1(tr_rm&i);
```

```
run;
data yyws.o&i(keep= tr_rm1&i year);
set yyws.n&i;
if group=1;
run;
%mend dr;
%dr(pe);%dr(pb);%dr(pcf);%dr(ps);%dr(ev);
%dr(yylrr);%dr(yysrr);%dr(xjllr);%dr(jlrr);%dr(hjcg);%dr(hjcgc);%dr(jgcg);%dr(jgcgc);%dr(roe);%dr(roa);%dr(xsmlv);%dr(xsjlv);
%macro d(i);
data yyws.g&i;
set yyws.g&i;
r_rm=Mretnd-ratem;
run;
proc sql;
create table yyws.n&i as
select stkcd,trdmnt,year,group,&i,rate,avg(r_rm) as ar_rm&i
from yyws.g&i
group by group,trdmnt;
quit;
    proc sort nodupkey data=yyws.n&i;
by group trdmnt;
run;
proc sql;
create table yyws.n&i as
select *,sum(ar_rm&i) as tr_rm&i
from yyws.n&i
group by year,group;
quit;
    proc sort nodupkey data=yyws.n&i;
by group year;
run;
proc sort data=yyws.n&i;
by year descending group;
run;
data yyws.n&i;
set yyws.n&i;
tr_rm1&i=0.8*tr_rm&i+0.2*lag1(tr_rm&i);
run;
data yyws.o&i(keep= tr_rm1&i year);
set yyws.n&i;
if group=1;
```

```
run;
%mend d;
%d(stdm);%d(stdmc);%d(zf);%d(zfc);%d(a_exrate);
%d(a_exratec);%d(rate1);%d(rate2);%d(rate3);%d(rate6);%d(rateyear);%d(mv);%d(tv);
data yyws.ydata4;
merge yyws.oa_exratec yyws.opb yyws.opcf yyws.oev yyws.ops yyws.oyylrr yyws.oyysrr yyws.oxjllr
yyws.ojlrr yyws.ohjcg yyws.ohjcgc yyws.ojgcg yyws.ojgcgc yyws.oxsmlv yyws.oxsjlv yyws.oroe yyws.
oroa yyws.orate1 yyws.orate2 yyws.orate3 yyws.orate6 yyws.orateyear yyws.ostdm yyws.ostdmc yyws.ozf
yyws.ozfc yyws.oa_exrate yyws.ope yyws.omv yyws.otv;
by year;
run;
%macro d(i);
proc sort data=yyws.n&i;
by year group;
run;
data yyws.n&i;
set yyws.n&i;
tr_rm2&i=0.8*tr_rm&i+0.2*lag1(tr_rm&i);
run;
data yyws.p&i(keep= tr_rm2&i year);
set yyws.n&i;
if group=10;
run;
%mend d;
%d(pe);%d(pb);%d(pcf);%d(ps);%d(ev);%d(stdm);%d(stdmc);%d(zf);%d(zfc);%d(a_exrate);%d(mv);%d(tv);
%d(a_exratec);%d(rate1);%d(rate2);%d(rate3);%d(rate6);%d(rateyear);
%d(yylrr);%d(yysrr);%d(xjllr);%d(jlrr);%d(hjcg);%d(hjcgc);%d(jgcg);%d(jgcgc);%d(roe);%d(roa);%d(xsmlv);%d(xsjlv);
data yyws.ydata5;
merge yyws.pa_exratec yyws.ppb yyws.ppcf yyws.pev yyws.pps yyws.pyylrr yyws.pyysrr yyws.pxjllr
yyws.pjlrr yyws.phjcg yyws.phjcgc yyws.pjgcg yyws.pjgcgc yyws.pxsmlv yyws.pxsjlv yyws.proe yyws.
proa yyws.prate1 yyws.prate2 yyws.prate3 yyws.prate6 yyws.prateyear yyws.pstdm yyws.pstdmc yyws.pzf
yyws.pzfc yyws.pa_exrate yyws.ppe yyws.pmv yyws.ptv;
by year;
run;
```

第十二章　信息技术行业

一、研究背景介绍

本章以信息技术行业为样本空间,剔除行业内在调仓日为 st 的股票,以及在换仓日停牌的股票,研究期间为 2007 年 5 月至 2017 年 10 月,换仓频率为月。信息技术行业包括半导体产品与设备、技术硬件与设备、软件与服务等多种行业。本章采用表 10-1 中对信息技术行业的中证一级行业分类,股票共计 388 只。

二、各因子选股能力分析

我们首先使用横截面回归法来进行因子选股能力分析,之后采用排序打分法来研究因子的选股能力。

(一) 从信息系数方面分析各因子选股能力

各因子信息系数情况如表 12-1 和表 12-2 所示。

表 12-1　各因子信息系数(月度)

因子	P 值	均值	标准差	最大值	中值	最小值
最近 1 个月涨幅(%)	0.0000	−0.0818	0.1630	0.4476	−0.0762	−0.4546
最近 2 个月涨幅(%)	0.0000	−0.0875	0.1793	0.5344	−0.0860	−0.4891
最近 3 个月涨幅(%)	0.0000	−0.0827	0.1720	0.5549	−0.0604	−0.4905
最近 6 个月涨幅(%)	0.0000	−0.0663	0.1458	0.2196	−0.0597	−0.5161
最近 12 个月涨幅(%)	0.0000	−0.0538	0.1614	0.3042	−0.0672	−0.4687
最近 1 个月波动率(%)	0.0000	−0.0680	0.1798	0.3360	−0.0544	−0.4291
波动率变化	0.0000	−0.0327	0.0988	0.2313	−0.0408	−0.3481
最近 1 个月振幅(%)	0.0000	−0.0812	0.1306	0.2147	−0.0665	−0.3735
振幅变化	0.0000	−0.0117	0.0914	0.2813	−0.0263	−0.2380
最近 1 个月日均换手率(%)	0.0000	−0.0780	0.1967	0.3473	−0.0926	−0.5328
换手率变化	0.000	−0.0605	0.1173	0.3397	−0.0776	−0.3341

(续表)

因子	P 值	均值	标准差	最大值	中值	最小值
流通市值	0.0000	−0.0496	0.1567	0.3613	−0.0779	−0.3396
总市值	0.0000	−0.0821	0.1388	0.2506	−0.0843	−0.3575

表 12-2　各因子信息系数(季度)

因子	P 值	均值	标准差	最大值	中值	最小值
E/P	0.0047	0.0203	0.1176	0.1877	0.0533	−0.1993
B/P	0.0837	−0.0224	0.1265	0.2959	−0.0520	−0.2181
CF/P	0.2918	0.0050	0.0887	0.1608	−0.0051	−0.1584
EBITDA/EV	0.1789	−0.0104	0.1058	0.1709	−0.0083	−0.2050
SR/P	0.2809	0.0180	0.1515	0.3487	−0.0067	−0.1819
营业利润增长率(%)	0.0000	0.1016	0.0884	0.2672	0.1162	−0.0941
营业收入增长率(%)	0.0000	0.0783	0.1247	0.3871	0.0697	−0.1495
经营活动产生的现金流净额增长率(%)	0.3884	−0.0008	0.0703	0.1131	−0.0035	−0.1567
净利润增长率(%)	0.0000	0.0930	0.1003	0.2764	0.0988	−0.1310
户均持股比例	0.0000	0.1670	0.1424	0.4113	0.1562	−0.0733
户均持股比例变化	0.7747	−0.0031	0.1019	0.1965	−0.0081	−0.2601
机构持股比例	0.1809	0.0311	0.0956	0.2098	0.0157	−0.1485
机构持股比例变化	0.0249	0.0235	0.0954	0.1744	0.0431	−0.1546
销售毛利率(%)	0.0005	0.0749	0.1250	0.2487	0.0998	−0.1494
销售净利率(%)	0.0007	0.0778	0.1320	0.2646	0.1046	−0.1930
ROE(%)	0.0001	0.0794	0.1395	0.3751	0.1224	−0.2201
ROA(%)	0.0000	0.0807	0.1285	0.2656	0.1239	−0.1554

信息技术行业内的股票表现出较为显著的反转效应,最近1个月涨幅、最近2个月涨幅、最近3个月涨幅、最近6个月涨幅、最近12个月涨幅5个因子的信息系数均为负(前期涨幅越大,下一个月表现越差),且在1%的显著水平下显著为负;信息技术行业内的股票也表现出一定的小盘股效应,流通市值和总市值因子的信息系数分别为−0.0496、−0.0821(前期流通市值越大,下一个月表现越差;前期总市值越大,下一个月表现越差),在1%的显著水平下显著为负;最近1个月波动率、波动率变化、最近1个月振幅、振幅变化这些波动因子也是表现较为显著的负向因子,其信息系数分别为−0.0680、−0.0327、−0.0812、−0.0117(最近1个月波动率越高,下一个月表现越差;波动率变化越大,下一个月表现越差;最近1个月振幅越高,下一个月表现越差;振幅变化越大,下一个月表现越差),在1%的显著水平下显著

为负;换手率变化、最近 1 个月日均换手率 2 个交投因子也是表现较为显著的负向因子,其信息系数分别为 -0.0605、-0.0780(换手率变化越大,下一个月表现越差;最近 1 个月日均换手率越高,下一个月表现越差),在 1% 的显著水平下显著为负。

估值因子表现出较为显著的正向效应,E/P 的信息系数为 0.0203(前期估值(E/P)越高,下个月表现越好),在 1% 的显著水平下显著为正。成长因子表现出较为显著的正向效应,营业利润增长率、营业收入增长率、净利润增长率的信息系数分别为 0.1016、0.0783、0.0930(前期营业利润增长率越高,下个月表现越好;前期营业收入增长率越高,下个月表现越好;前期净利润增长率越高,下个月表现越好),在 1% 的显著水平下显著为正。此外,户均持股比例、机构持股比例变化 2 个股东因子也表现出较为显著的正向效应,其信息系数分别为 0.1670、0.0235(户均持股比例上升越高,下个月表现越好;机构持股比例变化越大,下个月表现越好),在 5% 的显著水平下显著为正。盈利因子也表现出较为显著的正向效应,销售毛利率、销售净利率、ROE、ROA 等因子的信息系数分别为 0.0749、0.0778、0.0794、0.0807(前期销售毛利率越高,下个月表现越好;前期销售净利率越高,下个月表现越好;前期 ROE 越高,下个月表现越好;前期 ROA 越高,下个月表现越好),在 1% 的显著水平下显著为正。

成长因子(经营活动现金流量净额增长率)、股东因子(户均持股比例变化、机构持股比例)、估值因子(B/P、CF/P、EBITDA/EV、SR/P)等因子的信息系数在 0 附近或 P 值不显著,也就是说,这些因子对股票下个月表现的影响不显著。

通过对各因子总体的表现情况进行分析之后,我们又对各因子每年的表现情况进行了分析,主要分析每年各因子信息系数的一致性,即分析因子在总体年份中的表现情况,表 12-3 列出了每年各因子信息系数的均值情况。

从每年各因子信息系数的一致性方面看,估值因子中的 CF/P,成长因子中的营业利润增长率、营业收入增长率、净利润增长率,股东因子中的户均持股比例、机构持股比例变化,盈利因子中的销售毛利率、销售净利率、ROE、ROA 等因子在大多数年份里的信息系数均值均为正;交投因子中的换手率变化、最近 1 个月日均换手率,动量反转因子中的最近 1 个月涨幅、最近 2 个月涨幅、最近 3 个月涨幅、最近 6 个月涨幅、最近 12 个月涨幅,波动因子中的最近 1 个月波动率、波动率变化、最近 1 个月振幅、振幅变化,规模因子中的流通市值、总市值等因子在大多数年份里的信息系数均值均为负;而其他因子在每年的表现则并不十分一致。

(二) 从 FF 排序法方面来分析各因子的选股能力

1. 选股区分度

选股区分度具体数据列于表 12-4 和表 12-5。

表 12-3 每年各因子信息系数的均值

因子	2007	2008	2009	2010	2011	2012	2013	2014	2015	2016	2017
E/P	0.0869	-0.0364	0.0028	-0.0169	-0.0431	0.0050	0.0923	0.1750	-0.1577	-0.1215	0.0907
B/P	-0.0605	0.1530	-0.1359	-0.0759	0.0092	0.0537	-0.1106	0.0072	-0.1727	-0.2976	-0.1961
CF/P	0.0078	-0.0049	-0.0799	0.0102	0.0488	0.0292	0.0131	0.0367	-0.0199	0.0249	0.0822
EBITDA/EV	-0.0600	-0.0342	-0.0364	-0.0251	-0.0140	-0.0078	0.0440	0.1709	-0.0489	-0.1941	-0.1300
SR/P	-0.0836	0.1628	-0.0852	-0.0059	0.0763	0.1376	-0.0315	-0.1151	-0.1035	-0.2539	-0.1919
营业利润增长率(%)	0.1054	-0.0255	0.1813	0.1621	0.0408	0.1910	0.0986	-0.0270	0.0065	0.0247	0.1029
营业收入增长率(%)	0.0888	0.1011	-0.0098	0.1546	0.0459	0.1249	0.0767	-0.0233	-0.0122	0.0450	0.0645
经营活动产生的现金流净额增长率(%)	-0.0367	-0.0290	0.0363	0.0567	0.0106	0.0266	-0.0677	-0.0072	-0.0311	0.0637	0.0637
净利润增长率(%)	0.0632	-0.0639	0.2188	0.1473	0.0462	0.1607	0.1132	-0.0092	0.0548	0.0509	0.2896
户均持股比例	0.0898	0.2677	0.0646	0.1009	0.2171	0.2222	0.2057	0.1695	0.1987	0.0665	-0.1843
户均持股比例变化	-0.0797	0.0287	-0.0172	0.0467	0.0063	0.0284	-0.0521	0.0479	0.0403	0.0635	0.0268
机构持股比例变化	0.1553	-0.0100	0.0017	-0.0199	0.1082	0.0410	-0.0349	-0.0390	-0.0279	0.0689	0.2028
销售毛利率(%)	-0.0334	0.0133	0.0095	0.1105	0.0324	0.0122	0.0146	0.0410	-0.0097	0.0408	0.0097
销售净利率(%)	0.0789	0.1446	0.0671	0.0511	0.1171	0.2001	-0.0601	-0.1494	-0.0244	0.0281	0.0128
ROE(%)	0.0858	0.1782	0.0528	0.0459	0.1275	0.1819	-0.0374	-0.1930	-0.0266	0.0117	0.0065
ROA(%)	0.0596	0.1339	0.0780	0.1088	0.1204	0.1792	-0.0565	-0.1234	-0.0150	0.0409	0.0579
最近1个月涨幅(%)	0.0531	0.1356	0.0629	0.1197	0.1217	0.1765	-0.0276	0.1494	-0.0089	0.0438	0.0495
最近2个月涨幅(%)	-0.0241	-0.0905	-0.1670	-0.0176	-0.0723	-0.1281	-0.0680	-0.0874	-0.1411	-0.1367	-0.0207
最近3个月涨幅(%)	-0.0639	-0.0709	-0.1817	-0.0497	-0.0696	-0.1136	-0.0258	-0.1328	-0.1359	-0.1286	-0.0108
最近6个月涨幅(%)	-0.0987	-0.1058	-0.1533	-0.0196	-0.0647	-0.0687	-0.0221	-0.1391	-0.1740	-0.1247	0.0167
最近12个月涨幅(%)	-0.0892	-0.0717	-0.1507	-0.0042	-0.0565	-0.0905	-0.0160	-0.0582	-0.1108	-0.0532	0.0653
最近1个月波动率(%)	-0.1100	-0.0751	-0.1239	0.0134	-0.0503	-0.0169	0.0020	-0.0731	-0.1273	-0.0852	0.0636
波动率变化	-0.0739	-0.0862	-0.0868	-0.0702	-0.0945	-0.0636	-0.0152	-0.0509	0.0298	-0.0195	-0.0091
最近1个月振幅(%)	-0.0049	-0.0409	-0.0910	-0.0382	-0.0164	-0.0289	0.0121	-0.0581	0.0298	-0.0195	-0.0091
振幅变化	-0.0883	-0.0498	-0.1470	-0.0885	-0.0928	-0.0660	-0.0284	-0.0907	-0.0811	-0.1483	-0.1146
最近1个月日均换手率(%)	0.0428	-0.0597	0.0323	0.0166	0.0184	0.0409	0.0094	-0.0491	-0.0241	-0.0358	-0.0212
换手率变化	-0.1166	-0.0662	-0.0949	-0.0749	-0.1022	-0.1024	-0.0360	-0.0205	-0.0011	-0.1655	-0.1669
流通市值	-0.0457	-0.0857	-0.1179	-0.0357	-0.0346	-0.0433	-0.0456	-0.0791	-0.0422	-0.1158	-0.0781
总市值	-0.0899	-0.0606	-0.0633	0.0227	-0.0525	-0.0111	-0.0247	-0.1327	-0.1577	-0.1215	0.0907
	-0.1429	-0.0806	-0.0990	-0.0123	-0.1049	-0.0526	-0.0244	-0.1529	-0.1766	-0.1421	0.0705

表 12-4 各因子选股区分度(月度)

因子	区分度1:(第1组—第10组)/基准	区分度2(第2组—第9组)/基准	0.8×区分度1+0.2×区分度2	0.6×区分度1+0.4×区分度2
最近1个月涨幅(%)	-0.8645	-0.5676	-0.8051	-0.7457
最近2个月涨幅(%)	-0.6347	-0.7868	-0.6652	-0.6956
最近3个月涨幅(%)	-0.3036	-0.9923	-0.4414	-0.5791
最近6个月涨幅(%)	-0.0850	-0.4926	-0.1665	-0.2480
最近12个月涨幅(%)	0.5048	-0.5433	0.2952	0.0856
最近1个月波动率(%)	-0.4935	-0.3584	-0.4664	-0.4394
波动率变化	-0.1757	-0.3449	-0.2096	-0.2434
最近1个月振幅(%)	-0.9675	-0.5100	-0.8760	-0.7845
振幅变化	0.0827	-0.3761	-0.0090	-0.1008
最近1个月日均换手率(%)	-0.9980	-0.4313	-0.8847	-0.7713
换手率变化	-0.9602	-0.4833	-0.8648	-0.7694
流通市值	-1.1915	-0.7488	-1.1030	-1.0144
总市值	-1.6489	-0.9486	-1.5089	-1.3688

表 12-5 各因子选股区分度(季度)

因子	区分度1:(第1组—第10组)/基准	区分度2(第2组—第9组)/基准	0.8×区分度1+0.2×区分度2	0.6×区分度1+0.4×区分度2
E/P	0.1867	-0.0490	0.1395	0.0924
B/P	-0.1501	-0.1278	-0.1456	-0.1412
CF/P	0.0218	-0.0613	0.0052	-0.0114
EBITDA/EV	-0.1313	0.0052	-0.1040	-0.0767
SR/P	0.0900	-0.0138	0.0692	0.0485
营业利润增长率(%)	0.3028	0.4188	0.3260	0.3492
营业收入增长率(%)	0.0668	0.3901	0.1314	0.1961
经营活动产生的现金流净额增长率(%)	-0.0775	-0.1122	-0.0844	-0.0914
净利润增长率(%)	0.3369	0.5007	0.3697	0.4024
户均持股比例	0.7699	0.6155	0.7390	0.7081
户均持股比例变化	-0.0386	0.1848	0.0060	0.0507
机构持股比例	-0.0086	0.1098	0.0151	0.0388
机构持股比例变化	-0.0590	0.1162	-0.0239	0.0111
销售毛利率(%)	0.0531	0.1081	0.0641	0.0751
销售净利率(%)	0.2030	-0.0139	0.1596	0.1162
ROE(%)	0.1396	-0.0224	0.1072	0.0748
ROA(%)	0.0162	0.1099	0.0349	0.0537

从选股区分度看,成长因子中的营业利润增长率、营业收入增长率、净利润增长率,股东因子中的户均持股比例,盈利因子中的销售毛利率、ROA 等因子均表现出较好的正向选股能力;动量反转因子中的最近 1 个月涨幅、最近 2 个月涨幅、最近 3 个月涨幅,交投因子中的换手率变化、最近 1 个月日均换手率,波动因子中的最近 1 个月波动率、波动率变化、最近 1 个

月振幅,规模因子中的流通市值、总市值,估值因子中的 B/P 等因子表现出较好的负向选股能力等;而其他因子在选股区分度上表现得并不十分明显。

2. 单调性

我们每期根据各因子的情况对行业内的股票进行排序(降序法),并把样本股票分成 10 组,分别计算各组在研究期(2007 年 5 月至 2017 年 10 月)的累计收益率情况,根据第 1 组、第 2 组到第 9 组、第 10 组的股票组合的表现情况,分析每个因子的单调性情况,具体数据列于表 12-6。

从单调性看,股东因子中的户均持股比例、盈利因子中的销售净利率等因子表现出一定的单调递减特征;波动因子中的最近 1 个月振幅,动量反转因子中的最近 1 个月涨幅、最近 2 个月涨幅,规模因子中的流通市值、总市值等因子表现出较为明显的单调递增特征;其他大多数因子的单调性不明显。

3. 稳定性

为了考察各因子表现的稳定性,我们分别计算了靠前组合和靠后组合相对于样本基准收益率的表现情况,表 12-7 列出了第 1 组和第 10 组的具体数据,同时又加入了两个组合(0.8×第 1 组+0.2×第 2 组和 0.8×第 10 组+0.2×第 9 组),从而进一步考察各因子表现的稳定性。

从根据各因子排序构建的各组合的信息比率来看,估值因子中的 E/P,规模因子中的流通市值,股东因子中的户均持股比例,盈利因子中的 ROE、销售净利率等因子的第 1 组的信息比率为正,第 10 组的信息比率为负,且差距较大;交投因子中的换手率变化、最近 1 个月日均换手率,动量反转因子中的最近 2 个月涨幅、最近 3 个月涨幅、最近 6 个月涨幅、最近 12 个月涨幅,波动因子中的波动率变化、振幅变化等因子的第 1 组的信息比率为负,第 10 组的信息比率为正,且差距较大;而根据其他因子排序所构建的各组合表现并不明显。

前面研究了根据各因子排序构建的各组合的信息比率情况,下面将进一步研究各因子排名靠前组合和靠后组合各年的超额收益率情况,具体数据列于表 12-8 和表 12-9。

从排名靠前组合各年的超额收益率看,波动因子中的振幅变化,估值因子中的 B/P,成长因子中的营业利润增长率等因子排名靠前组合在多数年份的超额收益率均为正;交投因子中的换手率变化,动量反转因子中的最近 1 个月涨幅,规模因子中的流通市值等因子排名靠前组合在大多数年份的超额收益率均为负;其他因子的表现则不明显。

从排名靠后组合各年的超额收益率看,估值因子中的 B/P 等因子排名靠后组合在大多数年份的超额收益率均为负;交投因子中的换手率变化、最近 1 个月日均换手率,波动因子中的最近 1 个月振幅、最近 1 个月波动率,动量反转因子中的最近 1 个月涨幅、最近 2 个月涨幅、最近 3 个月涨幅,规模因子中的流通市值、总市值等因子排名靠后组合在大多数年份的超额收益率均为正;其他因子的表现则不明显。

表 12-6 根据各因子排序构建的各组合累计收益率（2007 年 5 月至 2017 年 10 月）

因子	第 1 组	第 2 组	第 3 组	第 4 组	第 5 组	第 6 组	第 7 组	第 8 组	第 9 组	第 10 组
E/P	3.0439	2.7350	2.6508	2.9598	3.5608	3.1625	2.9718	2.7512	2.8779	2.5000
B/P	2.6856	2.7958	2.6839	2.5998	3.4868	3.0718	2.7970	2.6799	3.1681	3.1229
CF/P	3.1679	3.0122	2.8599	2.8039	2.7658	2.7673	2.4852	2.9431	3.1909	3.1043
EBITDA/EV	2.6857	2.5237	2.8305	2.7992	3.7149	3.2976	2.7603	2.9148	2.5086	3.0684
SR/P	3.3254	2.4064	3.2412	2.9190	3.0079	2.9930	2.8482	2.8537	2.4466	3.0633
营业利润增长率（%）	3.6224	3.5607	3.2311	3.2940	2.8380	2.2875	2.5964	2.6522	2.3407	2.7402
营业收入增长率（%）	3.4075	3.6122	3.4243	2.8359	3.0016	2.4872	2.0184	2.6018	2.4757	3.2130
经营活动产生的现金流净额增长率（%）	2.6331	2.8629	2.9094	2.9006	2.8492	3.0378	2.9269	2.9763	3.1896	2.8590
净利润增长率（%）	3.5581	3.7687	3.1965	3.1331	3.0400	2.5164	2.5386	2.5536	2.3100	2.5765
户均持股比例	3.9351	3.7605	3.6144	3.2797	3.4064	3.1464	2.6323	1.9764	1.9672	1.6922
户均持股比例变化	3.3107	3.3969	3.0454	2.9639	2.5094	2.1940	2.4527	2.8942	2.8584	3.4233
机构持股比例	2.8078	3.0567	2.8826	3.2123	3.1125	3.0159	2.6011	2.8905	2.7367	2.8328
机构持股比例变化	2.6659	2.6826	3.0820	3.4454	3.5086	2.6581	2.8862	3.0409	2.3442	2.8377
销售毛利率（%）	2.8426	2.9784	3.1591	2.8477	3.3652	2.8414	2.7363	2.7363	2.6635	2.6878
销售净利率（%）	3.0509	2.8961	2.7510	2.5933	2.3900	2.1636	1.9869	1.6973	1.5367	1.4594
ROE（%）	2.7831	3.1458	2.5407	3.3630	3.0163	3.3617	2.7728	2.6616	3.2110	2.3763
ROA（%）	2.5876	3.4317	2.7592	3.2540	3.1265	3.0383	2.9822	2.3741	3.1116	2.5404
最近 1 个月涨幅（%）	0.7305	1.2433	1.4291	1.7644	2.4056	2.0570	2.3981	2.8031	2.3682	2.4439
最近 2 个月涨幅（%）	1.0145	1.2226	1.6511	1.7296	1.9481	2.0526	2.3447	2.4351	2.5820	2.6725
最近 3 个月涨幅（%）	1.6524	0.7139	1.6446	1.8880	2.2354	2.2232	2.0726	2.3557	2.6806	2.2542
最近 6 个月涨幅（%）	1.7252	1.6520	1.6308	1.6040	2.2432	1.8797	2.2699	2.2913	2.6283	2.8936
最近 12 个月涨幅（%）	2.3649	1.2639	1.5117	2.1844	2.2923	2.3217	2.2573	2.0584	2.3406	1.3644
波动率（%）	1.0430	1.4129	1.7852	1.9017	2.4264	2.4627	2.2192	2.4083	2.1232	2.0210
最近 1 个月波动率（%）	1.5701	1.4941	2.0919	2.7096	1.9943	1.9848	2.3576	2.5199	2.1777	1.9184
振幅（%）	0.5377	1.4459	1.6558	1.9213	2.2943	2.1672	2.0558	2.7263	2.4567	2.4552
最近 1 个月振幅变化	2.1718	1.4393	1.7034	2.1249	2.4008	1.9758	1.8909	1.9148	2.1846	2.0078
换手率变化	0.1819	1.7708	0.9276	2.4462	2.0906	1.7886	2.2208	2.0632	2.6257	2.1599
最近 1 个月日均换手率（%）	0.8183	1.6262	0.8378	1.7810	1.3559	2.2653	1.5053	2.1683	1.5840	2.7214
流通市值	0.3901	1.2303	1.6252	1.9711	2.1027	1.8443	2.3715	2.6247	2.7143	2.7516
总市值	0.5280	0.8926	1.1920	1.6657	1.9479	2.0724	2.1848	2.3367	2.7727	3.7961

表 12-7 根据各因子排序构建的各组合的信息比率

因子	第 1 组	0.8×第 1 组＋0.2×第 2 组	第 10 组	0.8×第 10 组＋0.2×第 9 组
E/P	0.1606	−0.1299	−0.1674	−0.1429
B/P	−0.1046	−0.0997	0.0271	0.0006
CF/P	−0.0624	−0.0638	0.1075	0.0512
EBITDA/EV	−0.1040	−0.0563	0.0525	0.0704
SR/P	−0.0281	−0.0387	0.0266	0.0082
营业利润增长率(%)	0.0607	0.0683	−0.0138	−0.0464
营业收入增长率(%)	0.0006	0.0048	−0.1041	−0.0841
经营活动产生的现金流净额增长率(%)	0.0132	0.0176	0.0476	0.0388
净利润增长率(%)	0.0079	0.0216	−0.1272	−0.0945
户均持股比例	0.0124	−0.0101	−0.0704	0.0656
户均持股比例变化	−0.0536	−0.0239	0.0266	0.0181
机构持股比例	0.0129	0.0292	0.0816	0.0987
机构持股比例变化	0.0229	0.0141	0.0950	0.0577
销售毛利率(%)	−0.0266	−0.0357	−0.0145	−0.0099
销售净利率(%)	0.0566	−0.0650	−0.0490	−0.0408
ROE(%)	0.0691	−0.0611	−0.1088	0.0867
ROA(%)	−0.0695	−0.0592	−0.0206	−0.0073
最近 1 个月涨幅(%)	−0.0285	−0.0264	0.0321	0.0258
最近 2 个月涨幅(%)	−0.0292	−0.0288	0.0165	0.0130
最近 3 个月涨幅(%)	−0.0241	−0.0283	0.0074	0.0043
最近 6 个月涨幅(%)	−0.0270	−0.0269	0.0257	0.0232
最近 12 个月涨幅(%)	−0.0350	−0.0354	0.0217	0.0241
最近 1 个月波动率(%)	0.0012	−0.0033	0.0019	0.0018
波动率变化	−0.0253	−0.0213	0.0390	0.0319
最近 1 个月振幅(%)	−0.0861	−0.0744	−0.0105	−0.0076
振幅变化	−0.0117	−0.0191	0.0010	0.0000
最近 1 个月日均换手率(%)	−0.0716	−0.0574	0.0226	0.0238
换手率变化	−0.0418	−0.0357	0.0151	0.0061
流通市值	0.0026	−0.0047	−0.0164	−0.0131
总市值	−0.0287	−0.0244	0.0006	−0.0126

表 12-8 各因子排名靠前组合各年超额收益率

因子	年份										
	2007	2008	2009	2010	2011	2012	2013	2014	2015	2016	2017
E/P	−0.2460	−0.7656	0.2018	0.1557	0.2407	−0.2031	0.2481	−0.1493	0.4800	0.2540	−0.1059
B/P	0.0329	−0.7037	0.3128	0.2320	0.2645	0.0639	0.3911	−0.1210	0.7926	0.4108	−0.0330
CF/P	−0.1117	−0.6808	0.2614	0.1430	0.1748	0.1708	0.2783	−0.1228	0.5493	0.2258	−0.1238
EBITDA/EV	−0.2344	−0.7504	0.2273	0.1337	0.2484	−0.1830	0.2485	−0.1612	0.4671	0.2622	−0.1118
SR/P	−0.0433	−0.7227	0.2290	0.1860	0.1747	0.1559	0.3635	−0.1145	0.5692	0.2933	−0.1305
营业利润增长率（%）	0.0862	−0.6252	0.1128	0.1244	0.2295	−0.1733	0.1588	−0.1221	0.7183	0.3093	−0.0784
营业收入增长率（%）	0.0271	−0.6919	0.1727	0.0747	0.1887	−0.1517	0.1942	−0.1386	0.4657	0.3207	−0.0484
经营活动产生的现金流净额增长率（%）	0.1581	−0.7442	0.1914	0.2190	0.2168	−0.1744	0.1815	−0.1176	0.4422	0.2527	−0.0883
净利润增长率（%）	−0.0352	−0.6560	0.1737	0.1073	0.2155	−0.1955	0.1921	−0.1256	0.6730	0.2316	−0.1194
户均持股比例	−0.0131	−0.6680	0.1248	0.2273	0.1632	−0.1363	0.2097	−0.1340	0.5866	0.3732	−0.0751
户均持股比例变化	0.1755	−0.7251	0.3891	0.2073	0.2128	−0.1310	0.2635	−0.1379	0.8120	0.3010	−0.0241
机构持股比例	−0.1983	−0.6941	0.0889	0.1999	0.1900	−0.1306	0.1578	−0.1355	0.4488	0.2518	−0.0758
机构持股比例变化	−0.1910	−0.7117	0.2295	0.2122	0.2070	−0.1357	0.2489	−0.1258	0.5071	0.2482	−0.0754
销售毛利率（%）	−0.0671	−0.7104	0.0549	0.1692	0.1310	−0.1950	0.1855	−0.1384	0.6114	0.2502	−0.0960
销售净利率（%）	−0.1263	−0.7050	0.0764	0.1534	0.1273	−0.1895	0.1812	−0.1330	0.6685	0.2282	−0.1131
ROE（%）	−0.0993	−0.7608	0.1213	0.1992	0.2009	−0.1333	0.2180	−0.1428	0.5634	0.2642	−0.0441
ROA（%）	−0.1264	−0.6636	0.0796	0.2117	0.1680	−0.1299	0.1999	−0.1470	0.6631	0.2619	−0.0672
最近1个月涨幅（%）	−0.1718	−0.0893	−0.1217	0.3731	−0.1253	−0.3373	0.5688	0.4004	0.5772	−0.3996	−0.4984
最近2个月涨幅（%）	−0.2671	−0.0967	0.0526	0.3465	0.1662	−0.1687	0.7027	0.3418	0.7547	−0.4544	−0.4069
最近3个月涨幅（%）	−0.3482	−0.0795	0.0699	0.4727	0.1031	−0.0460	0.7068	0.3167	0.6009	−0.3831	−0.3437
最近6个月涨幅（%）	−0.2443	−0.0343	0.0624	0.5137	−0.0864	−0.1070	0.7238	0.3945	0.7991	−0.2191	−0.2772
最近12个月涨幅（%）	−0.2914	0.1473	0.0765	0.5069	−0.0749	−0.0025	0.7624	0.4170	0.6911	−0.3056	−0.2621
波动率变化	−0.3261	0.0287	−0.0686	0.2239	−0.1620	−0.1518	0.6712	0.4318	2.6405	0.9953	0.0659
最近1个月波动率（%）	0.1137	−0.0384	−0.0309	0.2773	−0.1003	−0.0636	0.6875	0.4608	2.4723	1.0231	0.0731
振幅变化	−0.4288	−0.0239	−0.2358	0.1984	−0.1601	−0.1238	0.6245	0.3494	0.8423	−0.1979	−0.5196
最近1个月振幅（%）	0.0821	0.0105	0.3420	0.4141	−0.0400	−0.0818	0.7428	0.3471	1.1817	0.0067	−0.4935
换手率变化	−0.5260	0.0221	−0.1046	0.0604	−0.1096	−0.1450	0.4929	0.4030	1.1590	−0.2406	−0.6339
最近1个月日均换手率（%）	−0.2620	−0.0966	−0.0041	0.1883	−0.0867	−0.1518	0.6055	0.3883	2.6405	−0.1872	−0.6220
流通市值	−0.4451	−0.0049	−0.0675	0.3668	−0.1497	−0.0993	0.5056	0.1613	0.4273	−0.1779	−0.1414
总市值	−0.3820	0.0430	−0.1096	0.3471	−0.1753	−0.0982	0.5620	0.1529	0.4239	−0.1858	−0.1133

表 12-9 各因子排名靠后组合各年超额收益率

因子	2007	2008	2009	2010	2011	2012	2013	2014	2015	2016	2017
E/P	−0.0441	−0.7781	0.2254	0.1394	0.2437	−0.2417	0.1272	−0.1267	0.8584	0.4162	−0.0415
B/P	−0.1966	−0.7468	0.1232	0.0853	0.1543	−0.2632	−0.0004	−0.1540	0.3243	0.1653	−0.1100
CF/P	−0.1454	−0.7147	0.2195	0.1706	0.1959	−0.1610	0.1486	−0.1304	0.8253	0.4758	−0.0985
EBITDA/EV	−0.0898	−0.7956	0.2836	0.1356	0.2345	−0.2539	0.0854	−0.1333	0.7533	0.4285	−0.1101
SR/P	−0.1307	−0.7882	0.0914	0.1629	0.1807	−0.2487	0.0785	−0.1719	0.7483	0.4138	−0.0997
营业利润增长率（%）	−0.1742	−0.7950	0.2828	0.1499	0.1905	−0.2305	0.1314	−0.1728	0.5649	0.2691	−0.1459
营业收入增长率（%）	−0.1366	−0.7540	0.2598	0.2289	0.1549	−0.2170	0.1419	−0.1645	0.7203	0.2598	−0.1284
经营活动产生的现金流净额增长率（%）	−0.0853	−0.7560	0.1193	0.1667	0.1827	−0.1993	0.1263	−0.1418	0.7117	0.3995	−0.0585
净利润增长率（%）	−0.1554	−0.8425	0.2597	0.1357	0.1872	−0.2303	0.1077	−0.1879	0.7604	0.3858	−0.0543
户均持股比例	−0.1550	−0.7703	0.1407	0.1657	0.1869	−0.2564	0.0829	−0.1579	0.4094	0.1456	−0.0974
户均持股比例变化	−0.1831	−0.7309	0.0821	0.2370	0.1203	−0.1419	0.1683	−0.1727	0.3948	0.2849	−0.0595
机构持股比例	−0.0614	−0.7682	0.1331	0.1580	0.2007	−0.2381	0.0759	−0.1562	0.6583	0.2345	−0.1062
机构持股比例变化	−0.0219	−0.7659	0.1321	0.1607	0.1601	−0.2330	0.0461	−0.1677	0.8941	0.4553	−0.0296
销售毛利率（%）	−0.0447	−0.7518	0.2738	0.1778	0.2379	−0.2607	0.1312	−0.1427	0.5038	0.2164	−0.1418
销售净利率（%）	−0.0474	−0.7843	0.2675	0.1708	0.2485	−0.2443	0.1516	−0.1671	0.5046	0.2284	−0.1420
ROE（%）	−0.0947	−0.7436	0.2633	0.1470	0.2601	−0.2499	0.1510	−0.1714	0.4994	0.2179	−0.1484
ROA（%）	−0.0494	−0.7938	0.2599	0.1644	0.2531	−0.2494	0.1529	−0.1719	0.4842	0.2321	−0.1470
最近 1 个月涨幅（%）	−0.3260	0.2413	0.3859	0.2791	0.0184	−0.0103	0.7478	0.6215	2.9540	1.1695	0.2519
最近 2 个月涨幅（%）	−0.2185	0.2194	0.4931	0.2902	0.0269	−0.0528	0.6082	0.6627	3.2505	1.2527	0.2921
最近 3 个月涨幅（%）	−0.1755	0.1998	0.3854	0.2692	0.0161	−0.0225	0.6514	0.6529	3.4640	1.3046	0.2613
最近 6 个月涨幅（%）	−0.1590	0.1271	0.3737	0.2347	−0.0598	−0.0117	0.6728	0.5543	2.8149	1.1195	0.2927
最近 12 个月涨幅（%）	−0.2626	0.1652	0.1663	0.2425	−0.0349	−0.0791	0.5619	0.5265	2.7018	0.1093	0.2580
波动率变化	−0.0651	0.1886	0.2412	0.3280	0.0007	−0.0828	0.6150	0.5000	1.3121	0.0978	−0.2100
最近 1 个月振幅（%）	−0.1913	0.0747	0.4028	0.3102	−0.0935	−0.0477	0.5826	0.5981	1.3689	0.0134	−0.3527
振幅变化	−0.0663	0.2000	0.4774	0.3799	0.0187	−0.0340	0.6449	0.5724	2.8347	1.0457	0.2236
最近 1 个月日均换手率（%）	−0.2407	0.2621	0.1365	0.4016	−0.0069	−0.0095	0.6155	0.5455	1.6181	0.2441	−0.3174
换手率变化	0.0138	0.1241	0.3342	0.3497	0.0489	0.0235	0.6451	0.4481	2.5518	1.1789	0.4421
流通市值	−0.0598	0.1455	0.5067	0.3511	0.0189	−0.0435	0.6870	0.6916	2.6857	1.1330	0.2773
总市值	0.1106	0.2766	0.3605	0.2874	0.0297	0.0135	0.7089	0.6783	3.0192	1.3273	0.2573
总值	0.2486	0.2770	0.4928	0.4141	0.1125	0.1110	0.8402	0.7503	3.1772	1.2836	0.2205

三、多因子模型的构建和评价

上文对行业的 8 大类因子分别从信息系数、选股区分度、单调性和稳定性等方面进行了评价,目的也是根据上述评价体系考察各选股因子的表现情况,为后面构建行业内多因子模型提供一个比较有效的参考因子范围,并进一步分析和评价该多因子模型的表现情况。

(一) 各因子综合评价

根据行业内各因子的表现情况,我们把结果汇总在表 12-10 和表 12-11 中,分别代表月度选股因子综合评价和季度选股因子综合评价结果。

表 12-10　月度选股因子综合评价

因子	信息系数	选股区分度	单调性	稳定性
最近 1 个月涨幅(%)	显著为负	强	显著	—
最近 2 个月涨幅(%)	显著为负	强	显著	强
最近 3 个月涨幅(%)	显著为负	强	—	强
最近 6 个月涨幅(%)	显著为负	较强	—	强
最近 12 个月涨幅(%)	显著为负	—	—	较强
最近 1 个月波动率(%)	显著为负	强	—	有一定的
波动率变化	显著为负	强	—	较强
最近 1 个月振幅(%)	显著为负	强	—	—
振幅变化	显著为负	—	—	有一定的
最近 1 个月日均换手率(%)	显著为负	强	—	较强
换手率变化	显著为负	强	—	强
流通市值	显著为负	强	显著	有一定的
总市值	显著为负	强	显著	—

表 12-11　季度选股因子综合评价

因子	信息系数	选股区分度	单调性	稳定性
E/P	显著为正	—	—	强
B/P	—	强	—	强
CF/P	—	—	—	强
EBITDA/EV	—	一般	—	强
SR/P	—	—	—	强
营业利润增长率(%)	显著为正	强	—	较强

(续表)

因子	信息系数	选股区分度	单调性	稳定性
营业收入增长率(%)	显著为正	较强	—	较强
经营活动产生的现金流净额增长率(%)	—	一般	—	强
净利润增长率(%)	显著为正	强	—	—
户均持股比例	显著为正	强	显著	强
户均持股比例变化	—	—	—	强
机构持股比例	—	—	—	—
机构持股比例变化	显著为正	—	—	—
销售毛利率(%)	显著为正	强	—	—
销售净利率(%)	显著为正	一般	有一定的	有一定的
ROE(%)	显著为正	—	—	强
ROA(%)	显著为正	一般	—	—

综合各因子的信息系数、选股区分度、单调性和稳定性,在信息技术行业内表现较好的正向因子有:(1) 股东因子中的户均持股比例;(2) 盈利因子中的销售净利率。表现较好的负向因子有:(1) 动量反转因子中的最近 2 个月涨幅;(2) 规模因子中的流通市值。其中,股东因子中的户均持股比例、盈利因子中的销售净利率等表现较好的因子为季度因子,动量反转因子中的最近 2 个月涨幅、规模因子中的流通市值等表现较好的因子为月度因子。

(二) 行业内多因子模型构建

我们的目的是根据行业内各因子的表现情况,筛选出表现较为显著的选股因子,并据此进一步进行行业内多因子选股模型的构建。

由前面的分析可知,在信息技术行业内如下因子表现较好:(1) 季度因子:股东因子中的户均持股比例、盈利因子中的销售净利率等 2 个因子,(2) 月度因子:动量反转因子中的最近 2 个月涨幅、规模因子中的流通市值等 2 个因子。其中,股东因子中的户均持股比例、盈利因子中的销售净利率等 2 个因子为正向因子,剩余的动量反转因子中的最近 2 个月涨幅、规模因子中的流通市值等 2 个因子为负向因子,我们将选择上述 2 个季度因子和 2 个月度因子构建多因子选股模型。

(三) 行业内多因子模型投资组合的评价

1. 行业内多因子选股模型的表现

对于信息技术行业的多因子模型构建,我们首先根据股东因子中的户均持股比例以及盈利因子中的销售净利率 2 个指标构建一个基本的季度股票池,季度股票池根据上市公司财务报表的公布时间(4月底、8月底、10月底)每年进行 3 次更换,然后在季度股票池的基础上,再根据动量反转因子中的最近 2 个月涨幅、规模因子中的流通市值 2 个月度因子每月进行季度股票池内的股票再选股,选出排名靠前的前10只、20只、30只股票分别构建多头组合,排名靠后的后10只、20只、30只股票分别构建空头组合。其中,根据季度因子构建的股票池的等额投资表现如图12-1所示,根据月度因子在季度股票池基础上再选股的10只、20只、30只股票多头组合以及10只、20只、30只股票空头组合的等额投资表现如图12-2所示。

我们通过对股票池内的股票进行等额投资,分别于每年5月初、9月初和11月初进行股票池换仓,起始投资时间为2007年5月1日,并记起始资金的净值为1。由图12-1可知,根据季度因子构建的股票池在研究期间(2007年5月至2017年10月)的表现远好于行业的基准表现。截至2017年10月31日的投资组合净值为14.04,累计收益率为1304.08%,年化收益率为26.02%,而同期行业基准的累计收益率为914.48%,年化收益率为22.49%。可见,我们的股票池表现上佳,也说明之前选出的季度因子具有较强的选股能力。

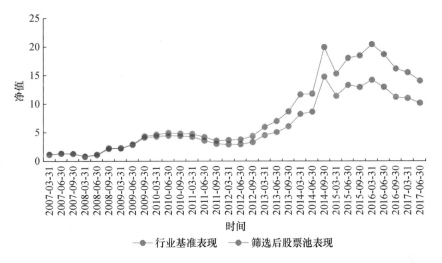

图 12-1　信息技术行业季度因子股票池表现

我们在行业股票池选股的基础上,通过月度因子每月对股票池内的股票进行重新选股,选出综合得分排名靠前的10只、20只、30只股票分别构建多头组合,排名靠后的10只、20只、30只股票分别构建空头组合,分别于每月初进行投资组合换仓,换仓频率为月,起始投资时间为2007年5月1日,并记起始资金的净值为1。

由图12-2可知,由综合得分排名靠前的10只、20只、30只股票构建的多头组合均大幅超越基准,而由综合得分排名靠后的10只、20只、30只股票构建的空头组合均大幅落后于基准。2007年5月至2017年10月,10只、20只、30只多头组合的累计收益率分别为4992.20%、2205.34%、1813.84%,年化收益率分别为41.08%、31.62%、29.49%,而同期基准累计收益率为529.15%,年化收益率为17.47%;10只、20只、30只空头组合的累计收益率分别为30.09%、56.75%、126.58%,年化收益率分别为2.33%、4.01%、7.42%。可见,我们选出的多头投资组合表现都比较优异,能够跑赢行业基准收益率,也说明之前选出的月度因子具有较强的选股能力。

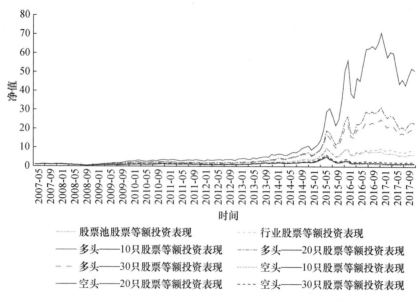

图 12-2 信息技术行业综合多因子模型多头和空头组合的表现

2. 行业内多因子选股模型的评价

我们对行业内的多因子选股模型分别从月超额收益率、月跑赢概率、Alpha 比率、Beta、Sharpe 比率、TR、Jensen 比率、IR 等方面进行了分析,具体结果列于表 12-12;同时又对每年的超额收益率情况进行了统计,结果见表 12-13。

表 12-12 以信息技术行业为样本的多因子选股模型分析

等额投资	多头——10只	多头——20只	多头——30只	空头——10只	空头——20只	空头——30只
月超额收益率均值	0.0166	0.0098	0.0080	−0.0149	−0.0142	−0.0111
月超额收益率标准差	0.1166	0.1111	0.1126	0.1328	0.1327	0.1286
月超额收益率最大值	1.1221	1.1221	1.1221	0.6171	0.8929	0.8929
月超额收益率中位数	−0.0046	−0.0083	−0.0093	−0.0219	−0.0235	−0.0220
月超额收益率最小值	−0.3445	−0.3978	−0.3978	−0.5990	−0.5990	−0.5990
月跑赢次数	82	74	77	56	53	51
月跑赢概率	0.6508	0.5873	0.6111	0.4444	0.4206	0.4048
Alpha 比率	−0.0044	0.0011	0.0023	−0.0077	−0.0003	0.0028
Beta	0.9975	1.0887	1.1229	0.8195	0.8120	0.8181
Sharpe 比率	−0.4599	−0.4842	−0.4120	−0.3220	−0.1866	−0.2769
TR	5.1870	3.9617	3.6412	1.4686	1.5881	2.0602
Jensen 比率	−0.0492	−0.0552	−0.0490	−0.0346	−0.0240	−0.0379
IR	−0.4818	−0.5072	−0.4347	−0.3412	−0.2058	−0.2967

由表 12-12 可知,从月超额收益率看,综合得分排名靠前的 10 只、20 只、30 只股票构建的多头组合,其月超额收益率均值均为正;而由综合得分排名靠后的 10 只、20 只、30 只股票

构建的空头组合,其月超额收益率均值均为负。从超越基准的胜率(超额收益率为正)看,多头组合的胜率在65%左右,而空头组合的胜率则在45%以下。从TR和Alpha比率看,多头组合均表现较好,TR均超过了3.5;而空头组合的TR表现相对较差且Alpha比率也未显著大于0。

由表12-13可知,从2007年至2017年的年超额收益率看,多头组合在2008年、2009年、2011年、2012年、2015和2016年的收益率大幅超越基准,而空头组合在2007年、2009年、2014年、2015年、2016年的收益率大幅低于基准。

表12-13 以信息技术行业为样本的多因子选股策略各年超额收益率

年份	多头——10只	多头——20只	多头——30只	空头——10只	空头——20只	空头——30只
2007	3.74%	3.80%	−0.11%	−13.11%	−10.41%	−3.92%
2008	29.35%	24.21%	17.85%	−6.05%	3.36%	6.26%
2009	37.00%	12.06%	13.52%	−24.84%	−33.68%	−25.55%
2010	5.48%	−3.66%	−4.59%	21.58%	5.75%	5.69%
2011	26.68%	13.92%	10.09%	3.46%	12.15%	8.54%
2012	26.43%	17.59%	13.67%	7.04%	0.11%	−2.38%
2013	−5.89%	4.57%	12.87%	13.68%	3.18%	0.51%
2014	−5.54%	2.72%	3.89%	−30.63%	−28.01%	−20.71%
2015	83.91%	45.61%	35.21%	−111.05%	−77.93%	−66.65%
2016	24.18%	16.45%	9.04%	−69.99%	−54.04%	−40.22%
2017	−16.28%	−14.31%	−10.91%	21.92%	0.13%	−1.37%

四、小 结

为了研究行业内因子的选股能力情况,我们分别运用横截面回归法和排序打分法等构建了多种考察因子表现情况的指标,分别从各因子的信息系数、选股区分度、单调性和稳定性等多种方向分析各因子的选股能力,并选出了几个表现比较显著的季度因子和月度因子,同时据此构建了行业内的多因子选股模型,并对该模型的表现情况进行了验证,得出如下研究结论:

综合各因子的信息系数、选股区分度、单调性和稳定性,在信息技术行业内表现较好的正向因子有:(1)股东因子中的户均持股比例;(2)盈利因子中的销售净利率。表现较好的负向因子有:(1)动量反转因子中的最近2个月涨幅;(2)规模因子中的流通市值。其中,股东因子中的户均持股比例、盈利因子中的销售净利率等表现较好的因子为季度因子,动量反转因子中的最近2个月涨幅、规模因子中的流通市值等表现较好的因子为月度因子。

截至2017年10月31日的投资组合净值为14.04,累计收益率为1304.08%,年化收益率为26.02%,而同期行业基准的累计收益率为914.48%,年化收益率为22.49%。可见,我们的股票池表现上佳,也说明之前选出的季度因子具有较强的选股能力。

在季度因子股票池的基础上,由综合得分排名靠前的10只、20只、30只股票构建的多头组合均大幅超越基准,而由综合得分排名靠后的10只、20只、30只股票构建的空头组合均大幅落后于基准。2007年5月至2017年10月,10只、20只、30只多头组合的累计收益率分别为4992.20%、2205.34%、1813.84%,年化收益率分别为41.08%、31.62%、29.49%,而同期基准累计收益率为529.15%,年化收益率为17.47%;10只、20只、30只空头组合的累计收益率分别为30.09%、56.75%、126.58%,年化收益率分别为2.33%、4.01%、7.42%。可见,我们构建的多头投资组合表现都比较优异,能够跑赢行业基准收益率,也说明之前选出的月度因子具有较强的选股能力。

从月超额收益率看,综合得分排名靠前的10只、20只、30只股票构建的多头组合,其月超额收益率均值均为正;而由综合得分排名靠后的10只、20只、30只股票构建的空头组合,其月超额收益率均值均为负。从超越基准的胜率(超额收益率为正)看,多头组合的胜率在65%左右,而空头组合的胜率则在45%以下。从TR和Alpha比率看,多头组合均表现较好,TR均超过3.5;而空头组合的TR表现相对较差且Alpha比率也未显著大于0。

从2007年至2017年的年超额收益率看,多头组合在2008年、2009年、2011年、2012年、2015和2016年的收益率大幅超越基准,而空头组合在各2007年、2009年、2014年、2015年、2016年的收益率大幅低于基准。

五、SAS 语句解析

```
/*导入行业股票数据。*/
Proc Import Out=xxjs
Datafile="E:\信息技术.xlsx"
Dbms=Excel Replace;
Getnames=Yes;*导入源文件字段名作为SAS数据集的字段名;
Mixed=NO;*若某一列中包含数值型和字符型变量,将数值型按照缺省值处理。若选的是YES则是将数值型转换成字符型存储,默认为NO;
Scantext=Yes;*将源文件中各列值的最长长度作为该列在SAS中的字段长度。;
Usedate=Yes;*对于包含日期字段的源文件字段,在SAS中只保留DATE值,并以DATE.格式存储。;
Scantime=Yes;*对于源文件中只有time值的列,自动以时间格式(TIME)存储;
Run;
/*生成股票代码变量stkcd*/
data xxjs.kxxx(keep=stkcd);
set xxjs;
stkcd=substr(_COL0,1,6);
run;
proc sort nodupkey data=xxjs.kxxx;
by stkcd;
run;
```

/*从总数据中,选出需要的行业股票 2007 年以后的数据,其中 data1 是季度数据,data2 是月度数据*/
```
proc sql;
create table xxjs.data1 as
   select *
   from cw.tdata3,xxjs.kxxx
   where tdata3.stkcd=kxxx.stkcd;
      quit;
proc sql;
create table xxjs.data2 as
   select *
   from cw.trademonth4,xxjs.kxxx
   where trademonth4.stkcd=kxxx.stkcd;
      quit;
      data xxjs.data2;
      set xxjs.data2;
      if year<2007 then delete;
      run;
         data xxjs.data1;
      set xxjs.data1;
      if year<2007 then delete;
      run;
```
/*根据收益率将股票每期分组*/
```
proc rank data=xxjs.data1 out=xxjs.b descending ties=mean percent ;
var rate;
ranks rank_b; /*rank_b 是分位数*/
by accper; /*这里是分组变量*/
run;
data xxjs.b;
set xxjs.b;
keep stkcd accper rank_b;
run;
%macro dr(i);
```
/*根据对应的宏变量将股票每期分组*/
```
proc rank data=xxjs.data1 out=xxjs.a&i descending ties=mean percent ;
var &i;
ranks rank_&i; /*rank_a 是分位数*/
by accper; /*这里是分组变量*/
run;
proc sql;
create table xxjs.a&i as
   select *
```

```
from xxjs.a&i,xxjs.b
where a&i..stkcd=b.stkcd and a&i..accper=b.accper;run;
%mend dr;
%dr(pe);%dr(pb);%dr(pcf);%dr(ps);%dr(ev);
%dr(yylrr);%dr(yysrr);%dr(xjllr);%dr(jlrr);%dr(hjcg);%dr(hjcgc);%dr(jgcg);%dr(jgcgc);%dr(roe);%dr(roa);%dr(xsmlv);%dr(xsjlv);
%macro d(i);
/*计算各因子的信息系数,包括月度、季度,然后对信息系数进行统计分析*/
ODS OUTPUT PearsonCorr=xxjs.b&i;
proc corr data=xxjs.a&i fisher;
var rank_&i ;
with rank_b;by accper;
run;
ODS OUTPUT CLOSE;
    proc univariate data=xxjs.b&i;
var rank_&i;output out=xxjs.c&i mean=meanc median=medianc std=stdc max=maxc min=minc;
run;
ODS OUTPUT PearsonCorr=xxjs.d&i;
proc corr data=xxjs.a&i fisher;
var rank_b ;
with rank_&i;
run;
ODS OUTPUT CLOSE;
%mend d;
%d(pe);%d(pb);%d(pcf);%d(ps);%d(ev);
%d(yylrr);%d(yysrr);%d(xjllr);%d(jlrr);%d(hjcg);%d(hjcgc);%d(jgcg);%d(jgcgc);%d(roe);%d(roa);%d(xsmlv);%d(xsjlv);
%macro da(i);
data xxjs.e&i;
set xxjs.d&i;
keep Prank_b Variable;
run;
data xxjs.e&i;
merge xxjs.e&i xxjs.c&i;
run;
%mend da;
%da(pe);%da(pb);%da(pcf);%da(ps);%da(ev);
%da(yylrr);%da(yysrr);%da(xjllr);%da(jlrr);%da(hjcg);%da(hjcgc);%da(jgcg);%da(jgcgc);%da(roe);%da(roa);%da(xsmlv);%da(xsjlv);
data xxjs.qdata1;
    set xxjs.ehjcgc xxjs.epb xxjs.epcf xxjs.eev xxjs.eps xxjs.eyylrr xxjs.eyysrr xxjs.exjllr xxjs.ejlrr xxjs.ehjcg xxjs.epe xxjs.ejgcg xxjs.ejgcgc xxjs.exsmlv xxjs.exsjlv xxjs.eroe xxjs.eroa;
```

第十二章 信息技术行业

```
run;
/* 创建宏 DR,设置宏变量 I,对应股票的不同因子。*/
%macro dr(i);
proc sort data=xxjs.data2;
by year month descending &i;
run;
/* 根据因子排序结果每月将所有股票分为十组。Trdmnt 为表示月份数据 */
data xxjs.g&i;
set xxjs.data2;
by trdmnt;
if first.trdmnt then a1=1;
else a1+1;
run;
proc sql;
create table xxjs.g&i as
select *,int(max(a1)/10) as a2,mod(max(a1),10) as a3
from xxjs.g&i group by trdmnt;
quit;
data xxjs.g&i;
set xxjs.g&i;
if a1<=a2 then group=1;
if a2<a1<=(2*a2) then group=2;
if (2*a2)<a1<=(3*a2) then group=3;
if (3*a2)<a1<=(4*a2) then group=4;
if (4*a2)<a1<=(5*a2) then group=5;
if (5*a2)<a1<=(6*a2) then group=6;
if (6*a2)<a1<=(7*a2) then group=7;
if (7*a2)<a1<=(8*a2) then group=8;
if (8*a2)<a1<=(9*a2) then group=9;
if (9*a2)<a1 then group=10;
run;
/* 根据股票分组结果,计算每组的平均收益。*/
proc sql;
create table xxjs.h&i as
select stkcd,trdmnt,group,&i,rate,avg(rate) as ar&i
from xxjs.g&i
group by group;
quit;
proc sort nodupkey data=xxjs.h&i;
by group;
run;
   proc sort data=xxjs.h&i;
```

by descending group;
run;
/* 调用宏,其中调用的宏参数分别为本章测试的因子,具体名称对应见本章第一节。*/
% mend dr;
% dr(stdm); % dr(stdmc); % dr(zf); % dr(zfc); % dr(a_exrate);
% dr(a_exratec); % dr(rate1); % dr(rate2); % dr(rate3); % dr(rate6); % dr(rateyear); % dr(mv); % dr(tv);
% macro d(i);
/* 计算区分度。*/
data xxjs.i&i;
set xxjs.h&i;
qfd1=(ar&i－lag9(ar&i))/ar1;
qfd2=(lag1(ar&i)－lag8(ar&i))/ar1;
qfd3=0.8 * qfd1＋0.2 * qfd2;
qfd4=0.6 * qfd1＋0.4 * qfd2;
run;
data xxjs.i&i(keep=ar&i qfd1 qfd2 qfd3 qfd4);
set xxjs.i&i;
if group=1;
run;
% mend d;
% d(stdm); % d(stdmc); % d(zf); % d(zfc); % d(a_exrate);
% d(a_exratec); % d(rate1); % d(rate2); % d(rate3); % d(rate6); % d(rateyear); % d(mv); % d(tv);
data xxjs.mdata2;
set xxjs.ia_exratec xxjs.irate2 xxjs.irate3 xxjs.irate6 xxjs.irateyear xxjs.istdm xxjs.istdmc xxjs.izf xxjs.izfc xxjs.ia_exrate xxjs.irate1 xxjs.imv xxjs.itv;
run;
/* 由于选用的数据中,日期数据为字符型数据,取出年份数据。*/
% macro dr(i);
data xxjs.b&i;
set xxjs.b&i;
year1=substr(accper,1,4);
year=year1＋0;
drop year1;
run;
% mend dr;
% dr(pe); % dr(pb); % dr(pcf); % dr(ps); % dr(ev);
% dr(yylrr); % dr(yysrr); % dr(xjllr); % dr(jlrr); % dr(hjcg); % dr(hjcgc); % dr(jgcg); % dr(jgcgc); % dr(roe); % dr(roa); % dr(xsmlv); % dr(xsjlv);
run;
/* 计算各组合年平均收益 */
% macro d(i);

```
proc sql;
create table xxjs.f&i as
select year,avg(rank_&i) as acorr&i
from xxjs.b&i
group by year;
quit;
%mend d;
%d(pe);%d(pb);%d(pcf);%d(ps);%d(ev);%d(stdm);%d(stdmc);%d(zf);%d(zfc);%d(a_exrate);%d(mv);%d(tv);
%d(a_exratec);%d(rate1);%d(rate2);%d(rate3);%d(rate6);%d(rateyear);
%d(yylrr);%d(yysrr);%d(xjllr);%d(jlrr);%d(hjcg);%d(hjcgc);%d(jgcg);%d(jgcgc);%d(roe);%d(roa);%d(xsmlv);%d(xsjlv);
/*合并上文得出的数据集,便于综合分析*/
data xxjs.ydata1;
merge xxjs.fa_exratec xxjs.fpb xxjs.fpcf xxjs.fev xxjs.fps xxjs.fyylrr xxjs.fyysrr xxjs.fxjllr xxjs.fjlrr xxjs.fhjcg xxjs.fhjcgc xxjs.fjgcg xxjs.fjgcgc xxjs.fxsmlv xxjs.fxsjlv xxjs.froe xxjs.froa xxjs.frate1 xxjs.frate2 xxjs.frate3 xxjs.frate6 xxjs.frateyear xxjs.fstdm xxjs.fstdmc xxjs.fzf xxjs.fzfc xxjs.fa_exrate xxjs.fpe xxjs.fmv xxjs.ftv;
by year;
run;
/*根据因子排序结果每季度将所有股票分为十组。Accper是财报周期数据,刚好代表月度。后续处理和前文基本一致,不赘述*/
%macro dr(i);
proc sort data=xxjs.data1;
by accper descending &i;
run;
data xxjs.g&i;
set xxjs.data1;
by accper;
if first.accper then a1=1;
else a1+1;
run;
proc sql;
create table xxjs.g&i as
select *,int(max(a1)/10) as a2,mod(max(a1),10) as a3
from xxjs.g&i group by accper;
quit;
data xxjs.g&i;
set xxjs.g&i;
if a1<=a2 then group=1;
if a2<a1<=(2*a2) then group=2;
if (2*a2)<a1<=(3*a2) then group=3;
```

```
if (3*a2)<a1<=(4*a2) then group=4;
if (4*a2)<a1<=(5*a2) then group=5;
if (5*a2)<a1<=(6*a2) then group=6;
if (6*a2)<a1<=(7*a2) then group=7;
if (7*a2)<a1<=(8*a2) then group=8;
if (8*a2)<a1<=(9*a2) then group=9;
if (9*a2)<a1 then group=10;
run;
proc sql;
create table xxjs.h&i as
select stkcd,accper,group,&i,rate,avg(rate) as ar&i
from xxjs.g&i
group by group;
quit;
proc sql;
create table xxjs.h&i as
select * ,avg(rate) as ar1
from xxjs.h&i;
quit;
   proc sort nodupkey data=xxjs.h&i;
by group;
run;
   proc sort data=xxjs.h&i;
by descending group;
run;
%mend dr;
%dr(pe);%dr(pb);%dr(pcf);%dr(ps);%dr(ev);
%dr(yylrr);%dr(yysrr);%dr(xjllr);%dr(jlrr);%dr(hjcg);%dr(hjcgc);%dr(jgcg);%dr(jgcgc);%dr(roe);%dr(roa);%dr(xsmlv);%dr(xsjlv);
%macro d(i);
data xxjs.i&i;
set xxjs.h&i;
qfd1=(ar&i-lag9(ar&i))/ar1;
qfd2=(lag1(ar&i)-lag8(ar&i))/ar1;
qfd3=0.8*qfd1+0.2*qfd2;
qfd4=0.6*qfd1+0.4*qfd2;
run;
data xxjs.i&i(keep=ar&i qfd1 qfd2 qfd3 qfd4);
set xxjs.i&i;
if group=1;
run;
%mend d;
```

第十二章 信息技术行业

```
%d(pe);%d(pb);%d(pcf);%d(ps);%d(ev);
%d(yylrr);%d(yysrr);%d(xjllr);%d(jlrr);%d(hjcg);%d(hjcgc);%d(jgcg);%d(jgcgc);%d(roe);%d(roa);%d(xsmlv);%d(xsjlv);
data xxjs.qdata2;
set xxjs.ihjcgc xxjs.ipb xxjs.ipcf xxjs.iev xxjs.ips xxjs.iyylrr xxjs.iyysrr xxjs.ixjllr xxjs.ijlrr xxjs.ihjcg xxjs.ipe xxjs.ijgcg xxjs.ijgcgc xxjs.ixsmlv xxjs.ixsjlv xxjs.iroe xxjs.iroa;
run;
%macro dr(i);
data xxjs.j&i(keep=group trate&i);
set xxjs.h&i;
trate&i=ar&i*22;
run;
proc sort data=xxjs.j&i;
by group;
run;
%mend dr;
%dr(pe);%dr(pb);%dr(pcf);%dr(ps);%dr(ev);
%dr(yylrr);%dr(yysrr);%dr(xjllr);%dr(jlrr);%dr(hjcg);%dr(hjcgc);%dr(jgcg);%dr(jgcgc);%dr(roe);%dr(roa);%dr(xsmlv);%dr(xsjlv);
%macro d(i);
data xxjs.j&i(keep=group trate&i);
set xxjs.h&i;
trate&i=ar&i*93;
run;
proc sort data=xxjs.j&i;
by group;
run;
%mend d;
%d(stdm);%d(stdmc);%d(zf);%d(zfc);%d(a_exrate);
%d(a_exratec);%d(rate1);%d(rate2);%d(rate3);%d(rate6);%d(rateyear);%d(mv);%d(tv);
data xxjs.ydata2;
merge xxjs.ja_exratec xxjs.jpb xxjs.jpcf xxjs.jev xxjs.jps xxjs.jyylrr xxjs.jyysrr xxjs.jxjllr xxjs.jjlrr xxjs.jhjcg xxjs.jhjcgc xxjs.jjgcg xxjs.jjgcgc xxjs.jxsmlv xxjs.jxsjlv xxjs.jroe xxjs.jroa xxjs.jrate1 xxjs.jrate2 xxjs.jrate3 xxjs.jrate6 xxjs.jrateyear xxjs.jstdm xxjs.jstdmc xxjs.jzf xxjs.jzfc xxjs.ja_exrate xxjs.jpe xxjs.jmv xxjs.jtv;
by group;
run;
%macro dr(i);
proc sql;
create table xxjs.k&i as
    select *
    from xxjs.a&i,xxjs.g&i
```

```
        where a&i..stkcd=g&i..stkcd and a&i..accper=g&i..accper;run;
    proc sort data=xxjs.k&i;
    by group;
    run;
    ODS OUTPUT PearsonCorr=xxjs.l&i;
    proc corr data=xxjs.k&i fisher;
    var rank_&i ;
    with rank_b;by group;
    run;
    ODS OUTPUT CLOSE;
    data xxjs.l&i;
    set xxjs.l&i;
    xxxs1&i=0.8*rank_&i+0.2*lag1(rank_&i);
    xxxs2&i=0.2*rank_&i+0.8*lag1(rank_&i);
    run;
    data xxjs.l&i(keep=group rank_&i xxxs1&i xxxs2&i);
    set xxjs.l&i;
        if group=1 or group=2 or group=10;;
    run;
    %mend dr;
    %dr(pe);%dr(pb);%dr(pcf);%dr(ps);%dr(ev);
    %dr(yylrr);%dr(yysrr);%dr(xjllr);%dr(jlrr);%dr(hjcg);%dr(hjcgc);%dr(jgcg);%dr
(jgcgc);%dr(roe);%dr(roa);%dr(xsmlv);%dr(xsjlv);
        %macro d(i);
    proc sql;
    create table xxjs.k&i as
        select *
        from xxjs.a&i,xxjs.g&i
        where a&i..stkcd=g&i..stkcd and a&i..trdmnt=g&i..trdmnt;run;
    proc sort data=xxjs.k&i;
    by group;
    run;
    ODS OUTPUT PearsonCorr=xxjs.l&i;
    proc corr data=xxjs.k&i fisher;
    var rank_&i ;
    with rank_b;by group;
    run;
    ODS OUTPUT CLOSE;
    data xxjs.l&i;
    set xxjs.l&i;
    xxxs1&i=0.8*rank_&i+0.2*lag1(rank_&i);
    xxxs2&i=0.2*rank_&i+0.8*lag1(rank_&i);
```

```
run;
data xxjs.l&i(keep=group rank_&i xxxsl&i xxxs2&i);
set xxjs.l&i;
if group=1 or group=2 or group=10;;
run;
%mend d;
%d(stdm);%d(stdmc);%d(zf);%d(zfc);%d(a_exrate);
%d(a_exratec);%d(rate1);%d(rate2);%d(rate3);%d(rate6);%d(rateyear);%d(mv);%d(tv);
data xxjs.ydata3;
merge xxjs.la_exratec xxjs.lpb xxjs.lpcf xxjs.lev xxjs.lps xxjs.lyylrr xxjs.lyysrr xxjs.lxjllr
xxjs.ljlrr xxjs.lhjcg xxjs.lhjcgc xxjs.ljgcg xxjs.ljgcgc xxjs.lxsmlv xxjs.lxsjlv xxjs.lroe xxjs.
lroa xxjs.lrate1 xxjs.lrate2 xxjs.lrate3 xxjs.lrate6 xxjs.lrateyear xxjs.lstdm xxjs.lstdmc xxjs.lzf
xxjs.lzfc xxjs.la_exrate xxjs.lpe xxjs.lmv xxjs.ltv;
by group;
run;
%macro dr(i);
data xxjs.g&i;
set xxjs.g&i;
r_rm=Mretnd-ratem;
run;
proc sql;
create table xxjs.n&i as
select stkcd,accper,group,year,&i,rate,avg(r_rm) as ar_rm&i
from xxjs.g&i
group by group,accper;
quit;
    proc sort nodupkey data=xxjs.n&i;
by group accper;
run;
proc sql;
create table xxjs.n&i as
select *,sum(ar_rm&i) as tr_rm&i
from xxjs.n&i
group by year,group;
quit;
    proc sort nodupkey data=xxjs.n&i;
by group year;
run;
proc sort data=xxjs.n&i;
by year descending group;
run;
```

```
data xxjs.n&i;
set xxjs.n&i;
tr_rm1&i=0.8*tr_rm&i+0.2*lag1(tr_rm&i);
run;
data xxjs.o&i(keep= tr_rm1&i year);
set xxjs.n&i;
if group=1;
run;
%mend dr;
%dr(pe);%dr(pb);%dr(pcf);%dr(ps);%dr(ev);
%dr(yylrr);%dr(yysrr);%dr(xjllr);%dr(jlrr);%dr(hjcg);%dr(hjcgc);%dr(jgcg);%dr(jgcgc);%dr(roe);%dr(roa);%dr(xsmlv);%dr(xsjlv);
%macro d(i);
data xxjs.g&i;
set xxjs.g&i;
r_rm=Mretnd-ratem;
run;
proc sql;
create table xxjs.n&i as
select stkcd,trdmnt,year,group,&i,rate,avg(r_rm) as ar_rm&i
from xxjs.g&i
group by group,trdmnt;
quit;
    proc sort nodupkey data=xxjs.n&i;
by group trdmnt;
run;
proc sql;
create table xxjs.n&i as
select *,sum(ar_rm&i) as tr_rm&i
from xxjs.n&i
group by year,group;
quit;
    proc sort nodupkey data=xxjs.n&i;
by group year;
run;
proc sort data=xxjs.n&i;
by year descending group;
run;
data xxjs.n&i;
set xxjs.n&i;
tr_rm1&i=0.8*tr_rm&i+0.2*lag1(tr_rm&i);
run;
```

第十二章 信息技术行业

```
data xxjs.o&i(keep= tr_rm1&i year);
set xxjs.n&i;
if group=1;
run;
%mend d;
%d(stdm); %d(stdmc); %d(zf); %d(zfc); %d(a_exrate);
%d(a_exratec); %d(rate1); %d(rate2); %d(rate3); %d(rate6); %d(rateyear); %d(mv); %d(tv);
data xxjs.ydata4;
merge xxjs.oa_exratec xxjs.opb xxjs.opcf xxjs.oev xxjs.ops xxjs.oyylrr xxjs.oyysrr xxjs.oxjllr
xxjs.ojlrr xxjs.ohjcg xxjs.ohjcgc xxjs.ojgcg xxjs.ojgcgc xxjs.oxsmlv xxjs.oxsjlv xxjs.oroe xxjs.
oroa xxjs.orate1 xxjs.orate2 xxjs.orate3 xxjs.orate6 xxjs.orateyear xxjs.ostdm xxjs.ostdmc xxjs.ozf
xxjs.ozfc xxjs.oa_exrate xxjs.ope xxjs.omv xxjs.otv;
by year;
run;
%macro d(i);
proc sort data=xxjs.n&i;
by year group;
run;
data xxjs.n&i;
set xxjs.n&i;
tr_rm2&i=0.8*tr_rm&i+0.2*lag1(tr_rm&i);
run;
data xxjs.p&i(keep= tr_rm2&i year);
set xxjs.n&i;
if group=10;
run;
%mend d;
%d(pe); %d(pb); %d(pcf); %d(ps); %d(ev); %d(stdm); %d(stdmc); %d(zf); %d(zfc); %d(a_
exrate); %d(mv); %d(tv);
%d(a_exratec); %d(rate1); %d(rate2); %d(rate3); %d(rate6); %d(rateyear);
%d(yylrr); %d(yysrr); %d(xjllr); %d(jlrr); %d(hjcg); %d(hjcgc); %d(jgcg); %d(jgcgc); %d
(roe); %d(roa); %d(xsmlv); %d(xsjlv);
data xxjs.ydata5;
merge xxjs.pa_exratec xxjs.ppb xxjs.ppcf xxjs.pev xxjs.pps xxjs.pyylrr xxjs.pyysrr xxjs.pxjllr
xxjs.pjlrr xxjs.phjcg xxjs.phjcgc xxjs.pjgcg xxjs.pjgcgc xxjs.pxsmlv xxjs.pxsjlv xxjs.proe xxjs.
proa xxjs.prate1 xxjs.prate2 xxjs.prate3 xxjs.prate6 xxjs.prateyear xxjs.pstdm xxjs.pstdmc xxjs.pzf
xxjs.pzfc xxjs.pa_exrate xxjs.ppe xxjs.pmv xxjs.ptv;
by year;
run;
```

第十三章 能源行业

一、研究背景介绍

本章以能源行业为样本空间,剔除行业内在调仓日为 st 的股票,以及在换仓日停牌的股票,研究期间为 2007 年 5 月至 2017 年 10 月,换仓频率为月。能源行业包括电力、供电、煤气、石油、煤矿等多种行业。本章采用表 10-1 中对能源行业的中证一级行业分类,股票共计 66 只。

二、各因子选股能力分析

我们首先使用横截面回归法进行因子选股能力分析,之后采用排序打分法研究因子的选股能力。

(一)从信息系数方面分析各因子选股能力

各因子的信息系数如表 13-1 和表 13-2 所示。

表 13-1 各因子信息系数(月度)

因子	P 值	均值	标准差	最大值	中值	最小值
最近 1 个月涨幅(%)	0.0000	−0.0496	0.2458	0.4623	−0.0249	−0.6284
最近 2 个月涨幅(%)	0.0000	−0.0531	0.2536	0.5523	−0.0358	−0.6694
最近 3 个月涨幅(%)	0.0076	−0.0442	0.2654	0.5527	−0.0293	−0.6089
最近 6 个月涨幅(%)	0.9280	−0.0339	0.2603	0.4909	0.0203	−0.6749
最近 12 个月涨幅(%)	0.0562	−0.0204	0.2625	0.6760	−0.0246	−0.5798
最近 1 个月波动率(%)	0.5502	−0.0202	0.2752	0.6002	−0.0319	−0.5931
波动率变化	0.0240	−0.0296	0.1985	0.3783	0.0097	−0.5722
最近 1 个月振幅(%)	0.0130	−0.0353	0.2395	0.4176	−0.0046	−0.5909
振幅变化	0.0026	0.0416	0.1761	0.5607	0.0441	−0.3194
最近 1 个月日均换手率(%)	0.7133	−0.0162	0.2940	0.4901	−0.0384	−0.7267
换手率变化	0.0000	−0.0665	0.2065	0.4066	−0.0620	−0.5677
流通市值	0.0000	−0.0979	0.3381	0.6779	−0.1116	−0.6714
总市值	0.0000	−0.1059	0.3276	0.5898	−0.1342	−0.6241

表13-2 各因子信息系数(季度)

因子	P值	均值	标准差	最大值	中值	最小值
E/P	0.0000	0.0666	0.2239	0.4109	0.0904	−0.4017
B/P	0.0000	0.0464	0.2188	0.4096	0.0418	−0.5662
CF/P	0.1134	0.0435	0.1240	0.3769	0.0323	−0.1912
EBITDA/EV	0.0000	0.1148	0.2440	0.4374	0.1383	−0.3710
SR/P	0.0000	0.1208	0.2288	0.5612	0.0796	−0.2826
营业利润增长率(%)	0.0000	0.0430	0.2041	0.3611	0.0242	−0.2887
营业收入增长率(%)	0.9441	0.0257	0.1862	0.3721	0.0284	−0.4345
经营活动产生的现金流净额增长率(%)	0.1759	−0.0321	0.1556	0.2333	0.0010	−0.4304
净利润增长率(%)	0.2246	0.0469	0.1995	0.3532	0.0633	−0.3386
户均持股比例	0.0000	0.2192	0.2483	0.7080	0.2090	−0.2702
户均持股比例变化	0.2101	−0.0123	0.2046	0.4274	−0.0007	−0.4645
机构持股比例	0.0000	0.0272	0.1757	0.3081	0.0220	−0.4196
机构持股比例变化	0.1651	0.0169	0.1726	0.2285	0.0509	−0.3564
销售毛利率(%)	0.0544	−0.0307	0.2202	0.5183	−0.0085	−0.3742
销售净利率(%)	0.3647	0.0077	0.2176	0.4904	0.0785	−0.3248
ROE(%)	0.0000	−0.0697	0.2563	0.6043	−0.1150	−0.4460
ROA(%)	0.0787	−0.0424	0.2453	0.5557	−0.0343	−0.4129

由表13-1和表13-2可知,能源行业内的股票表现出一定的反转效应,在动量反转因子中表现出较显著的负向效应,其中最近1个月涨幅、最近2个月涨幅、最近3个月涨幅、最近12个月涨幅4个因子的信息系数均为负(前期涨幅越大,下一个月表现越差),且在10%的显著水平下显著为负;能源行业内的股票也表现出一定的小盘股效应,在规模因子中表现出较显著的负向效应,流通市值和总市值因子的信息系数分别为−0.0979和−0.1059(前期流通市值和总市值越大,下一个月表现越差),在1%的显著水平下显著为负。此外,交投因子也表现出一定的负向效应,其中换手率变化是表现较为显著的负向因子,其信息系数为−0.0665(换手率变化越高,下一个月表现越差),在10%的显著水平下显著为负。

盈利因子表现出较为显著的负向效应，其中在盈利因子中，销售毛利率的信息系数为—0.0307(前期销售毛利率越高，下个月表现越差)，在5%的显著水平下显著为负；ROE的信息系数为—0.0697(前期净资产收益率(ROE)越高，下个月表现越差)，在1%的显著水平下显著为负；ROA的信息系数为—0.0424(前期总资产收益率(ROA)越高，下个月表现越差)，在1%的显著水平下显著为负。

估值因子表现出较为显著的正向效应，其中在估值因子中，B/P的信息系数为0.0464(前期估值越低(B/P越高)，下个月表现越好)，在1%的显著水平下显著为正；EBITDA/EV的信息系数为0.1148，在1%的显著水平下显著为正；SR/P的信息系数为0.1208(前期估值越低(EBITDA/EV越高)，下个月表现越好)，在1%的显著水平下显著为正；E/P的信息系数为0.0666(前期估值越低(E/P越高)，下个月表现越好)，在1%的显著水平下显著为正。股东因子也表现出较为显著的正向效应，其中在股东因子中，户均持股比例的信息系数为0.2192(户均持股比例越高，下个月表现越好)，在1%的显著水平下显著为正；机构持股比例的信息系数为0.0272(机构持股比例越高，下个月表现越好)，在1%的显著水平下显著为正。同时，成长因子也具有一定的正向效应，其中营业利润增长率这一指标的信息系数为0.0430(营业利润增长率越高，下个月表现越好)，在1%的显著水平下显著为正。

而成长因子中的营业收入增长率、净利润增长率、经营活动现金流量净额增长率，波动因子中的最近1个月波动率、波动率变化、最近1个月振幅、振幅变化等因子的信息系数在0附近或者 P 值不显著，也就是说，这些因子对股票下个月表现的影响不显著。

通过对各因子总体的表现情况进行分析之后，我们又对各因子每年的表现情况进行了分析，主要分析每年各因子信息系数的一致性，即分析因子在总体年份中的表现情况，表13-3列出了每年各因子信息系数的均值情况。

从每年各因子信息系数的一致性方面来分析，估值因子中的EBITDA/EV、SR/P，股东因子中的户均持股比例、机构持股比例，波动因子中的振幅变化等因子在大多数年份里的信息系数均值均为正；交投因子中的换手率变化，盈利因子中的销售毛利率、净资产收益率(ROE)，动量反转因子中的最近1个月涨幅、最近6个月涨幅，波动因子中的波动率变化，规模因子中的流通市值、总市值等因子在大多数年份里的信息系数均值均为负；而其他因子在每年的表现则并不十分一致。

(二) 从FF排序法方面来分析各因子的选股能力

1. 选股区分度

选股区分度具体数据列于表13-4和表13-5。

表 13-3 每年各因子信息系数的均值

因子	2007	2008	2009	2010	2011	2012	2013	2014	2015	2016	2017
E/P	-0.1870	-0.0049	0.0562	0.0586	-0.0015	0.1534	0.2767	0.4109	-0.2517	0.0683	0.1146
B/P	-0.0299	-0.2088	-0.0347	0.0915	-0.0021	0.1597	0.3007	0.1921	0.0395	-0.1290	-0.5692
CF/P	0.0570	-0.0027	0.0457	0.1290	0.0590	-0.0075	-0.0250	0.1900	-0.0026	0.0560	-0.0724
EBITDA/EV	-0.1346	0.0433	0.0961	0.1249	-0.0196	0.2111	0.3794	0.4232	0.1205	0.0694	-0.3093
SR/P	-0.0742	0.0067	-0.0839	0.1874	0.0601	0.2856	0.4169	0.2621	0.0606	0.0737	-0.4096
营业利润增长率(%)	-0.0510	0.0353	0.1774	-0.0387	-0.0289	0.1875	0.1301	-0.2887	0.0971	0.1115	0.2073
营业收入增长率(%)	0.0191	-0.0859	0.1129	0.0519	-0.0295	0.0525	0.1108	-0.1295	0.0398	0.0194	0.2609
经营活动产生的现金流净额增长率(%)	-0.2851	-0.0281	-0.1180	0.0133	0.0581	0.0673	0.0279	0.0874	0.0444	0.0169	0.0103
净利润增长率(%)	-0.0914	0.0515	0.1876	0.0137	-0.0392	0.1370	0.1297	-0.1353	0.0603	0.0846	0.8038
户均持股比例	0.0035	0.1382	0.2134	0.1630	0.0959	0.3092	0.5900	0.2822	0.2234	0.0133	0.3479
户均持股比例变化	-0.3616	-0.0591	0.1329	0.1875	-0.0283	0.0109	-0.0286	0.1691	0.0428	-0.0332	0.1121
机构持股比例	0.1647	0.1252	0.0072	0.0192	0.1742	0.0210	0.0014	0.0192	0.0545	0.0223	0.4602
机构持股比例变化	0.1131	-0.1358	0.1008	0.0835	-0.0886	-0.0415	0.0048	0.0831	0.0003	-0.1440	0.0911
销售毛利率(%)	-0.0538	-0.0762	-0.1743	-0.0217	0.1069	0.1639	-0.0443	-0.3742	-0.0183	0.0931	-0.0908
销售净利率(%)	-0.0372	-0.0773	-0.1708	0.0223	0.1371	0.1928	0.0962	-0.3248	-0.0281	0.1144	-0.0880
ROE(%)	-0.0399	-0.0755	-0.1676	-0.1333	0.1695	-0.0051	-0.1446	-0.4460	-0.0494	0.2010	-0.2078
ROA(%)	-0.0711	-0.0418	-0.1580	-0.1002	0.1474	0.0601	0.0058	0.4129	-0.0518	0.1563	0.1252
最近1个月涨幅(%)	-0.0617	-0.0572	-0.0511	0.0437	-0.0107	-0.1906	-0.0139	0.1017	-0.1575	0.0758	-0.0050
最近2个月涨幅(%)	-0.1298	-0.0205	-0.0655	0.0033	-0.0264	-0.1787	0.0773	-0.1397	-0.1841	-0.0851	0.0068
最近3个月涨幅(%)	-0.1624	0.0187	0.0124	0.0189	-0.0578	-0.1188	0.0867	-0.0931	-0.2127	-0.0865	-0.0432
最近6个月涨幅(%)	-0.1495	-0.0481	0.0167	0.0874	-0.0762	-0.1314	0.1773	-0.0243	-0.1858	-0.0999	-0.0309
最近12个月涨幅(%)	-0.1482	-0.1358	-0.0277	0.0227	-0.0828	-0.0859	0.2283	0.0625	-0.1418	-0.1327	0.0387
最近1个月波动率(%)	-0.1617	-0.1172	-0.0941	-0.0219	-0.0650	-0.0613	0.0976	0.0009	-0.0455	-0.0848	-0.0908
波动率变化	-0.0492	-0.0829	-0.0440	-0.0462	-0.0018	-0.0352	0.0620	-0.1040	-0.0455	-0.0848	-0.0404
最近1个月振幅(%)	-0.1508	-0.0319	0.0149	0.0004	-0.0450	-0.1081	0.1104	-0.1030	-0.1298	-0.0956	-0.2028
振幅变化	0.0460	0.0598	0.0540	0.0255	0.0561	0.0449	0.0135	0.0309	0.0107	0.0283	0.0387
最近1个月日均换手率(%)	-0.1806	-0.0194	0.0046	0.0523	-0.0548	-0.1134	0.1426	0.0623	0.0888	-0.0907	-0.0747
换手率变化	-0.0391	-0.0544	-0.0637	-0.0665	-0.0332	-0.1550	0.0394	-0.1802	-0.1227	-0.1070	-0.2501
流通市值	-0.0900	-0.0703	-0.0355	-0.1375	-0.0492	0.0245	-0.2228	0.2253	-0.2517	-0.0683	-0.0121
总市值	-0.0883	-0.0908	-0.0334	-0.1470	-0.0626	0.0074	-0.2286	0.2253	-0.2543	-0.0980	0.0706

表 13-4 各因子选股区分度(月度)

因子	区分度1:(第1组—第10组)/基准	区分度2(第2组—第9组)/基准	0.8×区分度1+0.2×区分度2	0.6×区分度1+0.4×区分度2
最近1个月涨幅(%)	−1.2487	−0.0890	−1.0168	−0.7848
最近2个月涨幅(%)	−0.9245	−0.3369	−0.8070	−0.6894
最近3个月涨幅(%)	−0.4336	−0.4848	−0.4439	−0.4541
最近6个月涨幅(%)	−0.2428	0.2105	−0.1521	−0.0615
最近12个月涨幅(%)	−0.2600	0.3631	−0.1354	−0.0108
最近1个月波动率(%)	−0.0417	−0.0804	−0.0495	−0.0572
波动率变化	−0.2618	−0.5192	−0.3133	−0.3648
最近1个月振幅(%)	−0.4049	−0.1907	−0.3621	−0.3192
振幅变化	0.2436	0.5028	0.2954	0.3473
最近1个月日均换手率(%)	−0.6030	0.4178	−0.3989	−0.1947
换手率变化	−1.3552	−0.4267	−1.1695	−0.9838
流通市值	−2.4039	−1.3631	−2.1957	−1.9876
总市值	−2.4515	−1.6564	−2.2925	−2.1335

表 13-5 各因子选股区分度(季度)

因子	区分度1:(第1组—第10组)/基准	区分度2(第2组—第9组)/基准	0.8×区分度1+0.2×区分度2	0.6×区分度1+0.4×区分度2
E/P	0.8179	0.6642	0.7871	0.7564
B/P	1.5871	0.3981	1.3493	1.1115
CF/P	0.0160	0.0200	0.0168	0.0176
EBITDA/EV	1.7147	0.3494	1.4416	1.1686
SR/P	1.2895	1.1456	1.2607	1.2319
营业利润增长率(%)	0.2266	0.1576	0.2128	0.1990
营业收入增长率(%)	0.4863	0.0553	0.4001	0.3139
经营活动产生的现金流净额增长率(%)	−0.1781	−0.0314	−0.1487	−0.1194
净利润增长率(%)	0.1743	0.2362	0.1867	0.1991
户均持股比例	2.3607	1.7964	2.2478	2.1350
户均持股比例变化	0.4469	−0.1544	0.3266	0.2063
机构持股比例	2.1775	1.2130	2.0994	1.0213
机构持股比例变化	−0.0300	0.2656	0.0291	0.0882
销售毛利率(%)	−0.2244	0.1401	−0.1515	−0.0786
销售净利率(%)	0.3010	0.1795	0.2767	0.2524
ROE(%)	−0.4163	−1.1593	−0.5649	−0.7135
ROA(%)	−0.1780	−0.3561	−0.2136	−0.2493

从选股区分度看,估值因子中的 E/P、B/P、EBITDA/EV、SR/P,波动因子中的振幅变化,成长因子中的营业收入增长率、营业利润增长率,盈利因子中的净利润增长率,股东因子中的户均持股比例等因子表现出较好的正向选股能力;动量反转因子中的最近 1 个月涨幅、最近 2 个月涨幅、最近 3 个月涨幅,波动因子中的波动率变化、最近 1 个月波动率、最近 1 个月振幅,规模因子中的流通市值、总市值,盈利因子中的销售毛利率、ROE、ROA 等因子表现出较好的负向选股能力;而其他因子在选股区分度上表现得并不十分明显。

2. 单调性

我们每期根据各因子的情况对行业内的股票进行排序(降序法),并把样本股票分成 10 组,分别计算各组在研究期(2007 年 5 月至 2017 年 10 月)的累计收益率情况,根据第 1 组、第 2 组到第 9 组、第 10 组的股票组合的表现情况,分析每个因子的单调性情况,具体数据列于表 13-6。

从单调性看,成长因子中的营业利润增长率,股东因子中的户均持股比例、机构持股比例等因子表现出较为一定的单调递减特征;规模因子中的流通市值、总市值,反转因子中的最近 1 个月涨幅、最近 2 个月涨幅等因子表现出一定的单调递增特征;而其他大多数因子的单调性不明显。

3. 稳定性

为了考察各因子表现的稳定性,我们分别计算了靠前组合和靠后组合相对于样本基准收益率的表现情况,表 13-7 列出了第 1 组和第 10 组的具体数据,同时又加入了两个组合(0.8×第 1 组+0.2×第 2 组和 0.8×第 10 组+0.2×第 9 组),进一步考察各因子表现的稳定性。

从根据各因子排序构建的各组合的信息比率来看,估值因子中的 EBITDA/EV,成长因子中的营业利润增长率,规模因子中的流通市值,股东因子中的机构持股比例、机构持股比例变化,盈利因子中的销售毛利率、销售净利率等因子的第 1 组的信息比率为正,第 10 组的信息比率为负,且差距较大;交投因子中的换手率变化,波动因子中的波动率变化,股东因子中的户均持股比例变化,估值因子中的 B/P、SR/P,成长因子中的经营活动产生的现金流净额增长率,动量反转因子中的最近 2 个月涨幅等因子的第 1 组的信息比率为负,第 10 组的信息比率为正,且差距较大;而根据其他因子排序所构建的各组合则表现并不明显。

前面研究了根据各因子排序构建的各组合的信息比率情况,下面将进一步研究各因子排名靠前组合和靠后组合各年的超额收益率情况,具体数据列于表 13-8 和表 13-9。

从排名靠前组合各年的超额收益率看,价值因子中的 E/P、CF/P、SR/P,成长因子中的营业利润增长率、营业收入增长率,股东因子中的机构持股比例等因子排名靠前组合在大多数年份的超额收益率均为正;而规模因子中的流通市值、总市值,反转因子中的最近 1 个月涨幅、最近 2 个月涨幅、最近 3 个月涨幅、最近 6 个月涨幅,交投因子中的最近 1 个月日均换手率、换手率变化等因子排名靠前组合在大多数年份的超额收益率均为负;其他因子的表现则不明显。

从排名靠后组合各年的超额收益率看,价值因子中的 CF/P、SR/P、B/P,盈利因子中的销售毛利率,股东因子中的户均持股比例、户均持股比例变化等因子排名靠后组合在大多数

表 13-6 根据各因子排序构建的各组组合累计收益率（2007 年 5 月至 2017 年 10 月）

因子	第1组	第2组	第3组	第4组	第5组	第6组	第7组	第8组	第9组	第10组
E/P	2.3468	2.2654	3.2370	3.1465	3.9662	2.4893	1.9145	1.2073	0.8735	0.6327
B/P	1.9639	2.3734	1.7470	2.8285	1.9978	3.0677	1.9003	2.0145	1.5390	2.6379
CF/P	2.9671	3.2290	2.7223	1.0991	1.7597	0.6834	0.7779	1.0411	3.1870	2.9336
EBITDA/EV	1.8867	2.1693	1.9278	3.2079	2.3430	2.5725	1.6613	0.8417	1.4372	0.2932
SR/P	2.4337	2.9805	2.8157	2.2204	2.7090	2.3700	1.9123	2.2900	0.5798	0.7314
营业利润增长率(%)	3.3838	2.8077	2.6358	2.0494	1.5548	1.5056	1.4046	1.1767	0.9774	0.9090
营业收入增长率(%)	3.1685	2.2674	2.5611	1.7990	1.8968	2.3503	1.1541	1.4214	2.1516	2.1493
经营活动产生的现金流净额增长率(%)	1.8684	2.2009	2.6795	2.2747	2.0314	1.9172	1.3702	2.0141	2.2667	2.2416
净利润增长率(%)	2.3335	2.5267	2.4202	2.8608	1.3983	1.5686	2.2627	1.6951	2.0317	1.9681
户均持股比例	4.4759	3.5072	3.6057	3.3537	3.3408	3.1483	1.7799	0.5083	-0.2575	-0.4714
户均持股比例变化	3.9891	2.6033	2.6911	2.7520	0.6892	0.0130	1.0083	1.0808	2.9270	3.0526
机构持股比例变化	2.0067	1.8143	1.6826	1.5922	1.3211	1.2711	1.1491	1.0533	0.9607	0.6348
销售毛利率(%)	1.8477	2.4401	1.6174	1.4816	3.0170	2.3603	2.4997	2.0099	1.8835	1.9106
销售净利率(%)	1.8020	2.3892	1.5834	2.2747	1.3327	2.6234	2.2043	2.2203	2.0955	2.2723
ROE(%)	2.2923	2.6259	2.1544	1.7970	2.0092	1.9979	2.6284	1.8541	2.2497	1.6615
ROA(%)	1.0170	0.6865	1.8752	3.0714	2.3528	2.4936	2.2165	2.3960	3.1161	1.8894
最近1个月涨幅(%)	1.6597	1.5969	1.2109	1.6532	2.5475	2.2826	2.3795	2.3869	2.3431	2.0328
最近2个月涨幅(%)	0.7900	2.3004	1.9071	1.4742	2.0546	2.3119	2.4194	2.1271	2.5011	3.6043
最近3个月涨幅(%)	1.0999	1.9695	1.4396	1.9107	2.0844	2.6812	2.3080	2.3712	2.7289	3.1835
最近6个月涨幅(%)	1.9390	1.4839	2.0398	2.3348	2.1764	2.2950	2.1595	2.1083	2.5765	2.9163
最近12个月涨幅(%)	2.1530	2.0613	2.4274	2.3664	2.4124	2.1036	1.9541	2.4573	1.5869	2.7001
最近1个月波动率(%)	2.2010	2.4432	2.2323	2.6660	2.1107	2.6286	2.0207	1.4685	1.6249	2.7870
波动率变化	2.1386	1.2915	2.7705	2.8317	2.4578	3.0984	2.0450	2.2169	1.4728	2.2326
最近1个月振幅(%)	2.2017	1.8188	1.9869	2.3382	0.8313	1.5058	2.4528	3.2333	2.9891	2.7918
振幅变化	1.7711	1.4594	1.6859	2.6684	2.1421	3.1877	2.7902	1.9623	1.8892	2.6837
最近1个月换手率(%)	2.6834	2.8643	2.4708	2.7469	2.8057	1.8931	1.9171	1.3801	1.7311	2.1343
换手率变化	0.2886	2.2841	3.4045	2.5230	3.1169	3.1554	3.4003	1.8568	1.3424	1.6478
最近1个月日均换手率(%)	1.1943	1.8000	1.9391	1.4492	1.4100	1.7843	1.8262	2.6948	2.7618	4.2486
流通市值	-0.9176	-0.1083	1.0879	1.3297	2.5824	3.2403	3.0349	3.3087	2.9641	4.5005
总市值	-0.7033	-0.3051	1.1905	2.3834	1.6090	3.1935	2.3687	2.7765	3.4281	4.8221

年份的超额收益率均为负；而规模因子中的流通市值、总市值，反转因子中的最近1个月涨幅、最近2个月涨幅、最近3个月涨幅、最近6个月涨幅、最近12个月涨幅，交投因子中的最近1个月日均换手率等因子排名靠后组合在大多数年份的超额收益率均为正；其他因子的表现则不明显。

表13-7 根据各因子排序构建的各组合的信息比率

因子	第1组	0.8×第1组+0.2×第2组	第10组	0.8×第10组+0.2×第9组
E/P	−0.1092	−0.1030	−0.1662	−0.0895
B/P	−0.0567	−0.0539	0.0613	0.0847
CF/P	−0.0727	−0.0707	−0.1195	−0.1133
EBITDA/EV	0.1052	0.1138	−0.1181	−0.0484
SR/P	−0.0750	−0.0257	0.0225	0.0433
营业利润增长率(%)	0.0140	−0.0474	−0.1226	−0.1281
营业收入增长率(%)	−0.0451	−0.0450	−0.1911	−0.1739
经营活动产生的现金流净额增长率(%)	−0.2142	−0.2147	0.0137	0.0432
净利润增长率(%)	−0.2276	−0.2245	−0.2266	−0.1658
户均持股比例	0.0888	0.0629	0.1296	0.1150
户均持股比例变化	−0.0546	−0.0344	0.0457	0.0305
机构持股比例	0.1693	−0.1018	−0.1630	−0.1308
机构持股比例变化	0.1541	0.1356	−0.0425	−0.0408
销售毛利率(%)	0.0822	0.0413	−0.0710	−0.0484
销售净利率(%)	0.1034	0.0922	−0.1011	−0.0988
ROE(%)	−0.1443	−0.1048	−0.0350	−0.0480
ROA(%)	0.0551	0.0096	0.0101	−0.0198
最近1个月涨幅(%)	−0.0612	−0.0513	−0.0230	−0.0386
最近2个月涨幅(%)	−0.0389	−0.0318	0.0143	−0.0303
最近3个月涨幅(%)	−0.0592	−0.0517	−0.0010	−0.0157
最近6个月涨幅(%)	0.0096	0.0009	0.0509	0.0280
最近12个月涨幅(%)	0.0367	0.0278	0.0255	0.0398
最近1个月波动率(%)	0.0081	0.0064	0.0513	0.0485
波动率变化	−0.0078	−0.0032	0.0414	0.0232
最近1个月振幅(%)	−0.0440	−0.0251	−0.0119	−0.0203
振幅变化	−0.0331	−0.0319	−0.0272	−0.0318
最近1个月日均换手率(%)	0.0053	0.0053	0.0624	0.0497
换手率变化	−0.0055	0.0133	0.0403	0.0207
流通市值	0.0003	0.0042	−0.0661	−0.0509
总市值	−0.0055	−0.0094	−0.1132	−0.1042

表 13-8 各因子排名靠前组合各年超额收益率

因子	年份										
	2007	2008	2009	2010	2011	2012	2013	2014	2015	2016	2017
E/P	0.3953	−0.7785	0.1497	0.1556	0.1986	−0.2019	0.0755	−0.1683	0.4613	0.0600	−0.1838
B/P	0.0627	−0.3981	0.2378	0.2632	0.2820	−0.1210	0.3241	−0.1419	0.6139	0.2608	−0.2457
CF/P	0.3210	−0.6114	0.1330	0.1395	0.1904	−0.1690	0.1172	−0.0845	0.4286	0.0975	−0.1268
EBITDA/EV	0.3115	−0.8016	0.1914	0.0744	0.1934	−0.1738	0.1936	−0.1657	0.4660	0.1988	−0.1914
SR/P	−0.0834	−0.6345	0.3163	0.1832	0.1606	−0.0784	0.2803	−0.1166	0.4415	0.2917	−0.1434
营业利润增长率(%)	−0.2397	−0.8295	0.1087	0.0850	0.2478	−0.2086	0.1474	−0.1163	0.4488	0.1408	−0.0965
营业收入增长率(%)	−0.3211	−0.7540	0.0394	0.1364	0.2534	−0.1179	0.1497	−0.1349	0.4077	0.1146	−0.1164
经营活动产生的现金流净额增长率(%)	0.0116	−0.7817	−0.0199	0.1273	0.2249	−0.1532	0.0882	−0.1458	0.4938	0.0737	−0.1241
净利润增长率(%)	−0.1383	−0.6568	0.3604	0.0664	0.2698	−0.2101	0.1019	−0.1243	0.3450	0.0267	−0.1091
户均持股比例	0.0700	−0.8426	0.0858	0.1815	0.1162	−0.1565	0.1910	−0.1607	0.3675	0.1785	−0.2020
户均持股比例变化	0.3108	−0.7815	0.3677	0.2180	0.0243	−0.1901	0.1556	−0.1326	0.3339	0.2419	−0.0778
机构持股比例	0.0377	−0.6243	0.0338	0.1092	0.2745	−0.1859	0.0511	−0.1502	0.4910	0.0342	−0.0581
机构持股比例变化	0.1647	−0.5358	0.1585	0.1342	0.3272	−0.1593	0.1376	−0.1019	0.3705	0.1376	−0.1678
销售毛利率(%)	−0.3391	−0.6905	0.2190	0.1853	0.3258	−0.1880	0.2127	−0.1333	0.4133	0.1573	−0.1062
销售净利率(%)	−0.1419	−0.6877	0.1164	0.1880	0.2562	−0.1970	0.2011	−0.1314	0.4135	0.1815	−0.1043
ROE(%)	0.1394	−0.6726	0.3211	0.0752	0.3302	−0.2785	0.0741	−0.1025	0.5164	0.1873	−0.0909
ROA(%)	0.2638	−0.6582	0.2013	0.0701	0.3803	−0.2347	0.1142	−0.1115	0.4526	0.1525	−0.0931
最近 1 个月涨幅(%)	0.0886	−0.2040	0.2824	0.3716	0.3129	−0.2342	0.4521	0.3270	−0.1808	−0.1154	−0.3246
最近 2 个月涨幅(%)	−0.0040	−0.0971	0.3019	0.4334	0.3962	−0.3142	0.5332	0.2145	−0.0298	−0.4170	−0.4221
最近 3 个月涨幅(%)	0.4101	−0.1160	0.3718	0.5167	0.1487	−0.1837	0.4982	0.2560	−0.0788	−0.2081	−0.4408
最近 6 个月涨幅(%)	0.1154	−0.3079	0.4905	0.4815	−0.0462	−0.2136	0.6948	0.3784	0.0975	−0.2384	−0.3382
最近 12 个月涨幅(%)	0.3857	−0.3163	0.3131	0.3663	−0.2456	−0.1019	0.6879	0.4113	−0.0630	−0.2424	−0.3439
波动率变化	−0.0141	−0.1351	0.6110	0.2704	0.1567	−0.1078	0.5269	0.4420	0.3649	0.0780	−0.6771
最近 1 个月振幅(%)	0.8506	0.0406	0.2406	0.3371	0.1791	−0.0393	0.4217	0.3914	0.1813	0.0789	−0.1829
振幅变化	0.2732	0.0001	0.6008	0.2524	0.0314	−0.1204	0.7345	0.1023	−0.0948	−0.1560	−0.5873
最近 1 个月日均换手率(%)	0.6954	0.1762	0.3762	0.3875	0.1574	0.0616	0.5884	0.3788	0.3944	−0.0042	−0.3922
换手率变化	−0.1106	−0.1490	0.1132	0.2623	−0.0443	−0.3104	0.4149	0.3754	0.2888	−0.0946	−0.7749
流通市值	1.0204	−0.1789	0.3031	0.3221	0.1251	−0.1661	0.4709	0.1073	−0.1069	0.1571	−0.2086
总市值	0.0821	−0.0091	−0.0027	0.0445	−0.0135	−0.0586	−0.1439	−0.0461	−0.2888	−0.0527	−0.0529
	0.1648	0.0111	0.0159	−0.0123	0.0138	−0.0694	−0.1083	−0.0340	−0.1343	−0.0831	−0.1088

第十三章 能源行业

表 13-9 各因子排名靠后组合各年超额收益率

因子	2007	2008	2009	2010	2011	2012	2013	2014	2015	2016	2017
E/P	−0.0793	−0.6975	0.3687	0.1220	0.3243	−0.2616	−0.1115	−0.1304	0.4519	0.0829	−0.2057
B/P	−0.0429	−0.6995	0.0944	0.0755	0.2694	−0.2305	−0.1143	−0.1028	−0.3971	0.0362	−0.0571
CF/P	0.1064	−0.6165	0.2784	0.1404	0.2079	−0.0940	0.1134	−0.1717	−0.3816	0.0747	−0.2149
EBITDA/EV	−0.0954	−0.6509	0.3669	0.1212	0.3178	−0.2455	−0.1243	−0.1346	0.4447	0.0742	−0.2075
SR/P	0.0249	−0.7978	0.1984	0.1103	0.3058	−0.2586	−0.1013	−0.1123	−0.3761	0.0995	−0.1944
营业利润增长率(%)	0.1459	−0.7319	0.0806	0.1700	0.1684	−0.2115	0.0161	−0.1758	0.4477	0.0701	−0.1832
营业收入增长率(%)	0.1268	−0.6698	0.2253	0.0850	0.0936	−0.2528	0.0427	−0.1769	−0.4339	0.1450	−0.1251
经营活动产生的现金流净额增长率(%)	0.0318	−0.6878	0.2056	0.1247	0.2188	−0.1756	0.0093	−0.1173	0.3614	0.0614	−0.2589
净利润增长率(%)	0.1146	−0.7533	0.0980	0.1580	0.1692	−0.2196	0.0107	−0.1341	0.4817	0.0793	−0.2589
户均持股比例	0.1286	−0.6331	0.0530	0.0637	0.3344	−0.2250	−0.1019	−0.1061	−0.4272	−0.0666	−0.0959
户均持股比例变化	−0.0692	−0.6239	0.1194	0.1164	0.2626	−0.1060	0.1698	−0.1471	−0.4585	0.0199	−0.2115
机构持股比例	0.1069	−0.8067	0.2126	0.1209	0.2331	−0.2189	0.0064	−0.1503	0.4195	0.1209	−0.2366
机构持股比例变化	0.1035	−0.8136	0.2053	0.1056	0.1656	−0.1938	−0.0245	−0.1629	0.4266	0.0274	−0.1958
销售毛利率(%)	0.0377	−0.7543	0.2226	0.1738	0.2772	−0.2058	−0.0309	−0.1908	−0.4822	0.0947	−0.1557
销售净利率(%)	0.1408	−0.7735	0.2290	0.1806	0.2826	−0.2395	−0.0719	−0.1872	−0.4592	0.1025	−0.1612
ROE(%)	0.1107	−0.7360	0.2015	0.1553	0.2263	−0.2141	−0.0133	−0.1923	0.4680	0.0504	−0.1755
ROA(%)	0.0792	−0.7273	0.2214	0.1510	0.2724	−0.2194	−0.0355	−0.1995	0.4638	0.0720	−0.1857
最近1个月涨幅(%)	0.7830	0.1226	0.4631	0.2032	−0.0344	0.1840	0.4847	0.6292	0.7505	0.1228	−0.3252
最近2个月涨幅(%)	0.7918	0.1411	0.5189	0.2391	0.0915	0.0559	0.2803	0.6589	0.8139	0.0871	−0.3951
最近3个月涨幅(%)	0.8541	0.1715	0.4767	0.2145	0.1040	0.0600	0.2604	0.5324	0.7034	0.2138	−0.3761
最近6个月涨幅(%)	1.0014	0.2976	0.6132	0.0693	0.1156	−0.0827	0.0081	0.4429	0.6159	0.2215	−0.4914
最近12个月涨幅(%)	0.8289	0.1619	0.5149	0.1181	0.0747	−0.1161	0.2324	0.3630	0.3998	0.2811	−0.5028
最近1个月波动率(%)	0.8506	0.1411	0.3998	0.1473	0.0421	0.0232	0.1763	0.2381	0.0484	0.2635	−0.0622
波动率变化	0.6175	0.0681	0.5654	0.3163	0.0476	0.0163	0.2379	0.5845	0.2475	0.2113	−0.2692
最近1个月振幅(%)	0.6428	−0.0899	0.4672	0.2463	0.1015	0.1669	0.1580	0.4593	0.4254	0.1536	−0.1036
振幅变化	0.3713	−0.1443	0.4899	0.3131	0.0646	−0.0077	0.4247	0.3471	0.1856	0.1575	−0.2126
最近1个月日均换手率(%)	1.1689	0.1341	0.3625	0.1913	0.0456	0.0136	−0.1276	0.0798	0.0405	0.1790	−0.0672
换手率变化	0.6767	0.1598	0.7023	0.4564	0.0787	0.1965	0.2925	0.8327	0.5663	0.2597	−0.3318
流通市值	0.8642	0.1759	0.6118	0.2431	0.1128	−0.0616	0.8079	0.8484	0.7275	0.1780	−0.5077
总市值	0.7279	0.2598	0.5648	0.4472	0.1350	−0.0097	0.8718	0.8384	0.7535	0.3283	−0.4672

三、多因子模型的构建和评价

上文对行业内 8 大类因子分别从信息系数、选股区分度、单调性和稳定性等方面进行了评价,目的也是根据上述评价体系考察各选股因子的表现情况,为后面构建行业内多因子模型提供一个比较有效的参考因子范围,并进一步分析和评价该多因子模型的表现情况。

(一) 各因子综合评价

根据行业内各因子的表现情况,我们把结果汇总在表 13-10 和表 13-11 中,分别代表月度选股因子综合评价和季度选股因子综合评价结果。

表 13-10　月度选股因子综合评价

因子	信息系数	选股区分度	单调性	稳定性
最近 1 个月涨幅(%)	显著为负	较强	有一定的	—
最近 2 个月涨幅(%)	显著为负	强	有一定的	有一定的
最近 3 个月涨幅(%)	显著为负	强	—	—
最近 6 个月涨幅(%)	—	—	—	—
最近 12 个月涨幅(%)	—	—	—	—
最近 1 个月波动率(%)	—	一般	—	—
波动率变化	显著为负	强	—	强
最近 1 个月振幅(%)	显著为负	强	—	—
振幅变化	显著为正	强	—	—
最近 1 个月日均换手率(%)	—	—	—	有一定的
换手率变化	显著为负	强	—	有一定的
流通市值	显著为负	强	显著	有一定的
总市值	显著为负	强	显著	—

表 13-11　季度选股因子综合评价

因子	信息系数	选股区分度	单调性	稳定性
E/P	显著为正	强	有一定的	—
B/P	显著为正	强	—	强
CF/P	—	一般	—	—
EBITDA/EV	显著为正	强	—	强
SR/P	显著为正	强	—	较强
营业利润增长率(%)	显著为正	一般	有一定的	有一定的
营业收入增长率(%)	—	较强	—	—
经营活动产生的现金流净额增长率(%)	—	一般	—	较强

(续表)

因子	信息系数	选股区分度	单调性	稳定性
净利润增长率(%)	—	较强	—	—
户均持股比例	显著为正	强	显著	—
户均持股比例变化	—	—	—	强
机构持股比例	显著为正	强	显著	有一定的
机构持股比例变化	—	—	—	强
销售毛利率(%)	—	强	—	强
销售净利率(%)	—	—	—	强
ROE(%)	显著为负	强	—	—
ROA(%)	—	一般	—	—

综合各因子的信息系数、选股区分度、单调性和稳定性,在能源行业内表现较好的正向因子有:(1)成长因子中的营业利润增长率;(2)股东因子中的机构持股比例。表现较好的负向因子有:(1)规模因子中的流通市值;(2)动量反转因子中的最近2个月涨幅。其中,成长因子中的营业利润增长率、股东因子中的机构持股比例等表现较好的因子为季度因子,规模因子中的流通市值、动量反转因子中的最近2个月涨幅等表现较好的因子为月度因子。

(二) 行业内多因子模型构建

由前面的分析可知,在能源行业内如下因子表现较好:(1)季度因子:成长因子中的营业利润增长率和股东因子中的机构持股比例;(2)月度因子:规模因子中的流通市值以及动量反转因子中的最近2个月涨幅。其中,成长因子中的营业利润增长率和股东因子中的机构持股比例为正向因子,而规模因子中的流通市值和动量反转因子中的最近2个月涨幅为负向因子。我们将选择上述2个季度因子和2个月度因子构建多因子选股模型。

(三) 行业内多因子模型投资组合的评价

1. 行业内多因子选股模型的表现

对于能源行业的多因子模型构建,我们根据成长因子中的营业利润增长率和股东因子中的机构持股比例2个季度因子构建了一个基本的季度股票池,季度股票池根据上市公司财务报表的公布时间(4月底、8月底、10月底)每年进行3次更换,然后在季度股票池的基础上,再根据规模因子中的流通市值和动量反转因子中的最近两个月涨幅2个月度因子每月进行季度股票池内的股票再选股。其中,根据季度因子构建的股票池的等额投资表现如图13-1所示,根据月度因子在季度股票池基础上再选股的股票多头组合的等额投资表现如图13-2所示。

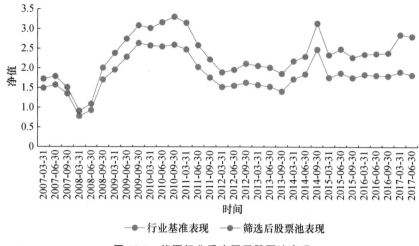

图 13-1 能源行业季度因子股票池表现

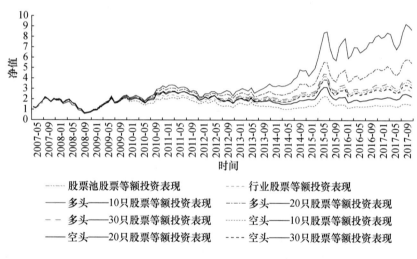

图 13-2 能源行业综合多因子模型多头组合的表现

我们通过对股票池内的股票进行等额投资,分别于每年 5 月初、9 月初和 11 月初进行股票池换仓,起始投资时间为 2007 年 5 月 1 日,并记起始资金的净值为 1。由图 13-1 可知,根据季度因子构建的股票池在研究期间(2007 年 5 月至 2017 年 10 月)的表现远好于行业的基准表现。截至 2017 年 10 月 31 日的投资组合净值为 2.8072,累计收益率为 180.72%,年化收益率为 9.50%,而同期行业基准的累计收益率只有 82.24%,年化收益率为 5.4%。可见,我们的股票池表现上佳,也说明之前选出的季度因子具有较强的选股能力。

由图 13-2 可知,由综合得分排名靠前的 10 只、20 只、30 只股票构建的多头组合均大幅超越基准,而由综合得分排名靠后的 10 只、20 只、30 只股票构建的空头组合均大幅落后于基准。2007 年 5 月至 2017 年 10 月,10 只、20 只、30 只多头组合的累计收益率分别为 770.60%、450.11%、261.84%,年化收益率分别为 20.86%、16.10%、11.20%,而同期基准累计收益率为239.83%,年化收益率为11.30%;10只、20只、30只空头组合的累计收益率分别为48.33%、27.99%、213.62%,年化收益率分别为3.49%、7.48%、10.52%。可见,我们选出的多头投资组合表现都比较优异,能够跑赢行业基准收益率,也说明之前选出的月度因子具有较强的选股能力。

2. 行业内多因子选股模型的评价

我们对行业内的多因子选股模型分别从月超额收益率、月跑赢概率、Alpha 比率、Beta、Sharpe 比率、TR、Jensen 比率、IR 等方面进行了分析,具体结果列于表 13-12,同时又对每年的超额收益率情况进行了统计,结果见表 13-13。

由表 13-12 可知,从月超额收益率看,综合得分排名靠前的股票构建的多头组合,其月超额收益率均值均大于 0。从超越基准的胜率(超额收益率为正)看,多头组合的胜率在 60%左右。从 Sharpe 比率、TR 和 Alpha 比率看,多头组合均表现较好,TR 均在 2.6 左右,多头组合的月 Sharpe 比率也大于 0。

表 13-12 以能源行业为样本的多因子选股模型分析

等额投资	多头——10只	多头——20只	多头——30只	空头——10只	空头——20只	空头——30只
月超额收益率均值	0.0101	0.0061	0.0023	−0.0042	−0.0012	0.0011
月超额收益率标准差	0.1016	0.1023	0.1038	0.1104	0.1066	0.1034
月超额收益率最大值	0.5576	0.6065	0.6972	0.6972	0.6972	0.6972
月超额收益率中位数	−0.0042	−0.0077	−0.0103	−0.0183	−0.0155	−0.0112
月超额收益率最小值	−0.3388	−0.3388	−0.3648	−0.3648	−0.3648	−0.3648
月跑赢次数	78	72	66	59	55	65
月跑赢概率	0.6190	0.5714	0.5238	0.4683	0.4365	0.5159
Alpha 比率	−0.0082	−0.0081	−0.0031	0.0138	0.0001	−0.0056
Beta	0.7878	0.9022	0.8904	0.9925	0.8981	0.9083
Sharpe 比率	1.7649	2.4127	2.3763	2.9128	2.3142	2.3862
TR	2.9175	2.8518	2.3747	1.2835	1.8486	2.1758
Jensen 比率	−0.0360	−0.0014	−0.0032	0.0257	−0.0086	−0.0058
IR	−1.0605	−0.3935	−0.3876	0.3144	−0.3775	−0.3892

表 13-13 以能源行业为样本的多因子选股模型各年超额收益率

年份	多头——10只	多头——20只	多头——30只	空头——10只	空头——20只	空头——30只
2007	−5.29%	−0.68%	−2.29%	−6.32%	−2.98%	−2.29%
2008	0.42%	3.95%	4.43%	5.86%	2.39%	4.43%
2009	20.47%	9.30%	5.45%	−1.19%	2.03%	5.45%
2010	24.57%	20.17%	12.93%	−2.82%	16.70%	12.93%
2011	−6.82%	−6.67%	−4.94%	−1.09%	−4.04%	−5.14%
2012	15.02%	7.72%	3.67%	−11.46%	−5.77%	−5.88%

(续表)

年份	多头——10 只	多头——20 只	多头——30 只	空头——10 只	空头——20 只	空头——30 只
2013	17.45%	6.33%	1.86%	−12.14%	−8.12%	−1.64%
2014	−0.92%	−5.01%	−10.46%	−19.18%	−13.84%	−9.94%
2015	42.47%	18.54%	6.07%	−13.66%	−12.15%	4.07%
2016	2.23%	0.33%	−2.57%	−6.71%	−7.06%	−3.55%
2017	18.28%	22.56%	16.56%	15.36%	18.14%	18.45%

由表 13-13 可知,从 2007 年至 2017 年的年超额收益率看,多头组合在各年的超额收益率大多数为正,特别是在 2009 年、2010 年、2015 年,10 只、20 只、30 只多头组合大幅超越基准;而空头组合在各年的超额收益率多为负,特别是在 2012 年至 2015 年,10 只、20 只、30 只空头组合大幅低于基准。

四、小 结

为了研究行业内因子的选股能力情况,我们分别运用横截面回归法和排序打分法等构建了多种考察因子表现情况的指标,分别从各因子的信息系数、选股区分度、单调性和稳定性等多个方面分析各因子的选股能力,并选出了几个表现比较显著的季度因子和月度因子,据此构建了行业内的多因子选股模型,并对该模型的表现情况进行了验证,得出如下研究结论:

综合各因子的信息系数、选股区分度、单调性和稳定性,在能源行业内表现较好的正向因子有:(1) 成长因子中的营业利润增长率;(2) 股东因子中的机构持股比例;表现较好的负向因子有:(1) 规模因子中的流通市值;(2) 动量反转因子中的最近 2 个月涨幅。其中,成长因子中的营业利润增长率、股东因子中的机构持股比例等表现较好的因子为季度因子,规模因子中的流通市值、动量反转因子中的最近 2 个月涨幅等表现较好的因子为月度因子。

根据季度因子构建的股票池在研究期间(2007 年 5 月至 2017 年 10 月)的表现远好于行业的基准表现。截至 2017 年 10 月 31 日的投资组合净值为 2.8072,累计收益率为 180.72%,年化收益率为 9.50%,而同期行业基准的累计收益率只有 82.24%,年化收益率为 5.4%。可见,我们的股票池表现上佳,也说明之前选出的季度因子具有较强的选股能力。

在季度因子股票池的基础上,由综合得分排名靠前的 10 只、20 只、30 只股票构建的多头组合均大幅超越基准,而由综合得分排名靠后的 10 只、20 只、30 只股票构建的空头组合均大幅落后于基准。2007 年 5 月至 2017 年 10 月,10 只、20 只、30 只多头组合的累计收益率分别为 770.60%、450.11%、261.84%,年化收益率分别为 20.86%、16.10%、11.20%,而同期基准累计收益率为 239.83%,年化收益率为 11.30%;10 只、20 只、30 只空头组合的累计收益率分别为 48.33%、27.99%、213.62%,年化收益率分别为 3.49%、7.48%、10.52%。可见,我们构建的多头投资组合表现都比较优异,能够跑赢行业基准收益率,也说明之前选出的月度因子具有较强的选股能力。

从月超额收益率看,综合得分排名靠前股票构建的多头组合,其月超额收益率均值均大于 0。从超越基准的胜率(超额收益率为正)看,多头组合的胜率在 60% 左右。从 Sharpe 比率、TR 和 Alpha 比率看,多头组合均表现较好,TR 均在 2.6 左右,多头组合的月 Sharpe 比率也大于 0。

从 2007 年至 2017 年的年超额收益率看,多头组合各年的超额收益率大多数为正,特别是在 2009 年、2010 年、2015 年,10 只、20 只、30 只多头组合大幅超越基准;而空头组合各年的超额收益率多为负,特别是在 2012 年至 2015 年,10 只、20 只、30 只空头组合大幅低于基准。

我们构建的多因子选股模型能够取得较好的收益,也证明了之前选出的因子具有较强的选股能力,但是在收益的稳定性方面还需要作进一步优化。

五、SAS 语句解析

```
/*导入行业股票数据。*/
Proc Import Out=ny
Datafile="E:\能源.xlsx"
Dbms=Excel Replace;
Getnames=Yes;*导入源文件字段名作为 SAS 数据集的字段名;
Mixed=NO;*若某一列中包含数值型和字符型变量,将数值型按照缺省值处理。若选的是 YES 则是将数值型转换成字符型存储,默认为 NO;
Scantext=Yes;*将源文件中各列值的最长长度作为该列在 SAS 中的字段长度。;
Usedate=Yes;*对于包含日期字段的源文件字段,在 SAS 中只保留 DATE 值,并以 DATE.格式存储。;
Scantime=Yes;*对于源文件中只有 time 值的列,自动以时间格式(TIME)存储;
Run;
/*生成股票代码变量 stkcd*/
data ny.kxxx(keep=stkcd);
set ny;
stkcd=substr(_COL0,1,6);
run;
proc sort nodupkey data=ny.kxxx;
by stkcd;
run;
/*从总数据中,选出需要的行业股票 2007 年以后的数据,其中 data1 是季度数据,data2 是月度数据*/
proc sql;
create table ny.data1 as
  select *
  from cw.tdata3,ny.kxxx
  where tdata3.stkcd=kxxx.stkcd;
    quit;
```

```
proc sql;
create table ny.data2 as
  select *
  from cw.trademonth4,ny.kxxx
  where trademonth4.stkcd=kxxx.stkcd;
    quit;
    data ny.data2;
    set ny.data2;
    if year<2007 then delete;
    run;
      data ny.data1;
    set ny.data1;
    if year<2007 then delete;
    run;
/*根据收益率将股票每期分组*/
proc rank data=ny.data1 out=ny.b descending ties=mean percent;
var rate;
ranks rank_b; /*rank_b是分位数*/
by accper; /*这里是分组变量*/
run;
data ny.b;
set ny.b;
keep stkcd accper rank_b;
run;
%macro dr(i);
/*根据对应的宏变量将股票每期分组*/
proc rank data=ny.data1 out=ny.a&i descending ties=mean percent;
var &i;
ranks rank_&i; /*rank_a是分位数*/
by accper; /*这里是分组变量*/
run;
proc sql;
create table ny.a&i as
  select *
  from ny.a&i,ny.b
  where a&i..stkcd=b.stkcd and a&i..accper=b.accper;run;
%mend dr;
%dr(pe);%dr(pb);%dr(pcf);%dr(ps);%dr(ev);
%dr(yylrr);%dr(yysrr);%dr(xjllr);%dr(jlrr);%dr(hjcg);%dr(hjcgc);%dr(jgcg);%dr(jgcgc);%dr(roe);%dr(roa);%dr(xsmlv);%dr(xsjlv);
%macro d(i);
/*计算各因子的信息系数,包括月度、季度,然后对信息系数进行统计分析*/
```

```
ODS OUTPUT PearsonCorr=ny.b&i;
proc corr data=ny.a&i fisher;
var rank_&i;
with rank_b;by accper;
run;
ODS OUTPUT CLOSE;
    proc univariate data=ny.b&i;
var rank_&i;output out=ny.c&i mean=meanc median=medianc std=stdc max=maxc min=minc;
run;
ODS OUTPUT PearsonCorr=ny.d&i;
proc corr data=ny.a&i fisher;
var rank_b ;
with rank_&i;
run;
ODS OUTPUT CLOSE;
%mend d;
%d(pe);%d(pb);%d(pcf);%d(ps);%d(ev);
%d(yylrr);%d(yysrr);%d(xjllr);%d(jlrr);%d(hjcg);%d(hjcgc);%d(jgcg);%d(jgcgc);%d(roe);%d(roa);%d(xsmlv);%d(xsjlv);
%macro da(i);
data ny.e&i;
set ny.d&i;
keep Prank_b Variable;
run;
data ny.e&i;
merge ny.e&i ny.c&i;
run;
%mend da;
%da(pe);%da(pb);%da(pcf);%da(ps);%da(ev);
%da(yylrr);%da(yysrr);%da(xjllr);%da(jlrr);%da(hjcg);%da(hjcgc);%da(jgcg);%da(jgcgc);%da(roe);%da(roa);%da(xsmlv);%da(xsjlv);
data ny.qdata1;
set ny.ehjcgc ny.epb ny.epcf ny.eev ny.eps ny.eyylrr ny.eyysrr ny.exjllr ny.ejlrr ny.ehjcg ny.epe ny.ejgcg ny.ejgcgc ny.exsmlv ny.exsjlv ny.eroe ny.eroa;
run;
/*创建宏 DR,设置宏变量 I,对应股票的不同因子。*/
%macro dr(i);
proc sort data=ny.data2;
by year month descending &i;
run;
/*根据因子排序结果每月将所有股票分为十组。Trdmnt 为表示月份数据*/
data ny.g&i;
```

```
set ny.data2;
by trdmnt;
if first.trdmnt then a1=1;
else a1+1;
run;
proc sql;
create table ny.g&i as
select *,int(max(a1)/10) as a2,mod(max(a1),10) as a3
from ny.g&i group by trdmnt;
quit;
data ny.g&i;
set ny.g&i;
if a1<=a2 then group=1;
if a2<a1<=(2*a2) then group=2;
if (2*a2)<a1<=(3*a2) then group=3;
if (3*a2)<a1<=(4*a2) then group=4;
if (4*a2)<a1<=(5*a2) then group=5;
if (5*a2)<a1<=(6*a2) then group=6;
if (6*a2)<a1<=(7*a2) then group=7;
if (7*a2)<a1<=(8*a2) then group=8;
if (8*a2)<a1<=(9*a2) then group=9;
if (9*a2)<a1 then group=10;
run;
/*根据股票分组结果,计算每组的平均收益。*/
proc sql;
create table ny.h&i as
select stkcd,trdmnt,group,&i,rate,avg(rate) as ar&i
from ny.g&i
group by group;
quit;
proc sort nodupkey data=ny.h&i;
by group;
run;
    proc sort data=ny.h&i;
by descending group;
run;
/*调用宏,其中调用的宏参数分别为本章测试的因子,具体名称对应见本章第一节。*/
%mend dr;
%dr(stdm); %dr(stdmc); %dr(zf); %dr(zfc); %dr(a_exrate);
%dr(a_exratec); %dr(rate1); %dr(rate2); %dr(rate3); %dr(rate6); %dr(rateyear); %dr(mv); %dr(tv);
    %macro d(i);
```

```
/*计算区分度。*/
data ny.i&i;
set ny.h&i;
qfd1=(ar&i-lag9(ar&i))/ar1;
qfd2=(lag1(ar&i)-lag8(ar&i))/ar1;
qfd3=0.8*qfd1+0.2*qfd2;
qfd4=0.6*qfd1+0.4*qfd2;
run;
data ny.i&i(keep=ar&i qfd1 qfd2 qfd3 qfd4);
set ny.i&i;
if group=1;
run;
%mend d;
%d(stdm);%d(stdmc);%d(zf);%d(zfc);%d(a_exrate);
%d(a_exratec);%d(rate1);%d(rate2);%d(rate3);%d(rate6);%d(rateyear);%d(mv);%d(tv);
data ny.mdata2;
set ny.ia_exratec ny.irate2 ny.irate3 ny.irate6 ny.irateyear ny.istdm ny.istdmc ny.izf ny.izfc ny.ia_exrate ny.irate1 ny.imv ny.itv;
run;
/*由于选用的数据中,日期数据为字符型数据,取出年份数据。*/
%macro dr(i);
data ny.b&i;
set ny.b&i;
year1=substr(accper,1,4);
year=year1+0;
drop year1;
run;
%mend dr;
%dr(pe);%dr(pb);%dr(pcf);%dr(ps);%dr(ev);
%dr(yylrr);%dr(yysrr);%dr(xjllr);%dr(jlrr);%dr(hjcg);%dr(hjcgc);%dr(jgcg);%dr(jgcgc);%dr(roe);%dr(roa);%dr(xsmlv);%dr(xsjlv);
run;
/*计算各组合年平均收益*/
%macro d(i);
proc sql;
create table ny.f&i as
select year,avg(rank_&i) as acorr&i
from ny.b&i
group by year;
quit;
%mend d;
%d(pe);%d(pb);%d(pcf);%d(ps);%d(ev);%d(stdm);%d(stdmc);%d(zf);%d(zfc);%d(a_
```

exrate);%d(mv);%d(tv);

%d(a_exratec);%d(rate1);%d(rate2);%d(rate3);%d(rate6);%d(rateyear);

%d(yylrr);%d(yysrr);%d(xjllr);%d(jlrr);%d(hjcg);%d(hjcgc);%d(jgcg);%d(jgcgc);%d(roe);%d(roa);%d(xsmlv);%d(xsjlv);

/*合并上文得出的数据集,便于综合分析*/

data ny.ydata1;

merge ny.fa_exratec ny.fpb ny.fpcf ny.fev ny.fps ny.fyylrr ny.fyysrr ny.fxjllr ny.fjlrr ny.fhjcg ny.fhjcgc ny.fjgcg ny.fjgcgc ny.fxsmlv ny.fxsjlv ny.froe ny.froa ny.frate1 ny.frate2 ny.frate3 ny.frate6 ny.frateyear ny.fstdm ny.fstdmc ny.fzf ny.fzfc ny.fa_exrate ny.fpe ny.fmv ny.ftv;

by year;

run;

/*根据因子排序结果每季度将所有股票分为十组。Accper是财报周期数据,刚好代表月度。后续处理和前文基本一致,不赘述*/

%macro dr(i);

proc sort data=ny.data1;

by accper descending &i;

run;

data ny.g&i;

set ny.data1;

by accper;

if first.accper then a1=1;

else a1+1;

run;

proc sql;

create table ny.g&i as

select *,int(max(a1)/10) as a2,mod(max(a1),10) as a3

from ny.g&i group by accper;

quit;

data ny.g&i;

set ny.g&i;

if a1<=a2 then group=1;

if a2<a1<=(2*a2) then group=2;

if (2*a2)<a1<=(3*a2) then group=3;

if (3*a2)<a1<=(4*a2) then group=4;

if (4*a2)<a1<=(5*a2) then group=5;

if (5*a2)<a1<=(6*a2) then group=6;

if (6*a2)<a1<=(7*a2) then group=7;

if (7*a2)<a1<=(8*a2) then group=8;

if (8*a2)<a1<=(9*a2) then group=9;

if (9*a2)<a1 then group=10;

run;

proc sql;

第十三章　能　源　行　业

```
    create table ny.h&i as
    select stkcd,accper,group,&i,rate,avg(rate) as ar&i
    from ny.g&i
    group by group;
    quit;
    proc sql;
    create table ny.h&i as
    select * ,avg(rate) as ar1
    from ny.h&i;
    quit;
      proc sort nodupkey data=ny.h&i;
    by group;
    run;
      proc sort data=ny.h&i;
    by descending group;
    run;
    %mend dr;
    %dr(pe);%dr(pb);%dr(pcf);%dr(ps);%dr(ev);
    %dr(yylrr);%dr(yysrr);%dr(xjllr);%dr(jlrr);%dr(hjcg);%dr(hjcgc);%dr(jgcg);%dr
(jgcgc);%dr(roe);%dr(roa);%dr(xsmlv);%dr(xsjlv);
    %macro d(i);
    data ny.i&i;
    set ny.h&i;
    qfd1=(ar&i-lag9(ar&i))/ar1;
    qfd2=(lag1(ar&i)-lag8(ar&i))/ar1;
    qfd3=0.8*qfd1+0.2*qfd2;
    qfd4=0.6*qfd1+0.4*qfd2;
    run;
    data ny.i&i(keep=ar&i qfd1 qfd2 qfd3 qfd4);
    set ny.i&i;
    if group=1;
    run;
    %mend d;
    %d(pe);%d(pb);%d(pcf);%d(ps);%d(ev);
    %d(yylrr);%d(yysrr);%d(xjllr);%d(jlrr);%d(hjcg);%d(hjcgc);%d(jgcg);%d(jgcgc);%d
(roe);%d(roa);%d(xsmlv);%d(xsjlv);
    data ny.qdata2;
    set ny.ihjcgc ny.ipb ny.ipcf ny.iev ny.ips ny.iyylrr ny.iyysrr ny.ixjllr ny.ijlrr ny.ihjcg ny.
ipe ny.ijgcg ny.ijgcgc ny.ixsmlv ny.ixsjlv ny.iroe ny.iroa;
    run;
    %macro dr(i);
    data ny.j&i(keep=group trate&i);
```

```
set ny.h&i;
trate&i=ar&i*22;
run;
proc sort data=ny.j&i;
by group;
run;
%mend dr;
%dr(pe);%dr(pb);%dr(pcf);%dr(ps);%dr(ev);
%dr(yylrr);%dr(yysrr);%dr(xjllr);%dr(jlrr);%dr(hjcg);%dr(hjcgc);%dr(jgcg);%dr(jgcgc);%dr(roe);%dr(roa);%dr(xsmlv);%dr(xsjlv);
%macro d(i);
data ny.j&i(keep=group trate&i);
set ny.h&i;
trate&i=ar&i*93;
run;
proc sort data=ny.j&i;
by group;
run;
%mend d;
%d(stdm);%d(stdmc);%d(zf);%d(zfc);%d(a_exrate);
%d(a_exratec);%d(rate1);%d(rate2);%d(rate3);%d(rate6);%d(rateyear);%d(mv);%d(tv);
data ny.ydata2;
merge ny.ja_exratec ny.jpb ny.jpcf ny.jev ny.jps ny.jyylrr ny.jyysrr ny.jxjllr ny.jjlrr ny.jhjcg ny.jhjcgc ny.jjgcg ny.jjgcgc ny.jxsmlv ny.jxsjlv ny.jroe ny.jroa ny.jrate1 ny.jrate2 ny.jrate3 ny.jrate6 ny.jrateyear ny.jstdm ny.jstdmc ny.jzf ny.jzfc ny.ja_exrate ny.jpe ny.jmv ny.jtv;
by group;
run;
%macro dr(i);
proc sql;
create table ny.k&i as
   select *
   from ny.a&i,ny.g&i
   where a&i..stkcd=g&i..stkcd and a&i..accper=g&i..accper;run;
proc sort data=ny.k&i;
by group;
run;
ODS OUTPUT PearsonCorr=ny.l&i;
proc corr data=ny.k&i fisher;
var rank_&i ;
with rank_b;by group;
run;
ODS OUTPUT CLOSE;
```

```
data ny.l&i;
set ny.l&i;
xxxs1&i=0.8*rank_&i+0.2*lag1(rank_&i);
xxxs2&i=0.2*rank_&i+0.8*lag1(rank_&i);
run;
data ny.l&i(keep=group rank_&i xxxs1&i xxxs2&i);
set ny.l&i;
if group=1 or group=2 or group=10;;
run;
%mend dr;
%dr(pe);%dr(pb);%dr(pcf);%dr(ps);%dr(ev);
%dr(yylrr);%dr(yysrr);%dr(xjllr);%dr(jlrr);%dr(hjcg);%dr(hjcgc);%dr(jgcg);%dr
(jgcgc);%dr(roe);%dr(roa);%dr(xsmlv);%dr(xsjlv);
%macro d(i);
proc sql;
create table ny.k&i as
    select *
    from ny.a&i,ny.g&i
    where a&i..stkcd=g&i..stkcd and a&i..trdmnt=g&i..trdmnt;run;
proc sort data=ny.k&i;
by group;
run;
ODS OUTPUT PearsonCorr=ny.l&i;
proc corr data=ny.k&i fisher;
var rank_&i ;
with rank_b;by group;
run;
ODS OUTPUT CLOSE;
data ny.l&i;
set ny.l&i;
xxxs1&i=0.8*rank_&i+0.2*lag1(rank_&i);
xxxs2&i=0.2*rank_&i+0.8*lag1(rank_&i);
run;
data ny.l&i(keep=group rank_&i xxxs1&i xxxs2&i);
set ny.l&i;
if group=1 or group=2 or group=10;;
run;
%mend d;
%d(stdm);%d(stdmc);%d(zf);%d(zfc);%d(a_exrate);
%d(a_exratec);%d(rate1);%d(rate2);%d(rate3);%d(rate6);%d(rateyear);%d(mv);%d(tv);
data ny.ydata3;
merge ny.la_exratec ny.lpb ny.lpcf ny.lev ny.lps ny.lyylrr ny.lyysrr ny.lxjllr ny.ljlrr ny.lhjcg
```

ny.lhjcgc ny.ljgcg ny.ljgcgc ny.lxsmlv ny.lxsjlv ny.lroe ny.lroa ny.lrate1 ny.lrate2 ny.lrate3 ny.lrate6 ny.lrateyear ny.lstdm ny.lstdmc ny.lzf ny.lzfc ny.la_exrate ny.lpe ny.lmv ny.ltv;
    by group;
    run;

    %macro dr(i);
    data ny.g&i;
    set ny.g&i;
    r_rm=Mretnd-ratem;
    run;
    proc sql;
    create table ny.n&i as
    select stkcd,accper,group,year,&i,rate,avg(r_rm) as ar_rm&i
    from ny.g&i
    group by group,accper;
    quit;
      proc sort nodupkey data=ny.n&i;
    by group accper;
    run;
    proc sql;
    create table ny.n&i as
    select *,sum(ar_rm&i) as tr_rm&i
    from ny.n&i
    group by year,group;
    quit;
      proc sort nodupkey data=ny.n&i;
    by group year;
    run;
    proc sort data=ny.n&i;
    by year descending group;
    run;
    data ny.n&i;
    set ny.n&i;
    tr_rm1&i=0.8*tr_rm&i+0.2*lag1(tr_rm&i);
    run;
    data ny.o&i(keep= tr_rm1&i year);
    set ny.n&i;
    if group=1;
    run;
    %mend dr;
    %dr(pe);%dr(pb);%dr(pcf);%dr(ps);%dr(ev);
    %dr(yylrr);%dr(yysrr);%dr(xjllr);%dr(jlrr);%dr(hjcg);%dr(hjcgc);%dr(jgcg);%dr

第十三章 能源行业

```
(jgcgc);%dr(roe);%dr(roa);%dr(xsmlv);%dr(xsjlv);
    %macro d(i);
    data ny.g&i;
    set ny.g&i;
    r_rm=Mretnd-ratem;
    run;
    proc sql;
    create table ny.n&i as
    select stkcd,trdmnt,year,group,&i,rate,avg(r_rm) as ar_rm&i
    from ny.g&i
    group by group,trdmnt;
    quit;
        proc sort nodupkey data=ny.n&i;
    by group trdmnt;
    run;
    proc sql;
    create table ny.n&i as
    select * ,sum(ar_rm&i) as tr_rm&i
    from ny.n&i
    group by year,group;
    quit;
        proc sort nodupkey data=ny.n&i;
    by group year;
    run;
    proc sort data=ny.n&i;
    by year descending group;
    run;
    data ny.n&i;
    set ny.n&i;
    tr_rml&i=0.8*tr_rm&i+0.2*lag1(tr_rm&i);
    run;
    data ny.o&i(keep= tr_rml&i year);
    set ny.n&i;
    if group=1;
    run;
    %mend d;
    %d(stdm);%d(stdmc);%d(zf);%d(zfc);%d(a_exrate);
    %d(a_exratec);%d(rate1);%d(rate2);%d(rate3);%d(rate6);%d(rateyear);%d(mv);%d(tv);
    data ny.ydata4;
    merge ny.oa_exratec ny.opb ny.opcf ny.oev ny.ops ny.oyylrr ny.oyysrr ny.oxjllr ny.ojlrr ny.ohjcg
ny.ohjcgc ny.ojgcg ny.ojgcgc ny.oxsmlv ny.oxsjlv ny.oroe ny.oroa ny.orate1 ny.orate2 ny.orate3 ny.o-
rate6 ny.orateyear ny.ostdm ny.ostdmc ny.ozf ny.ozfc ny.oa_exrate ny.ope ny.omv ny.otv;
```

```
by year;
run;
%macro d(i);
proc sort data=ny.n&i;
by year group;
run;
data ny.n&i;
set ny.n&i;
tr_rm2&i=0.8*tr_rm&i+0.2*lag1(tr_rm&i);
run;
data ny.p&i(keep= tr_rm2&i year);
set ny.n&i;
if group=10;
run;
%mend d;
%d(pe); %d(pb); %d(pcf); %d(ps); %d(ev); %d(stdm); %d(stdmc); %d(zf); %d(zfc); %d(a_exrate); %d(mv); %d(tv);
%d(a_exratec); %d(rate1); %d(rate2); %d(rate3); %d(rate6); %d(rateyear);
%d(yylrr); %d(yysrr); %d(xjllr); %d(jlrr); %d(hjcg); %d(hjcgc); %d(jgcg); %d(jgcgc); %d(roe); %d(roa); %d(xsmlv); %d(xsjlv);
data ny.ydata5;
merge ny.pa_exratec ny.ppb ny.ppcf ny.pev ny.pps ny.pyylrr ny.pyysrr ny.pxjllr ny.pjlrr ny.phjcg ny.phjcgc ny.pjgcg ny.pjgcgc ny.pxsmlv ny.pxsjlv ny.proe ny.proa ny.prate1 ny.prate2 ny.prate3 ny.prate6 ny.prateyear ny.pstdm ny.pstdmc ny.pzf ny.pzfc ny.pa_exrate ny.ppe ny.pmv ny.ptv;
by year;
run;
```

第十四章 金融地产行业

一、研 究 对 象

本章以金融地产行业为样本空间,剔除行业内在调仓日为 st 的股票,以及在换仓日停牌的股票,研究期间为 2007 年 5 月至 2017 年 10 月,换仓频率为月。金融地产行业包括保险、房地产、银行、综合金融等多种行业。本章采用表 10-1 中对金融地产行业的中证一级行业分类,股票共计 202 只。

二、各因子选股能力分析

我们首先使用横截面回归法进行因子选股能力分析,之后采用排序打分法研究因子的选股能力。

(一) 从信息系数方面分析各因子选股能力

各因子的信息系数如表 14-1 和表 14-2 所示。

表 14-1 各因子信息系数(月度)

因子	P 值	均值	标准差	最大值	中值	最小值
最近 1 个月涨幅(%)	0.0000	−0.0932	0.1587	0.3322	−0.0854	−0.4003
最近 2 个月涨幅(%)	0.0000	−0.1137	0.1518	0.1660	−0.1233	−0.4337
最近 3 个月涨幅(%)	0.0000	−0.1103	0.1680	0.3398	−0.1057	−0.5178
最近 6 个月涨幅(%)	0.0000	−0.1040	0.1560	0.2461	−0.0971	−0.5212
最近 12 个月涨幅(%)	0.0000	−0.0726	0.1659	0.2762	−0.0882	−0.5664
最近 1 个月波动率(%)	0.0000	−0.0715	0.1811	0.3453	−0.0784	−0.4797
波动率变化	0.0000	−0.0355	0.1541	0.2999	−0.0369	−0.4278
最近 1 个月振幅(%)	0.0000	−0.0881	0.1587	0.2965	−0.0970	−0.3930
振幅变化	0.0858	−0.0136	0.1005	0.2904	−0.0060	−0.2900
最近 1 个月日均换手率(%)	0.0000	−0.0686	0.1842	0.4064	−0.0971	−0.4366
换手率变化	0.0000	−0.0680	0.1317	0.2030	−0.0611	−0.4360
流通市值	0.0000	−0.0851	0.2405	0.4533	−0.0999	−0.5994
总市值	0.0000	−0.0912	0.2519	0.4992	−0.0901	−0.6227

表 14-2　各因子信息系数(季度)

因子	P 值	均值	标准差	最大值	中值	最小值
E/P	0.1198	−0.0441	0.1552	0.2302	−0.0475	−0.2898
B/P	0.0580	−0.0845	0.2008	0.3061	−0.0704	−0.5374
CF/P	0.0026	0.0338	0.0991	0.2303	0.0363	−0.2435
EBITDA/EV	0.0001	−0.0467	0.1605	0.1961	−0.0243	−0.4114
SR/P	0.0002	−0.0795	0.1705	0.1399	−0.0260	−0.4438
营业利润增长率(%)	0.6256	−0.0105	0.1702	0.3086	0.0192	−0.3217
营业收入增长率(%)	0.8982	0.0087	0.1054	0.1991	0.0258	−0.2432
经营活动产生的现金流净额增长率(%)	0.8941	0.0009	0.1079	0.1942	0.0046	−0.2561
净利润增长率(%)	0.3142	−0.0058	0.1692	0.2895	−0.0043	−0.2950
户均持股比例	0.0000	0.1425	0.2254	0.5382	0.1466	−0.2579
户均持股比例变化	0.0001	0.0402	0.1294	0.2845	0.0610	−0.2774
机构持股比例	0.0000	−0.0458	0.1982	0.3373	−0.0597	−0.3143
机构持股比例变化	0.4874	0.0158	0.0995	0.2001	0.0327	−0.2263
销售毛利率(%)	0.0006	−0.0679	0.1825	0.2483	−0.0815	−0.3958
销售净利率(%)	0.0030	−0.0658	0.1695	0.2369	−0.0720	−0.3827
ROE(%)	0.0000	−0.0569	0.2144	0.3557	−0.1445	−0.3307
ROA(%)	0.0003	−0.0701	0.1183	0.1273	−0.0676	−0.2571

由表 14-1、14-2 可知,金融地产行业内的股票表现出较为显著的反转效应,最近 1 个月涨幅、最近 2 个月涨幅、最近 3 个月涨幅、最近 6 个月涨幅、最近 12 个月涨幅 5 个因子的信息系数均为负(前期涨幅越大,下一个月表现越差),且在 1% 的显著水平下显著为负;最近 1 个月波动率、最近 1 个月振幅、波动率变化等波动因子也是表现较为显著的负向因子,其信息系数分别为 −0.0715、−0.0881、−0.0355(最近 1 个月波动率越高,下一个月表现越差;最近 1 个月振幅越大,下一个月表现越差;波动率变化越大,下一个月表现越差),在 1% 的显著水平下显著为负;此外,最近 1 个月日均换手率、换手率变化等交投因子也是表现较为显著的负向因子,其信息系数分别为 −0.0686、−0.0680(最近 1 个月日均换手率越高,下一个月表现越差;换手率变化越大,下一个月表现越差),在 1% 的显著水平下显著为负。

同时，金融地产行业内的股票也表现出较为显著的小盘股效应，流通市值、总市值等规模因子表现出较为显著的负向效应，其信息系数分别为 −0.0851、−0.0912（流通市值越大，下一个月表现越差；总市值越大，下一个月表现越差），在1%的显著水平下显著为负。EBITDA/EV、SR/P 等估值因子也是表现较为显著的负向因子，其信息系数分别为 −0.0467、−0.0795（EBITDA/EV 越大，下一个月表现越差；SR/P 越大，下一个月表现越差），在1%的显著水平下显著为负。股东因子中的机构持股比例也是表现较为显著的负向因子，其信息系数为 −0.0458（机构持股比例越高，下一个月表现越差），在1%的显著水平下显著为负。此外，销售毛利率、销售净利率、ROE、ROA 等盈利因子也是表现较为显著的负向因子，其信息系数分别为 −0.0679、−0.0658、−0.0569、−0.0701（销售毛利率越高，下一个月表现越差；销售净利率越高，下一个月表现越差；ROE 越高，下一个月表现越差；ROA 越高，下一个月表现越差），在1%的显著水平下显著为负。

估值因子表现出较为显著的正向效应，CF/P 的信息系数为 0.0338（前期 CF/P 越高，下个月表现越好），在1%的显著水平下显著为正。此外，户均持股比例、户均持股比例变化等股东因子也是表现较为显著的正向因子，其信息系数分别为 0.1425、0.0402（户均持股比例越高，下一个月表现越好；户均持股比例变化越大，下一个月表现越好），在1%的显著水平下显著为正。

成长因子（营业收入增长率、净利润增长率、营业利润增长率、经营活动现金流量净额增长率）、股东因子（机构持股变化）、估值因子（B/P、E/P）等因子的信息系数在0附近，也就是说，这些因子对股票下个月表现的影响不显著。

通过对各因子总体的表现情况进行分析之后，我们又对各因子每年的表现情况进行了分析，主要分析每年各因子信息系数的一致性，即分析因子在总体年份中的表现情况，表14-3 列出了每年各因子信息系数的均值情况。

从每年各因子信息系数的一致性方面看，估值因子中的 CF/P，股东因子中的户均持股比例、户均持股比例变化、机构持股比例变化等因子在大多数年份里的信息系数均值均为正；交投因子中的换手率变化、最近1个月日均换手率，估值因子中的 EBITDA/EV、SR/P，盈利因子中的销售毛利率、销售净利率、ROE、ROA，动量反转因子中的最近1个月涨幅、最近2个月涨幅、最近3个月涨幅、最近6个月涨幅、最近12个月涨幅，波动因子中的最近1个月波动率、波动率变化、最近1个月振幅、振幅变化，规模因子中的流通市值、总市值等因子在大多数年份里的信息系数均值均为负；而其他因子在每年的表现则并不十分一致。

(二) 从 FF 排序法方面来分析各因子的选股能力

选股区分度具体数据列于表14-4 和表14-5。

表 14-3 每年各因子信息系数的均值

因子	2007	2008	2009	2010	2011	2012	2013	2014	2015	2016	2017
E/P	0.0701	−0.1798	−0.0699	0.0337	−0.1871	−0.1915	0.1246	0.2302	−0.2102	−0.0412	0.1174
B/P	−0.3340	−0.0560	−0.0978	0.0318	−0.2100	−0.1589	0.1030	0.3061	−0.1168	−0.2792	−0.2867
CF/P	−0.0186	0.0244	0.0667	−0.0078	0.0005	0.0297	0.1070	0.1382	0.0156	0.0218	−0.0241
EBITDA/EV	−0.0254	−0.1725	−0.0277	−0.0159	−0.0447	−0.0337	−0.0444	0.0661	−0.0617	−0.1610	−0.1460
SR/P	−0.1462	−0.0596	−0.0064	−0.0893	−0.2827	−0.0937	0.0717	0.0695	−0.0726	−0.1418	−0.1546
营业利润增长率(%)	−0.0812	−0.1469	−0.0593	−0.0115	0.2044	0.1002	−0.1065	0.0725	−0.1037	0.0214	−0.0153
营业收入增长率(%)	−0.0471	0.0457	−0.0480	0.0877	0.0979	0.0544	−0.1114	−0.0458	−0.0753	0.0671	−0.0016
经营活动产生的现金流净额增长率(%)	−0.0722	0.0225	−0.0340	−0.0150	0.0475	0.0204	0.0436	−0.0187	0.0028	0.0242	−0.0276
净利润增长率(%)	−0.0981	−0.0932	−0.0623	−0.0184	0.1823	0.0714	−0.0810	0.1702	−0.1188	−0.0409	−0.1778
户均持股比例	−0.0042	0.2873	0.1767	0.2900	0.0150	−0.0460	0.1958	0.3922	0.1007	0.0703	−0.1974
户均持股比例变化	−0.1600	0.0742	0.1259	−0.0463	0.0609	0.0776	0.1064	0.1688	0.1117	0.0353	0.0162
机构持股比例	0.0273	−0.1068	−0.2007	−0.1125	0.1755	0.1098	−0.1728	−0.1666	0.0377	0.0661	0.1369
机构持股比例变化	0.0815	−0.0629	0.0344	0.0174	0.0236	0.0091	0.0251	−0.0361	−0.0582	0.0502	−0.0771
销售毛利率(%)	−0.0374	−0.2137	−0.2225	−0.0638	0.1181	0.0749	−0.0958	−0.1742	−0.0272	0.0513	−0.0974
销售净利率(%)	−0.0457	−0.2241	−0.2167	−0.0471	0.1108	0.0407	−0.0559	−0.1322	−0.0145	0.0550	−0.0910
ROE(%)	−0.0777	−0.1453	−0.1195	−0.1747	0.2082	0.1750	−0.2311	0.1557	−0.0098	0.1195	−0.2032
ROA(%)	−0.0314	−0.1397	−0.1627	−0.1419	0.0431	0.0116	−0.0664	−0.0808	−0.0298	0.0340	−0.1308
最近1个月涨幅(%)	−0.0895	−0.0925	−0.0807	−0.0896	−0.0766	−0.1123	−0.1010	−0.1059	−0.1092	−0.1465	−0.0050
最近2个月涨幅(%)	−0.1080	−0.0720	−0.1290	−0.1429	−0.1145	−0.1212	−0.1133	−0.1076	−0.1416	−0.1203	0.0173
最近3个月涨幅(%)	−0.1581	−0.1285	−0.0851	−0.1113	−0.0798	−0.1287	−0.1001	−0.0866	−0.1767	−0.1317	0.0080
最近6个月涨幅(%)	−0.1936	−0.1156	−0.0626	−0.0647	−0.0698	−0.1551	−0.0833	−0.0838	−0.2180	−0.0810	0.0384
最近12个月涨幅(%)	−0.1346	−0.1458	−0.1094	−0.0054	−0.0173	−0.0541	−0.0582	−0.0526	−0.2146	−0.0844	0.0365
波动率变化	−0.1214	−0.0494	−0.0327	−0.0625	−0.1190	−0.0300	−0.0751	−0.0841	0.0016	−0.0404	−0.0023
波动率1个月波动率变化	0.0031	−0.0233	−0.0855	−0.0629	−0.0928	−0.0706	−0.0248	−0.0757	0.0016	−0.0404	−0.0023
振幅变化	−0.1284	−0.0704	−0.0444	−0.0706	−0.1413	−0.0816	−0.0675	−0.1035	−0.1287	−0.1112	−0.0938
最近1个月振幅(%)	0.0282	−0.0423	−0.0509	−0.0340	−0.0378	−0.0201	−0.0193	−0.0069	0.0232	−0.0011	−0.0289
换手率变化	−0.1226	−0.0947	0.0108	−0.0333	−0.1104	−0.1083	−0.0582	−0.0244	−0.0673	−0.1043	−0.1560
最近1个月日均换手率(%)	−0.0391	−0.0918	−0.0615	−0.0463	−0.1371	−0.0466	−0.0427	−0.0816	−0.0561	−0.0537	0.0093
流通市值	−0.0711	−0.0351	−0.1181	−0.1317	−0.0447	−0.0406	−0.0966	−0.1558	−0.2102	−0.0412	0.1174
总市值	−0.0742	−0.0454	−0.1131	−0.1477	−0.0484	−0.0557	−0.0997	−0.1579	−0.2095	−0.0586	0.1014

表 14-4　各因子选股区分度(月度)

因子	区分度1:(第1组—第10组)/基准	区分度2(第2组—第9组)/基准	0.8×区分度1+0.2×区分度2	0.6×区分度1+0.4×区分度2
最近1个月涨幅(%)	−0.8917	−0.6837	−0.8501	−0.8085
最近2个月涨幅(%)	−0.7966	−0.6695	−0.7712	−0.7458
最近3个月涨幅(%)	−1.2860	−0.7137	−1.1716	−1.0571
最近6个月涨幅(%)	−1.2873	−0.9027	−1.2104	−1.1335
最近12个月涨幅(%)	−0.9510	−0.8423	−0.9293	−0.9075
最近1个月波动率(%)	−0.6616	−0.2284	−0.5750	−0.4883
波动率变化	−0.4404	−0.0315	−0.3586	−0.2769
最近1个月振幅(%)	−1.8588	−0.3874	−1.5646	−1.2703
振幅变化	−0.4984	0.2326	−0.3522	−0.2060
最近1个月日均换手率(%)	−0.0986	−0.4717	−0.1732	−0.2479
换手率变化	−0.4012	0.0994	−0.3010	−0.2009
流通市值	−2.5976	−1.9010	−2.4583	−2.3190
总市值	−2.5496	−1.5748	−2.3546	−2.1597

表 14-5　各因子选股区分度(季度)

因子	区分度1:(第1组—第10组)/基准	区分度2(第2组—第9组)/基准	0.8×区分度1+0.2×区分度2	0.6×区分度1+0.4×区分度2
E/P	−0.1971	−1.0149	−0.3607	−0.5243
B/P	−0.7086	−0.2135	−0.6096	−0.5105
CF/P	0.0949	0.1339	0.1027	0.1105
EBITDA/EV	−0.9504	−0.3577	−0.8318	−0.7133
SR/P	−0.2031	−0.1878	−0.2000	−0.1970
营业利润增长率(%)	−0.4113	−0.2229	−0.3736	−0.3359
营业收入增长率(%)	−0.2492	−0.1511	−0.2296	−0.2100
经营活动产生的现金流净额增长率(%)	−0.0325	0.0276	−0.0205	−0.0085
净利润增长率(%)	0.1773	−0.6293	0.0160	−0.1453
户均持股比例	1.6148	0.7656	1.4450	1.2751
户均持股比例变化	0.4834	0.6193	0.5106	0.5378
机构持股比例	−0.6364	−0.2456	−0.5583	−0.4801
机构持股比例变化	−0.5061	0.2398	−0.3569	−0.2077
销售毛利率(%)	0.6641	0.0046	0.5322	0.4003
销售净利率(%)	0.6350	−0.0384	0.5003	0.3656
ROE(%)	−0.3803	−0.7285	−0.4500	−0.5196
ROA(%)	−1.1709	−0.3552	−1.0077	−0.8446

从选股区分度看,股东因子中的户均持股比例、户均持股比例变化等表现出较好的正向选股能力;估值因子中的 CF/P 等因子表现出一定的正向选股能力;而规模因子中的总市值,反转因子中的最近1个月涨幅、最近2个月涨幅、最近3个月涨幅、最近6个月涨幅、最近12个月涨幅,波动因子中的最近1个月波动率、波动率变化、最近1个月振幅,规模因子中的流

通市值、总市值,估值因子中的 E/P、EBITDA/EV、B/P,成长因子中的营业利润增长率、营业收入增长率,盈利因子中的 ROE、ROA 等因子表现出较好的负向选股能力;交投因子中的最近 1 个月日均换手率,估值因子中的 SR/P,股东因子中的机构持股比例,盈利因子中的销售毛利率等因子表现出一定的负向选股能力;而其他因子在选股区分度上表现得并不十分明显。

2. 单调性

我们每期根据各因子的情况对行业内的股票进行了排序(降序法),并把样本股票分成了 10 组,分别计算了各组在研究期(2007 年 5 月至 2017 年 10 月)的累计收益率,根据第 1 组、第 2 组到第 9 组、第 10 组股票组合的表现,分析每个因子的单调性情况,具体数据列于表 14-6。

从单调性看,股东因子中的户均持股比例、户均持股比例变化等因子表现出较为明显的单调递减特征;而动量反转因子中的最近 3 个月涨幅、最近 6 个月涨幅,波动因子中的最近 1 个月振幅,规模因子中的流通市值、总市值,估值因子中的 EBITDA/EV,成长因子中的营业利润增长率,股东因子中的机构持股比例等因子表现出较为明显的单调递增特征;其他大多数因子的单调性表现不明显。

3. 稳定性

为了考察各因子表现的稳定性,我们分别计算了靠前组合和靠后组合相对于样本基准收益率的表现情况,表 14-7 列出了第 1 组和第 10 组的具体数据,同时又加入两个组合(0.8×第 1 组+0.2×第 2 组和 0.8×第 10 组+0.2×第 9 组),进一步考察各因子表现的稳定性。

从根据各因子排序构建的各组合的信息比率来看,股东因子中的户均持股比例、机构持股比例变化,估值因子中的 E/P、CF/P、EBITDA/EV、SR/P、B/P,成长因子中的营业利润增长率、营业收入增长率、经营活动产生的现金流净额增长率,盈利因子中的销售净利率、ROE、ROA 等因子的第 1 组的信息比率为正,第 10 组的信息比率为负,且差距较大;而交投因子中的换手率变化、最近 1 个月日均换手率,波动因子中的最近 1 个月波动率、波动率变化、最近 1 个月振幅,动量反转因子中的最近 1 个月涨幅,规模因子中的总市值等因子的第 1 组的信息比率为负,第 10 组的信息比率为正,且差距较大;而根据其他因子排序所构建的各组合则表现得并不明显。

前面研究了根据各因子排序构建的各组合的信息比率情况,下面将进一步研究各因子排名靠前组合和靠后组合各年的超额收益率情况,具体数据列于表 14-8 和表 14-9。

从排名靠前组合各年的超额收益率看,估值因子中的 E/P,成长因子中的营业收入增长率、净利润增长率,股东因子中的户均持股比例,盈利因子中的销售毛利率、销售净利率,交投因子中的换手率变化、最近 1 个月日均换手率,动量反转因子中的最近 1 个月涨幅、最近 2 个月涨幅、最近 3 个月涨幅、最近 6 个月涨幅、最近 12 个月涨幅,波动因子中的最近 1 个月波动率、波动率变化、最近 1 个月振幅、振幅变化等因子排名靠前组合在大多数年份的超额收益率均为正;规模因子中的流通市值、总市值等因子排名靠前组合在大多数年份的超额收益率均为负;其他因子的表现则不明显。

表 14-6 根据各因子排序构建的各组合累计收益率（2007 年 5 月至 2017 年 10 月）

因子	第1组	第2组	第3组	第4组	第5组	第6组	第7组	第8组	第9组	第10组
E/P	1.9011	1.1648	1.4091	1.1489	1.3595	0.8915	1.2267	1.4069	2.7540	2.2098
B/P	1.6666	1.2601	1.3129	1.3099	1.1461	1.7871	1.3850	1.0698	1.5944	2.7762
CF/P	2.0617	1.7814	1.4563	1.5132	1.4124	1.2203	1.2935	1.3378	1.5718	1.9131
EBITDA/EV	1.5855	1.0473	0.9823	0.8516	1.6712	1.7358	1.1579	1.5097	1.6074	3.0737
SR/P	1.9941	1.2329	1.0677	0.8789	1.7230	1.5751	1.3852	1.7465	1.5270	2.3121
营业利润增长率（%）	1.6401	1.8944	1.5320	0.8244	1.1830	1.3486	1.2548	1.2553	2.2434	2.2841
营业收入增长率（%）	1.6457	1.5576	1.7929	1.3137	0.8622	1.6760	1.6058	1.2386	1.7943	2.0360
经营活动产生的现金流净额增长率（%）	1.4797	1.7569	1.3705	1.7484	1.5681	1.5549	1.3005	1.6439	1.7136	1.5306
净利润增长率（%）	2.1599	1.4013	1.5181	0.9358	1.2972	1.3204	1.1339	1.5391	2.3868	1.8823
户均持股比例	2.9565	2.2473	2.2060	1.9826	1.9382	1.2031	1.3636	0.6220	1.0484	0.4279
户均持股比例变化	2.6731	2.1508	1.6351	1.6023	1.3613	1.0975	0.5108	1.4419	1.1810	1.9161
机构持股比例	1.0854	1.1798	1.3830	1.1442	1.8908	1.7862	1.5343	1.8615	1.5644	2.0820
机构持股比例变化	1.0318	2.0371	1.7563	1.7019	1.2899	1.3834	1.3440	1.5548	1.6616	1.8243
销售毛利率（%）	1.3974	1.8514	1.5988	1.1792	1.3013	1.5294	2.0352	2.9194	1.8442	0.3575
销售净利率（%）	1.3124	1.8941	1.5949	1.3691	1.1744	1.6956	2.0462	2.6689	1.9543	0.3181
ROE（%）	2.0599	1.0233	1.0601	0.9792	1.1899	1.2142	1.5339	1.4771	2.1641	2.6554
ROA（%）	1.5617	1.5728	0.9444	0.7141	1.2703	1.2086	0.9342	1.3990	2.1291	3.3952
最近1个月涨幅（%）	2.0997	1.1837	0.9444	1.5474	1.6424	1.8489	2.1497	1.8350	2.5665	3.9032
最近2个月涨幅（%）	2.3766	0.9650	0.9286	1.3948	1.5477	2.1365	1.5188	2.5239	2.3192	3.9879
最近3个月涨幅（%）	1.4681	0.9510	1.3480	1.3972	1.5068	1.9236	2.4653	2.1466	2.3946	4.0693
最近6个月涨幅（%）	1.7375	0.3534	0.9732	0.7745	2.2092	2.1783	2.2430	2.6162	2.1792	4.3414
最近12个月涨幅（%）	1.8412	0.7781	1.1372	2.0576	1.8463	1.7242	1.9603	2.1783	2.4818	3.7649
波动率（%）	1.6914	1.4522	1.4824	1.5268	3.1323	1.6492	2.2147	1.8720	1.9142	3.0296
最近1个月振幅（%）	1.8886	1.7044	1.7230	2.5901	1.8483	2.1401	1.5863	1.9946	1.7682	2.7794
振幅变化	0.5342	1.4669	2.1729	1.3539	1.5828	1.6255	2.3153	2.0405	2.2504	4.2941
最近1个月日均换手率（%）	1.8820	2.3085	1.8024	1.8631	1.6437	2.4829	1.9269	1.3561	1.8380	2.8900
换手率变化	2.2774	0.4106	1.7578	1.6826	1.8917	4.1224	2.2240	1.8962	1.3648	2.4769
流通市值	2.2673	2.2242	1.7194	1.8847	1.3195	1.7724	1.8322	1.8245	2.0232	3.0787
总市值	0.1208	0.3346	0.4878	1.0298	1.7734	1.2406	2.0361	2.5616	4.1797	5.3749
	0.1599	0.4979	0.8329	0.8275	1.2388	1.9342	2.0559	2.7793	3.6832	5.3169

表 14-7 根据各因子排序构建的各组合的信息比率

因子	第1组	0.8×第1组＋0.2×第2组	第10组	0.8×第10组＋0.2×第9组
E/P	0.0281	0.0142	−0.0761	−0.0591
B/P	0.0855	0.0681	−0.0617	−0.0430
CF/P	0.1384	0.1323	−0.0475	−0.0749
EBITDA/EV	0.0736	0.0752	−0.0720	−0.0582
SR/P	0.1182	0.0808	−0.0636	−0.0312
营业利润增长率(%)	0.0382	0.0397	−0.0306	−0.0246
营业收入增长率(%)	0.0497	0.0304	−0.1228	−0.1144
经营活动产生的现金流净额增长率(%)	0.0519	0.0149	−0.0671	−0.0461
净利润增长率(%)	−0.0046	0.0127	0.0715	0.0693
户均持股比例	0.0662	0.0499	−0.0246	−0.0064
户均持股比例变化	−0.0844	−0.0861	0.0757	0.0709
机构持股比例	−0.0894	−0.0854	−0.1237	−0.1344
机构持股比例变化	0.0153	0.0211	−0.1321	−0.1007
销售毛利率(%)	−0.0339	−0.0003	0.0001	−0.0125
销售净利率(%)	0.0220	0.0423	−0.1113	−0.1045
ROE(%)	0.1962	0.1811	−0.1548	−0.1151
ROA(%)	0.0088	0.0051	−0.0848	−0.0412
最近1个月涨幅(%)	−0.0020	−0.0028	0.0052	0.0126
最近2个月涨幅(%)	−0.0196	−0.0203	−0.0205	−0.0116
最近3个月涨幅(%)	−0.0288	−0.0232	−0.0210	−0.0247
最近6个月涨幅(%)	−0.0191	−0.0176	−0.0477	−0.0411
最近12个月涨幅(%)	−0.0157	−0.0152	−0.0410	−0.0309
最近1个月波动率(%)	−0.0653	−0.0590	0.0063	−0.0018
波动率变化	−0.0487	−0.0327	0.0363	0.0383
最近1个月振幅(%)	−0.0442	−0.0407	0.0090	0.0067
振幅变化	0.0235	0.0321	0.0064	0.0049
最近1个月日均换手率(%)	−0.0622	−0.0540	0.0066	0.0061
换手率变化	−0.0426	−0.0395	0.0025	0.0067
流通市值	0.0022	0.0056	0.0278	0.0185
总市值	−0.0235	−0.0354	0.0315	0.0242

从排名靠后组合各年的超额收益率看,估值因子中的 B/P、CF/P、EBITDA/EV、SR/P,成长因子中的经营活动产生的现金流净额增长率,股东因子中的户均持股比例等因子排名靠后组合在大多数年份的超额收益率均为负;交投因子中的换手率变化、最近1个月日均换手率,盈利因子中的 ROA,动量反转因子中的最近1个月涨幅、最近2个月涨幅、最近3个月涨幅、最近6个月涨幅、最近12个月涨幅,波动因子中的最近1个月波动率、波动率变化、最近1个月振幅、振幅变化,规模因子中的流通市值、总市值等因子排名靠后组合在大多数年份的超额收益率均为正;其他因子的表现则不明显。

表 14-8 各因子排名靠前组合各年超额收益率

因子	2007	2008	2009	2010	2011	2012	2013	2014	2015	2016	2017
E/P	0.1636	−0.6306	0.3596	0.0835	0.3066	−0.1516	−0.0491	0.0004	0.5118	0.2271	−0.1024
B/P	0.4933	−0.7201	0.7566	0.4171	0.3261	−0.1284	0.0468	−0.0625	0.5813	0.2724	−0.1192
CF/P	0.3249	−0.6365	0.4233	0.0891	0.3307	−0.1338	−0.0251	−0.0152	0.5068	0.1836	−0.1157
EBITDA/EV	0.1986	−0.6472	0.3961	0.1165	0.3480	−0.1889	−0.0372	−0.0537	0.5402	0.2008	−0.1288
SR/P	0.2613	−0.6703	0.3054	0.1579	0.3117	−0.1173	−0.0073	−0.0815	0.4368	0.1946	−0.1390
营业利润增长率(%)	0.0962	−0.7540	1.7670	0.3477	0.3031	−0.2235	−0.0264	−0.0305	0.4131	0.1877	−0.1021
营业收入增长率(%)	0.1234	−0.6928	1.7525	0.3635	0.3209	−0.1681	0.0043	−0.0658	0.4007	0.1031	−0.0939
经营活动产生的现金流净额增长率(%)	0.0915	−0.7565	0.2947	0.3562	0.3386	−0.1735	−0.0784	−0.0678	0.4151	0.1649	−0.1406
净利润增长率(%)	0.1188	−0.8032	1.7191	0.3640	0.3170	−0.2185	0.0140	−0.0630	0.3730	0.1536	−0.1095
户均持股比例	0.2331	−0.7483	0.3805	0.1922	0.3614	−0.1303	0.0284	−0.0485	0.4900	0.1803	−0.1103
户均持股比例变化	0.3062	−0.7115	0.3918	0.2399	0.3484	−0.1056	−0.0015	−0.0258	0.4965	0.1545	−0.0491
机构持股比例	0.0238	−0.7445	0.3482	0.1092	0.2955	−0.1476	−0.0773	−0.0324	0.4369	0.0655	−0.1228
机构持股比例变化	0.0609	−0.7092	0.6459	0.1947	0.2984	−0.1769	−0.0279	−0.0275	0.4809	0.1065	−0.1160
销售毛利率(%)	0.0681	−0.7240	0.5320	0.0903	0.2746	−0.1825	0.0267	−0.0325	0.3880	0.0758	−0.1015
销售净利率(%)	0.0953	−0.7173	0.5187	0.1127	0.2729	−0.1884	0.0226	−0.0442	0.3908	0.0752	−0.1116
ROE(%)	0.1944	−0.7896	1.7329	0.1910	0.2999	−0.1432	−0.0085	−0.0426	0.3790	0.0337	−0.1287
ROA(%)	0.1462	−0.7479	1.7675	0.1814	0.2340	−0.1230	−0.0512	−0.0567	0.3944	0.1211	−0.1130
最近1个月涨幅(%)	0.6281	−0.2695	0.3166	0.3097	0.2090	0.3196	0.1589	0.0841	0.0753	0.2376	−0.3263
最近2个月涨幅(%)	0.5387	−0.1638	0.1617	0.3014	0.6296	0.2611	0.0411	0.1334	0.0274	−0.1243	−0.3444
最近3个月涨幅(%)	0.1310	−0.2483	0.2248	0.2501	0.3669	0.2473	0.0368	0.1508	0.0329	−0.1040	−0.3569
最近6个月涨幅(%)	−0.1211	−0.1385	0.2642	0.4427	0.2009	0.3408	0.0930	0.1451	0.1577	−0.1865	−0.3859
最近12个月涨幅(%)	−0.0713	−0.2627	0.2983	0.3880	0.2599	0.4715	0.1025	0.1563	0.1672	0.0220	−0.3784
最近1个月波动率(%)	−0.0202	−0.2004	0.2518	0.4218	0.3763	0.3773	−0.0286	0.1742	0.3374	0.0625	−0.4020
波动率变化	0.5425	−0.1710	0.2142	0.1718	0.4119	0.2099	0.2067	0.1072	0.5932	0.0111	−0.2940
最近1个月振幅(%)	−0.1751	−0.1795	0.2235	−0.1341	0.1776	0.3810	0.1016	0.1221	0.0943	0.1353	−0.4338
振幅变化	0.2383	−0.0628	0.4380	−0.0703	0.6107	0.1651	0.1241	0.2840	0.6657	0.0697	−0.2972
最近1个月日均换手率(%)	−0.2254	−0.1978	0.6006	0.5669	0.3837	0.3098	0.0273	0.1550	0.2067	0.0319	−0.5209
换手率变化	0.4106	−0.1329	0.6237	0.1167	0.3674	0.2780	0.2028	0.1613	0.3026	0.0470	−0.3054
流通市值	−0.0178	0.0472	−0.0533	−0.1575	0.0609	−0.0878	−0.0203	−0.0331	−0.0965	0.0458	−0.0335
总市值	0.0355	−0.0634	0.0488	0.1510	0.0440	−0.0766	−0.0027	−0.0380	−0.1226	−0.0081	−0.0526

表 14-9 各因子排名靠后组合各年超额收益率

因子	2007	2008	2009	2010	2011	2012	2013	2014	2015	2016	2017
E/P	0.0152	-0.7921	0.1945	0.2867	0.3073	-0.1927	0.0354	-0.0796	0.5183	0.0810	-0.1413
B/P	-0.1664	-0.7831	0.2334	0.0878	0.2743	-0.1970	-0.0562	-0.0217	-0.4419	0.0224	-0.1185
CF/P	-0.0086	-0.7255	1.5122	0.1218	0.2535	-0.1736	-0.0140	-0.0832	-0.4469	0.0981	-0.1052
EBITDA/EV	0.0424	-0.8273	0.2203	0.2867	0.2958	-0.1902	-0.0243	-0.0442	-0.4678	0.0841	-0.0992
SR/P	-0.2347	-0.7885	0.2767	0.1251	0.2996	-0.1947	-0.1044	-0.0153	-0.4225	0.0428	-0.1061
营业利润增长率(%)	0.0034	-0.7673	0.2521	0.1032	0.2864	-0.1406	-0.0530	0.0148	0.4605	0.1381	-0.1246
营业收入增长率(%)	0.0063	-0.7396	0.3353	0.1189	0.2942	-0.1864	-0.0441	-0.0339	0.4711	0.1035	-0.1501
经营活动产生的现金流净额增长率(%)	-0.0595	-0.7109	1.6799	0.1552	0.2901	-0.1965	-0.0351	-0.0229	-0.4486	0.0857	-0.1020
净利润增长率(%)	-0.0888	-0.7043	0.3072	0.0987	0.3119	-0.1689	-0.0623	-0.0193	-0.4843	0.0901	-0.0965
户均持股比例	-0.1167	-0.6693	0.2713	0.1105	0.2745	-0.1420	-0.0338	-0.0660	-0.3864	0.0354	-0.1121
户均持股比例变化	-0.1357	-0.7736	1.6412	0.2852	0.2955	-0.1442	-0.0745	0.0192	0.4620	0.1631	-0.1364
机构持股比例	0.0194	-0.7634	0.6627	0.2914	0.3199	-0.2161	-0.0590	0.0095	0.4953	0.1075	-0.1045
机构持股比例变化	-0.0476	-0.7789	0.4262	0.2860	0.3264	-0.1484	-0.0809	0.0206	0.4577	0.1090	-0.1075
销售毛利率(%)	0.0711	-0.6484	0.3284	0.1312	0.2894	-0.1329	-0.0449	-0.0911	0.4126	0.0703	-0.1522
销售净利率(%)	0.0283	-0.6481	0.3301	0.1342	0.2902	-0.1329	-0.0434	-0.0911	0.4126	0.0703	-0.1522
ROE(%)	0.0037	-0.7878	0.2621	0.1069	0.3030	-0.1889	-0.0117	0.0103	0.4956	0.1204	-0.1519
ROA(%)	-0.0090	-0.8049	0.2544	0.1078	0.3069	-0.1859	-0.0020	-0.0086	0.4583	0.1350	-0.1543
最近1个月涨幅(%)	0.6589	0.1806	1.2148	-0.0214	0.2731	0.3489	0.2667	0.3230	0.6713	0.3419	-0.3488
最近2个月涨幅(%)	0.4900	0.3091	1.1556	0.1160	0.3219	0.2725	0.2789	0.3113	0.8073	0.2121	-0.2600
最近3个月涨幅(%)	0.4699	0.3731	1.2950	0.0768	0.3249	0.2574	0.2243	0.3007	0.8466	0.1631	-0.2119
最近6个月涨幅(%)	0.4387	0.2655	1.3385	0.0447	0.4392	0.4228	0.1864	0.3087	0.9203	0.2778	-0.2698
最近12个月涨幅(%)	0.3532	0.1382	1.4885	0.0364	0.3700	0.2448	0.1862	0.2858	0.9862	0.1499	-0.3947
波动率变化	1.2424	0.0895	0.4999	-0.0320	0.2004	0.1082	0.2049	0.2116	0.5616	0.1314	-0.2223
最近1个月振幅(%)	0.8023	0.0341	0.6360	0.0095	0.2484	0.0550	0.1830	0.2409	0.4288	0.0758	-0.3465
振幅变化	1.0604	0.1872	1.1853	0.1529	0.2578	0.2110	0.1992	0.2521	0.7419	0.0412	-0.1725
最近1个月日均换手率(%)	0.6676	0.1960	0.4289	0.2564	0.0959	0.2138	0.2367	0.2884	0.2725	0.1946	-0.3044
换手率变化	0.9421	0.0735	0.3200	0.0005	0.1873	0.1691	0.1796	0.1808	0.5007	0.0338	-0.1359
流通市值	0.7898	0.1857	0.4999	0.0258	0.3177	0.1993	0.2111	0.3303	0.6934	0.1279	-0.2824
总市值	0.6966	0.0872	1.5398	0.3973	0.7295	0.3473	0.3211	0.4073	1.1795	0.1147	-0.2984
	0.5687	0.1193	1.4014	0.4012	0.6742	0.3160	0.3701	0.4996	1.1339	0.3384	-0.3860

三、多因子模型的构建和评价

上文对 8 大类因子分别从信息系数、选股区分度、单调性和稳定性等方面进行了评价,目的也是根据上述评价体系考察各选股因子的表现情况,为后面构建行业内多因子模型提供一个比较有效的参考因子范围,并进一步分析和评价该多因子模型的表现情况。

(一) 各因子综合评价

根据行业内各因子的表现情况,我们把结果汇总在表 14-10 和表 14-11 中,分别代表月度选股因子综合评价和季度选股因子综合评价结果。

表 14-10 月度选股因子综合评价

因子	信息系数	选股区分度	单调性	稳定性
最近 1 个月涨幅(%)	显著为负	强	—	有一定的
最近 2 个月涨幅(%)	显著为负	强	—	—
最近 3 个月涨幅(%)	显著为负	强	有一定的	—
最近 6 个月涨幅(%)	显著为负	强	有一定的	—
最近 12 个月涨幅(%)	显著为负	强	—	—
最近 1 个月波动率(%)	显著为负	强	—	有一定的
波动率变化	显著为负	强	—	强
最近 1 个月振幅(%)	显著为负	强	显著	强
振幅变化	—	—	—	—
最近 1 个月日均换手率(%)	显著为负	较强	—	有一定的
换手率变化	显著为负	—	—	有一定的
流通市值	显著为负	强	显著	—
总市值	显著为负	强	显著	有一定的

表 14-11 季度选股因子综合评价

因子	信息系数	选股区分度	单调性	稳定性
E/P	—	强	—	强
B/P	—	强	—	较强
CF/P	显著为正	一般	—	强
EBITDA/EV	显著为负	强	有一定的	强
SR/P	显著为负	较强	—	强
营业利润增长率(%)	—	强	有一定的	强
营业收入增长率(%)	—	较强	—	强
经营活动产生的现金流净额增长率(%)	—	—	—	强

(续表)

因子	信息系数	选股区分度	单调性	稳定性
净利润增长率(%)	—	—	—	—
户均持股比例	显著为正	强	显著	强
户均持股比例变化	显著为正	强	—	—
机构持股比例	显著为负	强	有一定的	—
机构持股比例变化	—	—	有一定份	较强
销售毛利率(%)	显著为负	一般	—	—
销售净利率(%)	显著为负	—	—	有一定的
ROE(%)	显著为负	强	—	强
ROA(%)	显著为负	强	—	有一定的

综合各因子的信息系数、选股区分度、单调性和稳定性，在金融地产行业内表现较好的正向因子为股东因子中的户均持股比例。表现较好的负向因子有：(1) 波动因子中的最近1个月振幅；(2) 规模因子中的总市值；(3) 估值因子中的 EBITDA/EV。其中，股东因子中的户均持股比例、估值因子中的 EBITDA/EV 等表现较好的因子为季度因子，波动因子中的最近1个月振幅、规模因子中的总市值等表现较好的因子为月度因子。

(二) 行业内多因子模型构建

我们的目的是根据行业内各因子的表现情况，筛选出表现较为显著的选股因子，并据此进一步进行行业内多因子选股模型的构建。

由前面的分析可知，在金融地产行业内如下因子表现较好：(1) 季度因子：股东因子中的户均持股比例、估值因子中的 EBITDA/EV；(2) 月度因子：波动因子中的最近1个月振幅、规模因子中的总市值。其中，股东因子中的户均持股比例为正向因子，剩余的估值因子中的 EBITDA/EV、波动因子中的最近1个月振幅、规模因子中的总市值为负向因子，我们将选择上述2个季度因子和2个月度因子构建多因子选股模型。

(三) 行业内多因子选股模型表现和评价

1. 行业内多因子选股模型的表现

对于金融地产行业的多因子模型构建，我们根据股东因子中的户均持股比例、估值因子中的 EBITDA/EV 2个季度因子构建了一个基本的季度股票池，季度股票池根据上市公司财务报表的分布时间(4月底、8月底、10月底)每年进行3次更换，然后在季度股票池的基础上，再根据波动因子中的最近1个月振幅、规模因子中的总市值2个月度因子每月进行季度股票池内的股票再选股，选出排名靠前的前10只、20只、30只股票分别构建多头组合，排名靠后的后10只、20只、30只股票分别构建空头组合。其中，根据季度因子构建的股票池的等额投资表现如图14-1所示，根据月度因子在季度股票池基础上再选股的10只、20只、30只股票多头组合和10只、20只、30只股票空头组合的等额投资表现如图14-2所示。

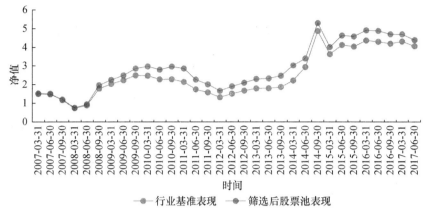

图 14-1　金融地产行业季度因子股票池表现

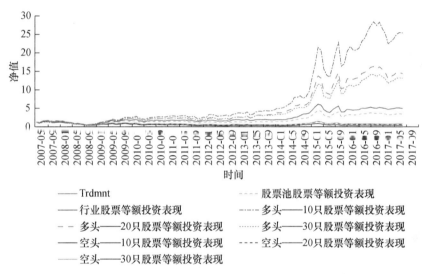

图 14-2　金融地产行业综合多因子模型多头和空头组合的表现

我们通过对股票池内的股票进行等额投资，分别于每年5月初、9月初和11月初进行股票池换仓，起始投资时间为2007年5月1日，并记起始资金的净值为1。由图14-1可知，根据季度因子构建的股票池在研究期间（2007年5月至2017年10月）的表现远好于行业的基准表现。截至2017年10月31日的投资组合净值为4.39，累计收益率为339.14%，年化收益率为13.83%，而同期行业基准的累计收益率只有306.25%，年化收益率为13.06%。可见，我们的股票池表现上佳，也说明之前选出的季度因子具有较强的选股能力。

我们在行业股票池选股的基础上，通过月度因子每月对股票池内的股票进行重新选股，选出综合得分排名靠前的前10只、20只、30只股票分别构建多头组合，排名靠后的后10只、20只、30只股票分别构建空头组合，分别于每月初进行投资组合换仓，换仓频率为月，起始投资时间为2007年5月1日，并记起始资金的净值为1。

由图14-2可知，由综合得分排名靠前的前10只、20只、30只股票构建的多头组合均大幅超越基准，而由综合得分排名靠后的后10只、20只、30只股票构建的空头组合均大幅落后于基准。2007年5月至2017年10月,10只、20只、30只多头组合的累计收益率分别为2443.07%、1339.70%、1211.12%,年化收益率分别为32.75%、26.31%、25.28%,而同期基准累计收益率为242.01%,年化收益率为11.36%;10只、20只、30只空头组合的累计收益率分别为-58.24%、-31.65%、-20.69%,年化收益率分别为-7.36%、-3.27%、-2.01%。可见,我们构建的多头投资组合表现都比较优异,能够跑赢行业基准收益率,也说明之前选出的月度因子具有较强的选股能力。

2. 行业内多因子选股模型的评价

我们对行业内的多因子选股模型,分别从月超额收益率、月跑赢概率、Alpha比率、Beta、Sharpe比率、TR、Jensen比率、IR等方面进行分析,具体结果列于表14-12,同时又对每年的超额收益情况进行统计,结果见表14-13。

表14-12 以金融地产行业为样本的多因子选股模型分析

等额投资	多头——10只	多头——20只	多头——30只	空头——10只	空头——20只	空头——30只
月超额收益率均值	0.0148	0.0100	0.0086	-0.0185	-0.0152	-0.0140
月超额收益率标准差	0.1207	0.1190	0.1170	0.1227	0.1247	0.1222
月超额收益率最大值	1.1134	1.1134	1.1134	1.0871	1.6851	1.6851
月超额收益率中位数	-0.0010	-0.0066	-0.0076	-0.0315	-0.0274	-0.0255
月超额收益率最小值	-0.4650	-0.4650	-0.4650	-0.3902	-0.4339	-0.4339
月跑赢次数	81	82	83	41	42	39
月跑赢概率	0.6429	0.6508	0.6587	0.3254	0.3333	0.3095
Alpha比率	0.0013	-0.0034	0.0050	-0.0029	-0.0047	-0.0181
Beta	0.8412	0.8016	0.8936	1.0663	0.9411	0.8229
Sharpe比率	-0.2220	-0.3500	0.0106	-0.1869	-0.1818	-0.3618
TR	5.0510	4.5389	3.8818	0.0431	0.5019	0.7482
Jensen比率	-0.0149	-0.0255	0.0100	-0.0041	-0.0036	-0.0132
IR	-0.1178	-0.2443	0.1180	-0.0845	-0.0809	-0.2589

表14-13 以金融地产行业为样本的多因子选股策略各年超额收益率

年份	多头——10只	多头——20只	多头——30只	空头——10只	空头——20只	空头——30只
2007	-20.33%	-5.36%	-7.72%	-28.29%	-16.21%	-17.86%
2008	37.33%	23.98%	20.80%	-18.22%	-12.66%	-14.35%
2009	17.98%	0.60%	6.13%	-31.94%	-29.16%	-22.68%
2010	15.30%	10.35%	8.14%	-25.97%	-14.31%	-11.54%
2011	-0.26%	-8.94%	-2.15%	-33.40%	-25.12%	-20.38%
2012	14.93%	8.71%	3.23%	-9.02%	-10.63%	-7.62%
2013	24.38%	30.02%	21.05%	-17.14%	-16.27%	-19.29%
2014	1.51%	-2.69%	-7.76%	1.22%	-8.55%	-14.29%
2015	71.05%	56.61%	50.52%	-61.10%	-40.98%	-34.85%
2016	32.80%	21.75%	21.43%	-7.24%	-16.80%	-16.32%
2017	-7.95%	-9.34%	-4.94%	-2.45%	-0.23%	2.62%

由表14-12可知,从月超额收益率看,综合得分排名靠前的前10只、20只、30只股票构建的多头组合,其月超额收益率均值均为正;而由综合得分排名靠后的后10只、20只、30只股票构建的空头组合,其月超额收益率均值均为负。从超越基准的胜率(超额收益率为正)看,多头组合的胜率在65%左右,而空头组合的胜率则在30%左右。从IR、TR和Alpha比率看,多头组合均表现较好,TR均在4.5左右,10只多头组合的月Alpha比率也大于0;空头组合的TR在0.5左右,10只、20只、30只的空头组合月Alpha比率和IR也都小于0。

由表14-13可知,从2007年至2017年的年超额收益率看,多头组合在各年的超额收益率大多数为正,特别是在2007年、2009年和2015年,10只多头组合大幅超越基准;而空头组合在各年的超额收益率多为负。

四、小 结

为了研究行业内因子的选股能力情况,我们分别运用横截面回归法和排序打分法等构建了多种考察因子表现情况的指标,分别从各因子的信息系数、选股区分度、单调性和稳定性等多方面分析各因子的选股能力,并选出了几个表现比较显著的季度因子和月度因子,据此构建了行业内多因子选股模型,并对该模型的表现情况进行验证,得出如下研究结论:

综合各因子的信息系数、选股区分度、单调性和稳定性,金融地产行业内如下因子表现较好:(1)季度因子:股东因子中的户均持股比例、估值因子中的EBITDA/EV;(2)月度因子:波动因子中的最近1个月振幅、规模因子中的总市值。其中,股东因子中的户均持股比例为正向因子,剩余的估值因子中的EBITDA/EV、波动因子中的最近1个月振幅、规模因子中的总市值为负向因子,我们将选择上述2个季度因子和2个月度因子构建多因子选股模型。

根据季度因子构建的股票池在研究期间(2007年5月至2017年10月)的表现远好于行业的基准表现。截至2017年10月31日的投资组合净值为4.39,累计收益率为339.14%,年化收益率为13.83%,而同期行业基准的累计收益率只有306.25%,年化收益率为13.06%。可见,我们的股票池表现上佳,也说明之前选出的季度因子具有较强的选股能力。

在季度因子股票池的基础上,由综合得分排名靠前的前10只、20只、30只股票构建的多头组合均大幅超越基准,而由综合得分排名靠后的后10只、20只、30只股票构建的空头组合均大幅落后于基准。2007年5月至2017年10月,10只、20只、30只多头组合的累计收益率分别为2443.07%、1339.70%、1211.12%,年化收益率分别为32.75%、26.31%、25.28%,而同期基准累计收益率为242.01%,年化收益率为11.36%;10只、20只、30只空头组合的累计收益率分别为−58.24%、−31.65%、−20.69%,年化收益率分别为−7.36%、−3.27%、−2.01%。可见,我们选出的多头投资组合表现都比较优异,能够跑赢行业基准收益率,也说明之前选出的月度因子具有较强的选股能力。

从月超额收益率看,综合得分排名靠前的10只、20只、30只股票构建的多头组合,其月超额收益率均值均为正;而由综合得分排名靠后的10只、20只、30只股票构建的空头组合,其月超额收益率均值均为负。从超越基准的胜率(超额收益率为正)看,多头组合的胜率在65%左右,而空头组合的胜率则在30%左右。从IR、TR和Alpha比率看,多头组合均表现较好,TR均在4.5左右,10只多头组合的月Alpha比率也大于0;空头组合的TR在0.5左右,10 只、20 只、30 只的空头组合月 Alpha 比率和 IR 也都小于 0。从 2007 年至 2017 年的年超额收益率看,多头组合在各年的超额收益率大多数为正,特别是在 2007 年、2009 年和 2015 年,10 只股票构建的多头组合大幅超越基准;而空头组合在各年的超额收益率多为负。可见,我们选出的多因子选股模型表现上佳,也说明之前选出的因子具有较强的选股能力。

五、SAS 语句解析

```
/*导入行业股票数据。*/
Proc Import Out=jrdc
Datafile="E:\金融地产.xlsx"
Dbms=Excel Replace;
Getnames=Yes;*导入源文件字段名作为 SAS 数据集的字段名;
Mixed=NO;*若某一列中包含数值型和字符型变量,将数值型按照缺省值处理。若选的是 YES 则是将数值型转换成字符型存储,默认为 NO;
Scantext=Yes;*将源文件中各列值的最长长度作为该列在 SAS 中的字段长度;
Usedate=Yes;*对于包含日期字段的源文件字段,在 SAS 中只保留 DATE 值,并以 DATE.格式存储。
Scantime=Yes;*对于源文件中只有 time 值的列,自动以时间格式(TIME)存储;
Run;
/*生成股票代码变量 stkcd*/
data jrdc.kxxx(keep=stkcd);
set jrdc;
stkcd=substr(_COL0,1,6);
run;
proc sort nodupkey data=jrdc.kxxx;
by stkcd;
run;
/*从总数据中,选出需要的行业股票 2007 年以后的数据,其中 data1 是季度数据,data2 是月度数据*/
proc sql;
create table jrdc.data1 as
  select *
  from cw.tdata3,jrdc.kxxx
  where tdata3.stkcd=kxxx.stkcd;
    quit;
proc sql;
create table jrdc.data2 as
  select *
  from cw.trademonth4,jrdc.kxxx
  where trademonth4.stkcd=kxxx.stkcd;
    quit;
    data jrdc.data2;
```

```
    set jrdc.data2;
    if year<2007 then delete;
    run;
    data jrdc.data1;
    set jrdc.data1;
    if year<2007 then delete;
    run;
/*根据收益率将股票每期分组*/
proc rank data=jrdc.data1 out=jrdc.b descending ties=mean percent;
var rate;
ranks rank_b;  /*rank_b 是分位数*/
by accper;  /*这里是分组变量*/
run;
data jrdc.b;
set jrdc.b;
keep stkcd accper rank_b;
run;
%macro dr(i);
/*根据对应的宏变量将股票每期分组*/
proc rank data=jrdc.data1 out=jrdc.a&i descending ties=mean percent;
var &i;
ranks rank_&i;  /*rank_a 是分位数*/
by accper;  /*这里是分组变量*/
run;
proc sql;
create table jrdc.a&i as
   select *
   from jrdc.a&i,jrdc.b
   where a&i..stkcd=b.stkcd and a&i..accper=b.accper;run;
%mend dr;
%dr(pe);%dr(pb);%dr(pcf);%dr(ps);%dr(ev);
%dr(yylrr);%dr(yysrr);%dr(xjllr);%dr(jlrr);%dr(hjcg);%dr(hjcgc);%dr(jgcg);%dr(jgcgc);%dr(roe);%dr(roa);%dr(xsmlv);%dr(xsjlv);
%macro d(i);
/*计算各因子的信息系数,包括月度、季度,然后对信息系数进行统计分析*/
ODS OUTPUT PearsonCorr=jrdc.b&i;
proc corr data=jrdc.a&i fisher;
var rank_&i ;
with rank_b;by accper;
run;
ODS OUTPUT CLOSE;
   proc univariate data=jrdc.b&i;
```

```
var rank_&i;output out=jrdc.c&i mean=meanc median=medianc std=stdc max=maxc min=minc;
run;
ODS OUTPUT PearsonCorr=jrdc.d&i;
proc corr data=jrdc.a&i fisher;
var rank_b ;
with rank_&i;
run;
ODS OUTPUT CLOSE;
% mend d;
%d(pe); %d(pb); %d(pcf); %d(ps); %d(ev);
%d(yylrr); %d(yysrr); %d(xjllr); %d(jlrr); %d(hjcg); %d(hjcgc); %d(jgcg); %d(jgcgc); %d(roe); %d(roa); %d(xsmlv); %d(xsjlv);
% macro da(i);
data jrdc.e&i;
set jrdc.d&i;
keep Prank_b Variable;
run;
data jrdc.e&i;
merge jrdc.e&i jrdc.c&i;
run;
% mend da;
%da(pe); %da(pb); %da(pcf); %da(ps); %da(ev);
%da(yylrr); %da(yysrr); %da(xjllr); %da(jlrr); %da(hjcg); %da(hjcgc); %da(jgcg); %da(jgcgc); %da(roe); %da(roa); %da(xsmlv); %da(xsjlv);
data jrdc.qdata1;
set jrdc.ehjcgc jrdc.epb jrdc.epcf jrdc.eev jrdc.eps jrdc.eyylrr jrdc.eyysrr jrdc.exjllr jrdc.ejlrr jrdc.ehjcg jrdc.epe jrdc.ejgcg jrdc.ejgcgc jrdc.exsmlv jrdc.exsjlv jrdc.eroe jrdc.eroa;
run;
/* 创建宏 DR,设置宏变量 I,对应股票的不同因子。*/
% macro dr(i);
proc sort data=jrdc.data2;
by year month descending &i;
run;
/* 根据因子排序结果每月将所有股票分为十组。Trdmnt 为表示月份数据 */
data jrdc.g&i;
set jrdc.data2;
by trdmnt;
if first.trdmnt then a1=1;
else a1+1;
run;
proc sql;
create table jrdc.g&i as
```

```
select * ,int(max(a1)/10) as a2,mod(max(a1),10) as a3
from jrdc.g&i group by trdmnt;
quit;
data jrdc.g&i;
set jrdc.g&i;
if a1<=a2 then group=1;
if a2<a1<=(2*a2) then group=2;
if (2*a2)<a1<=(3*a2) then group=3;
if (3*a2)<a1<=(4*a2) then group=4;
if (4*a2)<a1<=(5*a2) then group=5;
if (5*a2)<a1<=(6*a2) then group=6;
if (6*a2)<a1<=(7*a2) then group=7;
if (7*a2)<a1<=(8*a2) then group=8;
if (8*a2)<a1<=(9*a2) then group=9;
if (9*a2)<a1 then group=10;
run;
/* 根据股票分组结果,计算每组的平均收益。*/
proc sql;
create table jrdc.h&i as
select stkcd,trdmnt,group,&i,rate,avg(rate) as ar&i
from jrdc.g&i
group by group;
quit;
proc sort nodupkey data=jrdc.h&i;
by group;
run;
    proc sort data=jrdc.h&i;
by descending group;
run;
/* 调用宏,其中调用的宏参数分别为本章测试的因子,具体名称对应见本章第一节。*/
%mend dr;
%dr(stdm);%dr(stdmc);%dr(zf);%dr(zfc);%dr(a_exrate);
    %dr(a_exratec);%dr(rate1);%dr(rate2);%dr(rate3);%dr(rate6);%dr(rateyear);%dr(mv);%dr(tv);
    %macro d(i);
/* 计算区分度。*/
data jrdc.i&i;
set jrdc.h&i;
qfd1=(ar&i-lag9(ar&i))/ar1;
qfd2=(lag1(ar&i)-lag8(ar&i))/ar1;
qfd3=0.8*qfd1+0.2*qfd2;
qfd4=0.6*qfd1+0.4*qfd2;
```

```
run;
data jrdc.i&i(keep=ar&i qfd1 qfd2 qfd3 qfd4);
set jrdc.i&i;
if group=1;
run;
%mend d;
%d(stdm);%d(stdmc);%d(zf);%d(zfc);%d(a_exrate);
%d(a_exratec);%d(rate1);%d(rate2);%d(rate3);%d(rate6);%d(rateyear);%d(mv);%d(tv);
data jrdc.mdata2;
set jrdc.ia_exratec jrdc.irate2 jrdc.irate3 jrdc.irate6 jrdc.irateyear jrdc.istdm jrdc.istdmc jrdc.izf jrdc.izfc jrdc.ia_exrate jrdc.irate1 jrdc.imv jrdc.itv;
run;
/*由于选用的数据中,日期数据为字符型数据,取出年份数据。*/
%macro dr(i);
data jrdc.b&i;
set jrdc.b&i;
year1=substr(accper,1,4);
year=year1+0;
drop year1;
run;
%mend dr;
%dr(pe);%dr(pb);%dr(pcf);%dr(ps);%dr(ev);
%dr(yylrr);%dr(yysrr);%dr(xjllr);%dr(jlrr);%dr(hjcg);%dr(hjcgc);%dr(jgcg);%dr(jgcgc);%dr(roe);%dr(roa);%dr(xsmlv);%dr(xsjlv);
run;
/*计算各组合年平均收益*/
%macro d(i);
proc sql;
create table jrdc.f&i as
select year,avg(rank_&i) as acorr&i
from jrdc.b&i
group by year;
quit;
%mend d;
%d(pe);%d(pb);%d(pcf);%d(ps);%d(ev);%d(stdm);%d(stdmc);%d(zf);%d(zfc);%d(a_exrate);%d(mv);%d(tv);
%d(a_exratec);%d(rate1);%d(rate2);%d(rate3);%d(rate6);%d(rateyear);
%d(yylrr);%d(yysrr);%d(xjllr);%d(jlrr);%d(hjcg);%d(hjcgc);%d(jgcg);%d(jgcgc);%d(roe);%d(roa);%d(xsmlv);%d(xsjlv);
/*合并上文得出的数据集,便于综合分析*/
data jrdc.ydata1;
merge jrdc.fa_exratec jrdc.fpb jrdc.fpcf jrdc.fev jrdc.fps jrdc.fyylrr jrdc.fyysrr jrdc.fxjllr
```

jrdc.fjlrr jrdc.fhjcg jrdc.fhjcgc jrdc.fjgcg jrdc.fjgcgc jrdc.fxsmlv jrdc.fxsjlv jrdc.froe jrdc.froa jrdc.frate1 jrdc.frate2 jrdc.frate3 jrdc.frate6 jrdc.frateyear jrdc.fstdm jrdc.fstdmc jrdc.fzf jrdc.fzfc jrdc.fa_exrate jrdc.fpe jrdc.fmv jrdc.ftv;
by year;
run;
/* 根据因子排序结果每季度将所有股票分为十组。Accper 是财报周期数据,刚好代表月度。后续处理和前文基本一致,不赘述 */
%macro dr(i);
proc sort data=jrdc.data1;
by accper descending &i;
run;
data jrdc.g&i;
set jrdc.data1;
by accper;
if first.accper then a1=1;
else a1+1;
run;
proc sql;
create table jrdc.g&i as
select *,int(max(a1)/10) as a2,mod(max(a1),10) as a3
from jrdc.g&i group by accper;
quit;
data jrdc.g&i;
set jrdc.g&i;
if a1<=a2 then group=1;
if a2<a1<=(2*a2) then group=2;
if (2*a2)<a1<=(3*a2) then group=3;
if (3*a2)<a1<=(4*a2) then group=4;
if (4*a2)<a1<=(5*a2) then group=5;
if (5*a2)<a1<=(6*a2) then group=6;
if (6*a2)<a1<=(7*a2) then group=7;
if (7*a2)<a1<=(8*a2) then group=8;
if (8*a2)<a1<=(9*a2) then group=9;
if (9*a2)<a1 then group=10;
run;
proc sql;
create table jrdc.h&i as
select stkcd,accper,group,&i,rate,avg(rate) as ar&i
from jrdc.g&i
group by group;
quit;
proc sql;

```
create table jrdc.h&i as
select * ,avg(rate) as ar1
from jrdc.h&i;
quit;
    proc sort nodupkey data=jrdc.h&i;
by group;
run;
    proc sort data=jrdc.h&i;
by descending group;
run;
%mend dr;
%dr(pe); %dr(pb); %dr(pcf); %dr(ps); %dr(ev);
%dr(yylrr); %dr(yysrr); %dr(xjllr); %dr(jlrr); %dr(hjcg); %dr(hjcgc); %dr(jgcg); %dr(jgcgc); %dr(roe); %dr(roa); %dr(xsmlv); %dr(xsjlv);
%macro d(i);
data jrdc.i&i;
set jrdc.h&i;
qfd1=(ar&i-lag9(ar&i))/ar1;
qfd2=(lag1(ar&i)-lag8(ar&i))/ar1;
qfd3=0.8*qfd1+0.2*qfd2;
qfd4=0.6*qfd1+0.4*qfd2;
run;
data jrdc.i&i(keep=ar&i qfd1 qfd2 qfd3 qfd4);
set jrdc.i&i;
if group=1;
run;
%mend d;
%d(pe); %d(pb); %d(pcf); %d(ps); %d(ev);
%d(yylrr); %d(yysrr); %d(xjllr); %d(jlrr); %d(hjcg); %d(hjcgc); %d(jgcg); %d(jgcgc); %d(roe); %d(roa); %d(xsmlv); %d(xsjlv);
data jrdc.qdata2;
set jrdc.ihjcgc jrdc.ipb jrdc.ipcf jrdc.iev jrdc.ips jrdc.iyylrr jrdc.iyysrr jrdc.ixjllr jrdc.ijlrr jrdc.ihjcg jrdc.ipe jrdc.ijgcg jrdc.ijgcgc jrdc.ixsmlv jrdc.ixsjlv jrdc.iroe jrdc.iroa;
run;
%macro dr(i);
data jrdc.j&i(keep=group trate&i);
set jrdc.h&i;
trate&i=ar&i*22;
run;
proc sort data=jrdc.j&i;
by group;
run;
```

```
%mend dr;
%dr(pe);%dr(pb);%dr(pcf);%dr(ps);%dr(ev);
%dr(yylrr);%dr(yysrr);%dr(xjllr);%dr(jlrr);%dr(hjcg);%dr(hjcgc);%dr(jgcg);%dr(jgcgc);%dr(roe);%dr(roa);%dr(xsmlv);%dr(xsjlv);
%macro d(i);
data jrdc.j&i(keep=group trate&i);
set jrdc.h&i;
trate&i=ar&i*93;
run;
proc sort data=jrdc.j&i;
by group;
run;
%mend d;
%d(stdm);%d(stdmc);%d(zf);%d(zfc);%d(a_exrate);
%d(a_exratec);%d(rate1);%d(rate2);%d(rate3);%d(rate6);%d(rateyear);%d(mv);%d(tv);
data jrdc.ydata2;
merge jrdc.ja_exratec jrdc.jpb jrdc.jpcf jrdc.jev jrdc.jps jrdc.jyylrr jrdc.jyysrr jrdc.jxjllr jrdc.jjlrr jrdc.jhjcg jrdc.jhjcgc jrdc.jjgcg jrdc.jjgcgc jrdc.jxsmlv jrdc.jxsjlv jrdc.jroe jrdc.jroa jrdc.jrate1 jrdc.jrate2 jrdc.jrate3 jrdc.jrate6 jrdc.jrateyear jrdc.jstdm jrdc.jstdmc jrdc.jzf jrdc.jzfc jrdc.ja_exrate jrdc.jpe jrdc.jmv jrdc.jtv;
by group;
run;
%macro dr(i);
proc sql;
create table jrdc.k&i as
    select *
    from jrdc.a&i,jrdc.g&i
    where a&i..stkcd=g&i..stkcd and a&i..accper=g&i..accper;run;
proc sort data=jrdc.k&i;
by group;
run;
ODS OUTPUT PearsonCorr=jrdc.l&i;
proc corr data=jrdc.k&i fisher;
var rank_&i ;
with rank_b;by group;
run;
ODS OUTPUT CLOSE;
data jrdc.l&i;
set jrdc.l&i;
xxxs1&i=0.8*rank_&i+0.2*lag1(rank_&i);
xxxs2&i=0.2*rank_&i+0.8*lag1(rank_&i);
run;
```

```
data jrdc.l&i(keep=group rank_&i xxxs1&i xxxs2&i);
set jrdc.l&i;
if group=1 or group=2 or group=10;;
run;
%mend dr;
%dr(pe);%dr(pb);%dr(pcf);%dr(ps);%dr(ev);
%dr(yylrr);%dr(yysrr);%dr(xjllr);%dr(jlrr);%dr(hjcg);%dr(hjcgc);%dr(jgcg);%dr(jgcgc);%dr(roe);%dr(roa);%dr(xsmlv);%dr(xsjlv);
%macro d(i);
proc sql;
create table jrdc.k&i as
    select *
    from jrdc.a&i,jrdc.g&i
    where a&i..stkcd=g&i..stkcd and a&i..trdmnt=g&i..trdmnt;run;
proc sort data=jrdc.k&i;
by group;
run;
ODS OUTPUT PearsonCorr=jrdc.l&i;
proc corr data=jrdc.k&i fisher;
var rank_&i ;
with rank_b;by group;
run;
ODS OUTPUT CLOSE;
data jrdc.l&i;
set jrdc.l&i;
xxxs1&i=0.8*rank_&i+0.2*lag1(rank_&i);
xxxs2&i=0.2*rank_&i+0.8*lag1(rank_&i);
run;
data jrdc.l&i(keep=group rank_&i xxxs1&i xxxs2&i);
set jrdc.l&i;
if group=1 or group=2 or group=10;;
run;
%mend d;
%d(stdm);%d(stdmc);%d(zf);%d(zfc);%d(a_exrate);
%d(a_exratec);%d(rate1);%d(rate2);%d(rate3);%d(rate6);%d(rateyear);%d(mv);%d(tv);
data jrdc.ydata3;
merge jrdc.la_exratec jrdc.lpb jrdc.lpcf jrdc.lev jrdc.lps jrdc.lyylrr jrdc.lyysrr jrdc.lxjllr jrdc.ljlrr jrdc.lhjcg jrdc.lhjcgc jrdc.ljgcg jrdc.ljgcgc jrdc.lxsmlv jrdc.lxsjlv jrdc.lroe jrdc.lroa jrdc.lrate1 jrdc.lrate2 jrdc.lrate3 jrdc.lrate6 jrdc.lrateyear jrdc.lstdm jrdc.lstdmc jrdc.lzf jrdc.lzfc jrdc.la_exrate jrdc.lpe jrdc.lmv jrdc.ltv;
by group;
run;
```

```
%macro dr(i);
data jrdc.g&i;
set jrdc.g&i;
r_rm=Mretnd-ratem;
run;
proc sql;
create table jrdc.n&i as
select stkcd,accper,group,year,&i,rate,avg(r_rm) as ar_rm&i
from jrdc.g&i
group by group,accper;
quit;
    proc sort nodupkey data=jrdc.n&i;
by group accper;
run;
proc sql;
create table jrdc.n&i as
select * ,sum(ar_rm&i) as tr_rm&i
from jrdc.n&i
group by year,group;
quit;
    proc sort nodupkey data=jrdc.n&i;
by group year;
run;
proc sort data=jrdc.n&i;
by year descending group;
run;
data jrdc.n&i;
set jrdc.n&i;
tr_rml&i=0.8*tr_rm&i+0.2*lag1(tr_rm&i);
run;
data jrdc.o&i(keep= tr_rml&i year);
set jrdc.n&i;
if group=1;
run;
%mend dr;
%dr(pe);%dr(pb);%dr(pcf);%dr(ps);%dr(ev);
%dr(yylrr);%dr(yysrr);%dr(xjllr);%dr(jlrr);%dr(hjcg);%dr(hjcgc);%dr(jgcg);%dr(jgcgc);%dr(roe);%dr(roa);%dr(xsmlv);%dr(xsjlv);
%macro d(i);
data jrdc.g&i;
set jrdc.g&i;
r_rm=Mretnd-ratem;
```

```
run;
proc sql;
create table jrdc.n&i as
select stkcd,trdmnt,year,group,&i,rate,avg(r_rm) as ar_rm&i
from jrdc.g&i
group by group,trdmnt;
quit;
    proc sort nodupkey data=jrdc.n&i;
by group trdmnt;
run;
proc sql;
create table jrdc.n&i as
select *,sum(ar_rm&i) as tr_rm&i
from jrdc.n&i
group by year,group;
quit;
    proc sort nodupkey data=jrdc.n&i;
by group year;
run;
proc sort data=jrdc.n&i;
by year descending group;
run;
data jrdc.n&i;
set jrdc.n&i;
tr_rm1&i=0.8*tr_rm&i+0.2*lag1(tr_rm&i);
run;
data jrdc.o&i(keep= tr_rm1&i year);
set jrdc.n&i;
if group=1;
run;
%mend d;
%d(stdm);%d(stdmc);%d(zf);%d(zfc);%d(a_exrate);
%d(a_exratec);%d(rate1);%d(rate2);%d(rate3);%d(rate6);%d(rateyear);%d(mv);%d(tv);
data jrdc.ydata4;
merge jrdc.oa_exratec jrdc.opb jrdc.opcf jrdc.oev jrdc.ops jrdc.oyylrr jrdc.oyysrr jrdc.oxjllr
jrdc.ojlrr jrdc.ohjcg jrdc.ohjcgc jrdc.ojgcg jrdc.ojgcgc jrdc.oxsmlv jrdc.oxsjlv jrdc.oroe jrdc.
oroa jrdc.orate1 jrdc.orate2 jrdc.orate3 jrdc.orate6 jrdc.orateyear jrdc.ostdm jrdc.ostdmc jrdc.ozf
jrdc.ozfc jrdc.oa_exrate jrdc.ope jrdc.omv jrdc.otv;
by year;
run;
%macro d(i);
proc sort data=jrdc.n&i;
```

```
by year group;
run;
data jrdc.n&i;
set jrdc.n&i;
tr_rm2&i=0.8*tr_rm&i+0.2*lag1(tr_rm&i);
run;
data jrdc.p&i(keep= tr_rm2&i year);
set jrdc.n&i;
if group=10;
run;
%mend d;
%d(pe);%d(pb);%d(pcf);%d(ps);%d(ev);%d(stdm);%d(stdmc);%d(zf);%d(zfc);%d(a_exrate);%d(mv);%d(tv);
%d(a_exratec);%d(rate1);%d(rate2);%d(rate3);%d(rate6);%d(rateyear);
%d(yylrr);%d(yysrr);%d(xjllr);%d(jlrr);%d(hjcg);%d(hjcgc);%d(jgcg);%d(jgcgc);%d(roe);%d(roa);%d(xsmlv);%d(xsjlv);
data jrdc.ydata5;
merge jrdc.pa_exratec jrdc.ppb jrdc.ppcf jrdc.pev jrdc.pps jrdc.pyylrr jrdc.pyysrr jrdc.pxjllr jrdc.pjlrr jrdc.phjcg jrdc.phjcgc jrdc.pjgcg jrdc.pjgcgc jrdc.pxsmlv jrdc.pxsjlv jrdc.proe jrdc.proa jrdc.prate1 jrdc.prate2 jrdc.prate3 jrdc.prate6 jrdc.prateyear jrdc.pstdm jrdc.pstdmc jrdc.pzf jrdc.pzfc jrdc.pa_exrate jrdc.ppe jrdc.pmv jrdc.ptv;
by year;
run;
```

第十五章 公用事业行业

一、研究背景介绍

本章以公用事业行业为样本空间,剔除行业内在调仓日为 st 的股票,以及在换仓日停牌的股票,研究期间为 2007 年 5 月至 2017 年 10 月,换仓频率为月。公用事业行业包括供水、高速、机场、港口、水利等多种行业。本章采用表 10-1 中对公用事业行业的中证一级行业分类,股票共计 85 只。

二、各因子选股能力分析

我们首先使用横截面回归法进行因子选股能力分析,之后采用排序打分法研究因子的选股能力。

(一)从信息系数方面分析各因子选股能力

各因子的信息系数如表 15-1 和表 15-2 所示。

表 15-1 各因子信息系数(月度)

因子	P 值	均值	标准差	最大值	中值	最小值
最近 1 个月涨幅(%)	0.0000	−0.0905	0.1609	0.2960	−0.0795	−0.4991
最近 2 个月涨幅(%)	0.0000	−0.0967	0.1799	0.5251	−0.0647	−0.5584
最近 3 个月涨幅(%)	0.0000	−0.1007	0.1867	0.3762	−0.1256	−0.5848
最近 6 个月涨幅(%)	0.0000	−0.0924	0.1910	0.3956	−0.1139	−0.5551
最近 12 个月涨幅(%)	0.0000	−0.0757	0.1860	0.3374	−0.0781	−0.5797
最近 1 个月波动率(%)	0.0002	−0.0458	0.2141	0.6220	−0.0511	−0.4101
波动率变化	0.0579	−0.0236	0.1480	0.4183	−0.0290	−0.2691
最近 1 个月振幅(%)	0.0000	−0.0797	0.1668	0.3734	−0.0754	−0.3718
振幅变化	0.0690	−0.0218	0.1228	0.2495	−0.0401	−0.2728
最近 1 个月日均换手率(%)	0.0002	−0.0474	0.2234	0.5893	−0.0297	−0.5045
换手率变化	0.0000	−0.0832	0.1608	0.4047	−0.1096	−0.4132
流通市值	0.0000	−0.0928	0.1999	0.4075	−0.1009	−0.5638
总市值	0.0000	−0.0959	0.2018	0.4247	−0.0928	−0.5443

表 15-2 各因子季度信息系数(季度)

因子	P 值	均值	标准差	最大值	中值	最小值
E/P	0.0806	0.0547	0.1812	0.3668	0.0546	−0.2894
B/P	0.1266	−0.0490	0.2178	0.4780	−0.0684	−0.4772

(续表)

因子	P 值	均值	标准差	最大值	中值	最小值
CF/P	0.8381	0.0021	0.1818	0.2772	0.0207	−0.3600
EBITDA/EV	0.4152	0.0185	0.1878	0.2609	−0.0026	−0.3053
SR/P	0.2943	0.0224	0.1995	0.3757	0.0016	−0.3244
营业利润增长率(%)	0.0097	0.0527	0.1225	0.2273	0.0834	−0.2042
营业收入增长率(%)	0.2530	0.0153	0.1725	0.3940	−0.0063	−0.2791
经营活动产生的现金流净额增长率(%)	0.9667	0.0203	0.1509	0.2838	0.0595	−0.2910
净利润增长率(%)	0.0000	0.0931	0.1244	0.3239	0.0768	−0.1587
户均持股比例	0.0000	0.1918	0.2104	0.5419	0.2714	−0.2291
户均持股比例变化	0.0046	0.0600	0.1204	0.2477	0.0741	−0.2203
机构持股比例	0.8912	−0.0030	0.1526	0.2828	0.0202	−0.3093
机构持股比例变化	0.1221	0.0298	0.1555	0.3321	0.0132	−0.2892
销售毛利率(%)	0.2612	−0.0212	0.1653	0.2645	−0.0269	−0.3052
销售净利率(%)	0.7541	−0.0079	0.1725	0.2993	−0.0221	−0.3265
ROE(%)	0.0089	−0.0682	0.1741	0.2297	−0.0272	−0.4344
ROA(%)	0.1760	−0.0385	0.1840	0.3199	−0.0181	−0.3788

公用事业行业内的股票表现出较为显著的反转效应,在动量反转因子中表现出较显著的负向效应,其中最近1个月涨幅、最近2个月涨幅、最近3个月涨幅、最近6个月涨幅、最近12个月涨幅5个因子的信息系数均为负(前期涨幅越大,下一个月表现越差),且在1%的显著水平下显著为负;公用事业行业内的股票也表现出较为显著的小盘股效应,在规模因子中表现出较显著的负向效应,流通市值、总市值等规模因子的信息系数分别为−0.0928和−0.0959,均为负(规模越大,下一个月表现越差),且在1%的显著水平下显著为负;此外,在交投因子中,最近1个月日均换手率、换手率变化等因子也是表现较为显著的负向因子,其信息系数分别为−0.0474、−0.0832(最近1个月日均换手率越高、换手率上升幅度越大,下一个月表现越差),在1%的显著水平下显著为负;波动因子中的最近1个月振幅因子的信息系数为−0.0797,表现出较显著的负向效应(最近1个月振幅越大,下一个月表现越差),在1%的显著水平下显著为负;盈利因子中的净资产收益率(ROE)因子的信息系数为−0.0682,表现出较显著的负向效应(ROE越大,下一个月表现越差),在1%的显著水平下显著为负。

成长因子表现出较为显著的正向效应,营业利润增长率的信息系数为0.0527,净利润增长率的信息系数为0.0931(前期成长因子表现越好(营业利润增长率、净利润增长率越高),下个月表现越好),在1%的显著水平下显著为正;此外,股东因子中的户均持股比例因子也表现出较为显著的正向效应(户均持股比例越高,下个月表现越好),信息系数为0.1918,在1%的显著水平下显著为正。

估值因子(E/P、B/P、CF/P、EBITDA/EV、SR/P)、盈利因子(ROA、销售净利率、销售毛利率)、成长因子(营业收入增长率、经营活动现金流量净额增长率)、波动因子(最近1个月波动率、波动率变化)等因子的信息系数在0附近,也就是说,这些因子对股票下个月表现的影响不显著。

对各因子总体的表现情况进行分析之后,我们又对各因子每年的表现情况进行了分析,主要分析每年各因子信息系数的一致性,即分析因子在总体年份中的表现情况,表15-3列出了每年各因子信息系数的均值情况。

表 15-3 每年各因子信息系数的均值

因子	2007	2008	2009	2010	2011	2012	2013	2014	2015	2016	2017
E/P	0.1463	0.0495	-0.0617	0.1261	0.0265	-0.0043	0.1581	0.1186	-0.2101	-0.1016	0.0688
B/P	-0.0345	-0.0028	-0.0633	0.0907	-0.1301	-0.1644	-0.0526	-0.0066	-0.0204	-0.2436	-0.2598
CF/P	0.0877	-0.0304	-0.0855	0.1770	0.0235	-0.1750	0.0359	-0.0533	0.0185	-0.1237	-0.1187
EBITDA/EV	0.0844	-0.0019	-0.1044	0.1549	-0.1205	-0.0396	0.2084	-0.1380	-0.0157	-0.1261	-0.1064
SR/P	0.0560	0.0651	-0.0838	0.2214	-0.0441	-0.1158	0.0657	-0.0012	-0.0230	-0.1385	-0.0500
营业利润增长率(%)	0.0370	-0.0029	-0.0042	0.1259	0.1120	0.0215	0.0623	0.1047	-0.0933	0.0231	0.0933
营业收入增长率(%)	-0.1044	-0.1076	-0.0130	-0.1334	0.3094	0.1130	0.0712	-0.0692	-0.0677	-0.0036	0.1010
经营活动产生的现金流净额增长率(%)	0.1198	-0.0561	0.0194	0.0154	0.0846	0.0160	0.0464	-0.2910	0.0609	0.0365	0.1022
净利润增长率(%)	0.0395	0.0191	0.1289	0.1563	0.1620	0.0408	0.0514	0.2549	-0.0438	0.1860	0.3238
户均持股比例	0.1685	0.2662	0.2293	0.3727	0.0437	-0.0649	0.2996	0.2735	0.3041	0.0959	-0.1404
户均持股比例变化	0.0359	-0.0323	0.0565	0.0961	0.0104	0.0911	0.1261	0.1686	0.0905	0.1220	0.1020
机构持股比例	-0.0041	0.0006	-0.1905	0.0723	0.0842	-0.0384	0.0835	-0.0895	-0.0088	-0.0105	0.1163
机构持股比例变化	0.0679	-0.0898	-0.0483	0.1266	0.0569	-0.0644	0.1668	0.0088	-0.0413	0.2027	0.0511
销售毛利率(%)	-0.0155	0.0753	-0.2422	0.1597	0.0337	-0.0360	-0.1014	-0.0881	-0.0657	0.0785	0.0741
销售净利率(%)	-0.0641	0.0267	-0.1843	0.1893	0.0927	-0.0455	-0.0561	-0.0498	-0.1142	-0.0570	0.0604
ROE(%)	0.1617	-0.0050	0.2021	0.1086	0.0369	-0.0880	-0.1816	-0.0226	-0.0668	0.1229	-0.0375
ROA(%)	-0.1369	-0.0017	-0.1821	0.2106	0.0669	-0.1097	-0.1178	-0.0342	-0.0289	0.1306	-0.0418
最近1个月涨幅(%)	-0.0822	-0.0986	-0.1237	-0.0119	-0.0842	-0.1462	-0.0969	-0.0775	-0.1662	-0.0586	-0.0333
最近2个月涨幅(%)	-0.1354	-0.0710	-0.0804	-0.0265	-0.0951	0.1457	-0.1107	-0.1118	-0.1636	-0.0876	-0.0664
最近3个月涨幅(%)	-0.1492	-0.0685	-0.0456	-0.0223	-0.1717	-0.1337	-0.1045	-0.1123	-0.1692	-0.0816	-0.0654
最近6个月涨幅(%)	-0.1583	-0.1094	-0.1100	-0.0078	-0.1639	-0.1031	-0.0167	-0.0652	-0.1856	-0.0232	-0.0152
最近12个月涨幅(%)	-0.0986	-0.1365	-0.1400	-0.0733	-0.1039	-0.0782	-0.0606	-0.0584	-0.2050	-0.0539	-0.1022
波动率变化	-0.0806	-0.1209	0.0312	-0.0024	-0.1093	0.0256	-0.0168	-0.1038	-0.0298	-0.0439	-0.0299
最近1个月振幅(%)	0.0162	-0.0697	-0.0029	-0.0365	0.0418	0.0864	-0.0397	-0.0781	-0.0890	-0.0931	-0.1513
振幅变化	-0.1256	-0.0520	-0.1021	-0.0247	-0.1271	-0.0572	-0.0408	-0.1144	0.0117	-0.0494	-0.0278
最近1个日均换手率(%)	0.0132	-0.0311	0.0155	-0.0220	-0.0562	-0.0060	-0.0352	-0.0596	0.0271	-0.0591	-0.1847
换手率变化	-0.0690	-0.1271	-0.0051	0.0658	-0.1022	-0.0676	0.0101	-0.0918	-0.2207	-0.0620	0.0770
流通市值	-0.0390	-0.1021	-0.1248	-0.0561	-0.0923	-0.0215	-0.0783	-0.1664	-0.0636	-0.0439	-0.0688
换手率变化	0.0630	-0.0318	-0.1669	-0.2105	-0.0467	-0.0280	-0.0932	-0.1048	-0.0636	-0.0940	-0.0688
流通市值	-0.0489	-0.0385	-0.1751	-0.2105	-0.0514	-0.0542	-0.0773	-0.1148	-0.0204	-0.2436	-0.2598

从每年各因子信息系数的一致性方面来分析,成长因子中的营业利润增长率、经营活动产生的现金流净额增长率、净利润增长率,股东因子中的户均持股比例、户均持股比例变化等因子在大多数年份的信息系数均值均为正;交投因子中的换手率变化、最近1个月日均换手率,估值因子中的B/P,盈利因子中的ROE、ROA,动量反转因子中的最近1个月涨幅、最近2个月涨幅、最近3个月涨幅、最近6个月涨幅、最近12个月涨幅,波动因子中的最近1个月波动率、波动率变化、最近1个月振幅、振幅变化,规模因子中的流通市值、总市值等因子在大多数年份的信息系数均值均为负;而其他因子在每年的表现则并不十分一致。

(二) 从 FF 排序法方面来分析各因子的选股能力

1. 选股区分度

选股区分度具体数据列于表 15-4 和表 15-5。

从选股区分度看,估值因子中的 E/P、EBITDA/EV、SR/P,股东因子中的户均持股比例变化,盈利因子中的 ROA,成长因子中的营业利润增长率、营业收入增长率、经营活动产生的现金流净额增长率、净利润增长率等因子表现出较好的正向选股能力;动量反转因子中的最近1个月涨幅、最近2个月涨幅、最近3个月涨幅、最近6个月涨幅、最近12个月涨幅,交投因子中的换手率变化、最近1个月日均换手率,波动因子中的最近1个月波动率、最近1个月振幅、振幅变化,规模因子中的流通市值、总市值等因子表现出较好的负向选股能力等;而其他因子在选股区分度上表现得并不十分明显。

表 15-4 各因子选股区分度(月度)

因子	区分度1:(第1组—第10组)/基准	区分度2(第2组—第9组)/基准	0.8×区分度1+0.2×区分度2	0.6×区分度1+0.4×区分度2
最近1个月涨幅(%)	−1.5013	−0.7813	−1.3573	−1.2133
最近2个月涨幅(%)	−1.5636	−0.8249	−1.4159	−1.2681
最近3个月涨幅(%)	−1.7542	−0.6823	−1.5398	−1.3254
最近6个月涨幅(%)	−1.4763	−0.8125	−1.3435	−1.2108
最近12个月涨幅(%)	−1.0758	−0.3318	−0.9270	−0.7782
最近1个月波动率(%)	−0.3109	−0.4569	−0.3401	−0.3693
波动率变化	−0.2330	0.1500	−0.1564	−0.0798
最近1个月振幅(%)	−1.1851	−0.7253	−1.0931	−1.0012
振幅变化	−0.0988	−0.1346	−0.1060	−0.1131
最近1个月日均换手率(%)	−0.2149	−0.2395	−0.2198	−0.2247
换手率变化	−0.5307	−0.8522	−0.5950	−0.6593
流通市值	−1.6942	−0.8863	−1.5326	−1.3710
总市值	−1.9759	−1.0529	−1.7913	−1.6067

表 15-5　各因子选股区分度(季度)

因子	区分度1:(第1组—第10组)/基准	区分度2(第2组—第9组)/基准	0.8×区分度1+0.2×区分度2	0.6×区分度1+0.4×区分度2
E/P	0.1869	0.1603	0.1816	0.1763
B/P	0.0293	−0.3083	−0.0382	−0.1057
CF/P	0.4216	−0.0825	0.3208	0.2200
EBITDA/EV	0.2474	0.0405	0.2060	0.1646
SR/P	0.2385	0.0256	0.1959	0.1533
营业利润增长率(%)	0.4920	0.6588	0.5254	0.5587
营业收入增长率(%)	0.2842	0.2784	0.2830	0.2819
经营活动产生的现金流净额增长率(%)	0.2018	0.5186	0.2652	0.3286
净利润增长率(%)	0.7451	0.3428	0.6646	0.5842
户均持股比例	1.4054	0.8678	1.2979	1.1904
户均持股比例变化	0.4441	0.4966	0.4546	0.4651
机构持股比例	−0.5169	0.3857	−0.3364	−0.1558
机构持股比例变化	−0.1986	0.1729	−0.1243	−0.0500
销售毛利率(%)	0.2761	−0.1246	0.1959	0.1158
销售净利率(%)	0.2526	−0.0215	0.1978	0.1429
ROE(%)	0.1637	−0.0878	0.1134	0.0631
ROA(%)	0.1446	0.0531	0.1263	0.1080

2. 单调性

我们每期根据各因子的情况对行业内的股票进行了排序(降序法),并把样本股票分成了10组,同时分别计算了各组在研究期(2007年5月至2017年10月)的累计收益率,根据第1组、第2组到第9组、第10组的股票组合的表现情况,分析每个因子的单调性,具体数据列于表15-6。

从单调性看,股东因子中的户均持股比例,成长因子中的营业利润增长率、净利润增长率等因子表现出一定的单调递减特征;动量反转因子中的最近1个月涨幅、最近2个月涨幅、最近3个月涨幅、最近6个月涨幅,规模因子中的流通市值、总市值,交投因子中的换手率变化等因子表现出一定的单调递增特征;而其他大多数因子的单调性表现不明显。

3. 稳定性

为了考察各因子表现的稳定性,我们分别计算了靠前组合和靠后组合相对于样本基准收益率的表现情况,表15-7列出了第1组和第10组的具体数据,同时又加入两个组合(0.8×第1组+0.2×第2组和0.8×第10组+0.2×第9组),进一步考察各因子表现的稳定性。

从信息比率看,股东因子中的户均持股比例变化,估值因子中的E/P、B/P、CF/P、SR/P,成长因子中的营业收入增长率,盈利因子中的销售毛利率、销售净利率、ROE、ROA,股东因子中的户均持股比例、户均持股比例变化等因子的第1组的信息比率为正,第10组的信息比率为负,且差距较大;交投因子中的换手率变化,最近1个月日均换手率,动量反转因子中的最近1个月涨幅、最近2个月涨幅,波动因子中的最近1个月波动率、波动率变化,成长因子

表 15-6 根据各因子排序构建的各组合累计收益率(2007 年 5 月至 2017 年 10 月)

因子	第 1 组	第 2 组	第 3 组	第 4 组	第 5 组	第 6 组	第 7 组	第 8 组	第 9 组	第 10 组
E/P	1.2419	1.3723	1.9289	1.1187	1.1967	1.1991	1.2150	1.1970	1.1722	1.0086
B/P	1.3818	0.9813	1.0314	0.8965	1.3205	1.9315	0.9790	1.1854	1.3661	1.3453
CF/P	1.8084	1.1856	1.1350	0.9506	1.5210	1.3238	1.3794	0.5863	1.2885	1.2821
EBITDA/EV	1.4984	1.1671	1.3565	1.5308	1.2058	1.2184	1.3685	0.8713	1.1165	1.1896
SR/P	1.4999	1.5534	1.2772	1.1164	1.1322	1.3669	1.4423	0.4068	1.5215	1.2021
营业利润增长率(%)	2.0668	1.5582	1.3990	1.4590	1.1583	0.7196	1.1191	0.6738	0.7358	1.4526
营业收入增长率(%)	1.7668	1.2390	1.5075	1.0927	1.3207	1.2988	0.6222	1.2168	0.8914	1.4121
经营活动产生的现金流净额增长率(%)	1.5003	1.4510	1.1789	1.3368	1.1110	1.2598	1.2059	1.3916	0.8036	1.2483
净利润增长率(%)	1.9104	1.3628	1.6111	2.0277	1.4513	0.9759	0.7933	0.6214	0.9349	0.9803
户均持股比例	2.0456	1.7419	1.7183	1.7274	1.9034	1.5347	1.1499	0.4039	0.6586	0.2912
户均持股比例变化	1.6895	1.5098	1.9756	1.6987	0.8996	0.7641	0.8266	1.1807	0.8899	1.1352
机构持股比例	0.9641	1.3932	1.6195	1.0675	1.3703	1.1295	0.9265	1.2422	0.9117	1.6094
机构持股比例变化	1.2983	1.6527	1.8254	0.8447	0.5177	1.2191	0.9717	0.9586	1.4369	1.5462
销售毛利率(%)	1.5426	1.4187	1.3763	1.2134	1.2356	0.8123	1.0180	1.1330	1.5743	1.1980
销售净利率(%)	1.4902	1.5013	1.4101	1.4046	1.1322	0.8176	0.9990	1.0816	1.5281	1.1749
ROE(%)	1.5215	0.9901	0.8542	0.9723	0.7406	1.4889	1.8666	1.5946	1.0997	1.3172
ROA(%)	1.4135	1.1568	1.2015	1.3113	1.0827	1.2261	1.1849	1.5908	1.0905	1.2330
最近 1 个月涨幅(%)	0.2350	0.8711	0.8349	2.2690	1.8459	1.3684	2.1115	1.3128	2.1419	2.6769
最近 2 个月涨幅(%)	−0.0650	1.0757	1.2628	1.3885	1.4068	1.8856	2.0161	1.9092	2.4175	2.4782
最近 3 个月涨幅(%)	0.2212	0.5502	1.4655	1.4135	1.7008	2.2445	1.6478	1.4569	1.6600	3.0744
最近 6 个月涨幅(%)	0.2130	0.7024	0.9592	1.8008	1.5858	1.7121	2.3553	1.7286	2.0240	2.6142
最近 12 个月涨幅(%)	0.2810	1.2357	1.4058	1.3229	1.2888	2.5312	1.9532	2.2068	1.7753	2.0308
波动率变化	0.8345	0.6495	1.7062	1.6565	1.9542	3.2818	1.5301	2.0806	1.3926	1.3402
最近 1 个月波动率(%)	0.7467	1.9497	1.8015	2.1146	2.1870	1.6655	1.7807	1.4724	1.7056	1.1256
振幅变化	0.8999	0.7086	1.0694	1.4138	1.2869	1.3306	2.2530	1.9119	1.8883	2.8275
最近 1 个月振幅(%)	1.3825	1.3964	1.2781	1.8497	1.3421	1.7400	1.4274	2.7387	1.6153	1.5432
换手率变化	0.5071	1.1639	1.2488	2.0324	1.2781	3.2331	2.9738	1.8496	1.5534	0.8566
最近 1 个月日均换手率(%)	0.8647	0.7328	1.3350	0.8109	1.6918	2.6795	2.2966	1.9454	2.1190	1.7279
流通市值	0.3980	0.9013	0.3230	1.4042	1.6081	1.4986	1.0732	2.6952	2.3429	3.1537
总市值	0.0912	0.8709	1.1030	1.2731	0.6542	1.3345	2.3054	1.7912	2.5834	3.3052

中的经营活动产生的现金流净额增长率,规模因子中的流通市值等因子的第 1 组的信息比率为负,第 10 组的信息比率为正,且差距较大;而其他因子排序所构建的各组合则表现并不明显。

表 15-7 根据各因子排序构建的各组合的信息比率

因子	第 1 组	0.8×第 1 组+ 0.2×第 2 组	第 10 组	0.8×第 10 组+ 0.2×第 9 组
E/P	0.0692	0.0689	−0.0543	−0.0751
B/P	0.1553	0.1439	−0.0934	−0.1098
CF/P	0.0634	0.0250	−0.0464	−0.0909
EBITDA/EV	−0.1328	−0.0690	−0.1483	−0.1219
SR/P	0.1605	0.1050	−0.0582	−0.0598
营业利润增长率(%)	−0.0935	−0.0471	−0.1456	−0.1050
营业收入增长率(%)	0.1338	0.1297	−0.1883	−0.1251
经营活动产生的现金流净额增长率(%)	−0.2849	−0.2479	0.1021	0.0881
净利润增长率(%)	0.0829	0.0659	0.1562	0.1137
户均持股比例	0.0810	0.0861	−0.1495	0.1244
户均持股比例变化	0.1117	0.0837	−0.0242	−0.0712
机构持股比例	0.3285	0.2840	0.0982	0.0581
机构持股比例变化	0.0852	0.1116	0.0046	0.0193
销售毛利率(%)	0.1021	0.0845	−0.2289	−0.2239
销售净利率(%)	0.1205	0.0681	−0.1218	−0.1240
ROE(%)	0.2437	0.1521	−0.1305	−0.0883
ROA(%)	0.1531	0.1073	−0.1747	−0.1267
最近 1 个月涨幅(%)	−0.0563	−0.0578	0.0042	−0.0110
最近 2 个月涨幅(%)	−0.0070	0.0078	0.0219	−0.0290
最近 3 个月涨幅(%)	−0.0724	−0.0677	−0.0494	−0.0393
最近 6 个月涨幅(%)	−0.0457	−0.0436	−0.0176	−0.0120
最近 12 个月涨幅(%)	−0.0188	−0.0080	−0.0198	−0.0123
最近 1 个月波动率(%)	−0.0531	−0.0545	0.0234	0.0182
波动率变化	−0.0664	−0.0580	0.0048	−0.0001
最近 1 个月振幅(%)	0.0173	0.0069	0.0158	0.0012
振幅变化	−0.0064	0.0124	0.0240	0.0190
最近 1 个月日均换手率(%)	−0.0764	−0.0637	0.0795	0.0781
换手率变化	−0.0786	−0.0707	0.0461	0.0369
流通市值	−0.0041	−0.0036	0.0374	0.0223
总市值	0.0265	0.0106	0.0188	0.0196

前面研究了根据各因子排序构建的各组合的信息比率情况,下面将进一步研究各因子排名靠前组合和靠后组合各年的超额收益率情况,具体数据列于表 15-8 和表 15-9。

第十五章 公用事业行业

表15-8 各因子排名靠前组合各年超额收益率

因子	2007	2008	2009	2010	2011	2012	2013	2014	2015	2016	2017
E/P	0.0869	-0.6317	0.0249	0.1645	0.1851	-0.1716	0.0897	-0.0876	0.4070	0.1437	-0.0443
B/P	0.2049	-0.6542	0.0858	0.1857	0.3053	-0.1005	0.1066	-0.0200	0.4496	0.2256	-0.0624
CF/P	0.1449	-0.7689	0.1463	0.0783	0.2132	-0.2589	0.1684	-0.0610	0.2972	0.1672	-0.0898
EBITDA/EV	0.0422	-0.6063	0.0254	0.1584	0.2352	-0.1384	0.1138	-0.1182	0.2918	0.1890	-0.0708
SR/P	0.0445	-0.6794	0.1371	0.0901	0.2344	-0.1484	0.0529	-0.0592	0.3592	0.1060	-0.0812
营业利润增长率(%)	-0.0294	-0.6827	0.0026	0.2054	0.2770	-0.1008	0.0485	-0.0359	0.4379	0.0421	-0.0945
营业收入增长率(%)	-0.0427	-0.6601	0.0970	0.1278	0.2328	-0.1202	0.1314	-0.0447	0.4552	0.1124	-0.0967
经营活动产生的现金流净额增长率(%)	-0.2080	-0.6643	0.0152	0.1331	0.2386	-0.2342	0.0577	-0.0907	0.3298	0.0851	-0.0782
净利润增长率(%)	-0.0527	-0.5725	0.0199	0.1837	0.2560	-0.1265	0.0417	-0.0468	0.3594	0.1276	-0.0773
户均持股比例	0.0336	-0.7769	0.1354	0.1430	0.1579	-0.1139	0.0509	-0.1139	0.5033	0.0885	-0.0641
户均持股比例变化	-0.0176	-0.5559	0.1608	0.3272	0.2565	-0.1535	0.0771	-0.1009	0.4408	0.1889	-0.0701
机构持股比例	-0.0610	-0.6637	0.0122	0.1711	0.2332	-0.1691	0.0825	-0.1258	0.3305	0.0465	-0.1401
机构持股比例变化	-0.1962	-0.5778	0.1380	0.2080	0.2253	-0.1691	0.1315	-0.0837	0.3009	0.0927	-0.0759
销售毛利率(%)	-0.0236	-0.6319	0.1000	0.1209	0.2268	-0.1791	0.0571	0.0138	0.4088	-0.0029	-0.0973
销售净利率(%)	-0.0657	-0.6768	0.0943	0.1489	0.2432	-0.1748	0.0434	0.0125	0.4008	-0.0045	-0.0973
ROE(%)	-0.0547	-0.7015	0.1499	0.1974	0.2363	-0.2188	0.1235	0.0027	0.5397	0.0524	-0.0924
ROA(%)	0.0577	-0.6957	0.1113	0.1883	0.2221	-0.2169	0.0672	0.0013	0.4448	0.0775	-0.1004
最近1个月涨幅(%)	0.0810	-0.0147	-0.2536	-0.1674	-0.1275	0.0729	-0.1082	-0.1054	-0.3424	-0.2788	-0.5610
最近2个月涨幅(%)	0.2182	-0.1147	-0.1867	0.0817	-0.1737	-0.0679	0.0070	-0.0566	-0.0953	-0.1614	-0.5898
最近3个月涨幅(%)	0.0437	0.0256	-0.0869	0.1303	-0.1786	-0.0144	-0.0458	0.2058	-0.0071	-0.1623	-0.6447
最近6个月涨幅(%)	0.0659	-0.0555	-0.2044	0.1698	-0.1392	-0.0545	0.1160	0.1836	-0.1660	-0.0238	-0.5751
最近12个月涨幅(%)	0.1809	-0.0382	-0.2870	0.2465	-0.0695	-0.0549	0.0635	0.1747	-0.0657	-0.1033	-0.6476
波动率变化	0.0712	-0.0180	0.0937	-0.0245	-0.0626	0.1468	0.2138	0.1287	0.4341	-0.1304	-0.3079
最近1个月波动率(%)	0.1091	0.0501	0.1844	-0.0482	-0.0338	0.3615	0.0201	0.1179	0.4869	0.0867	-0.0737
振幅变化	0.1335	0.2411	-0.0412	0.1903	-0.1256	-0.0030	0.1547	0.0712	-0.1199	-0.2255	-0.6004
最近1个月振幅(%)	0.2205	0.0679	0.1442	0.0482	0.0583	0.0419	0.3074	0.2252	0.4411	0.1177	-0.4965
换手率变化	0.2165	-0.1296	-0.1243	0.1956	-0.0778	0.0716	0.2583	0.1351	0.4135	-0.0914	-0.6904
最近1个月日均换手率(%)	0.3068	0.0167	-0.0480	0.0172	0.0285	0.0429	0.1601	0.0978	0.2748	0.1376	-0.4746
流通市值	0.0736	0.2201	-0.3175	-0.0852	0.0696	0.0670	0.0631	0.2128	-0.0969	0.0664	0.1749
总市值	0.0292	0.2311	-0.3387	-0.1069	0.0330	0.0141	0.0104	0.1954	-0.1272	0.0972	0.2309

表 15-9 各因子排名靠后组合各年超额收益率

因子	年份										
	2007	2008	2009	2010	2011	2012	2013	2014	2015	2016	2017
E/P	-0.1343	-0.5955	0.0742	0.1762	0.2691	-0.1759	0.0424	-0.0387	0.4070	0.1437	-0.0443
B/P	-0.1318	-0.7219	0.0680	-0.1250	0.2030	-0.1432	-0.0095	-0.0733	-0.4496	0.2256	-0.0624
CF/P	-0.2309	-0.6196	0.0810	0.1470	0.2250	-0.1243	0.0269	-0.0626	0.2972	0.1672	-0.0898
EBITDA/EV	-0.1577	-0.6653	-0.1478	0.1334	-0.2599	-0.1614	0.0411	-0.0277	-0.2918	0.1890	-0.0708
SR/P	-0.1516	-0.6943	0.1191	0.1696	0.1960	-0.1103	0.0106	-0.0668	0.3592	0.1060	-0.0812
营业利润增长率(%)	-0.0325	-0.6512	0.0391	0.0858	0.2261	-0.1833	-0.0082	-0.1176	0.4379	0.0421	-0.0945
营业收入增长率(%)	-0.0777	-0.7180	0.0738	0.1234	0.2257	-0.2231	-0.0171	-0.1130	0.4552	0.1124	-0.0967
经营活动产生的现金流净额增长率(%)	0.0102	-0.6802	0.0607	0.1678	0.2733	-0.2050	0.0177	-0.0861	0.3298	0.0851	-0.0782
净利润增长率(%)	0.0095	-0.6309	0.0862	0.0709	0.2205	-0.1757	0.0125	-0.1381	0.3594	0.1276	-0.0773
户均持股比例	-0.1112	-0.5776	0.0246	0.0873	0.1938	-0.1218	0.0826	-0.0734	0.5033	0.0885	-0.0641
户均持股比例变化	-0.0182	-0.6593	0.0473	0.0797	0.1850	-0.1273	0.0871	-0.1088	0.4408	0.1889	-0.0701
机构持股比例	-0.0992	-0.6557	0.0607	0.1368	0.2364	-0.1804	0.0019	-0.1102	0.3305	0.0465	-0.1401
机构持股比例变化	0.0656	-0.7010	0.0360	0.1507	0.2310	-0.1694	0.0487	-0.0907	0.3009	0.0927	-0.0759
销售毛利率(%)	-0.0452	-0.6103	0.1159	0.1059	0.2457	-0.2058	0.0360	-0.1015	0.4088	-0.0029	-0.0973
销售净利率(%)	-0.0150	-0.6100	0.1066	0.1179	0.2551	-0.1976	0.0296	-0.0960	0.4008	-0.0045	-0.0973
ROE(%)	-0.0011	-0.6427	0.1250	0.0908	0.2668	-0.2234	0.0438	-0.1175	0.5397	0.0524	-0.0924
ROA(%)	0.0504	-0.6200	0.1090	0.1046	0.2333	-0.1881	0.0254	-0.0994	0.4448	0.0775	-0.1004
最近1个月涨幅(%)	0.3537	0.3650	0.7497	0.0711	0.1125	0.2790	0.2529	0.3301	0.3424	0.2788	-0.5610
最近2个月涨幅(%)	0.5624	0.2527	0.5853	0.1592	0.1100	0.2280	0.2633	0.2357	0.0953	0.1614	-0.5898
最近3个月涨幅(%)	0.6074	0.3446	0.5835	0.1044	0.2707	0.2301	0.2264	0.3398	0.0071	0.1623	-0.6447
最近6个月涨幅(%)	0.4709	0.3211	0.6377	0.1085	0.2932	0.1347	0.1868	0.2176	0.1660	0.0238	-0.5751
最近12个月涨幅(%)	0.4151	0.3749	0.1585	0.0776	0.2231	0.1852	0.2879	0.2343	0.0657	0.1033	-0.6476
最近1个月涨幅(%)	0.5705	0.2332	-0.0008	0.0518	0.1497	0.1690	0.1690	0.1860	0.4341	0.1304	-0.3079
波动率1个月变化	0.4048	0.2315	0.0587	0.0369	0.1003	-0.0640	0.2026	0.2497	0.4869	0.0867	-0.0737
最近1个月振幅(%)	0.6897	0.3157	0.7407	0.1197	0.1897	0.1112	0.1350	0.2342	0.1199	0.2255	-0.6004
振幅1个月变化	0.3927	0.2570	-0.0033	0.1502	0.1940	0.0539	0.2306	0.1682	0.4411	0.1177	-0.4965
最近1个月日均换手率(%)	0.1745	0.2301	-0.1162	0.0290	0.1927	0.1000	0.1184	0.1877	0.4135	-0.0914	-0.6904
换手率1个月变化	0.2675	0.2692	0.1940	0.1765	0.1381	0.0868	0.2958	0.3017	0.2748	0.1376	-0.4746
流通市值	0.5209	0.2236	0.7030	0.3304	0.1912	0.0613	0.4383	0.3513	0.0969	0.0664	-0.1749
总市值	0.5858	0.2439	0.7577	0.3364	0.1254	0.2072	0.3389	0.4273	0.1272	0.0972	-0.2309

从排名靠前组合各年的超额收益率看,交投因子中的换手率变化,估值因子中的 E/P,盈利因子中的 ROA,波动因子中的波动率变化、振幅变化,规模因子中的流通市值、总市值等因子排名靠前组合在大多数年份的超额收益率均为正;而反转因子中的最近 1 个月涨幅、最近 2 个月涨幅等因子排名靠前组合在大多数年份的超额收益率均为负;其他因子的表现则不明显。

从排名靠后组合各年的超额收益率看,估值因子中的 B/P、EBITDA/EV 等因子排名靠后组合在大多数年份的超额收益率均为负;交投因子中的换手率变化,动量反转因子中的最近 1 个月涨幅、最近 2 个月涨幅、最近 3 个月涨幅、最近 6 个月涨幅、最近 12 个月涨幅,波动因子中的最近 1 个月波动率、波动率变化、最近 1 个月振幅、振幅变化,规模因子中的流通市值、总市值等因子排名靠后组合在大多数年份的超额收益率均为正,其他因子的表现则不明显。

三、多因子模型的构建和评价

上文对 8 大类因子分别从信息系数、选股区分度、单调性和稳定性等方面进行了评价,目的是根据上述评价体系考察各选股因子的表现情况,为后面构建行业内多因子模型提供一个比较有效的参考因子范围,并进一步分析和评价该多因子模型的表现情况。

(一) 各因子综合评价

根据行业内各因子的表现情况,我们把结果汇总在表 15-10 和表 15-11 中,分别代表月度选股因子综合评价和季度选股因子综合评价结果。

表 15-10　月度选股因子综合评价

因子	信息系数	选股区分度	单调性	稳定性
最近 1 个月涨幅(%)	显著为负	强	有一定的	较强
最近 2 个月涨幅(%)	显著为负	强	有一定的	较强
最近 3 个月涨幅(%)	显著为负	强	有一定的	—
最近 6 个月涨幅(%)	显著为负	强	有一定的	—
最近 12 个月涨幅(%)	显著为负	强	—	—
最近 1 个月波动率(%)	显著为负	强	—	较强
波动率变化	—	—	—	有一定的
最近 1 个月振幅(%)	显著为负	强	—	—
振幅变化	—	一般	—	—
最近 1 个月日均换手率(%)	显著为负	较强	—	强
换手率变化	显著为负	强	有一定的	强
流通市值	显著为负	强	显著	强
总市值	显著为负	强	显著	—

表 15-11　季度选股因子综合评价

因子	信息系数	选股区分度	单调性	稳定性
E/P	—	强	—	强
B/P	—	—	—	强
CF/P	—	—	—	强
EBITDA/EV	—	强	—	—
SR/P	—	强	—	较强
营业利润增长率(%)	—	一般	显著	—
营业收入增长率(%)	—	较强	—	较强
经营活动产生的现金流净额增长率(%)	—	一般	—	较强
净利润增长率(%)	显著为正	较强	显著	—
户均持股比例	显著为正	强	显著	有一定的
户均持股比例变化	显著为正	强	—	强
机构持股比例	—	—	—	—
机构持股比例变化	—	—	—	强
销售毛利率(%)	—	强	—	强
销售净利率(%)	—	—	—	强
ROE(%)	显著为负	强	—	强
ROA(%)	—	一般	—	强

根据表 15-10 和表 15-11，综合各因子的信息系数、选股区分度、单调性和稳定性，在公用事业行业内表现较好的正向因子为股东因子中的户均持股比例。表现较好的负向因子有：(1) 动量反转因子中的最近 1 个月涨幅；(2) 动量反转因子中的最近 2 个月涨幅；(3) 交投因子中的换手率变化；(4) 规模因子中的流通市值。其中，股东因子中的户均持股比例变化等表现较好的因子为季度因子，动量反转因子中的最近 1 个月涨幅、最近 2 个月涨幅，交投因子中的换手率变化，规模因子中的流通市值等表现较好的因子为月度因子。

(二) 行业内多因子模型构建

由前面的分析可知，在公用事业行业内如下因子表现较好：(1) 季度因子：股东因子中的户均持股比例；(2) 月度因子：动量反转因子中的最近 1 个月涨幅、最近 2 个月涨幅，交投因子中的换手率变化，规模因子中的流通市值。其中，股东因子中的户均持股比例变化为正向因子，剩余的动量反转因子中的最近 1 个月涨幅、最近 2 个月涨幅，交投因子中的换手率变化，规模因子中的流通市值 4 个因子为负向因子，我们将选择上述 1 个季度因子和 4 个月度因子构建多因子选股模型。

(三) 行业内多因子模型投资组合的评价

1. 行业内多因子选股模型的表现

对于公用事业行业的多因子模型构建，我们根据股东因子中的户均持股比例这个季度因子构建了一个基本的季度股票池,季度股票池根据上市公司财务报表的分布时间(4月底、8月底、10月底)每年进行3次更换,然后在季度股票池的基础上,再根据动量反转因子中的最近1个月涨幅、最近2个月涨幅,交投因子中的换手率变化,规模因子中的流通市值4个月度因子每月进行季度股票池内的股票再选股,选出排名靠前的前10只、20只、30只股票分别构建多头组合,排名靠后的后10只、20只、30只股票分别构建空头组合。其中,根据季度因子构建的股票池的等额投资表现如图15-1所示,根据月度因子在季度股票池基础上再选股的10只、20只、30只股票多头组合和10只、20只、30只股票空头组合的等额投资表现如图15-2所示。

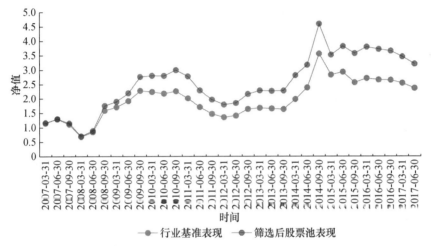

图 15-1　公用事业行业季度因子股票池表现

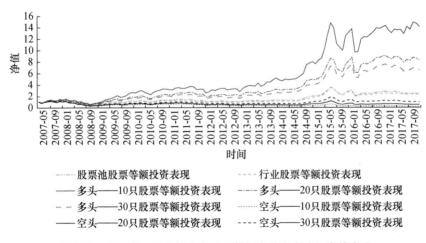

图 15-2　公用事业行业综合多因子模型多头和空头组合的表现

我们通过对股票池内的股票进行等额投资,分别于每年5月初、9月初和11月初进行股票池换仓,起始投资时间为2007年5月1日,并记起始资金的净值为1。由图15-1可知,根据季度因子构建的股票池在研究期间(2007年5月至2017年10月)的表现要好于行业的基准表现。截至2017年10月31日的投资组合净值为3.207,累计收益率为220.77%,年化收益率为10.75%,而同期行业基准的累计收益率为136.48%,年化收益率为7.83%。可见,我们选出的季度因子选股能力较好。

我们在行业股票池选股的基础上,通过月度因子每月对股票池内的股票进行重新选股,选出综合得分排名靠前的10只、20只、30只股票分别构建多头组合,排名靠后的后10只、20只、30只股票分别构建空头组合,分别于每月初进行投资组合换仓,换仓频率为月,起始投资时间为2007年5月1日,并记起始资金的净值为1。

由图15-2可知,由综合得分排名靠前的前10只、20只、30只股票构建的多头组合均大幅超越基准,而由综合得分排名靠后的后10只、20只、30只股票构建的空头组合均大幅落后于基准。2007年5月至2017年10月,10只、20只、30只多头组合的累计收益率分别为1310.93%、731.99%、656.34%,年化收益率分别为26.08%、20.38%、17.91%;10只、20只、30只空头组合的累计收益率分别为-88.52%、-48.58%、-2.43%,年化收益率分别为-13.74%、-5.49%、-0.21%。可见,我们构建的多头投资组合表现都比较优异,能够跑赢行业基准收益率,也说明之前选出的月度因子具有较强的选股能力。

2. 行业内多因子选股模型的评价

我们对行业内的多因子选股模型分别从月超额收益率、月跑赢概率、Alpha比率、Beta、Sharpe比率、TR、Jensen比率、IR等方面进行了分析,具体结果列于表15-12,同时又对每年的超额收益情况进行了统计,结果见表15-13。

表15-12 以公用事业行业为样本的多因子选股模型分析

等额投资	多头——10只	多头——20只	多头——30只	空头——10只	空头——20只	空头——30只
月超额收益率均值	0.0162	0.0114	0.0094	-0.0192	-0.0115	-0.0065
月超额收益率标准差	0.1013	0.0947	0.0970	0.1161	0.1073	0.1055
月超额收益率最大值	1.2893	1.2893	1.4656	0.6051	0.6051	1.4656
月超额收益率中位数	0.0049	0.0010	-0.0008	-0.0274	-0.0200	-0.0157
月超额收益率最小值	-0.2635	-0.3023	-0.3023	-0.5028	-0.5028	-0.5028
月跑赢次数	88	86	87	38	47	53
月跑赢概率	0.6984	0.6825	0.6905	0.3016	0.3730	0.4206
Alpha比率	-0.0090	-0.0020	-0.0043	0.0067	-0.0008	0.0000
Beta	1.0176	1.0807	1.0484	1.2687	1.0484	1.0496
Sharpe比率	0.6512	0.8912	0.9048	0.5682	0.6101	0.6715
TR	3.4480	2.6875	2.5257	-0.7534	0.0198	0.6233
Jensen比率	0.0029	0.0097	0.0177	-0.0313	-0.0081	-0.0036
IR	-0.0729	0.1164	0.1485	-0.0637	-0.0736	-0.0241

表 15-13　以公用事业行业为样本的多因子选股策略各年超额收益率

年份	多头——10 只	多头——20 只	多头——30 只	空头——10 只	空头——20 只	空头——30 只
2007	20.78%	10.97%	11.99%	-17.49%	-16.19%	-7.99%
2008	34.16%	26.56%	15.09%	-26.50%	-13.11%	-12.13%
2009	39.20%	19.48%	17.11%	-33.71%	-23.34%	-12.24%
2010	15.43%	16.41%	17.84%	13.24%	6.56%	9.06%
2011	7.64%	7.40%	5.40%	-12.84%	-11.89%	-3.61%
2012	18.82%	16.80%	7.79%	-25.91%	-11.81%	-11.73%
2013	24.29%	15.08%	17.58%	-27.09%	-15.82%	-8.16%
2014	-5.36%	-8.16%	-7.41%	-13.80%	-14.70%	-7.87%
2015	21.30%	19.41%	21.70%	-55.84%	-28.42%	-11.53%
2016	15.57%	16.86%	12.99%	-19.12%	-3.84%	-1.97%
2017	12.20%	2.81%	-2.10%	-23.32%	-12.19%	-13.22%

由表 15-12 可知,从月超额收益率看,综合得分排名靠前的前 10 只、20 只、30 只股票构建的多头组合,其月超额收益率均值均为正;而由综合得分排名靠后的后 10 只、20 只、30 只股票构建的空头组合,其月超额收益率均值均为负。从超越基准的胜率(超额收益率为正)看,多头组合的胜率在 70% 左右,而空头组合的胜率则在 40% 左右。从 IR、TR 和 Sharpe 比率看,多头组合均表现较好,TR 均在 2.5 以上;空头组合的 TR、IR、Sharpe 比率均表现一般。

由表 15-13 可知,从 2007 年至 2017 年的年超额收益率看,多头组合在各年的超额收益率大多数为正,特别是在 2007 年至 2010 年、2013 年和 2015 年,10 只多头组合大幅超越基准;而空头组合在各年的超额收益率多为负,特别是在 2009 年和 2015 年,10 只、20 只、30 只空头组合大幅低于基准。

四、小　　结

为了研究行业内因子的选股能力,我们分别运用横截面回归法和排序打分法等构建了多种考察因子表现情况的指标,分别从各因子的信息系数、选股区分度、单调性和稳定性等多方面分析各因子的选股能力,并选出了几个表现比较显著的季度因子和月度因子,据此构建了行业内多因子选股模型,并对该模型的表现情况进行验证,得出如下研究结论:

综合各因子的信息系数、选股区分度、单调性和稳定性,在公用事业行业内表现较好的正向因子为股东因子中的户均持股比例。表现较好的负向因子有:(1) 动量反转因子中的最近 1 个月涨幅、最近 2 个月涨幅;(2) 交投因子中的换手率变化;(3) 规模因子中的流通市值。其中,股东因子中的户均持股比例变化等表现较好的因子为季度因子,动量反转因子中的最近 1 个月涨幅、最近 2 个月涨幅,交投因子中的换手率变化,规模因子中的流通市值等表现较好的因子为月度因子。

根据季度因子构建的股票池在研究期间(2007 年 5 月至 2017 年 10 月)的表现要好于行业的基准表现。截至 2017 年 10 月 31 日的投资组合净值为 3.207,累计收益率为 220.77%,

年化收益率为 10.75%，而同期行业基准的累计收益率为 136.48%，年化收益率为 7.83%。可见，我们选出的季度因子选股能力较好。

在季度因子股票池的基础上，由综合得分排名靠前的前 10 只、20 只、30 只股票构建的多头组合均大幅超越基准，而由综合得分排名靠后的后 10 只、20 只、30 只股票构建的空头组合均大幅落后于基准。2007 年 5 月至 2017 年 10 月，10 只、20 只、30 只多头组合的累计收益率分别为 1310.93%、731.99%、656.34%，年化收益率分别为 26.08%、20.38%、17.91%；10 只、20 只、30 只空头组合的累计收益率分别为 −88.52%、−48.58%、−2.43%，年化收益率分别为 −13.74%、−5.49%、−0.21%。可见，我们构建的多头投资组合表现都比较优异，能够跑赢行业基准收益率，也说明之前选出的月度因子具有较强的选股能力。

从月超额收益率看，综合得分排名靠前的前 10 只、20 只、30 只股票构建的多头组合，其月超额收益率均值均为正；而由综合得分排名靠后的后 10 只、20 只、30 只股票构建的空头组合，其月超额收益率均值均为负。从超越基准的胜率（超额收益率为正）看，多头组合的胜率在 70% 左右，而空头组合的胜率则在 40% 左右。从 IR、TR 和 Sharpe 比率看，多头组合均表现较好，TR 均在 2.5 以上；空头组合的 TR、IR、Sharpe 比率均表现一般。

从 2007 年至 2017 年的年超额收益率看，多头组合在各年的超额收益率大多数为正，特别是在 2007 年至 2010 年、2013 年和 2015 年，10 只多头组合大幅超越基准；而空头组合在各年的超额收益率多为负，特别是在 2009 年和 2015 年，10 只、20 只、30 只空头组合大幅低于基准。可见，我们构建的多因子选股模型表现上佳，也说明之前选出的因子具有较强的选股能力。

五、SAS 语句解析

```
/*导入行业股票数据。*/
Proc Import Out=gysy
Datafile="E:\公用事业.xlsx"
Dbms=Excel Replace;
Getnames=Yes;*导入源文件字段名作为 SAS 数据集的字段名;
Mixed=NO;*若某一列中包含数值型和字符型变量,将数值型按照缺省值处理。若选的是 YES 则是将数值型转换成字符型存储,默认为 NO;
Scantext=Yes;*将源文件中各列值的最长长度作为该列在 SAS 中的字段长度。;
Usedate=Yes;*对于包含日期字段的源文件字段,在 SAS 中只保留 DATE 值,并以 DATE.格式存储。;
Scantime=Yes;*对于源文件中只有 time 值的列,自动以时间格式(TIME)存储;
Run;
/*生成股票代码变量 stkcd*/
data gysy.kxxx(keep=stkcd);
set gysy;
stkcd=substr(_COL0,1,6);
run;
proc sort nodupkey data=gysy.kxxx;
```

```
    by stkcd;
    run;
/*从总数据中,选出需要的行业股票2007年以后的数据,其中data1是季度数据,data2是月度数据*/
    proc sql;
    create table gysy.data1 as
        select *
        from cw.tdata3,gysy.kxxx
        where tdata3.stkcd=kxxx.stkcd;
            quit;
    proc sql;
    create table gysy.data2 as
        select *
        from cw.trademonth4,gysy.kxxx
        where trademonth4.stkcd=kxxx.stkcd;
            quit;
            data gysy.data2;
            set gysy.data2;
            if year<2007 then delete;
            run;
            data gysy.data1;
            set gysy.data1;
            if year<2007 then delete;
            run;
/*根据收益率将股票每期分组*/
    proc rank data=gysy.data1 out=gysy.b descending ties=mean percent;
    var rate;
    ranks rank_b; /* rank_b 是分位数 */
    by accper; /* 这里是分组变量 */
    run;
    data gysy.b;
    set gysy.b;
    keep stkcd accper rank_b;
    run;
        %macro dr(i);
/*根据对应的宏变量将股票每期分组*/
    proc rank data=gysy.data1 out=gysy.a&i descending ties=mean percent;
    var &i;
    ranks rank_&i; /* rank_a 是分位数 */
    by accper; /* 这里是分组变量 */
    run;
    proc sql;
```

```
create table gysy.a&i as
  select *
  from gysy.a&i,gysy.b
  where a&i..stkcd=b.stkcd and a&i..accper=b.accper;run;
%mend dr;
%dr(pe);%dr(pb);%dr(pcf);%dr(ps);%dr(ev);
%dr(yylrr);%dr(yysrr);%dr(xjllr);%dr(jlrr);%dr(hjcg);%dr(hjcgc);%dr(jgcg);%dr(jgcgc);%dr(roe);%dr(roa);%dr(xsmlv);%dr(xsjlv);
%macro d(i);
/*计算各因子的信息系数,包括月度、季度,然后对信息系数进行统计分析*/
ODS OUTPUT PearsonCorr=gysy.b&i;
proc corr data=gysy.a&i fisher;
var rank_&i ;
with rank_b;by accper;
run;
ODS OUTPUT CLOSE;
  proc univariate data=gysy.b&i;
var rank_&i;output out=gysy.c&i mean=meanc median=medianc std=stdc max=maxc min=minc;
run;
ODS OUTPUT PearsonCorr=gysy.d&i;
proc corr data=gysy.a&i fisher;
var rank_b ;
with rank_&i;
run;
ODS OUTPUT CLOSE;
%mend d;
%d(pe);%d(pb);%d(pcf);%d(ps);%d(ev);
%d(yylrr);%d(yysrr);%d(xjllr);%d(jlrr);%d(hjcg);%d(hjcgc);%d(jgcg);%d(jgcgc);%d(roe);%d(roa);%d(xsmlv);%d(xsjlv);
%macro da(i);
data gysy.e&i;
set gysy.d&i;
keep Prank_b Variable;
run;
data gysy.e&i;
merge gysy.e&i gysy.c&i;
run;
%mend da;
%da(pe);%da(pb);%da(pcf);%da(ps);%da(ev);
%da(yylrr);%da(yysrr);%da(xjllr);%da(jlrr);%da(hjcg);%da(hjcgc);%da(jgcg);%da(jgcgc);%da(roe);%da(roa);%da(xsmlv);%da(xsjlv);
data gysy.qdata1;
```

```
set gysy.ehjcgc gysy.epb gysy.epcf gysy.eev gysy.eps gysy.eyylrr gysy.eyysrr gysy.exjllr gysy.
ejlrr gysy.ehjcg gysy.epe gysy.ejcg gysy.ejgcgc gysy.exsmlv gysy.exsjlv gysy.eroe gysy.eroa;
run;
/*创建宏 DR,设置宏变量 I,对应股票的不同因子。*/
%macro dr(i);
proc sort data=gysy.data2;
by year month descending &i;
run;
/*根据因子排序结果每月将所有股票分为十组。Trdmnt 为表示月份数据*/
data gysy.g&i;
set gysy.data2;
by trdmnt;
if first.trdmnt then a1=1;
else a1+1;
run;
proc sql;
create table gysy.g&i as
select *,int(max(a1)/10) as a2,mod(max(a1),10) as a3
from gysy.g&i group by trdmnt;
quit;
data gysy.g&i;
set gysy.g&i;
if a1<=a2 then group=1;
if a2<a1<=(2*a2) then group=2;
if (2*a2)<a1<=(3*a2) then group=3;
if (3*a2)<a1<=(4*a2) then group=4;
if (4*a2)<a1<=(5*a2) then group=5;
if (5*a2)<a1<=(6*a2) then group=6;
if (6*a2)<a1<=(7*a2) then group=7;
if (7*a2)<a1<=(8*a2) then group=8;
if (8*a2)<a1<=(9*a2) then group=9;
if (9*a2)<a1 then group=10;
run;
/*根据股票分组结果,计算每组的平均收益。*/
proc sql;
create table gysy.h&i as
select stkcd,trdmnt,group,&i,rate,avg(rate) as ar&i
from gysy.g&i
group by group;
quit;
proc sort nodupkey data=gysy.h&i;
by group;
```

```
run;
    proc sort data=gysy.h&i;
by descending group;
run;
/*调用宏,其中调用的宏参数分别为本章测试的因子,具体名称对应见本章第一节。*/
    %mend dr;
    %dr(stdm); %dr(stdmc); %dr(zf); %dr(zfc); %dr(a_exrate);
    %dr(a_exratec); %dr(rate1); %dr(rate2); %dr(rate3); %dr(rate6); %dr(rateyear); %dr(mv); %dr(tv);
    %macro d(i);
/*计算区分度。*/
    data gysy.i&i;
    set gysy.h&i;
    qfd1=(ar&i-lag9(ar&i))/ar1;
    qfd2=(lag1(ar&i)-lag8(ar&i))/ar1;
    qfd3=0.8*qfd1+0.2*qfd2;
    qfd4=0.6*qfd1+0.4*qfd2;
run;
    data gysy.i&i(keep=ar&i qfd1 qfd2 qfd3 qfd4);
    set gysy.i&i;
    if group=1;
run;
    %mend d;
    %d(stdm); %d(stdmc); %d(zf); %d(zfc); %d(a_exrate);
    %d(a_exratec); %d(rate1); %d(rate2); %d(rate3); %d(rate6); %d(rateyear); %d(mv); %d(tv);
    data gysy.mdata2;
    set gysy.ia_exratec gysy.irate2 gysy.irate3 gysy.irate6 gysy.irateyear gysy.istdm gysy.istdmc gysy.izf gysy.izfc gysy.ia_exrate gysy.irate1 gysy.imv gysy.itv;
run;
/*由于选用的数据中,日期数据为字符型数据,取出年份数据。*/
    %macro dr(i);
    data gysy.b&i;
    set gysy.b&i;
    year1=substr(accper,1,4);
    year=year1+0;
    drop year1;
run;
    %mend dr;
    %dr(pe); %dr(pb); %dr(pcf); %dr(ps); %dr(ev);
    %dr(yylrr); %dr(yysrr); %dr(xjllr); %dr(jlrr); %dr(hjcg); %dr(hjcgc); %dr(jgcg); %dr(jgcgc); %dr(roe); %dr(roa); %dr(xsmlv); %dr(xsjlv);
run;
```

第十五章 公用事业行业

```sas
/*计算各组合年平均收益*/
%macro d(i);
proc sql;
create table gysy.f&i as
select year,avg(rank_&i) as acorr&i
from gysy.b&i
group by year;
quit;
%mend d;
%d(pe);%d(pb);%d(pcf);%d(ps);%d(ev);%d(stdm);%d(stdmc);%d(zf);%d(zfc);%d(a_exrate);%d(mv);%d(tv);
%d(a_exratec);%d(rate1);%d(rate2);%d(rate3);%d(rate6);%d(rateyear);
%d(yylrr);%d(yysrr);%d(xjllr);%d(jlrr);%d(hjcg);%d(hjcgc);%d(jgcg);%d(jgcgc);%d(roe);%d(roa);%d(xsmlv);%d(xsjlv);
/*合并上文得出的数据集,便于综合分析*/
data gysy.ydata1;
merge gysy.fa_exratec gysy.fpb gysy.fpcf gysy.fev gysy.fps gysy.fyylrr gysy.fyysrr gysy.fxjllr gysy.fjlrr gysy.fhjcg gysy.fhjcgc gysy.fjgcg gysy.fjgcgc gysy.fxsmlv gysy.fxsjlv gysy.froe gysy.froa gysy.frate1 gysy.frate2 gysy.frate3 gysy.frate6 gysy.frateyear gysy.fstdm gysy.fstdmc gysy.fzf gysy.fzfc gysy.fa_exrate gysy.fpe gysy.fmv gysy.ftv;
by year;
run;
/*根据因子排序结果每季度将所有股票分为十组。Accper 是财报周期数据,刚好代表月度。后续处理和前文基本一致,不赘述*/
%macro dr(i);
proc sort data=gysy.data1;
by accper descending &i;
run;
data gysy.g&i;
set gysy.data1;
by accper;
if first.accper then a1=1;
else a1+1;
run;
proc sql;
create table gysy.g&i as
select *,int(max(a1)/10) as a2,mod(max(a1),10) as a3
from gysy.g&i group by accper;
quit;
data gysy.g&i;
set gysy.g&i;
if a1<=a2 then group=1;
```

```
if a2<a1<=(2*a2) then group=2;
if (2*a2)<a1<=(3*a2) then group=3;
if (3*a2)<a1<=(4*a2) then group=4;
if (4*a2)<a1<=(5*a2) then group=5;
if (5*a2)<a1<=(6*a2) then group=6;
if (6*a2)<a1<=(7*a2) then group=7;
if (7*a2)<a1<=(8*a2) then group=8;
if (8*a2)<a1<=(9*a2) then group=9;
if (9*a2)<a1 then group=10;
run;
proc sql;
create table gysy.h&i as
select stkcd,accper,group,&i,rate,avg(rate) as ar&i
from gysy.g&i
group by group;
quit;
proc sql;
create table gysy.h&i as
select * ,avg(rate) as ar1
from gysy.h&i;
quit;
    proc sort nodupkey data=gysy.h&i;
by group;
run;
    proc sort data=gysy.h&i;
by descending group;
run;
%mend dr;
%dr(pe);%dr(pb);%dr(pcf);%dr(ps);%dr(ev);
%dr(yylrr);%dr(yysrr);%dr(xjllr);%dr(jlrr);%dr(hjcg);%dr(hjcgc);%dr(jgcg);%dr(jgcgc);%dr(roe);%dr(roa);%dr(xsmlv);%dr(xsjlv);
%macro d(i);
data gysy.i&i;
set gysy.h&i;
qfd1=(ar&i-lag9(ar&i))/ar1;
qfd2=(lag1(ar&i)-lag8(ar&i))/ar1;
qfd3=0.8*qfd1+0.2*qfd2;
qfd4=0.6*qfd1+0.4*qfd2;
run;
data gysy.i&i(keep=ar&i qfd1 qfd2 qfd3 qfd4);
set gysy.i&i;
if group=1;
```

```
run;
%mend d;
%d(pe); %d(pb); %d(pcf); %d(ps); %d(ev);
%d(yylrr); %d(yysrr); %d(xjllr); %d(jlrr); %d(hjcg); %d(hjcgc); %d(jgcg); %d(jgcgc); %d(roe); %d(roa); %d(xsmlv); %d(xsjlv);
data gysy.qdata2;
set gysy.ihjcgc gysy.ipb gysy.ipcf gysy.iev gysy.ips gysy.iyylrr gysy.iyysrr gysy.ixjllr gysy.ijlrr gysy.ihjcg gysy.ipe gysy.ijgcg gysy.ijgcgc gysy.ixsmlv gysy.ixsjlv gysy.iroe gysy.iroa;
run;
%macro dr(i);
data gysy.j&i(keep=group trate&i);
set gysy.h&i;
trate&i=ar&i*22;
run;
proc sort data=gysy.j&i;
by group;
run;
%mend dr;
%dr(pe); %dr(pb); %dr(pcf); %dr(ps); %dr(ev);
%dr(yylrr); %dr(yysrr); %dr(xjllr); %dr(jlrr); %dr(hjcg); %dr(hjcgc); %dr(jgcg); %dr(jgcgc); %dr(roe); %dr(roa); %dr(xsmlv); %dr(xsjlv);
%macro d(i);
data gysy.j&i(keep=group trate&i);
set gysy.h&i;
trate&i=ar&i*93;
run;
proc sort data=gysy.j&i;
by group;
run;
%mend d;
%d(stdm); %d(stdmc); %d(zf); %d(zfc); %d(a_exrate);
%d(a_exratec); %d(rate1); %d(rate2); %d(rate3); %d(rate6); %d(rateyear); %d(mv); %d(tv);
data gysy.ydata2;
merge gysy.ja_exratec gysy.jpb gysy.jpcf gysy.jev gysy.jps gysy.jyylrr gysy.jyysrr gysy.jxjllr gysy.jjlrr gysy.jhjcg gysy.jhjcgc gysy.jjgcg gysy.jjgcgc gysy.jxsmlv gysy.jxsjlv gysy.jroe gysy.jroa gysy.jrate1 gysy.jrate2 gysy.jrate3 gysy.jrate6 gysy.jrateyear gysy.jstdm gysy.jstdmc gysy.jzf gysy.jzfc gysy.ja_exrate gysy.jpe gysy.jmv gysy.jtv;
by group;
run;
%macro dr(i);
proc sql;
create table gysy.k&i as
```

```
    select *
      from gysy.a&i,gysy.g&i
      where a&i..stkcd=g&i..stkcd and a&i..accper=g&i..accper;run;
    proc sort data=gysy.k&i;
    by group;
    run;
    ODS OUTPUT PearsonCorr=gysy.l&i;
    proc corr data=gysy.k&i fisher;
    var rank_&i ;
    with rank_b;by group;
    run;
    ODS OUTPUT CLOSE;
    data gysy.l&i;
    set gysy.l&i;
    xxxs1&i=0.8*rank_&i+0.2*lag1(rank_&i);
    xxxs2&i=0.2*rank_&i+0.8*lag1(rank_&i);
    run;
    data gysy.l&i(keep=group rank_&i xxxs1&i xxxs2&i);
    set gysy.l&i;
    if group=1 or group=2 or group=10;;
    run;
    %mend dr;
    %dr(pe);%dr(pb);%dr(pcf);%dr(ps);%dr(ev);
    %dr(yylrr);%dr(yysrr);%dr(xjllr);%dr(jlrr);%dr(hjcg);%dr(hjcgc);%dr(jgcg);%dr(jgcgc);%dr(roe);%dr(roa);%dr(xsmlv);%dr(xsjlv);
    %macro d(i);
    proc sql;
    create table gysy.k&i as
      select *
        from gysy.a&i,gysy.g&i
        where a&i..stkcd=g&i..stkcd and a&i..trdmnt=g&i..trdmnt;run;
    proc sort data=gysy.k&i;
    by group;
    run;
    ODS OUTPUT PearsonCorr=gysy.l&i;
    proc corr data=gysy.k&i fisher;
    var rank_&i ;
    with rank_b;by group;
    run;
    ODS OUTPUT CLOSE;
    data gysy.l&i;
    set gysy.l&i;
```

```
xxxs1&i=0.8*rank_&i+0.2*lag1(rank_&i);
xxxs2&i=0.2*rank_&i+0.8*lag1(rank_&i);
run;
data gysy.l&i(keep=group rank_&i xxxs1&i xxxs2&i);
set gysy.l&i;
if group=1 or group=2 or group=10;;
run;
%mend d;
%d(stdm);%d(stdmc);%d(zf);%d(zfc);%d(a_exrate);
%d(a_exratec);%d(rate1);%d(rate2);%d(rate3);%d(rate6);%d(rateyear);%d(mv);%d(tv);
data gysy.ydata3;
merge gysy.la_exratec gysy.lpb gysy.lpcf gysy.lev gysy.lps gysy.lyylrr gysy.lyysrr gysy.lxjllr gysy.ljlrr gysy.lhjcg gysy.lhjcgc gysy.ljgcg gysy.ljgcgc gysy.lxsmlv gysy.lxsjlv gysy.lroe gysy.lroa gysy.lrate1 gysy.lrate2 gysy.lrate3 gysy.lrate6 gysy.lrateyear gysy.lstdm gysy.lstdmc gysy.lzf gysy.lzfc gysy.la_exrate gysy.lpe gysy.lmv gysy.ltv;
by group;
run;

%macro dr(i);
data gysy.g&i;
set gysy.g&i;
r_rm=Mretnd-ratem;
run;
proc sql;
create table gysy.n&i as
select stkcd,accper,group,year,&i,rate,avg(r_rm) as ar_rm&i
from gysy.g&i
group by group,accper;
quit;
    proc sort nodupkey data=gysy.n&i;
by group accper;
run;
proc sql;
create table gysy.n&i as
select *,sum(ar_rm&i) as tr_rm&i
from gysy.n&i
group by year,group;
quit;
    proc sort nodupkey data=gysy.n&i;
by group year;
run;
proc sort data=gysy.n&i;
```

```
by year descending group;
run;
data gysy.n&i;
set gysy.n&i;
tr_rm1&i=0.8*tr_rm&i+0.2*lag1(tr_rm&i);
run;
data gysy.o&i(keep= tr_rm1&i year);
set gysy.n&i;
if group=1;
run;
%mend dr;
%dr(pe); %dr(pb); %dr(pcf); %dr(ps); %dr(ev);
%dr(yylrr); %dr(yysrr); %dr(xjlrr); %dr(jlrr); %dr(hjcg); %dr(hjcgc); %dr(jgcg); %dr(jgcgc); %dr(roe); %dr(roa); %dr(xsmlv); %dr(xsjlv);
%macro d(i);
data gysy.g&i;
set gysy.g&i;
r_rm=Mretnd-ratem;
run;
proc sql;
create table gysy.n&i as
select stkcd,trdmnt,year,group,&i,rate,avg(r_rm) as ar_rm&i
from gysy.g&i
group by group,trdmnt;
quit;
    proc sort nodupkey data=gysy.n&i;
by group trdmnt;
run;
proc sql;
create table gysy.n&i as
select *,sum(ar_rm&i) as tr_rm&i
from gysy.n&i
group by year,group;
quit;
    proc sort nodupkey data=gysy.n&i;
by group year;
run;
proc sort data=gysy.n&i;
by year descending group;
run;
data gysy.n&i;
set gysy.n&i;
```

第十五章 公用事业行业

```
        tr_rm1&i=0.8*tr_rm&i+0.2*lag1(tr_rm&i);
    run;
    data gysy.o&i(keep= tr_rm1&i year);
    set gysy.n&i;
    if group=1;
    run;
    % mend d;
    %d(stdm);%d(stdmc);%d(zf);%d(zfc);%d(a_exrate);
    %d(a_exratec);%d(rate1);%d(rate2);%d(rate3);%d(rate6);%d(rateyear);%d(mv);%d(tv);
    data gysy.ydata4;
    merge gysy.oa_exratec gysy.opb gysy.opcf gysy.oev gysy.ops gysy.oyylrr gysy.oyysrr gysy.oxjllr
gysy.ojlrr gysy.ohjcg gysy.ohjcgc gysy.ojgcg gysy.ojgcgc gysy.oxsmlv gysy.oxsjlv gysy.oroe gysy.
oroa gysy.orate1 gysy.orate2 gysy.orate3 gysy.orate6 gysy.orateyear gysy.ostdm gysy.ostdmc gysy.ozf
gysy.ozfc gysy.oa_exrate gysy.ope gysy.omv gysy.otv;
    by year;
    run;
    % macro d(i);
    proc sort data=gysy.n&i;
    by year group;
    run;
    data gysy.n&i;
    set gysy.n&i;
    tr_rm2&i=0.8*tr_rm&i+0.2*lag1(tr_rm&i);
    run;
    data gysy.p&i(keep= tr_rm2&i year);
    set gysy.n&i;
    if group=10;
    run;
    % mend d;
    %d(pe);%d(pb);%d(pcf);%d(ps);%d(ev);%d(stdm);%d(stdmc);%d(zf);%d(zfc);%d(a_
exrate);%d(mv);%d(tv);
    %d(a_exratec);%d(rate1);%d(rate2);%d(rate3);%d(rate6);%d(rateyear);
    %d(yylrr);%d(yysrr);%d(xjllr);%d(jlrr);%d(hjcg);%d(hjcgc);%d(jgcg);%d(jgcgc);%d
(roe);%d(roa);%d(xsmlv);%d(xsjlv);
    data gysy.ydata5;
    merge gysy.pa_exratec gysy.ppb gysy.ppcf gysy.pev gysy.pps gysy.pyylrr gysy.pyysrr gysy.pxjllr
gysy.pjlrr gysy.phjcg gysy.phjcgc gysy.pjgcg gysy.pjgcgc gysy.pxsmlv gysy.pxsjlv gysy.proe gysy.
proa gysy.prate1 gysy.prate2 gysy.prate3 gysy.prate6 gysy.prateyear gysy.pstdm gysy.pstdmc gysy.pzf
gysy.pzfc gysy.pa_exrate gysy.ppe gysy.pmv gysy.ptv;
    by year;
    run;
```

第十六章 工业行业

一、研究背景介绍

本章以工业行业为样本空间,剔除行业内在调仓日为 st 的股票,以及在换仓日停牌的股票,研究期间为 2007 年 5 月至 2017 年 10 月,换仓频率为月。工业行业包括商业服务与商业用品、运输、资本品等多种行业。本章采用表 10-1 中对工业行业的中证一级行业分类,股票共计 642 只。

二、各因子选股能力分析

我们首先使用横截面回归法进行因子选股能力分析,之后采用排序打分法研究因子的选股能力。

(一) 从信息系数方面分析各因子选股能力

各因子的信息系数如表 16-1 和表 16-2 所示。

表 16-1 各因子信息系数(月度)

因子	P 值	均值	标准差	最大值	中值	最小值
最近 1 个月涨幅(%)	0.0000	−0.0661	0.1365	0.2217	−0.0688	−0.4341
最近 2 个月涨幅(%)	0.0000	−0.0782	0.1505	0.2806	−0.0846	−0.5356
最近 3 个月涨幅(%)	0.0000	−0.0796	0.1500	0.3000	−0.0884	−0.5042
最近 6 个月涨幅(%)	0.0000	−0.0563	0.1463	0.3209	−0.0602	−0.4229
最近 12 个月涨幅(%)	0.0000	−0.0480	0.1476	0.3831	−0.0542	−0.4848
最近 1 个月波动率(%)	0.0000	−0.0423	0.1620	0.3822	−0.0615	−0.4196
波动率变化	0.0001	−0.0210	0.0820	0.1785	−0.0225	−0.2090
最近 1 个月振幅(%)	0.0000	−0.0520	0.1265	0.2837	−0.0519	−0.3208
振幅变化	0.1801	−0.0049	0.0886	0.2391	−0.0003	−0.1667
最近 1 个月日均换手率(%)	0.0000	−0.0607	0.1900	0.3359	−0.0684	−0.4385
换手率变化	0.0000	−0.0659	0.1032	0.2459	−0.0630	−0.4053
流通市值	0.0000	−0.0699	0.1742	0.4616	−0.0945	−0.4442
总市值	0.0000	−0.0922	0.1573	0.4010	−0.0930	−0.4717

表 16-2 各因子信息系数(季度)

因子	P 值	均值	标准差	最大值	中值	最小值
E/P	0.0000	0.0431	0.1315	0.2727	0.0614	−0.2220
B/P	0.0181	−0.0100	0.1469	0.2366	0.0069	−0.3732
CF/P	0.2014	−0.0095	0.0830	0.1244	0.0096	−0.2103
EBITDA/EV	0.0000	0.0287	0.1219	0.3191	0.0063	−0.1423
SR/P	0.0000	0.0343	0.1202	0.2837	0.0526	−0.1865
营业利润增长率(%)	0.0000	0.0438	0.0716	0.1828	0.0443	−0.1035
营业收入增长率(%)	0.0000	0.0329	0.0770	0.1339	0.0354	−0.1358
经营活动产生的现金流净额增长率(%)	0.3269	−0.0292	0.0967	0.1295	−0.0322	−0.2361
净利润增长率(%)	0.0000	0.0446	0.0864	0.1507	0.0647	−0.1698
户均持股比例	0.0000	0.1888	0.1559	0.4837	0.2069	−0.1293
户均持股比例变化	0.0019	0.0039	0.0850	0.0970	0.0254	−0.2383
机构持股比例	0.0034	−0.0221	0.1139	0.2413	−0.0367	−0.2142
机构持股比例变化	0.0047	0.0024	0.1103	0.1784	0.0162	−0.2537
销售毛利率(%)	0.0024	0.0116	0.1409	0.2090	0.0350	−0.2307
销售净利率(%)	0.0037	0.0094	0.1372	0.2776	0.0372	−0.2308
ROE(%)	0.7817	−0.0124	0.1362	0.2297	−0.0282	−0.2486
ROA(%)	0.0000	0.0176	0.1324	0.2114	0.0385	−0.2291

工业行业内的股票表现出较为显著的反转效应,最近 1 个月涨幅、最近 2 个月涨幅、最近 3 个月涨幅、最近 6 个月涨幅、最近 12 个月涨幅 5 个因子的信息系数均为负(前期涨幅越大,下一个月表现越差),且在 1% 的显著水平下显著为负;最近 1 个月波动率、最近 1 个月振幅、波动率变化等波动因子也是表现较为显著的负向因子,其信息系数分别为 −0.0423、−0.0520、−0.0210(最近 1 个月波动率越高,下一个月表现越差;最近 1 个月振幅越大,下一个月表现越差;波动率变化越大,下一个月表现越差),在 1% 的显著水平下显著为负;此外,最近 1 个月日均换手率、换手率变化等交投因子也是表现较为显著的负向因子,其信息系数分别为 −0.0607、−0.0659(最近 1 个月日均换手率越高,下一个月表现越差;换手率变化越大,下一个月表现越差),在 1% 的显著水平下显著为负。

同时,工业行业内的股票也表现出较为显著的小盘股效应,流通市值、总市值等规模因子表现出较为显著的负向效应,其信息系数分别为 −0.0699、−0.0922(流通市值越大,下一个月表现越差;总市值越大,下一个月表现越差),在 1% 的显著水平下显著为负。此外,股东因子中的机构持股比例因子也是表现较为显著的负向因子,其信息系数为 −0.0221(机构持股比例越高,下一个月表现越差),在 1% 的显著水平下显著为负。

估值因子表现出较为显著的正向效应,E/P、EBITDA/EV、SR/P 的信息系数分别为 0.0431、0.0287、0.0343(前期估值(EBITDA/EV、SR/P、E/P)越高,下个月表现越好),在 1% 的显著水平下显著为正。户均持股比例、户均持股比例变化等股东因子也是表现较为显著的正向因子,其信息系数分别为 0.1888、0.0039(户均持股比例变化越大,下一个月表现越好;户均持股比例越高,下一个月表现越好),在 1% 的显著水平下显著为正。成长因子中的营业利润增长率、营业收入增长率、净利润增长率等也是表现较为显著的正向因子,其信息系数分别为 0.0438、0.0329、0.0446(前期营业利润增长率越高,下一个月表现越好;前期营业收入增长率越高,下一个月表现越好;前期净利润增长率越高,下一个月表现越好),在 1% 的显著水平下显著为正。此外,盈利因子中的销售毛利率、销售净利率、ROA 等也是表现较为显著的正向因子,其信息系数分别为 0.0116、0.0094、0.0176(前期销售毛利率越高,下一个月表现越好;前期销售净利率越高,下一个月表现越好;前期 ROA 越高,下一个月表现越好),在 1% 的显著水平下显著为正。

波动因子中的振幅变化、成长因子中的经营活动现金流量净额增长率、盈利因子中的 ROE、估值因子中的 CF/P 等因子的信息系数在 0 附近或 P 值不显著,也就是说,这些因子对股票下个月表现的影响不显著。

对各因子总体的表现情况进行分析之后,我们又对各因子每年的表现情况进行了分析,主要分析每年各因子信息系数的一致性,即分析因子在总体年份中的表现情况,表 16-3 列出了每年各因子信息系数的均值情况。

从每年各因子信息系数的一致性方面看,成长因子中的营业利润增长率、营业收入增长率、净利润增长率,股东因子中的户均持股比例、户均持股比例变化,估值因子中的 E/P 等因子在大多数年份的信息系数均值均为正;交投因子中的换手率变化、最近 1 个月日均换手率,动量反转因子中的最近 1 个月涨幅、最近 2 个月涨幅、最近 3 个月涨幅、最近 6 个月涨幅、最近 12 个月涨幅,波动因子中的最近 1 个月波动率、波动率变化、最近 1 个月振幅,规模因子中的流通市值、总市值等因子在大多数年份的信息系数均值均为负;而其他因子在每年的表现则并不十分一致。

(二)从 FF 排序法方面来分析各因子的选股能力

1. 选股区分度

选股区分度具体数据列于表 16-4 和表 16-5。

表 16-3 每年各因子信息系数的均值

因子	2007	2008	2009	2010	2011	2012	2013	2014	2015	2016	2017
E/P	0.0214	0.0969	−0.0352	0.0050	−0.0143	0.0106	0.1406	0.2727	−0.1829	0.1021	0.0821
B/P	−0.1244	0.0647	−0.0987	0.0467	−0.0500	0.0152	0.0300	0.1596	0.0508	−0.2266	−0.2090
CF/P	−0.0808	−0.1178	−0.0075	0.0010	0.0115	0.0454	0.0653	0.0407	−0.0062	−0.0459	−0.0346
EBITDA/EV	0.0016	0.1126	−0.0297	0.0420	−0.0118	−0.0283	0.0404	0.2498	0.0393	−0.1248	−0.1765
SR/P	−0.0305	0.0106	−0.0319	−0.0503	0.0350	0.1148	0.1073	0.1405	0.0692	−0.1504	−0.1143
营业利润增长率(%)	0.0215	−0.0397	0.0651	0.0102	0.0821	0.1086	0.0558	0.0529	0.0254	−0.0102	0.0306
营业收入增长率(%)	0.0469	−0.0642	0.0056	0.0217	0.0379	0.1206	0.0682	0.0129	0.0349	0.0049	0.0592
经营活动产生的现金流净额增长率(%)	−0.0872	−0.1533	−0.0212	−0.0684	0.0995	−0.0170	0.0132	0.0613	−0.0129	0.0387	−0.0114
净利润增长率(%)	0.0593	−0.1017	0.0953	0.0032	0.0789	0.0886	0.0755	0.0846	0.0255	0.0270	0.2656
户均持股比例	0.1528	0.3112	0.1300	0.1699	0.0897	0.1537	0.2717	0.3163	0.3217	0.0426	−0.1279
户均持股比例变化	−0.0642	−0.1120	0.0250	0.0333	0.0348	0.0162	0.0712	0.0740	0.0926	0.0827	0.0747
机构持股比例	0.0553	−0.0556	−0.1380	0.0142	0.0695	−0.0025	−0.0719	−0.0994	0.0031	0.0042	0.2392
机构持股比例变化	0.0198	−0.0696	−0.1025	0.0480	0.0473	−0.0047	0.0447	0.1034	0.0089	0.0231	0.0617
销售毛利率(%)	−0.0362	−0.1562	−0.0369	−0.0139	0.1645	0.1218	0.0938	−0.1550	0.0375	0.0138	0.0179
销售净利率(%)	−0.0272	−0.1614	−0.0416	−0.0202	0.1605	0.1069	0.1001	−0.1442	0.0387	0.0082	0.0145
ROE(%)	−0.0861	−0.1256	−0.0654	0.0788	0.3717	0.0754	0.0179	−0.1729	0.0174	0.0170	0.0331
ROA(%)	−0.0578	−0.1078	−0.0608	0.0546	0.1131	0.0974	0.1315	−0.1223	0.0643	0.0024	0.0075
最近1个月涨幅(%)	−0.0613	−0.0570	−0.0639	−0.0289	−0.0453	−0.0956	−0.1162	−0.0592	−0.1673	−0.0746	−0.0380
最近2个月涨幅(%)	−0.1031	−0.0382	−0.0784	−0.0557	−0.0789	−0.1442	−0.0466	−0.0805	−0.1616	−0.0853	−0.0237
最近3个月涨幅(%)	−0.1335	−0.0376	−0.0899	−0.0376	−0.0749	−0.1107	−0.0526	−0.1046	−0.2145	−0.0934	−0.0213
最近6个月涨幅(%)	−0.1111	−0.0371	−0.0837	−0.0103	−0.0717	−0.1172	−0.0144	−0.0182	−0.1640	−0.0598	0.0189
最近12个月涨幅(%)	−0.0975	−0.0458	−0.1016	0.0188	−0.0924	−0.0254	−0.0105	−0.0254	−0.1603	−0.0555	−0.0067
波动率变化	−0.0599	−0.0482	−0.0270	0.0052	−0.0793	−0.0617	−0.0125	−0.0580	0.0035	−0.0148	−0.0321
最近1个月波动率(%)	−0.0113	−0.0204	−0.0680	0.0140	−0.0246	−0.0120	−0.0079	−0.0713	0.0035	−0.0148	−0.0321
最近1个月振幅(%)	−0.0186	−0.0140	−0.0314	−0.0417	−0.0818	−0.1163	−0.0506	−0.1046	−0.1232	−0.0907	−0.1352
振幅变化	0.0401	−0.0140	0.0121	−0.0381	0.0325	0.0101	0.0052	−0.0182	−0.0285	−0.0317	−0.0253
最近1个月日均换手率(%)	−0.1020	−0.0605	−0.0390	−0.0485	−0.0956	−0.1245	0.0060	−0.0262	−0.0460	−0.0555	−0.1771
换手率变化	−0.0419	−0.0656	−0.0844	−0.0669	0.0676	−0.0631	−0.0578	0.0129	−0.0750	−0.0148	−0.0321
流通市值	−0.0695	−0.0278	−0.1230	−0.0467	−0.0351	−0.0243	−0.0997	−0.0831	−0.1829	−0.0646	−0.0602
总市值	−0.0861	−0.0434	−0.1515	−0.0667	−0.0723	−0.0611	−0.0939	−0.1473	−0.2035	−0.1021	0.0821

表 16-4 各因子选股区分度(月度)

因子	区分度1:(第1组—第10组)/基准	区分度2(第2组—第9组)/基准	0.8×区分度1+0.2×区分度2	0.6×区分度1+0.4×区分度2
最近1个月涨幅(%)	−0.9510	−0.5720	−0.8752	−0.7994
最近2个月涨幅(%)	−1.3961	−0.4239	−1.2017	−1.0072
最近3个月涨幅(%)	−1.0551	−0.5280	−0.9497	−0.8443
最近6个月涨幅(%)	−0.6580	−0.2708	−0.5806	−0.5031
最近12个月涨幅(%)	−0.2357	−0.3229	−0.2531	−0.2706
最近1个月波动率(%)	−0.4157	−0.1635	−0.3652	−0.3148
波动率变化	−0.1756	−0.2077	−0.1820	−0.1884
最近1个月振幅(%)	−0.7291	−0.3111	−0.6455	−0.5619
振幅变化	0.0876	−0.0828	0.0535	0.0194
最近1个月日均换手率(%)	−0.8308	−0.2970	−0.7240	−0.6173
换手率变化	−1.2332	−0.6215	−1.1108	−0.9885
流通市值	−1.4262	−1.0685	−1.3547	−1.2831
总市值	−1.7947	−1.6551	−1.7667	−1.7388

表 16-5 各因子选股区分度(季度)

因子	区分度1:(第1组—第10组)/基准	区分度2(第2组—第9组)/基准	0.8×区分度1+0.2×区分度2	0.6×区分度1+0.4×区分度2
E/P	0.0080	0.4575	0.0979	0.1878
B/P	0.1318	0.2096	0.1473	0.1629
CF/P	−0.1834	−0.0076	−0.1482	−0.1131
EBITDA/EV	0.0303	0.5428	0.1328	0.2353
SR/P	0.2302	0.4371	0.2716	0.3130
营业利润增长率(%)	0.3011	0.2283	0.2865	0.2720
营业收入增长率(%)	0.3040	0.4111	0.3255	0.3469
经营活动产生的现金流净额增长率(%)	−0.0726	−0.2179	−0.1016	−0.1307
净利润增长率(%)	0.2560	0.4986	0.3046	0.3531
户均持股比例	1.5430	1.0575	1.4459	1.3488
户均持股比例变化	0.0083	0.1297	0.0325	0.0568
机构持股比例	−0.4424	−0.2141	−0.3968	−0.3511
机构持股比例变化	−0.3028	0.0856	−0.2251	−0.1475
销售毛利率(%)	−0.5881	0.2311	−0.4242	−0.2604
销售净利率(%)	−0.5326	0.1125	−0.4036	−0.2746
ROE(%)	−0.1408	−0.0502	−0.1227	−0.1045
ROA(%)	−0.1476	0.0703	−0.1041	−0.0605

从选股区分度看,股东因子中的户均持股比例、户均持股比例变化,估值因子中的E/P、B/P、EBITDA/EV、SR/P,成长因子中的营业利润增长率、营业收入增长率、净利润增长率等因子表现出较好的正向选股能力;估值因子中的CF/P,交投因子中的换手率变化、最近1个月日均换手率,动量反转因子中的最近1个月涨幅、最近2个月涨幅、最近3个月涨幅、最近6个月涨幅、最近12个月涨幅,规模因子中的流通市值、总市值,波动因子中的最近1个月波动率、波动率变化、最近1个月振幅,盈利因子中的净资产收益率(ROE)等因子表现出较好的负向选股能力;而其他因子在选股区分度上表现得并不十分明显。

2. 单调性

我们每期根据各因子的情况对行业内的股票进行排序(降序法),并把样本股票分成10组,分别计算各组在研究期间(2007年5月至2017年10月)的累计收益率情况,根据第1组、第2组到第9组、第10组的股票组合的表现,分析每个因子的单调性,具体数据列于表16-6。

从单调性看,估值因子中的SR/P,成长因子中的净利润增长率,股东因子中的户均持股比例等因子表现出较为明显的单调递减特征;交投因子中的换手率变化,动量反转因子中的最近1个月涨幅、最近2个月涨幅、最近3个月涨幅,波动因子中的最近1个月振幅,规模因子中的流通市值、总市值,股东因子中的机构持股比例等因子表现出较为明显的单调递增特征;其他大多数因子的单调性不明显。

3. 稳定性

为了考察各因子表现的稳定性,我们分别计算靠前组合和靠后组合相对于样本基准收益率的表现情况,表16-7列出了第1组和第10组的具体数据,同时又加入两个组合(0.8×第1组+0.2×第2组和0.8×第10组+0.2×第9组),进一步考察各因子表现的稳定性。

从信息比率看,成长因子中的经营活动产生的现金流净额增长率、净利润增长率,盈利因子中的销售毛利率等因子的第1组的信息比率为正,第10组的信息比率为负,且差距较大;而动量反转因子中的最近1个月涨幅、最近12个月涨幅,波动因子中的最近1个月波动率、波动率变化、最近1个月振幅,股东因子中的户均持股比例变化、户均持股比例,估值因子中的E/P等因子的第1组的信息比率为负,第10组的信息比率为正,且差距较大;而根据其他因子排序所构建的各组合则表现并不明显。

表 16-6 根据各因子排序构建的各组合累计收益率（2007 年 5 月至 2017 年 10 月）

因子	第1组	第2组	第3组	第4组	第5组	第6组	第7组	第8组	第9组	第10组
E/P	1.8459	2.0958	2.0828	2.1600	2.0029	1.9641	1.5776	0.9367	1.2826	1.8316
B/P	1.7996	1.7036	1.8839	1.6023	2.0151	2.1326	1.7647	1.7032	1.3310	1.5654
CF/P	1.8814	2.0216	1.7806	1.8954	1.6319	1.2892	1.0771	1.9187	2.0351	2.2075
EBITDA/EV	1.9321	2.0531	1.9251	1.9149	1.9625	1.7447	1.9352	1.3391	1.0882	1.8783
SR/P	1.8034	2.1923	1.7777	1.7882	2.0384	1.9318	1.8248	1.6489	1.4152	1.3941
营业利润增长率(%)	2.3278	1.8401	2.3165	2.0590	1.3890	1.4541	1.5775	1.5853	1.4342	1.7926
营业收入增长率(%)	2.2670	2.1893	2.1369	1.6857	1.6706	1.4781	1.6695	1.4984	1.4584	1.7265
经营活动产生的现金流净额增长率(%)	1.7281	1.5249	1.8014	1.4180	1.8005	1.5282	1.7293	2.4745	1.9123	1.8571
净利润增长率(%)	2.0663	2.3438	2.1909	1.9058	1.5078	1.5253	1.5802	1.6042	1.4574	1.6111
户均持股比例	3.0258	2.7069	2.3365	2.3125	1.8118	1.7440	1.6488	1.2391	0.8268	0.2826
户均持股比例变化	2.4461	2.1308	2.0421	1.8532	1.5282	1.1796	0.8535	1.3628	1.9002	2.4314
机构持股比例	1.5624	1.5418	1.8915	1.7366	1.5257	1.4449	1.9012	1.8507	1.9225	2.3490
机构持股比例变化	2.0474	1.6707	1.3618	1.6374	1.5554	1.6871	1.9067	1.7345	1.5186	2.5857
销售毛利率(%)	0.9672	2.0077	2.3345	1.9620	1.9664	1.7238	1.6243	1.5656	1.5969	2.0127
销售净利率(%)	0.9658	1.9432	2.2909	1.9863	2.0143	1.6199	1.6273	1.6666	1.7433	1.9127
ROE(%)	1.4606	1.6907	1.7780	1.7972	2.1494	1.7256	1.9970	1.6941	1.7799	1.7109
ROA(%)	1.7074	1.9533	1.9976	2.0407	1.6355	1.7855	1.2754	1.5662	1.8283	1.9699
最近1个月涨幅(%)	0.4883	1.1546	1.0304	1.1746	1.7244	1.9304	1.7030	1.7885	2.0124	1.9145
最近2个月涨幅(%)	0.1894	1.0369	1.2473	1.4542	1.5108	1.8424	1.5773	2.0587	1.6726	2.2833
最近3个月涨幅(%)	0.3989	1.1512	1.2246	1.2001	1.6129	1.7456	1.6407	2.0106	1.9431	1.9813
最近6个月涨幅(%)	0.3890	1.3346	1.3765	1.7154	1.7623	1.9159	1.7406	1.6288	1.7407	1.3759
最近12个月涨幅(%)	0.7243	1.0030	1.6011	1.5860	1.9748	1.8304	1.8289	1.9066	1.4874	1.0777
波动率变化	0.6607	1.0436	1.5579	1.9044	2.0157	1.5799	1.9047	1.7731	1.2888	1.2842
最近1个月波动率(%)	1.1230	1.3281	1.5579	1.7199	1.4366	1.4124	1.6596	1.7407	1.6395	1.3863
振幅变化	0.5989	1.2346	1.1970	1.3485	1.7062	1.6078	1.9791	1.9096	1.7011	1.6924
最近1个月振幅(%)	1.4301	1.6139	1.5441	1.4294	1.4564	1.2912	1.8371	1.3780	1.7382	1.2986
换手率变化	0.0859	1.1006	1.2230	2.0561	1.5675	2.0817	2.0504	1.9608	1.5460	1.3320
最近1个月日均换手率(%)	0.2847	1.1102	1.1394	1.4725	1.5056	1.6579	1.6065	1.9777	2.0423	2.1342
流通市值	0.2267	0.6528	0.8334	1.1597	1.3411	1.8898	2.0682	2.1008	2.2553	2.3657
总市值	0.1288	0.3827	1.0747	0.9682	1.2141	1.4049	1.9728	2.0103	2.8650	2.8204

表 16-7 根据各因子排序构建的各组合的信息比率

因子	第1组	0.8×第1组+0.2×第2组	第10组	0.8×第10组+0.2×第9组
E/P	−0.0788	−0.0603	0.0467	0.0493
B/P	−0.0808	−0.0465	−0.0721	0.0141
CF/P	−0.0544	0.0171	−0.0185	−0.0457
EBITDA/EV	−0.0192	0.0038	−0.1090	0.0361
SR/P	0.0742	0.1084	0.0489	0.0201
营业利润增长率(%)	−0.0526	−0.1160	−0.0271	−0.0048
营业收入增长率(%)	−0.0065	−0.0057	−0.0357	0.0505
经营活动产生的现金流净额增长率(%)	0.0383	0.0357	−0.0607	0.0060
净利润增长率(%)	0.0257	0.0403	−0.0307	−0.0032
户均持股比例	−0.0413	−0.0211	0.0885	0.0923
户均持股比例变化	−0.0629	−0.0449	0.0551	0.0393
机构持股比例	0.0336	−0.0014	0.0133	0.0258
机构持股比例变化	0.0135	−0.0828	−0.0186	−0.0428
销售毛利率(%)	0.0404	0.0142	−0.0229	0.0163
销售净利率(%)	−0.0479	0.0298	−0.0302	−0.0106
ROE(%)	−0.0101	0.0211	0.0332	−0.0089
ROA(%)	−0.1733	−0.0921	−0.0210	0.0088
最近1个月涨幅(%)	−0.0656	−0.0255	0.0034	0.0133
最近2个月涨幅(%)	−0.0777	−0.0102	−0.0183	0.0223
最近3个月涨幅(%)	−0.0504	−0.0392	−0.0182	−0.0048
最近6个月涨幅(%)	−0.0346	−0.0277	−0.0380	−0.0068
最近12个月涨幅(%)	−0.0349	−0.0275	0.0183	0.0137
最近1个月波动率(%)	−0.0418	0.0009	0.0560	0.0034
波动率变化	−0.0478	−0.0305	0.0446	0.0133
最近1个月振幅(%)	−0.0626	−0.0337	0.0093	0.0121
振幅变化	−0.0228	−0.0109	−0.0203	−0.0076
最近1个月日均换手率(%)	−0.0761	−0.0218	0.0005	0.0063
换手率变化	−0.0595	−0.0257	0.0108	−0.0120
流通市值	−0.0450	−0.0386	−0.0102	−0.0083
总市值	−0.0371	−0.0317	0.0462	−0.0231

前面研究了根据各因子排序构建的各组合的信息比率情况,下面将进一步研究各因子排名靠前组合和靠后组合各年的超额收益率情况,具体数据列于表16-8和表16-9。

从排名靠前组合各年的超额收益率看,估值因子中的EBITDA/EV、SR/P,成长因子中的营业利润增长率、营业收入增长率,股东因子中的户均持股比例变化等因子排名靠前组合在大多数年份的超额收益率均为正;动量反转因子中的最近2个月涨幅、最近3个月涨幅,规模因子中的流通市值等因子排名靠前组合在大多数年份的超额收益率均为负;其他因子的

表 16-8 各因子排名靠前组合各年超额收益率

因子	年份										
	2007	2008	2009	2010	2011	2012	2013	2014	2015	2016	2017
E/P	0.1511	−0.7383	0.1630	0.2055	0.2887	−0.2121	0.0702	−0.0906	0.4810	0.2295	−0.0987
B/P	0.2923	−0.7435	0.2409	0.2773	0.2688	−0.1592	0.1542	−0.1213	0.6019	0.4829	−0.0523
CF/P	0.0666	−0.7220	0.1322	0.1642	0.2397	−0.1932	0.0572	−0.1304	0.4277	0.2372	−0.0817
EBITDA/EV	0.1775	−0.7315	0.1578	0.2082	0.2552	−0.1971	0.0661	0.1172	0.4784	0.2755	−0.0902
SR/P	0.2164	−0.7084	0.1504	0.2283	0.2297	−0.1274	0.1220	0.1219	0.5172	0.2602	−0.0920
营业利润增长率(%)	0.1135	−0.7809	0.2321	0.2071	0.2149	−0.1948	0.0542	−0.1104	0.4200	0.2080	−0.0756
营业收入增长率(%)	0.0572	−0.7821	0.1865	0.1240	0.1953	−0.1912	0.0405	−0.1275	0.4298	0.2344	−0.0648
经营活动产生的现金流净额增长率(%)	0.0428	−0.7057	0.1732	0.2286	0.2126	−0.2282	0.0007	−0.1182	0.4569	0.1564	−0.0894
净利润增长率(%)	0.0871	−0.7691	0.1987	0.1829	0.2523	−0.1884	0.0457	−0.1034	0.4083	0.2021	−0.0933
户均持股比例	0.1649	−0.7140	0.1749	0.2063	0.1762	−0.1554	0.0704	−0.1416	0.5170	0.2961	−0.0521
户均持股比例变化	0.1722	−0.7645	0.2976	0.2424	0.2208	−0.1346	0.1135	0.1364	0.5461	0.2643	−0.0350
机构持股比例	0.0180	−0.7425	0.0813	0.1634	0.2349	−0.2202	0.0217	−0.1180	0.4138	0.1621	−0.0699
机构持股比例变化	−0.0328	−0.7127	0.1594	0.2006	0.2473	−0.1803	0.0508	−0.1079	0.4023	0.2105	−0.0717
销售毛利率(%)	−0.0356	−0.6468	0.0604	0.0987	0.2019	−0.1909	0.0318	−0.1098	0.4800	0.1511	−0.0660
销售净利率(%)	−0.0216	−0.6736	0.0556	0.0864	0.1986	−0.1993	0.0298	−0.1098	0.5049	0.1573	−0.0647
ROE(%)	0.2066	−0.7425	0.2325	0.2136	0.2463	−0.1914	0.0237	−0.1214	0.5021	0.1863	−0.0295
ROA(%)	0.0358	−0.7204	0.0944	0.1759	0.2263	−0.1904	0.0213	−0.1238	0.4995	0.2347	−0.0501
最近 1 个月涨幅(%)	0.0879	−0.0081	0.0174	0.2590	−0.1392	−0.1849	0.2475	0.2950	−0.0055	−0.0699	0.5487
最近 2 个月涨幅(%)	−0.0367	0.0624	−0.0684	0.2642	−0.1437	−0.2541	−0.2305	0.2571	−0.0839	−0.1570	0.4930
最近 3 个月涨幅(%)	−0.0836	0.0351	−0.1150	0.3771	−0.1009	−0.2194	−0.2967	0.2511	−0.0019	−0.1764	0.4889
最近 6 个月涨幅(%)	−0.1427	−0.0299	0.0488	0.3349	−0.1092	−0.2189	0.3234	0.2433	0.2110	−0.0363	−0.4296
最近 12 个月涨幅(%)	−0.0273	0.0108	−0.0264	0.2934	−0.1159	−0.0494	0.3325	0.2148	0.1552	−0.0859	−0.3943
波动率变化	−0.1211	0.0793	0.0543	0.3070	−0.1327	−0.1551	0.3428	0.2775	1.4060	0.5317	−0.2427
最近 1 个月振幅(%)	0.1362	0.0701	−0.0063	0.2777	−0.0644	−0.0709	0.3542	0.3728	1.4521	0.4953	−0.0844
振幅变化	0.0529	0.1828	0.1532	0.2117	−0.0864	−0.2038	0.2785	0.2012	0.2109	−0.0273	−0.5506
最近 1 个月日均换手率(%)	0.2959	0.1069	0.1915	0.2942	−0.0374	−0.0073	0.2857	0.3284	0.9580	0.0463	−0.3868
换手率变化	−0.2301	0.0009	0.0055	0.1997	−0.1363	−0.2511	0.3451	0.2776	0.6803	−0.0254	−0.6684
流通市值	−0.0772	0.0742	0.0941	0.1423	−0.0896	−0.2155	0.2455	0.2864	0.5405	0.0613	−0.5635
总市值	−0.0861	−0.0785	−0.1197	0.2012	−0.1072	−0.0854	0.1809	−0.1406	0.1578	−0.0995	−0.1704
	−0.0925	0.0643	−0.1503	0.1701	0.1037	−0.0695	0.1271	0.1152	0.1435	−0.0920	−0.2004

表 16-9 各因子排名靠后组合各年超额收益率

因子	2007	2008	2009	2010	2011	2012	2013	2014	2015	2016	2017
E/P	-0.0338	-0.7768	0.1159	0.1330	0.2586	-0.2100	-0.0279	-0.0899	-0.5216	0.3647	-0.0415
B/P	-0.1501	-0.7817	0.0833	0.0912	0.2597	-0.2140	-0.0703	-0.0761	-0.3472	0.0469	-0.0822
CF/P	-0.0412	-0.7806	0.1343	0.1580	0.2505	-0.1666	-0.0254	-0.1251	-0.5195	0.3945	-0.0598
EBITDA/EV	-0.0167	-0.7486	0.1541	0.0991	0.2587	-0.2017	-0.0243	-0.0778	-0.5101	0.3547	-0.0614
SR/P	-0.0923	-0.7288	0.1060	0.1404	0.2381	-0.2310	-0.0862	-0.0921	-0.5047	0.3024	-0.0587
营业利润增长率(%)	-0.0874	-0.7597	0.1330	0.1779	0.1965	-0.2295	-0.0119	-0.1102	-0.4051	0.2056	-0.1001
营业收入增长率(%)	-0.0671	-0.7937	0.1299	0.1388	0.2098	-0.2501	0.0226	-0.1242	0.5136	0.1855	-0.0980
经营活动产生的现金流净额增长率(%)	-0.0659	-0.6988	0.1267	0.1226	0.2246	-0.1909	0.0075	-0.1239	0.4070	0.2828	-0.0775
净利润增长率(%)	-0.1528	-0.7932	0.1380	0.1614	0.1969	-0.2284	0.0016	-0.1329	0.5712	0.2921	-0.0735
户均持股比例	-0.0116	-0.6633	0.0551	0.1011	0.2076	-0.2361	-0.0144	-0.0816	-0.3781	0.0413	-0.0775
户均持股比例变化	-0.0471	-0.8055	0.0107	0.0956	0.1296	-0.1430	0.0060	-0.1192	0.4421	0.4168	-0.0644
机构持股比例	-0.0396	-0.7442	0.1891	0.1399	0.2227	-0.1865	-0.0118	-0.1034	0.4979	0.2592	-0.0667
机构持股比例变化	0.0302	-0.7470	0.1365	0.1563	0.2390	-0.1784	-0.0196	-0.1152	0.5730	0.3789	-0.0508
销售毛利率(%)	-0.0403	-0.7565	0.1052	0.1603	0.2429	-0.2121	-0.0021	-0.0915	-0.3693	0.1785	-0.0905
销售净利率(%)	-0.0805	-0.7671	0.1039	0.1546	0.2498	-0.2266	-0.0185	-0.0753	-0.3666	0.1674	-0.0968
ROE(%)	-0.1372	-0.7812	0.1047	0.1528	0.2216	-0.2306	-0.0056	-0.0754	0.3834	0.1882	-0.1203
ROA(%)	-0.0998	-0.7785	0.1215	0.1601	0.2501	-0.2225	-0.0105	-0.0790	0.3869	0.1837	-0.1139
最近 1 个月涨幅(%)	0.1970	0.2056	0.1523	0.3366	-0.0601	0.0697	0.4420	0.4387	2.1536	0.8499	0.0344
最近 2 个月涨幅(%)	0.3218	0.1930	0.2563	0.4018	-0.0313	0.1017	0.3377	0.4708	2.2798	0.8691	0.0539
最近 3 个月涨幅(%)	0.2007	0.1903	0.1744	0.3244	-0.0382	0.0987	0.3542	0.5086	2.3306	0.8916	0.1071
最近 6 个月涨幅(%)	0.0059	0.1663	0.2450	0.2661	-0.0386	0.0378	0.2732	0.3882	2.1611	0.8862	0.0325
最近 12 个月涨幅(%)	0.0003	0.1575	0.2342	0.2520	-0.0416	-0.0839	0.2564	0.3392	2.1243	0.8168	-0.0229
最近 1 个月波动率(%)	0.2714	0.0847	0.0419	0.1896	0.0151	-0.0192	0.3083	0.3302	0.9647	0.1920	-0.1553
波动率变化	0.2147	0.1281	0.2135	0.2444	-0.0685	-0.0780	0.3041	0.4236	0.9637	0.2772	-0.2905
最近 1 个月振幅(%)	0.2414	0.1906	0.1097	0.2708	-0.0482	0.0283	0.3196	0.3892	2.0882	0.6116	0.1148
振幅变化	0.0302	0.1515	0.1166	0.3550	0.0081	-0.0246	0.2796	0.3517	1.1937	0.1838	-0.3410
最近 1 个月日均换手率(%)	0.3098	0.0540	0.1129	0.2794	0.0186	0.0675	0.2712	0.2509	1.7375	0.7678	0.2635
换手率变化	0.2489	0.2262	0.3336	0.3442	-0.0107	-0.0182	0.4051	0.4710	1.8901	0.8424	0.0733
流通市值	0.3968	0.0991	0.4250	0.3383	-0.0142	0.0240	0.4284	0.5451	2.2289	0.9284	0.0257
总市值	0.4828	0.1496	0.4591	0.3488	0.1192	0.0907	0.4353	0.6069	2.2762	0.9710	0.0640

表现则不明显。

从排名靠后组合各年的超额收益率看,估值因子中的 E/P、B/P、CF/P、EBITDA/EV、SR/P,成长因子中的营业利润增长率,股东因子中的户均持股比例,盈利因子中的销售毛利率、销售净利率等因子排名靠后组合在大多数年份的超额收益率均为负;动量反转因子中的最近 1 个月涨幅、最近 2 个月涨幅、最近 3 个月涨幅、最近 6 个月涨幅、最近 12 个月涨幅,波动因子中的最近 1 个月波动率、波动率变化、最近 1 个月振幅、振幅变化,规模因子中的流通市值、总市值等因子排名靠后组合在大多数年份的超额收益率均为正;其他因子的表现则不明显。

三、多因子模型的构建和评价

上文对 8 大类因子分别从信息系数、选股区分度、单调性和稳定性等方面进行了评价,目的是根据上述评价体系考察各选股因子的表现,为后面构建行业内多因子模型提供一个比较有效的参考因子范围,并进一步分析和评价该多因子模型的表现。

(一) 各因子综合评价

根据行业内各因子的表现,我们把结果汇总在表 16-10 和表 16-11 中,分别代表月度选股因子综合评价和季度选股因子综合评价结果。

表 16-10　月度选股因子综合评价

因子	信息系数	选股区分度	单调性	稳定性
最近 1 个月涨幅(%)	显著为负	强	有一定的	强
最近 2 个月涨幅(%)	显著为负	强	显著	—
最近 3 个月涨幅(%)	显著为负	强	有一定的	—
最近 6 个月涨幅(%)	显著为负	强	—	—
最近 12 个月涨幅(%)	显著为负	强	—	强
最近 1 个月波动率(%)	显著为负	较强	—	强
波动率变化	显著为负	较强	—	强
最近 1 个月振幅(%)	显著为负	强	有一定的	较强
振幅变化	—	—	—	—
最近 1 个月日均换手率(%)	显著为负	强	—	有一定的
换手率变化	显著为负	强	显著	—
流通市值	显著为负	强	显著	—
总市值	显著为负	强	显著	—

表 16-11 季度选股因子综合评价

因子	信息系数	选股区分度	单调性	稳定性
E/P	显著为正	较强	—	强
B/P	显著为负	较强	—	—
CF/P	—	一般	—	—
EBITDA/EV	显著为正	一般	—	—
SR/P	显著为正	强	有一定的	—
营业利润增长率(%)	显著为正	强	—	—
营业收入增长率(%)	显著为正	强	—	—
经营活动产生的现金流净额增长率(%)	—	—	—	强
净利润增长率(%)	显著为正	强	有一定的	有一定的
户均持股比例	显著为正	强	显著	强
户均持股比例变化	显著为正	一般	—	强
机构持股比例	显著为负	强	有一定的	—
机构持股比例变化	显著为正	—	—	—
销售毛利率(%)	显著为正	—	—	强
销售净利率(%)	显著为正	—	—	—
ROE(%)	—	一般	—	—
ROA(%)	显著为正	—	—	—

综合各因子的信息系数、选股区分度、单调性和稳定性,在工业行业内表现较好的正向因子有:(1)股东因子中的户均持股比例;(2)成长因子中的净利润增长率。表现较好的负向因子有:(1)波动因子中的最近1个月振幅;(2)动量反转因子中的最近1个月涨幅。其中,股东因子中的户均持股比例、成长因子中的净利润增长率等表现较好的因子为季度因子,波动因子中的最近1个月振幅、动量反转因子中的最近1个月涨幅等表现较好的因子为月度因子。

(二) 行业内多因子模型构建

我们的目的是根据行业内各因子的表现筛选出表现较为显著的选股因子,并据此构建行业内多因子选股模型。

由前面的分析可知,在工业行业内如下因子表现较好:(1)季度因子:股东因子中的户均持股比例、成长因子中的净利润增长率;(2)月度因子:波动因子中的最近1个月振幅、动量反转因子中的最近1个月涨幅。其中,股东因子中的户均持股比例、成长因子中的净利润增长率2个因子为正向因子,剩余的波动因子中的最近1个月振幅、动量反转因子中的最近1个月涨幅2个因子为负向因子,我们将选择上述2个季度因子和2个月度因子构建多因子选股模型。

(三) 行业内多因子模型投资组合的评价

1. 行业内多因子选股模型的表现

对于工业行业多因子模型的构建,我们首先根据股东因子中的户均持股比例、成长因子中的净利润增长率2个季度因子构建了一个基本的季度股票池,季度股票池根据上市公司财务报表的分布时间(4月底、8月底、10月底)每年进行3次更换,然后在季度股票池的基础上,再根据波动因子中的最近1个月振幅、动量反转因子中的最近1个月涨幅2个月度因子每月进行季度股票池内的股票再选股,选出排名靠前的前10只、20只、30只股票分别构建多头组合,排名靠后的后10只、20只、30只股票分别构建空头组合。其中,根据季度因子构建的股票池的等额投资表现如图16-1所示,根据月度因子在季度股票池基础上再选股的10只、20只、30只股票多头组合以及10只、20只、30只股票空头组合的等额投资表现如图16-2所示。

我们通过对股票池内的股票进行等额投资,分别于每年5月初、9月初和11月初进行股票池换仓,起始投资时间为2007年5月1日,并记起始资金的净值为1。由图16-1可知,根据季度因子构建的股票池在研究期间(2007年5月至2017年10月)的表现远好于行业的基准表现。截至2017年10月31日的投资组合净值为7.43,累计收益率为643.58%,年化收益率为19.21%,而同期行业基准的累计收益率只有331.87%,年化收益率为13.67%。可见,我们构建的股票池表现上佳,也说明之前选出的季度因子具有较强的选股能力。

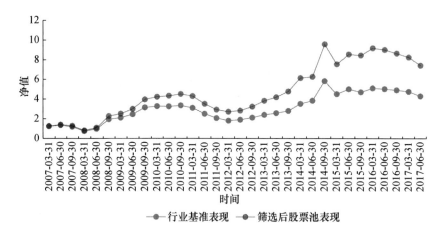

图 16-1 工业行业季度因子股票池表现

我们在行业股票池选股的基础上,通过月度因子每月对股票池内的股票进行重新选股,选出综合得分排名靠前的前10只、20只、30只股票分别构建多头组合,排名靠后的后10只、20只、30只股票分别构建空头组合,分别于每月初进行投资组合换仓,换仓频率为月,起始投资时间为2007年5月1日,并记起始资金的净值为1。

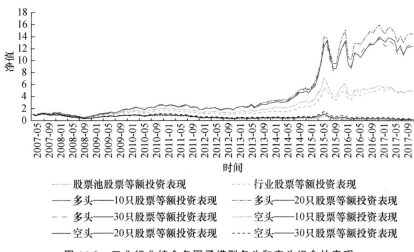

图 16-2 工业行业综合多因子模型多头和空头组合的表现

由图 16-2 可知,由综合得分排名靠前的前 10 只、20 只、30 只股票构建的多头组合均大幅超越基准,而由综合得分排名靠后的后 10 只、20 只、30 只股票构建的空头组合均大幅落后于基准。2007 年 5 月至 2017 年 10 月,10 只、20 只、30 只多头组合的累计收益率分别为 1140.60%、1352.10%、1163.42%,年化收益率分别为 24.67%、26.40%、24.87%;10 只、20 只、30 只空头组合的累计收益率分别为 −92.05%、−79.25%、−65.39%,年化收益率分别为 −20.82%、−12.87%、−8.87%。可见,我们构建的多头投资组合表现都比较优异,能够跑赢行业基准收益率,也说明之前选出的月度因子具有较强的选股能力。

2. 行业内多因子选股模型的评价

我们对行业内的多因子选股模型分别从月超额收益率、月跑赢概率、Alpha 比率、Beta、Sharpe 比率、TR、Jensen 比率、IR 等方面进行分析,具体结果列于表 16-12,同时又对每年的超额收益情况进行统计,结果见表 16-13。

表 16-12 以工业行业为样本的多因子选股模型分析

等额投资	多头——10 只	多头——20 只	多头——30 只	空头——10 只	空头——20 只	空头——30 只
月超额收益率均值	0.008803	0.009813	0.0086	−0.03186	−0.02429	−0.02027
月超额收益率标准差	0.104202	0.103139	0.102134	0.148943	0.137252	0.133985
月超额收益率最大值	0.783742	0.783742	0.783742	0.947459	0.947459	0.947459
月超额收益率中位数	−0.00376	−0.00489	−0.00609	−0.04737	−0.03916	−0.0345
月超额收益率最小值	−0.29101	−0.29101	−0.32766	−0.66205	−0.66205	−0.66205
月跑赢次数	68	78	80	35	38	37
月跑赢概率	0.539683	0.619048	0.634921	0.277778	0.301587	0.293651
Alpha 比率	0.00486	0.002122	0.004242	−0.05909	−0.04588	−0.03845

(续表)

等额投资	多头——10只	多头——20只	多头——30只	空头——10只	空头——20只	空头——30只
Beta	0.877544	0.945668	1.028437	0.455644	0.565489	0.668395
Sharpe 比率	0.48523	0.090973	−0.1056	0.046644	−0.17983	−0.03521
TR	3.899515	3.753229	3.302501	−3.7356	−1.32242	−0.36098
Jensen 比率	−0.07873	−0.02853	−0.05418	0.050126	0.000833	0.009189
IR	−0.87458	−0.30239	−0.50283	−0.22575	−0.47542	−0.33802

表 16-13　以工业行业为样本的多因子选股策略各年超额收益率

年份	多头——10只	多头——20只	多头——30只	空头——10只	空头——20只	空头——30只
2007	−9.31%	3.47%	1.98%	−36.89%	−31.99%	−26.02%
2008	21.99%	19.84%	23.52%	6.20%	−1.97%	−5.12%
2009	20.76%	12.54%	13.04%	−21.79%	−12.59%	−7.93%
2010	16.15%	12.25%	7.98%	−20.32%	−11.01%	1.62%
2011	5.32%	7.30%	7.04%	−20.43%	−16.58%	−15.43%
2012	14.71%	11.89%	10.37%	−54.06%	−31.59%	−28.28%
2013	9.04%	18.25%	20.72%	−13.43%	−14.63%	−17.34%
2014	−0.68%	0.44%	−2.28%	−43.50%	−36.68%	−31.89%
2015	32.01%	34.79%	25.01%	−87.79%	−72.00%	−48.20%
2016	5.06%	2.49%	0.78%	−31.51%	−31.34%	−34.13%
2017	−4.13%	0.40%	0.19%	−77.97%	−45.69%	−42.68%

由表 16-12 可知，从月超额收益率看，综合得分排名靠前的前 10 只、20 只、30 只股票构建的多头组合，其月超额收益率均值均为正；而由综合得分排名靠后的后 10 只、20 只、30 只股票构建的空头组合，其月超额收益率均值均为负。从超越基准的胜率（超额收益率为正）看，多头组合的胜率在 60% 左右，而空头组合的胜率则在 30% 左右。从 IR、TR、Sharpe 比率和 Alpha 比率看，多头组合均表现较好，IR 和 TR 为正，且 TR 在 3.5 左右，多头组合的 Alpha 比率也都大于 0；10 只、20 只、30 只空头组合的 TR、Alpha 比率和 IR 也都小于 0，Sharpe 比率也小于多头组合。

由表 16-13 可知，从 2007 年至 2017 年的年超额收益率看，多头组合在各年的超额收益率大多数为正，特别是在 2008 年、2009 年和 2015 年，10 只、20 只、30 只多头组合大幅超越基准；而空头组合在各年的超额收益率多为负，特别是在 2007 年和 2010 年至 2017 年，10 只、20 只、30 只空头组合均大幅低于基准。

四、小　　结

为了研究行业内因子的选股能力情况，我们分别运用横截面回归法和排序打分法等构建了多种考察因子表现情况的指标，分别从各因子的信息系数、选股区分度、单调性和稳定性等多方面分析各因子的选股能力，并选出了几个表现比较显著的季度因子和月度因子，同时据此构建了行业内的多因子选股模型，并对该模型的表现情况进行了验证，得出如下研究结论：

综合各因子的信息系数、选股区分度、单调性和稳定性，在工业行业内表现较好的正向因子有：(1) 股东因子中的户均持股比例；(2) 成长因子中的净利润增长率。表现较好的负向因子有：(1) 波动因子中的最近1个月振幅；(2) 动量反转因子中的最近1个月涨幅。其中，股东因子中的户均持股比例、成长因子中的净利润增长率等表现较好的因子为季度因子，波动因子中的最近1个月振幅、动量反转因子中的最近1个月涨幅等表现较好的因子为月度因子。

根据季度因子构建的股票池在研究期间(2007年5月至2017年10月)的表现远好于行业的基准表现。截至2017年10月31日的投资组合净值为7.43，累计收益率为643.58%，年化收益率为19.21%，而同期行业基准的累计收益率只有331.87%，年化收益率为13.67%。可见，我们构建的股票池表现上佳，也说明之前选出的季度因子具有较强的选股能力。

在季度因子股票池的基础上，由综合得分排名靠前的前10只、20只、30只股票构建的多头组合均大幅超越基准，而由综合得分排名靠后的后10只、20只、30只股票构建的空头组合均大幅落后于基准。2007年5月至2017年10月，10只、20只、30只多头组合的累计收益率分别为1140.60%、1352.10%、1163.42%，年化收益率分别为24.67%、26.40%、24.87%；10只、20只、30只空头组合的累计收益率分别为-93.05%、-79.25%、-65.39%，年化收益率分别为-20.82%、-12.87%、-8.87%。可见，我们构建的多头投资组合表现都比较优异，能够跑赢行业基准收益率，也说明之前选出的月度因子具有较强的选股能力。

从月超额收益率看，综合得分排名靠前的前10只、20只、30只股票构建的多头组合，其月超额收益率均值均为正；而由综合得分排名靠后的后10只、20只、30只股票构建的空头组合，其月超额收益率均值均为负。从超越基准的胜率(超额收益率为正)看，多头组合的胜率在60%以上，而空头组合的胜率则在30%左右。从IR、TR、Sharpe比率和Alpha比率看，多头组合均表现较好，IR和TR为正，且TR在3.5左右，多头组合的Alpha比率也都大于0；10只、20只、30只空头组合的TR、Alpha比率和IR都小于0，Sharpe比率也小于多头组合。从2007年至2017年的年超额收益率看，多头组合在各年的超额收益率大多数为正，特别是在2008年、2009年和2015年，10只、20只、30只多头组合大幅超越基准；而空头组合在各年的超额收益率多为负，特别是在2007年和2010年至2017年，10只、20只、30只空头组合均大幅低于基准。可见，我们构建的多因子选股模型表现上佳，也说明之前选出的因子具有较强的选股能力。

五、SAS语句解析

```
/*导入行业股票数据。*/
Proc Import Out=gy
Datafile="E:\工业.xlsx"
Dbms=Excel Replace;
Getnames=Yes;*导入源文件字段名作为SAS数据集的字段名;
Mixed=NO;*若某一列中包含数值型和字符型变量,将数值型按照缺省值处理。若选的是YES则是将
```

数值型转换成字符型存储,默认为 NO;
　　Scantext=Yes;* 将源文件中各列值的最长长度作为该列在 SAS 中的字段长度。
　　Usedate=Yes;* 对于包含日期字段的源文件字段,在 SAS 中只保留 DATE 值,并以 DATE.格式存储。
　　Scantime=Yes;* 对于源文件中只有 time 值的列,自动以时间格式(TIME)存储;
　　Run;
/* 生成股票代码变量 stkcd */
　　data gy.kxxx(keep=stkcd);
　　set gy;
　　stkcd=substr(_COL0,1,6);
　　run;
　　proc sort nodupkey data=gy.kxxx;
　　by stkcd;
　　run;
/* 从总数据中,选出需要的行业股票 2007 年以后的数据,其中 data1 是季度数据,data2 是月度数据 */
　　proc sql;
　　create table gy.data1 as
　　　　select *
　　　　from cw.tdata3,gy.kxxx
　　　　where tdata3.stkcd=kxxx.stkcd;
　　　　　　quit;
　　proc sql;
　　create table gy.data2 as
　　　　select *
　　　　from cw.trademonth4,gy.kxxx
　　　　where trademonth4.stkcd=kxxx.stkcd;
　　　　　　quit;
　　　　　data gy.data2;
　　　　　set gy.data2;
　　　　　if year<2007 then delete;
　　　　　run;
　　　　　data gy.data1;
　　　　　set gy.data1;
　　　　　if year<2007 then delete;
　　　　　run;
/* 根据收益率将股票每期分组 */
proc rank data=gy.data1 out=gy.b descending ties=mean percent ;
var rate;
ranks rank_b; /* rank_b 是分位数 */
by accper; /* 这里是分组变量 */
run;
data gy.b;

```
set gy.b;
keep stkcd accper rank_b;
run;
%macro dr(i);
/*根据对应的宏变量将股票每期分组*/
proc rank data=gy.data1 out=gy.a&i descending ties=mean percent;
var &i;
ranks rank_&i; /*rank_a 是分位数*/
by accper; /*这里是分组变量*/
run;
proc sql;
create table gy.a&i as
    select *
    from gy.a&i,gy.b
    where a&i..stkcd=b.stkcd and a&i..accper=b.accper;run;
%mend dr;
%dr(pe);%dr(pb);%dr(pcf);%dr(ps);%dr(ev);
%dr(yylrr);%dr(yysrr);%dr(xjllr);%dr(jlrr);%dr(hjcg);%dr(hjcgc);%dr(jgcg);%dr(jgcgc);%dr(roe);%dr(roa);%dr(xsmlv);%dr(xsjlv);
%macro d(i);
/*计算各因子的信息系数,包括月度、季度,然后对信息系数进行统计分析*/
ODS OUTPUT PearsonCorr=gy.b&i;
proc corr data=gy.a&i fisher;
var rank_&i ;
with rank_b;by accper;
run;
ODS OUTPUT CLOSE;
    proc univariate data=gy.b&i;
var rank_&i;output out=gy.c&i mean=meanc median=medianc std=stdc max=maxc min=minc;
run;
ODS OUTPUT PearsonCorr=gy.d&i;
proc corr data=gy.a&i fisher;
var rank_b ;
with rank_&i;
run;
ODS OUTPUT CLOSE;
%mend d;
%d(pe);%d(pb);%d(pcf);%d(ps);%d(ev);
%d(yylrr);%d(yysrr);%d(xjllr);%d(jlrr);%d(hjcg);%d(hjcgc);%d(jgcg);%d(jgcgc);%d(roe);%d(roa);%d(xsmlv);%d(xsjlv);
%macro da(i);
data gy.e&i;
```

```
set gy.d&i;
keep Prank_b Variable;
run;
data gy.e&i;
merge gy.e&i gy.c&i;
run;
%mend da;
%da(pe); %da(pb); %da(pcf); %da(ps); %da(ev);
%da(yylrr); %da(yysrr); %da(xjllr); %da(jlrr); %da(hjcg); %da(hjcgc); %da(jgcg); %da(jgcgc); %da(roe); %da(roa); %da(xsmlv); %da(xsjlv);
data gy.qdata1;
set gy.ehjcgc gy.epb gy.epcf gy.eev gy.eps gy.eyylrr gy.eyysrr gy.exjllr gy.ejlrr gy.ehjcg gy.epe gy.ejcg gy.ejgcgc gy.exsmlv gy.exsjlv gy.eroe gy.eroa;
run;
/*创建宏DR,设置宏变量I,对应股票的不同因子。*/
%macro dr(i);
proc sort data=gy.data2;
by year month descending &i;
run;
/*根据因子排序结果每月将所有股票分为十组。Trdmnt 为表示月份数据*/
data gy.g&i;
set gy.data2;
by trdmnt;
if first.trdmnt then a1=1;
else a1+1;
run;
proc sql;
create table gy.g&i as
select *,int(max(a1)/10) as a2,mod(max(a1),10) as a3
from gy.g&i group by trdmnt;
quit;
data gy.g&i;
set gy.g&i;
if a1<=a2 then group=1;
if a2<a1<=(2*a2) then group=2;
if (2*a2)<a1<=(3*a2) then group=3;
if (3*a2)<a1<=(4*a2) then group=4;
if (4*a2)<a1<=(5*a2) then group=5;
if (5*a2)<a1<=(6*a2) then group=6;
if (6*a2)<a1<=(7*a2) then group=7;
if (7*a2)<a1<=(8*a2) then group=8;
if (8*a2)<a1<=(9*a2) then group=9;
```

第十六章 工业行业

```
if (9*a2)<a1 then group=10;
run;
/*根据股票分组结果,计算每组的平均收益。*/
proc sql;
create table gy.h&i as
select stkcd,trdmnt,group,&i,rate,avg(rate) as ar&i
from gy.g&i
group by group;
quit;
proc sort nodupkey data=gy.h&i;
by group;
run;
   proc sort data=gy.h&i;
by descending group;
run;
/*调用宏,其中调用的宏参数分别为本章测试的因子,具体名称对应见本章第一节。*/
%mend dr;
%dr(stdm);%dr(stdmc);%dr(zf);%dr(zfc);%dr(a_exrate);
%dr(a_exratec);%dr(rate1);%dr(rate2);%dr(rate3);%dr(rate6);%dr(rateyear);%dr(mv);%dr(tv);
%macro d(i);
/*计算区分度。*/
data gy.i&i;
set gy.h&i;
qfd1=(ar&i-lag9(ar&i))/ar1;
qfd2=(lag1(ar&i)-lag8(ar&i))/ar1;
qfd3=0.8*qfd1+0.2*qfd2;
qfd4=0.6*qfd1+0.4*qfd2;
run;
data gy.i&i(keep=ar&i qfd1 qfd2 qfd3 qfd4);
set gy.i&i;
if group=1;
run;
%mend d;
%d(stdm);%d(stdmc);%d(zf);%d(zfc);%d(a_exrate);
%d(a_exratec);%d(rate1);%d(rate2);%d(rate3);%d(rate6);%d(rateyear);%d(mv);%d(tv);
data gy.mdata2;
set gy.ia_exratec gy.irate2 gy.irate3 gy.irate6 gy.irateyear gy.istdm gy.istdmc gy.izf gy.izfc gy.ia_exrate gy.irate1 gy.imv gy.itv;
run;
/*由于选用的数据中,日期数据为字符型数据,取出年份数据。*/
%macro dr(i);
```

```
data gy.b&i;
set gy.b&i;
year1=substr(accper,1,4);
year=year1+0;
drop year1;
run;
%mend dr;
%dr(pe);%dr(pb);%dr(pcf);%dr(ps);%dr(ev);
%dr(yylrr);%dr(yysrr);%dr(xjllr);%dr(jlrr);%dr(hjcg);%dr(hjcgc);%dr(jgcg);%dr(jgcgc);%dr(roe);%dr(roa);%dr(xsmlv);%dr(xsjlv);
run;
/*计算各组合年平均收益*/
%macro d(i);
proc sql;
create table gy.f&i as
select year,avg(rank_&i) as acorr&i
from gy.b&i
group by year;
quit;
%mend d;
%d(pe);%d(pb);%d(pcf);%d(ps);%d(ev);%d(stdm);%d(stdmc);%d(zf);%d(zfc);%d(a_exrate);%d(mv);%d(tv);
%d(a_exratec);%d(rate1);%d(rate2);%d(rate3);%d(rate6);%d(rateyear);
%d(yylrr);%d(yysrr);%d(xjllr);%d(jlrr);%d(hjcg);%d(hjcgc);%d(jgcg);%d(jgcgc);%d(roe);%d(roa);%d(xsmlv);%d(xsjlv);
/*合并上文得出的数据集,便于综合分析*/
data gy.ydata1;
merge gy.fa_exratec gy.fpb gy.fpcf gy.fev gy.fps gy.fyylrr gy.fyysrr gy.fxjllr gy.fjlrr gy.fhjcg gy.fhjcgc gy.fjgcg gy.fjgcgc gy.fxsmlv gy.fxsjlv gy.froe gy.froa gy.frate1 gy.frate2 gy.frate3 gy.frate6 gy.frateyear gy.fstdm gy.fstdmc gy.fzf gy.fzfc gy.fa_exrate gy.fpe gy.fmv gy.ftv;
by year;
run;
/*根据因子排序结果每季度将所有股票分为十组。Accper是财报周期数据,刚好代表月度。后续处理和前文基本一致,不赘述*/
%macro dr(i);
proc sort data=gy.data1;
by accper descending &i;
run;
data gy.g&i;
set gy.data1;
by accper;
if first.accper then a1=1;
```

```
else a1+1;
run;
proc sql;
create table gy.g&i as
select * ,int(max(a1)/10) as a2,mod(max(a1),10) as a3
from gy.g&i group by accper;
quit;
data gy.g&i;
set gy.g&i;
if a1<=a2 then group=1;
if a2<a1<=(2*a2) then group=2;
if (2*a2)<a1<=(3*a2) then group=3;
if (3*a2)<a1<=(4*a2) then group=4;
if (4*a2)<a1<=(5*a2) then group=5;
if (5*a2)<a1<=(6*a2) then group=6;
if (6*a2)<a1<=(7*a2) then group=7;
if (7*a2)<a1<=(8*a2) then group=8;
if (8*a2)<a1<=(9*a2) then group=9;
if (9*a2)<a1 then group=10;
run;
proc sql;
create table gy.h&i as
select stkcd,accper,group,&i,rate,avg(rate) as ar&i
from gy.g&i
group by group;
quit;
proc sql;
create table gy.h&i as
select * ,avg(rate) as ar1
from gy.h&i;
quit;
    proc sort nodupkey data=gy.h&i;
by group;
run;
    proc sort data=gy.h&i;
by descending group;
run;
%mend dr;
%dr(pe); %dr(pb); %dr(pcf); %dr(ps); %dr(ev);
%dr(yylrr); %dr(yysrr); %dr(xjllr); %dr(jlrr); %dr(hjcg); %dr(hjcgc); %dr(jgcg); %dr(jgcgc); %dr(roe); %dr(roa); %dr(xsmlv); %dr(xsjlv);
%macro d(i);
```

```
data gy.i&i;
set gy.h&i;
qfd1=(ar&i-lag9(ar&i))/ar1;
qfd2=(lag1(ar&i)-lag8(ar&i))/ar1;
qfd3=0.8*qfd1+0.2*qfd2;
qfd4=0.6*qfd1+0.4*qfd2;
run;
data gy.i&i(keep=ar&i qfd1 qfd2 qfd3 qfd4);
set gy.i&i;
if group=1;
run;
%mend d;
%d(pe);%d(pb);%d(pcf);%d(ps);%d(ev);
%d(yylrr);%d(yysrr);%d(xjllr);%d(jlrr);%d(hjcg);%d(hjcgc);%d(jgcg);%d(jgcgc);%d(roe);%d(roa);%d(xsmlv);%d(xsjlv);
data gy.qdata2;
set gy.ihjcgc gy.ipb gy.ipcf gy.iev gy.ips gy.iyylrr gy.iyysrr gy.ixjllr gy.ijlrr gy.ihjcg gy.ipe gy.ijgcg gy.ijgcgc gy.ixsmlv gy.ixsjlv gy.iroe gy.iroa;
run;
%macro dr(i);
data gy.j&i(keep=group trate&i);
set gy.h&i;
trate&i=ar&i*22;
run;
proc sort data=gy.j&i;
by group;
run;
%mend dr;
%dr(pe);%dr(pb);%dr(pcf);%dr(ps);%dr(ev);
%dr(yylrr);%dr(yysrr);%dr(xjllr);%dr(jlrr);%dr(hjcg);%dr(hjcgc);%dr(jgcg);%dr(jgcgc);%dr(roe);%dr(roa);%dr(xsmlv);%dr(xsjlv);
%macro d(i);
data gy.j&i(keep=group trate&i);
set gy.h&i;
trate&i=ar&i*93;
run;
proc sort data=gy.j&i;
by group;
run;
%mend d;
%d(stdm);%d(stdmc);%d(zf);%d(zfc);%d(a_exrate);
%d(a_exratec);%d(rate1);%d(rate2);%d(rate3);%d(rate6);%d(rateyear);%d(mv);%d(tv);
```

```
data gy.ydata2;
    merge gy.ja_exratec gy.jpb gy.jpcf gy.jev gy.jps gy.jyylrr gy.jyysrr gy.jxjllr gy.jjlrr gy.jhjcg gy.jhjcgc gy.jjgcg gy.jjgcgc gy.jxsmlv gy.jxsjlv gy.jroe gy.jroa gy.jrate1 gy.jrate2 gy.jrate3 gy.jrate6 gy.jrateyear gy.jstdm gy.jstdmc gy.jzf gy.jzfc gy.ja_exrate gy.jpe gy.jmv gy.jtv;
    by group;
    run;
    %macro dr(i);
    proc sql;
    create table gy.k&i as
        select *
        from gy.a&i,gy.g&i
        where a&i..stkcd=g&i..stkcd and a&i..accper=g&i..accper;run;
    proc sort data=gy.k&i;
    by group;
    run;
    ODS OUTPUT PearsonCorr=gy.l&i;
    proc corr data=gy.k&i fisher;
    var rank_&i ;
    with rank_b;by group;
    run;
    ODS OUTPUT CLOSE;
    data gy.l&i;
    set gy.l&i;
    xxxs1&i=0.8*rank_&i+0.2*lag1(rank_&i);
    xxxs2&i=0.2*rank_&i+0.8*lag1(rank_&i);
    run;
    data gy.l&i(keep=group rank_&i xxxs1&i xxxs2&i);
    set gy.l&i;
    if group=1 or group=2 or group=10;;
    run;
    %mend dr;
    %dr(pe);%dr(pb);%dr(pcf);%dr(ps);%dr(ev);
    %dr(yylrr);%dr(yysrr);%dr(xjllr);%dr(jlrr);%dr(hjcg);%dr(hjcgc);%dr(jgcg);%dr(jgcgc);%dr(roe);%dr(roa);%dr(xsmlv);%dr(xsjlv);
    %macro d(i);
    proc sql;
    create table gy.k&i as
        select *
        from gy.a&i,gy.g&i
        where a&i..stkcd=g&i..stkcd and a&i..trdmnt=g&i..trdmnt;run;
    proc sort data=gy.k&i;
    by group;
```

```
run;
ODS OUTPUT PearsonCorr=gy.l&i;
proc corr data=gy.k&i fisher;
var rank_&i;
with rank_b;by group;
run;
ODS OUTPUT CLOSE;
data gy.l&i;
set gy.l&i;
xxxs1&i=0.8*rank_&i+0.2*lag1(rank_&i);
xxxs2&i=0.2*rank_&i+0.8*lag1(rank_&i);
run;
data gy.l&i(keep=group rank_&i xxxs1&i xxxs2&i);
set gy.l&i;
if group=1 or group=2 or group=10;;
run;
%mend d;
%d(stdm);%d(stdmc);%d(zf);%d(zfc);%d(a_exrate);
%d(a_exratec);%d(rate1);%d(rate2);%d(rate3);%d(rate6);%d(rateyear);%d(mv);%d(tv);
data gy.ydata3;
merge gy.la_exratec gy.lpb gy.lpcf gy.lev gy.lps gy.lyylrr gy.lyysrr gy.lxjllr gy.ljlrr gy.lhjcg gy.lhjcgc gy.ljgcg gy.ljgcgc gy.lxsmlv gy.lxsjlv gy.lroe gy.lroa gy.lrate1 gy.lrate2 gy.lrate3 gy.lrate6 gy.lrateyear gy.lstdm gy.lstdmc gy.lzf gy.lzfc gy.la_exrate gy.lpe gy.lmv gy.ltv;
by group;
run;

%macro dr(i);
data gy.g&i;
set gy.g&i;
r_rm=Mretnd-ratem;
run;
proc sql;
create table gy.n&i as
select stkcd,accper,group,year,&i,rate,avg(r_rm) as ar_rm&i
from gy.g&i
group by group,accper;
quit;
    proc sort nodupkey data=gy.n&i;
by group accper;
run;
proc sql;
create table gy.n&i as
```

```
select * ,sum(ar_rm&i) as tr_rm&i
from gy.n&i
group by year,group;
quit;
   proc sort nodupkey data=gy.n&i;
by group year;
run;
proc sort data=gy.n&i;
by year descending group;
run;
data gy.n&i;
set gy.n&i;
tr_rm1&i=0.8*tr_rm&i+0.2*lag1(tr_rm&i);
run;
data gy.o&i(keep= tr_rm1&i year);
set gy.n&i;
if group=1;
run;
%mend dr;
%dr(pe);%dr(pb);%dr(pcf);%dr(ps);%dr(ev);
%dr(yylrr);%dr(yysrr);%dr(xjllr);%dr(jlrr);%dr(hjcg);%dr(hjcgc);%dr(jgcg);%dr(jgcgc);%dr(roe);%dr(roa);%dr(xsmlv);%dr(xsjlv);
%macro d(i);
data gy.g&i;
set gy.g&i;
r_rm=Mretnd-ratem;
run;
proc sql;
create table gy.n&i as
select stkcd,trdmnt,year,group,&i,rate,avg(r_rm) as ar_rm&i
from gy.g&i
group by group,trdmnt;
quit;
   proc sort nodupkey data=gy.n&i;
by group trdmnt;
run;
proc sql;
create table gy.n&i as
select * ,sum(ar_rm&i) as tr_rm&i
from gy.n&i
group by year,group;
quit;
```

```
proc sort nodupkey data=gy.n&i;
by group year;
run;
proc sort data=gy.n&i;
by year descending group;
run;
data gy.n&i;
set gy.n&i;
tr_rm1&i=0.8*tr_rm&i+0.2*lag1(tr_rm&i);
run;
data gy.o&i(keep= tr_rm1&i year);
set gy.n&i;
if group=1;
run;
%mend d;
%d(stdm); %d(stdmc); %d(zf); %d(zfc); %d(a_exrate);
%d(a_exratec); %d(rate1); %d(rate2); %d(rate3); %d(rate6); %d(rateyear); %d(mv); %d(tv);
data gy.ydata4;
merge gy.oa_exratec gy.opb gy.opcf gy.oev gy.ops gy.oyylrr gy.oyysrr gy.oxjllr gy.ojlrr gy.ohjcg gy.ohjcgc gy.ojgcg gy.ojgcgc gy.oxsmlv gy.oxsjlv gy.oroe gy.oroa gy.orate1 gy.orate2 gy.orate3 gy.orate6 gy.orateyear gy.ostdm gy.ostdmc gy.ozf gy.ozfc gy.oa_exrate gy.ope gy.omv gy.otv;
by year;
run;
%macro d(i);
proc sort data=gy.n&i;
by year group;
run;
data gy.n&i;
set gy.n&i;
tr_rm2&i=0.8*tr_rm&i+0.2*lag1(tr_rm&i);
run;
data gy.p&i(keep= tr_rm2&i year);
set gy.n&i;
if group=10;
run;
%mend d;
%d(pe); %d(pb); %d(pcf); %d(ps); %d(ev); %d(stdm); %d(stdmc); %d(zf); %d(zfc); %d(a_exrate); %d(mv); %d(tv);
%d(a_exratec); %d(rate1); %d(rate2); %d(rate3); %d(rate6); %d(rateyear);
%d(yylrr); %d(yysrr); %d(xjllr); %d(jlrr); %d(hjcg); %d(hjcgc); %d(jgcg); %d(jgcgc); %d(roe); %d(roa); %d(xsmlv); %d(xsjlv);
data gy.ydata5;
```

```
merge gy.pa_exratec gy.ppb gy.ppcf gy.pev gy.pps gy.pyylrr gy.pyysrr gy.pxjllr gy.pjlrr gy.phjcg
gy.phjcgc gy.pjgcg gy.pjgcgc gy.pxsmlv gy.pxsjlv gy.proe gy.proa gy.prate1 gy.prate2 gy.prate3 gy.
prate6 gy.prateyear gy.pstdm gy.pstdmc gy.pzf gy.pzfc gy.pa_exrate gy.ppe gy.pmv gy.ptv;
    by year;
    run;
```

第十七章 可选消费行业

一、研究背景介绍

本章以可选消费行业为样本空间,剔除行业内在调仓日为 st 的股票,以及在换仓日停牌的股票,研究期间为 2007 年 5 月至 2017 年 10 月,换仓频率为月。可选消费行业包括媒体、零售业、耐用消费品与服装、汽车与汽车零部件、消费者服务等多种行业。本章采用表 10-1 中对可选消费行业的中证一级行业分类,股票共计 448 只。

二、各因子选股能力分析

我们首先使用横截面回归法进行因子选股能力分析,之后采用排序打分法研究因子的选股能力。

(一) 从信息系数方面分析各因子选股能力

各因子的信息系数如表 17-1 和表 17-2 所示。

表 17-1 各因子信息系数(月度)

因子	P 值	均值	标准差	最大值	中值	最小值
最近 1 个月涨幅(%)	0.0000	−0.0936	0.1332	0.2125	−0.0813	−0.4383
最近 2 个月涨幅(%)	0.0000	−0.0936	0.1476	0.2266	−0.0749	−0.4800
最近 3 个月涨幅(%)	0.0000	−0.0870	0.1539	0.2376	−0.0771	−0.5143
最近 6 个月涨幅(%)	0.0000	−0.0832	0.1411	0.2183	−0.0767	−0.4345
最近 12 个月涨幅(%)	0.0000	−0.0788	0.1382	0.3327	−0.0723	−0.3711
最近 1 个月波动率(%)	0.0000	−0.0687	0.1683	0.2579	−0.0848	−0.4714
波动率变化	0.0000	−0.0350	0.0938	0.1826	−0.0491	−0.2086
最近 1 个月振幅(%)	0.0000	−0.0717	0.1298	0.2568	−0.0681	−0.3819
振幅变化	0.0005	−0.0198	0.0709	0.1504	−0.0292	−0.1948
最近 1 个月日均换手率(%)	0.0000	−0.0634	0.1917	0.3374	−0.0773	−0.5475
换手率变化	0.0000	−0.0559	0.1020	0.3616	−0.0571	−0.2509
流通市值	0.0000	−0.0672	0.1424	0.3458	−0.0554	−0.3605
总市值	0.0000	−0.0866	0.1496	0.3665	−0.0871	−0.4400

表 17-2 各因子信息系数(季度)

因子	P 值	均值	标准差	最大值	中值	最小值
E/P	0.4983	−0.0088	0.1118	0.1599	−0.0199	−0.2398
B/P	0.0002	0.0594	0.1183	0.1583	−0.0656	−0.2522
CF/P	0.5336	−0.0218	0.0874	0.1651	−0.0303	−0.1734
EBITDA/EV	0.7629	−0.0148	0.1018	0.1572	−0.0257	−0.2099
SR/P	0.0019	0.0086	0.1232	0.2586	−0.0091	−0.2310
营业利润增长率(%)	0.0000	0.0566	0.1052	0.2625	0.0139	−0.0741
营业收入增长率(%)	0.0033	0.0460	0.0921	0.1810	0.0428	−0.1580
经营活动产生的现金流净额增长率(%)	0.0476	0.0187	0.0876	0.1940	0.0109	−0.1526
净利润增长率(%)	0.0000	0.0741	0.0860	0.2592	0.0536	−0.0375
户均持股比例	0.0000	0.1174	0.1105	0.3497	0.0987	−0.0631
户均持股比例变化	0.0035	0.0260	0.0878	0.2186	0.0169	−0.2181
机构持股比例	0.0004	−0.0233	0.1361	0.2585	−0.0376	−0.2560
机构持股比例变化	0.6387	0.0029	0.0817	0.1934	−0.0015	−0.1755
销售毛利率(%)	0.0004	0.0226	0.1430	0.2870	−0.0224	−0.2197
销售净利率(%)	0.0003	0.0224	0.1370	0.2766	−0.0113	−0.2103
ROE(%)	0.2571	−0.0116	0.1675	0.2933	−0.0545	−0.2375
ROA(%)	0.5164	0.0025	0.1649	0.3054	−0.0486	−0.2199

由表 17-1 和表 17-2 可知,可选消费行业内的股票表现出较为显著的反转效应,最近 1 个月涨幅、最近 2 个月涨幅、最近 3 个月涨幅、最近 6 个月涨幅、最近 12 个月涨幅 5 个因子的信息系数均为负(前期涨幅越大,下一个月表现越差),且在 5% 的显著水平下显著为负;可选消费行业内的股票也表现出一定的小盘股效应,总市值因子的信息系数为 −0.0866(前期总市值越大,下一个月表现越差),在 5% 的显著水平下显著为负;交投因子中的最近 1 个月日均换手率、换手率变化也是较为显著的负向因子,其信息系数分别为 −0.0634、−0.0559(最近 1 个月日均换手率越高,下一个月表现越差;换手率变化越大,下个月表现越差),在 5% 的显著水平下显著为负;此外,波动因子中的最近 1 个月波动率、波动率变化也是较为显著的负向因子,其信息系数在 5% 的显著水平下显著为负。

股东因子表现出较为显著的正向效应,其中户均持股比例、户均持股比例变化两个因子的信息系数分别为 0.1174、0.0260,在 1% 的显著水平下显著为正。成长因子也表现出一定的正向效应,其中营业利润增长率、营业收入增长率、经营活动产生的现金流净额增长率、净利润增长率等因子的信息系数均在 5% 的显著水平下显著为正(前期增长速度越快,下个月表现越好)。此外,盈利因子中的销售毛利率和销售净利率两个因子也表现出一定的正向效应。

盈利因子中的 ROE、ROA,估值因子中的 E/P、CF/P、EBITDA/EV,股东因子中的机构持股比例变化的信息系数在 0 附近,也就是说,这些因子对股票下个月表现的影响不显著。

通过对各因子总体的表现进行分析之后,我们又对各因子每年的表现进行了分析,主要分析每年各因子信息系数的一致性,即分析因子在总体年份中的表现,表 17-3 列出了每年各因子信息系数的均值。

表 17-3 每年各因子信息系数的均值

因子	2007	2008	2009	2010	2011	2012	2013	2014	2015	2016	2017
E/P	-0.0510	0.0122	0.0475	0.0053	-0.0230	0.0625	0.0818	0.0595	0.0635	0.0413	0.0061
B/P	-0.0639	-0.0760	-0.1701	0.0008	0.0000	-0.0603	-0.0492	-0.0505	0.0229	-0.2448	-0.1645
CF/P	-0.0711	-0.0095	-0.0431	-0.0982	0.0155	-0.0567	0.1239	-0.0621	0.0023	-0.0905	-0.1345
EBITDA/EV	-0.0542	0.0511	-0.0555	-0.0230	-0.0719	-0.0310	0.0418	0.1019	0.0247	-0.1861	-0.2769
SR/P	-0.1348	0.0290	-0.0302	0.0231	0.0435	0.0431	0.0728	0.0499	0.0903	0.2247	-0.1750
营业利润增长率(%)	0.0283	-0.0339	0.0462	0.0347	0.1902	0.1078	0.0662	-0.0728	0.0240	-0.0128	-0.0319
营业收入增长率(%)	0.0589	-0.0279	0.0134	0.0836	0.0939	0.0984	0.0700	-0.1580	0.0011	0.0033	-0.0016
经营活动产生的现金流净额增长率(%)	0.0654	-0.0781	0.0410	-0.0053	0.0753	-0.0264	0.0537	0.0347	0.0500	0.0127	-0.0049
净利润增长率(%)	0.0499	0.0232	0.0364	0.0669	0.1804	0.1252	0.0634	-0.0061	0.0376	0.0752	-0.0232
户均持股比例	0.1180	0.1076	0.0167	0.2195	0.1277	0.0780	0.1662	0.0818	0.2474	0.0436	-0.1073
户均持股比例变化	0.0283	0.0553	-0.0351	0.0645	-0.0676	0.0530	0.0787	0.0397	0.0417	0.0468	0.0716
机构持股比例	0.0184	-0.1098	-0.0670	-0.0149	0.1402	0.0459	-0.0986	-0.2560	-0.0352	0.1028	0.2318
机构持股比例变化	0.0122	0.0021	0.0725	0.0443	-0.0338	0.0394	0.0289	0.0018	-0.0282	0.0878	0.0196
销售毛利率(%)	-0.0222	-0.1011	-0.0667	-0.0064	0.2060	0.0851	0.1054	-0.1026	0.0248	0.0676	-0.0121
销售净利率(%)	-0.0365	-0.0667	-0.0745	-0.0127	0.1914	0.0915	0.0974	-0.0771	0.0102	0.0537	-0.0222
ROE(%)	-0.0321	-0.1092	-0.0886	-0.0267	0.1973	0.0843	-0.0313	-0.2375	-0.0721	0.1163	0.0532
ROA(%)	-0.0191	-0.1121	-0.0998	-0.0202	0.2091	0.0793	0.0506	-0.2080	0.0270	0.1020	0.0205
最近1个月涨幅(%)	-0.0765	-0.1218	-0.1309	-0.0473	-0.0747	-0.0924	-0.1322	-0.0686	-0.1580	-0.0835	-0.0076
最近2个月涨幅(%)	-0.1239	-0.0729	-0.1069	-0.0902	-0.0660	-0.1117	-0.0735	-0.1055	-0.1484	-0.0939	0.0085
最近3个月涨幅(%)	-0.1433	-0.0516	-0.1166	-0.0840	-0.0383	-0.0774	-0.0619	-0.1307	-0.1995	-0.1021	0.0026
最近6个月涨幅(%)	-0.1530	-0.0882	-0.0970	-0.0966	-0.0487	-0.0996	-0.0165	-0.0616	-0.1590	-0.0766	0.0315
最近12个月涨幅(%)	-0.1437	-0.1136	-0.1428	-0.0329	-0.0593	-0.0540	-0.0158	-0.0659	-0.1083	-0.0827	0.0547
波动率变化	-0.0725	-0.0534	-0.0792	-0.0609	-0.0834	-0.0537	-0.0619	-0.0880	0.0657	-0.0372	-0.0527
最近1个月振幅(%)	-0.0052	-0.0389	-0.0798	0.0130	-0.0456	-0.0216	-0.0526	-0.0524	-0.0054	-0.0412	-0.0097
振幅变化	-0.0581	-0.0558	-0.0833	-0.0449	-0.0797	-0.1098	-0.0553	-0.0903	-0.0989	-0.1037	-0.1393
最近1个月日均换手率(%)	0.0177	-0.0313	-0.0191	-0.0528	0.0078	-0.0323	0.0150	-0.0542	0.0136	-0.0221	0.0135
换手率变化	-0.0285	-0.0518	-0.0765	-0.0647	-0.0718	-0.1276	-0.0503	-0.0301	-0.0272	-0.0802	-0.1927
流通市值	-0.0090	-0.0794	-0.0690	-0.0262	-0.0489	-0.0612	-0.0923	-0.0627	-0.0699	-0.0468	-0.0406
总市值	-0.0999	-0.0362	-0.0570	-0.0845	-0.0090	-0.0572	-0.0643	-0.1435	-0.1301	-0.0963	0.0934
	-0.1296	-0.0451	-0.0731	-0.1005	-0.0377	-0.0974	-0.0473	-0.1785	-0.1451	-0.1351	0.0667

从每年各因子信息系数的一致性方面看,估值因子中的 SR/P,成长因子中的营业利润增长率、营业收入增长率、经营活动产生的现金流净额增长率、净利润增长率,股东因子中的户均持股比例、户均持股比例变化、机构持股比例变化等因子在大多数年份的信息系数均值均为正;交投因子中的最近 1 个月日均换手率、换手率变化,动量反转因子中的最近 1 个月涨幅、最近 2 个月涨幅、最近 3 个月涨幅、最近 6 个月涨幅、最近 12 个月涨幅,波动因子中的最近 1 个月波动率、最近 1 个月振幅,规模因子中的流通市值、总市值等因子在大多数年份的信息系数均值均为负。

(二) 从 FF 排序法方面来分析各因子的选股能力

1. 选股区分度

选股区分度具体数据见表 17-4 和表 17-5。

从选股区分度看,股东因子中的户均持股比例、户均持股比例变化,估值因子中的 B/P、SR/P,成长因子中的营业利润增长率、营业收入增长率、净利润增长率,盈利因子中的销售毛利率等因子表现出较好的正向选股能力;而交投因子中的换手率变化、最近 1 个月日均换手率,动量反转因子中的最近 1 个月涨幅、最近 2 个月涨幅、最近 3 个月涨幅、最近 6 个月涨幅、最近 12 个月涨幅,波动因子中的最近 1 个月波动率、最近 1 个月振幅,规模因子中的流通市值、总市值等因子表现出较好的负向选股能力。

表 17-4 各因子选股区分度(月度)

因子	区分度 1:(第 1 组—第 10 组)/基准	区分度 2(第 2 组—第 9 组)/基准	0.8×区分度 1+0.2×区分度 2	0.6×区分度 1+0.4×区分度 2
最近 1 个月涨幅(%)	−1.5805	−0.8516	−1.4347	−1.2889
最近 2 个月涨幅(%)	−1.6956	−0.8635	−1.5291	−1.3627
最近 3 个月涨幅(%)	−1.4731	−0.7762	−1.3337	−1.1943
最近 6 个月涨幅(%)	−1.2441	−0.7915	−1.1536	−1.0630
最近 12 个月涨幅(%)	−0.5891	−0.8381	−0.6389	−0.6887
最近 1 个月波动率(%)	−0.7497	−0.2253	−0.6448	−0.5399
波动率变化	−0.0898	−0.0358	−0.0790	−0.0682
最近 1 个月振幅(%)	−0.9581	−0.6449	−0.8955	0.8328
振幅变化	0.0666	−0.1319	0.0269	−0.0128
最近 1 个月日均换手率(%)	−0.8340	0.0364	−0.6599	−0.4858
换手率变化	−0.9117	−0.3147	−0.7923	−0.6729
流通市值	−1.7283	−0.8959	−1.5619	−1.3954
总市值	−1.9321	−1.3419	−1.8140	−1.6960

表 17-5 各因子选股区分度(季度)

因子	区分度1:(第1组—第10组)/基准	区分度2(第2组—第9组)/基准	0.8×区分度1+0.2×区分度2	0.6×区分度1+0.4×区分度2
E/P	−0.1635	0.1730	−0.0962	−0.0289
B/P	0.2463	0.2008	0.2190	0.2099
CF/P	−0.3056	0.0856	−0.2274	−0.1491
EBITDA/EV	−0.0549	0.0672	−0.0305	−0.0061
SR/P	0.3721	0.1660	0.3309	0.2896
营业利润增长率(%)	0.3544	0.2707	0.3377	0.3210
营业收入增长率(%)	0.1590	0.0746	0.1422	0.1253
经营活动产生的现金流净额增长率(%)	−0.2099	0.1401	−0.1399	−0.0699
净利润增长率(%)	0.4470	0.3040	0.4184	0.3898
户均持股比例	0.6260	0.5580	0.6124	0.5988
户均持股比例变化	0.2144	0.0367	0.1789	0.1433
机构持股比例	−0.3417	0.0553	−0.2623	−0.1829
机构持股比例变化	−0.0778	0.0984	−0.0426	−0.0073
销售毛利率(%)	0.0672	−0.0731	0.0391	0.0111
销售净利率(%)	0.0232	0.0201	0.0226	0.0220
ROE(%)	−0.2319	−0.2896	−0.2435	−0.2550
ROA(%)	−0.1140	−0.2311	−0.1374	−0.1608

2. 单调性

我们每期根据各因子的情况对行业内的股票进行排序(降序法),并把样本股票分成10组,分别计算各组在研究期(2007年5月至2017年10月)的累计收益率情况,根据第1组、第2组到第9组、第10组的股票组合的表现分析每个因子的单调性,具体数据列于表17-6。

从单调性看,估值因子中的B/P、SR/P,成长因子中的净利润增长率,股东因子中的户均持股比例,估值因子中的B/P、盈利因子中的ROA等因子表现出一定的单调递减特征;而动量反转因子中的最近1个月涨幅、最近2个月涨幅、最近3个月涨幅、最近1个月振幅,规模因子中的流通市值、总市值,盈利因子中的ROE,股东因子中的机构持股比例等因子表现出较为明显的单调递增特征。

3. 稳定性

为了考察各因子表现的稳定性,我们分别计算了靠前组合和靠后组合相对于样本基准收益率的表现情况,表17-7列出了第1组和第10组的具体数据,同时又加入两个组合(0.8×第1组+0.2×第2组,0.8×第10组+0.2×第9组),进一步考察各因子表现的稳定性。

从根据各因子排序构建的各组合的信息比率来看,波动率因子中的波动率变化,交投因子中的最近1个月日均换手率,规模因子中的流通市值,股东因子中的户均持股比例变化,成长因子中的营业收入增长率、经营活动产生的现金流净额增长率,盈利因子中的销售净利率

第十七章 可选消费行业

表 17-6 根据各因子排序构建的各组合累计收益率（2007 年 5 月至 2017 年 10 月）

因子	第1组	第2组	第3组	第4组	第5组	第6组	第7组	第8组	第9组	第10组
E/P	1.6825	2.1011	1.5849	1.7486	2.1051	1.6893	1.7277	1.5533	1.7897	1.9768
B/P	1.8127	1.7783	1.7113	1.6326	1.6208	1.5173	1.5044	1.4767	1.4216	1.4740
CF/P	1.6187	2.1471	1.7345	1.7417	1.5853	1.7555	1.8499	1.3322	1.9931	2.1686
EBITDA/EV	2.0265	1.8082	1.8451	1.7166	1.7241	1.8273	1.6565	1.5158	1.6873	2.1254
SR/P	2.1418	1.9947	1.8512	1.7036	2.1541	1.5613	1.8781	1.6103	1.6961	1.4722
营业利润增长率（%）	2.4167	2.2488	1.6447	1.9361	1.4864	1.5810	1.7409	1.4077	1.7616	1.7788
营业收入增长率（%）	2.1345	1.9140	1.8063	1.6792	1.7886	1.9310	1.5294	1.5767	1.7797	1.8483
经营活动产生的现金流净额增长率（%）	1.6836	1.8340	1.9801	1.8243	1.7260	1.8043	1.7822	1.6682	1.5818	2.0614
净利润增长率（%）	2.5760	2.1266	1.8651	1.8813	1.4698	1.6045	1.5004	1.6296	1.5795	1.7715
户均持股比例（%）	2.2111	2.3171	2.5060	1.8932	1.9023	1.5424	1.5315	1.8503	1.3130	1.0844
户均持股比例变化	2.1198	1.8202	2.2110	2.2654	1.6922	1.5277	1.3032	1.5831	1.7542	1.7339
机构持股比例	1.7437	1.7768	1.3736	1.7585	1.8346	1.6785	1.8293	1.8542	1.6772	2.3586
机构持股比例变化	1.8876	2.0100	1.9892	1.9229	1.4203	1.4881	1.5900	1.7820	1.8329	2.0276
销售毛利率（%）	2.0786	1.7897	1.8584	2.0144	1.4175	1.7204	1.5348	1.6702	1.9213	1.9577
销售净利率（%）	2.0613	1.8412	1.8446	1.8498	1.8120	1.7277	1.4189	1.5723	1.8050	2.0196
ROE（%）	1.4792	1.6425	1.7038	1.8398	1.8505	1.8203	1.6861	1.8971	2.1637	1.8966
ROA（%）	1.8253	1.6039	1.6808	1.8074	1.7359	1.7154	1.6676	1.6649	1.7198	1.6305
最近1个月涨幅（%）	0.2168	0.8293	1.1426	1.5521	1.8317	2.1061	2.3810	2.2642	2.3613	3.0601
最近2个月涨幅（%）	0.4141	0.6497	1.6356	1.3737	1.9195	1.8173	2.0305	2.1818	2.2031	3.4645
最近3个月涨幅（%）	0.6527	0.8068	1.5234	1.5475	2.1164	1.8046	1.8470	1.9171	2.2033	3.3028
最近6个月涨幅（%）	0.5835	1.1073	1.3168	1.6491	1.9180	1.8516	1.7822	2.2424	2.5312	2.8217
最近12个月涨幅（%）	0.8774	1.1562	1.1042	1.5445	1.8263	2.0238	2.2476	2.5727	2.6640	1.9373
波动率变化	1.2839	1.4514	1.6965	1.6621	1.8037	1.7254	2.0228	1.7367	1.8568	2.6327
最近1个月振幅（%）	1.7292	1.9996	1.3814	1.6764	1.8301	1.3977	2.2317	1.7738	2.0641	1.8908
振幅变化	0.4528	1.3978	2.0833	1.3774	1.3575	1.7725	2.7207	2.0373	2.5579	2.1766
最近1个月日均换手率（%）	2.1118	1.7168	1.6943	1.3979	1.7924	1.8027	1.6075	1.8924	1.9541	1.9920
换手率变化	0.3971	2.2225	1.6479	1.6284	1.8450	1.9669	2.1312	2.0732	2.1570	1.8974
流通市值	1.1700	1.1913	1.3770	1.4677	2.4509	1.8212	1.7922	1.9967	1.7574	2.8102
总市值	0.6233	0.8411	1.0786	1.1498	1.2921	1.6644	2.1323	2.7057	2.4529	3.7327
	0.5344	0.7542	0.8390	1.0461	1.7228	1.5687	1.8297	2.1390	3.1683	4.0103

等因子的稳定性较强。

表 17-7 根据各因子排序构建的各组合的信息比率

因子	第1组	0.8×第1组+0.2×第2组	第10组	0.8×第10组+0.2×第9组
E/P	−0.0103	0.0039	0.0422	0.0154
B/P	0.0584	0.0539	−0.0282	−0.0272
CF/P	0.0348	0.0380	0.0016	−0.0074
EBITDA/EV	0.0010	0.0130	−0.0119	0.0155
SR/P	0.0745	0.0443	−0.0044	−0.0039
营业利润增长率(%)	0.0487	0.0312	0.0512	0.0358
营业收入增长率(%)	0.0501	0.0609	−0.0072	−0.0050
经营活动产生的现金流净额增长率(%)	−0.0592	−0.0500	0.0510	0.0408
净利润增长率(%)	−0.0042	0.0030	−0.0666	0.0460
户均持股比例	0.0094	0.0041	0.0425	0.0426
户均持股比例变化	−0.0169	−0.0169	0.0517	0.0546
机构持股比例	−0.0128	−0.0163	−0.0334	−0.0071
机构持股比例变化	−0.0337	−0.0317	−0.1492	−0.1347
销售毛利率(%)	0.0811	0.0651	0.0866	0.0824
销售净利率(%)	−0.0141	−0.0336	0.0323	0.0349
ROE(%)	0.1001	0.0902	0.0292	0.0226
ROA(%)	−0.1021	−0.0815	0.0015	0.0177
最近1个月涨幅(%)	−0.0241	−0.0212	−0.0057	0.0011
最近2个月涨幅(%)	−0.0186	−0.0216	−0.0200	−0.0118
最近3个月涨幅(%)	−0.0011	−0.0058	−0.0176	−0.0157
最近6个月涨幅(%)	−0.0182	−0.0176	−0.0461	−0.0394
最近12个月涨幅(%)	−0.0205	−0.0144	−0.0224	−0.0217
最近1个月波动率(%)	0.0033	−0.0002	0.0082	0.0010
波动率变化	−0.0139	−0.0115	0.0273	0.0189
最近1个月振幅(%)	−0.0198	−0.0197	0.0036	−0.0035
振幅变化	−0.0291	−0.0223	−0.0149	−0.0121
最近1个月日均换手率(%)	−0.0595	−0.0505	0.0028	0.0032
换手率变化	−0.0349	−0.0330	−0.0112	−0.0135
流通市值	−0.0049	−0.0032	0.0057	0.0078
总市值	0.0353	0.0316	0.0901	0.0620

估值因子中的 B/P、EBITDA/EV、SR/P，成长因子中的营业收入增长率等因子的第 1 组的信息比率为正，第 10 组的信息比率为负，且差距较大；而交投因子中的最近 1 个月日均换手率，动量反转因子中的最近 1 个月振幅，股东因子中的户均持股比例变化，盈利因子中的 ROA，成长因子中的经营活动产生的现金流净额增长率等因子的第 1 组的信息比率为负，第 10 组的信息比率为正，且差距较大。

前面研究了根据各因子排序构建的各组合的信息比率，下面将进一步研究各因子排名靠前组合和靠后组合各年的超额收益率情况，具体数据列于表 17-8 和表 17-9。

从排名靠前组合各年的超额收益率看，交投因子中的换手率变化，估值因子中的 B/P、SR/P，股东因子中的户均持股比例变化，波动因子中的最近 1 个月波动率、波动率变化，动量反转因子中的最近 1 个月振幅、振幅变化等因子排名靠前组合在大多数年份的超额收益率均为正；而动量反转因子中的最近 2 个月涨幅、最近 6 个月涨幅等因子排名靠前组合在大多数年份的超额收益率均为负。

从排名靠后组合各年的超额收益率看，估值因子中的 B/P、SR/P 等因子排名靠后组合在大多数年份的超额收益率均为负；而交投因子中的最近 1 个月日均换手率、换手率变化，动量反转因子中的最近 1 个月涨幅、最近 2 个月涨幅、最近 3 个月涨幅、最近 6 个月涨幅、最近 12 个月涨幅，波动因子中的最近 1 个月波动率、波动率变化、最近 1 个月振幅、振幅变化，规模因子中的流通市值、总市值等因子排名靠后组合在大多数年份的超额收益率均为正。

三、多因子模型的构建和评价

上文对 8 大类因子分别从信息系数、选股区分度、单调性和稳定性等方面进行了评价，目的是根据上述评价体系考察各选股因子的表现情况，为后面构建行业内多因子模型提供一个比较有效的参考因子范围，并进一步分析和评价该多因子模型的表现。

（一）各因子综合评价

根据行业内各因子的表现情况，我们把结果汇总在表 17-10 和表 17-11 中，分别代表月度选股因子综合评价和季度选股因子综合评价结果。

表 17-8 各因子排名靠前组合各年超额收益率

因子	2007	2008	2009	2010	2011	2012	2013	2014	2015	2016	2017
E/P	-0.0384	-0.6942	0.1548	0.0983	0.2685	-0.1572	0.1365	-0.0737	0.6004	0.1771	-0.1207
B/P	0.0537	-0.6091	0.2226	0.1852	0.2923	-0.1219	0.2604	-0.1057	0.7137	0.2649	-0.0523
CF/P	-0.0037	-0.6624	0.1918	0.2250	0.2586	-0.1731	0.1582	-0.1440	0.5872	0.2329	-0.0787
EBITDA/EV	-0.0215	-0.6580	0.1865	0.1309	0.2808	-0.1515	0.1937	-0.0866	0.5450	0.1878	-0.1093
SR/P	0.0114	-0.6580	0.1893	0.2792	0.2855	-0.1169	0.2724	-0.1099	0.5565	0.1759	-0.1191
营业利润增长率(%)	-0.1180	-0.7429	0.1401	0.1479	0.2447	-0.1953	0.1214	-0.1052	0.4570	0.1839	-0.0974
营业收入增长率(%)	-0.1200	-0.6826	0.0779	0.1198	0.2511	-0.1844	0.1704	-0.1258	0.4114	0.1967	-0.0930
经营活动产生的现金流净额增长率(%)	-0.1442	-0.7241	0.1712	0.1312	0.2223	-0.2133	0.1411	-0.1241	0.4274	0.1498	-0.1005
净利润增长率(%)	-0.0075	-0.7677	0.1855	0.1581	0.2717	-0.1872	0.1354	-0.0954	0.4309	0.1842	-0.0870
户均持股比例	-0.0409	-0.6290	0.1677	0.2320	0.1873	-0.0845	0.1228	-0.1393	0.6133	0.2562	-0.0609
户均持股比例变化	0.0798	-0.6149	0.3195	0.2523	0.2501	-0.0966	0.2039	-0.1447	0.5652	0.3014	-0.0304
机构持股比例	-0.1871	-0.6680	0.1562	0.1658	0.2450	-0.1373	0.1194	-0.1324	0.4657	0.1487	-0.0610
机构持股比例变化	-0.0987	-0.7068	0.1697	0.1733	0.2568	-0.1509	0.1841	-0.1269	0.3653	0.1984	-0.0979
销售毛利率(%)	-0.0531	-0.6299	0.1326	0.1549	0.2024	-0.1421	0.1610	-0.1370	0.3888	0.1553	-0.0732
销售净利率(%)	-0.0311	-0.6519	0.1417	0.1557	0.2074	-0.1451	0.1631	-0.1379	0.4010	0.1554	-0.0762
ROE(%)	-0.0292	-0.6709	0.1253	0.1568	0.2664	-0.1404	0.0996	-0.1079	0.4487	0.1899	-0.0615
ROA(%)	-0.0149	-0.6320	0.1466	0.1350	0.2464	-0.1184	0.1336	-0.1307	0.4094	0.1833	-0.0735
最近1个月涨幅(%)	-0.1350	-0.0884	0.0280	0.3083	-0.0980	-0.2052	0.2438	0.1820	0.4241	-0.2489	-0.5041
最近2个月涨幅(%)	-0.2573	-0.0746	-0.0138	0.2697	-0.0045	-0.2448	0.3961	0.1970	0.3789	-0.2069	-0.4717
最近3个月涨幅(%)	-0.2111	-0.0519	-0.0637	0.1743	0.0935	-0.1659	0.4294	0.2254	0.3022	-0.2115	-0.4156
最近6个月涨幅(%)	-0.3109	-0.1075	-0.0250	0.1800	-0.0040	-0.1757	0.5356	0.2904	0.4760	-0.1152	-0.3890
最近12个月涨幅(%)	-0.1770	-0.1400	-0.0256	0.2712	0.0106	-0.0671	0.4874	0.2610	0.5519	-0.1814	-0.3440
波动率变化	-0.0734	-0.0352	0.1233	0.2081	-0.0967	-0.0660	0.6016	0.3277	1.2396	0.0406	-0.5196
最近1个月波动率(%)	0.2549	0.1304	0.1131	0.3016	-0.0648	-0.0811	0.5527	0.3835	1.2365	0.0849	-0.3293
最近1个月振幅(%)	-0.0642	0.0583	0.0976	0.2893	-0.0654	-0.2211	0.2688	0.2254	0.4689	0.0527	-0.7019
振幅变化	0.2252	0.0512	0.2413	0.2170	0.0364	-0.0148	0.6688	0.3595	1.0187	0.0040	-0.4668
最近12个月日均换手率(%)	-0.0920	-0.1031	0.0996	0.1256	-0.0943	-0.2152	0.4814	0.3733	0.7592	-0.1722	-0.7771
换手率变化	0.3537	-0.0768	0.1401	0.2571	-0.0501	-0.1461	0.3045	0.3328	0.7349	0.0603	-0.6920
流通市值	-0.1473	-0.0182	0.1973	0.1607	-0.0182	-0.0700	0.3633	0.0958	0.2453	-0.1027	-0.1957
总市值	-0.1274	-0.0041	0.1600	0.1249	-0.0214	-0.1067	0.4102	0.0593	0.3303	-0.1442	-0.2220

表 17-9 各因子排名靠后组合各年超额收益率

因子	2007	2008	2009	2010	2011	2012	2013	2014	2015	2016	2017
E/P	−0.1136	−0.8031	0.1653	0.2327	0.3865	−0.2242	0.0484	−0.1050	0.4107	0.2182	−0.0880
B/P	−0.1322	−0.7562	0.0838	0.1685	0.3663	−0.2527	−0.0148	−0.0963	−0.3740	0.0912	−0.1245
CF/P	−0.0950	−0.7409	0.1667	0.1315	0.2338	−0.1867	0.1042	−0.0826	0.4047	0.2135	−0.0981
EBITDA/EV	−0.1250	−0.7679	0.1477	0.2366	0.2538	−0.2321	0.0310	−0.1070	0.4057	0.2097	−0.1033
SR/P	−0.1304	−0.7521	0.0984	0.1073	0.2641	−0.2211	−0.0119	−0.0982	−0.3980	0.1498	−0.0988
营业利润增长率（%）	−0.1573	−0.7388	0.1675	0.2089	0.2677	−0.2106	0.0614	−0.1076	0.5298	0.1461	−0.1225
营业收入增长率（%）	−0.0811	−0.6940	0.1593	0.1718	0.2755	−0.1795	0.1003	−0.1071	0.6325	0.1121	−0.1477
经营活动产生的现金流净额增长率（%）	−0.0243	−0.7074	0.1412	0.1404	0.2489	−0.1973	0.0706	−0.1100	0.4778	0.1841	−0.1153
净利润增长率（%）	−0.1700	−0.7581	0.1786	0.1541	0.2749	−0.1946	0.0255	−0.1198	0.5562	0.1872	−0.1100
户均持股比例	−0.0661	−0.6996	0.0680	0.1029	0.2403	−0.2083	0.0209	−0.1054	0.3465	0.0760	−0.1008
户均持股比例变化	−0.1497	−0.7074	0.0220	0.1188	0.1851	−0.2065	0.1422	−0.1503	0.4985	0.1742	−0.1334
机构持股比例	−0.0342	−0.7076	0.1208	0.1191	0.2725	−0.2055	0.0649	−0.1053	0.3747	0.1609	−0.1269
机构持股比例变化	−0.1284	−0.6960	0.1306	0.1289	0.2547	−0.2062	0.0611	−0.1258	0.5144	0.2390	−0.1043
销售毛利率（%）	−0.0565	−0.7701	0.1634	0.2057	0.3203	−0.2029	0.0800	−0.0880	0.4548	0.1431	−0.1275
销售净利率（%）	−0.0897	−0.7737	0.1544	0.2127	0.2965	−0.1915	0.0870	−0.0944	0.4513	0.1455	−0.1259
ROE（%）	−0.0635	−0.7312	0.1239	0.1420	0.2922	−0.2035	0.1022	−0.0992	0.4587	0.1513	−0.1279
ROA（%）	−0.0913	−0.7739	0.1343	0.2043	0.2970	−0.1979	0.0930	−0.0977	0.4507	0.1394	−0.1297
最近1个月涨幅（%）	0.1774	0.2399	0.3911	0.2670	0.0601	0.2416	0.8000	0.4350	1.5758	0.2895	−0.2646
最近2个月涨幅（%）	0.4207	0.2059	0.3029	0.3771	0.1031	0.2667	0.7272	0.5070	1.5970	0.3563	−0.2566
最近3个月涨幅（%）	0.6256	0.1842	0.3825	0.3326	0.0419	0.2717	0.4627	0.5574	1.7868	0.3046	−0.2210
最近6个月涨幅（%）	0.4563	0.2460	0.3587	0.2885	0.0036	0.3188	0.4774	0.4020	1.5871	0.3197	−0.2520
最近12个月涨幅（%）	0.2099	0.2255	0.4618	0.3041	−0.0423	0.0011	0.4005	0.3723	1.4720	0.2664	−0.2859
最近1个月波动率（%）	0.7178	0.1167	0.3144	0.3732	0.1017	−0.0445	0.3987	0.3897	0.9393	0.1564	−0.2905
波动率变化	0.1795	0.1324	0.3329	0.2291	0.0765	−0.0687	0.4384	0.4075	1.0559	0.1166	−0.4285
最近1个月振幅（%）	0.3944	0.1438	0.3001	0.3981	0.0733	0.0491	0.3724	0.3736	1.4569	0.2812	−0.1136
振幅变化	0.2137	0.1564	0.2528	0.3269	−0.0194	0.0359	0.4224	0.4155	0.9807	0.0769	−0.3904
最近1个月日均换手率（%）	0.2738	0.0917	0.2972	0.3461	−0.0014	−0.0829	0.4778	0.2338	1.0829	0.3086	0.0179
换手率变化	0.1356	0.2145	0.4241	0.2848	0.0491	−0.0329	0.8068	0.4187	1.4307	0.2563	−0.1620
流通市值	0.7008	0.0750	0.3603	0.3931	0.0086	0.2823	0.8169	0.5159	1.4159	0.4040	−0.1992
总市值	0.6833	0.1291	0.4094	0.4320	0.1325	0.3935	0.7951	0.5295	1.6167	0.4480	−0.1476

表 17-10 月度选股因子综合评价

因子	信息系数	选股区分度	单调性	稳定性
最近1个月涨幅(%)	显著为负	强	显著	—
最近2个月涨幅(%)	显著为负	强	显著	—
最近3个月涨幅(%)	显著为负	强	显著	—
最近6个月涨幅(%)	显著为负	强	—	—
最近12个月涨幅(%)	显著为负	强	—	—
最近1个月波动率(%)	显著为负	强	有一定的	—
波动率变化	显著为负	—	—	强
最近1个月振幅(%)	显著为负	强	显著	强
振幅变化	显著为负	—	—	—
最近1个月日均换手率(%)	显著为负	—	有一定的	强
换手率变化	显著为负	强	有一定的	—
流通市值	显著为负	强	显著	较强
总市值	显著为负	强	显著	—

表 17-11 季度选股因子综合评价

因子	信息系数	选股区分度	单调性	稳定性
E/P	—	—	—	有一定的
B/P	显著为正	较强	有一定的	有一定的
CF/P	—	—	—	—
EBITDA/EV	—	—	—	—
SR/P	显著为正	较强	有一定的	有一定的
营业利润增长率(%)	显著为正	强	—	—
营业收入增长率(%)	显著为正	一般	—	强
经营活动产生的现金流净额增长率(%)	显著为正	—	—	强
净利润增长率(%)	显著为正	强	有一定的	—
户均持股比例	显著为正	强	较为显著	—
户均持股比例变化	显著为正	一般	—	强
机构持股比例	显著为负	—	较为显著	—
机构持股比例变化	—	—	—	—
销售毛利率(%)	显著为正	—	—	—
销售净利率(%)	显著为正	一般	—	强
ROE(%)	—	强	有一定的	—
ROA(%)	—	较强	有一定的	有一定的

综合各因子的信息系数、选股区分度、单调性和稳定性,在可选消费行业内表现较好的正向因子有:(1)估值因子中的B/P;(2)估值因子中的SR/P。表现较好的负向因子有:(1)动量反转因子中的最近1个月振幅;(2)规模因子中的流通市值。其中,估值因子中的

B/P、SR/P 2个表现较好的因子为季度因子,动量反转因子中的最近1个月振幅、规模因子中的流通市值2个表现较好的因子为月度因子。

(二) 行业内多因子模型构建

我们的目的是根据行业内各因子的表现情况,筛选出表现较为显著的选股因子,并据此进一步构建行业内多因子选股模型。

由前面的分析可知,在可选消费行业内如下因子表现较好:(1) 季度因子:估值因子中的SR/P和B/P;(2) 月度因子:规模因子中的流通市值以及动量反转因子中的最近1个月振幅。我们将选择上述2个季度因子和2个月度因子构建多因子选股模型。

(三) 行业内多因子模型投资组合的评价

1. 行业内多因子选股模型的表现

对于可选消费行业多因子模型的构建,我们根据季度因子即估值因子中的SR/P和B/P 2个因子构建了一个基本的季度股票池,季度股票池根据上市公司财务报表的分布时间(4月底、8月底、10月底)每年进行3次更换,然后在季度股票池的基础上,再根据规模因子中的流通市值和动量反转因子中的最近1个月振幅2个月度因子每月进行季度股票池内的股票再选股,选出排名靠前的前10只、20只、30只股票分别构建多头组合,排名靠后的后10只、20只、30只股票分别构建空头组合。其中,根据季度因子构建的股票池的等额投资表现如图17-1所示,根据月度因子在季度股票池基础上再选股的10只、20只、30只股票多头组合以及10只、20只、30只股票空头组合的等额投资表现如图17-2所示。

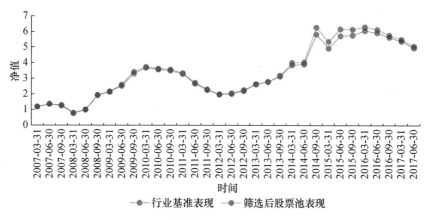

图 17-1 可选消费行业季度因子股票池表现

我们通过对股票池内的股票进行等额投资,分别于每年5月初、9月初和11月初进行股票池换仓,起始投资时间为2007年5月1日,并记起始资金的净值为1。由图17-1可知,根据季度因子构建的股票池在研究期间(2007年5月至2017年10月)的表现略好于行业的基准表现。截至2017年10月31日的投资组合净值为5.05,累计收益率为405.41%,年化收益率为15.24%,而同期行业基准的累计收益率为395.18%,年化收益率为15.04%。可见,我们选出的季度因子选股能力较为一般。

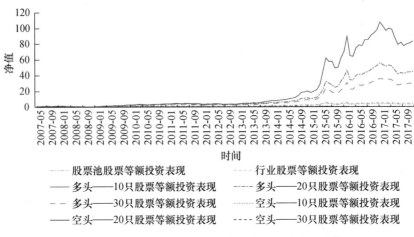

图 17-2 可选消费行业综合多因子模型多头和空头组合的表现

我们在行业股票池选股的基础上，通过月度因子每月对股票池内的股票进行重新选股，选出综合得分排名靠前的前 10 只、20 只、30 只股票分别构建多头组合，排名靠后的后 10 只、20 只、30 只股票分别构建空头组合，分别于每月初进行投资组合换仓，换仓频率为月，起始投资时间为 2007 年 5 月 1 日，并记起始资金的净值为 1。

由图 17-2 可知，由综合得分排名靠前的前 10 只、20 只、30 只股票构建的多头组合均大幅超越基准，而由综合得分排名靠后的后 10 只、20 只、30 只股票构建的空头组合均大幅落后于基准。2007 年 5 月至 2017 年 10 月，10 只、20 只、30 只多头组合的累计收益率分别为 7320.30%、3445.01%、1979.43%，年化收益率分别为 47.28%、39.41%、34.61%；10 只、20 只、30 只空头组合的累计收益率分别为 −95.61%、−87.10%、−80.95%，年化收益率分别为 −23.93%、−16.42%、−13.51%。可见，我们选出的多头投资组合表现都比较优异，能够跑赢行业基准收益率，也说明之前选出的月度因子具有较强的选股能力。

2. 行业内多因子选股模型的评价

我们对行业内多因子选股模型分别从月超额收益率、月跑赢概率、Alpha 比率、Beta、Sharpe 比率、TR、Jensen 比率、IR 等方面进行分析，具体结果列于表 17-12；同时又对每年的超额收益情况进行统计，结果见表 17-13。

表 17-12 以可选消费行业为样本的多因子选股模型分析

等额投资	多头——10 只	多头——20 只	多头——30 只	空头——10 只	空头——20 只	空头——30 只
月超额收益率均值	0.0252	0.0192	0.0160	−0.0338	−0.0265	−0.0237
月超额收益率标准差	0.1426	0.1271	0.1202	0.1280	0.1250	0.1233
月超额收益率最大值	2.9518	2.9518	2.9518	0.6618	0.6618	1.0287
月超额收益率中位数	0.0038	0.0016	−0.0003	−0.0472	−0.0405	−0.0374
月超额收益率最小值	−0.4789	−0.4789	−0.4789	−0.3836	−0.5280	−0.5280

(续表)

等额投资	多头——10只	多头——20只	多头——30只	空头——10只	空头——20只	空头——30只
月跑赢次数	82	88	89	32	28	27
月跑赢概率	0.6508	0.6984	0.7063	0.2540	0.2222	0.2143
Alpha 比率	0.0350	0.0268	0.0308	−0.0486	−0.0394	−0.0361
Beta	1.5102	1.4035	1.3970	0.4270	0.6318	0.7428
Sharpe 比率	0.1402	0.2026	0.2499	−0.1522	−0.1406	−0.1108
TR	3.5862	3.3157	3.0395	−4.7545	−1.7491	−1.0195
Jensen 比率	−0.0293	−0.0142	−0.0138	0.0659	0.0174	0.0167
IR	0.0617	0.1145	0.1567	−0.0647	−0.2302	−0.2017

表 17-13　以可选消费行业为样本的多因子选股策略各年超额收益率

年份	多头——10只	多头——20只	多头——30只	空头——10只	空头——20只	空头——30只
2007	16.44%	23.31%	23.17%	−34.67%	−31.55%	−28.00%
2008	25.27%	17.07%	13.51%	−36.65%	−29.79%	−27.27%
2009	40.42%	20.08%	16.13%	−42.77%	−33.63%	−30.20%
2010	19.41%	26.84%	21.46%	−37.17%	−30.64%	−21.33%
2011	22.20%	15.67%	9.53%	−32.55%	−24.42%	−17.82%
2012	6.33%	5.92%	8.87%	−15.83%	−6.41%	−8.97%
2013	34.35%	16.06%	11.18%	−3.69%	−12.11%	−12.77%
2014	47.11%	20.81%	19.45%	−29.85%	−28.46%	−24.90%
2015	92.64%	80.48%	60.90%	−78.90%	−60.19%	−60.76%
2016	23.79%	23.04%	22.45%	−54.28%	−40.97%	−38.39%
2017	−9.87%	−7.39%	−5.49%	−60.12%	−35.79%	−28.79%

由表 17-12 可知，从月超额收益率看，综合得分排名靠前的前 10 只、20 只、30 只股票构建的多头组合，其月超额收益率均值均为正；而由综合得分排名靠后的后 10 只、20 只、30 只股票构建的空头组合，其月超额收益率均值均为负。从超越基准的胜率（超额收益率为正）看，多头组合的胜率在 65% 以上，而空头组合的胜率则在 26% 以下。从 IR、TR、Jensen 比率和 Sharpe 比率看，多头组合均表现较好，IR、TR 均为正，且 TR 在 3 左右，Sharpe 比率均大于 0；空头组合表现较差，TR、Sharpe 比率和 IR 均小于 0，明显差于多头组合。

由表 17-13 可知，从 2007 年至 2017 年的年超额收益率看，多头组合在各年的超额收益率大多数为正，特别是在 2009 年、2013 年、2014 年和 2015 年，10 只、20 只、30 只多头组合大幅超越基准；而空头组合在各年的超额收益率多为负，特别是在 2009 年、2010 年、2015 年和 2016 年，10 只、20 只、30 只空头组合大幅低于基准。

四、小　　结

为了研究行业内因子的选股能力,我们分别运用横截面回归法和排序打分法等构建了多种考察因子表现情况的指标,分别从各因子的信息系数、选股区分度、单调性和稳定性等多方面分析各因子的选股能力,并选出几个表现比较显著的季度因子和月度因子,据此构建了行业内多因子选股模型,并对该模型的表现进行验证,得出如下研究结论:

综合各因子的信息系数、选股区分度、单调性和稳定性,在可选消费行业内表现较好的正向因子有估值因子中的 SR/P、B/P 2 个因子;表现较好的负向因子有规模因子中的流通市值和动量反转因子中的最近 1 个月振幅 2 个因子。其中,估值因子中的 SR/P、B/P 等表现较好的因子为季度因子,规模因子中的流通市值和动量反转因子中的最近 1 个月振幅等表现较好的因子为月度因子。

根据季度因子构建的股票池在研究期间(2007 年 5 月至 2017 年 10 月)的表现略好于行业的基准表现。截至 2017 年 10 月 31 日的投资组合净值为 5.05,累计收益率为 405.41%,年化收益率为 15.24%,而同期行业基准的累计收益率为 395.18%,年化收益率为 15.04%。可见,我们选出的季度因子选股能力较为一般。

在季度因子股票池的基础上,由综合得分排名靠前的前 10 只、20 只、30 只股票构建的多头组合均大幅超越基准,而由综合得分排名靠后的后 10 只、20 只、30 只股票构建的空头组合均大幅落后于基准。2007 年 5 月至 2017 年 10 月,10 只、20 只、30 只多头组合的累计收益率分别为 7320.30%、3445.01%、1979.43%,年化收益率分别为 47.28%、39.41%、34.61%;10 只、20 只、30 只空头组合的累计收益率分别为 -95.61%、-87.10%、-80.95%,年化收益率分别为 -23.93%、-16.42%、-13.51%。可见,我们选出的多头投资组合表现都比较优异,能够跑赢行业基准收益率,也说明之前选出的月度因子具有较强的选股能力。

从月超额收益率看,综合得分排名靠前的前 10 只、20 只、30 只股票构建的多头组合,其月超额收益率均值均为正;而由综合得分排名靠后的后 10 只、20 只、30 只股票构建的空头组合,其月超额收益率均值均为负。从超越基准的胜率(超额收益率为正)看,多头组合的胜率在 65% 以上,而空头组合的胜率则在 26% 以下。从 IR、TR、Jensen 比率和 Sharpe 比率看,多头组合均表现较好,IR、TR 均为正,且 TR 在 3 左右,Sharpe 比率均大于 0;空头组合表现较差,TR、Sharpe 比率和 IR 均小于 0,明显差于多头组合。

从 2007 年至 2017 年的年超额收益率看,多头组合在各年的超额收益率大多数为正,特别是在 2009 年、2013 年、2014 年和 2015 年,10 只、20 只、30 只多头组合大幅超越基准;而空头组合在各年的超额收益率多为负,特别是在 2009 年、2010 年、2015 年和 2016 年,10 只、20 只、30 只空头组合大幅低于基准。可见,我们构建的多因子选股模型表现上佳,也说明之前选出的因子具有较强的选股能力。

五、SAS 语句解析

```
/*导入行业股票数据。*/
Proc Import Out=kxxf
Datafile="E:\可选消费.xlsx"
Dbms=Excel Replace;
Getnames=Yes;*导入源文件字段名作为 SAS 数据集的字段名;
Mixed=NO;*若某一列中包含数值型和字符型变量,将数值型按照缺省值处理。若选的是 YES 则是将数值型转换成字符型存储,默认为 NO;
Scantext=Yes;*将源文件中各列值的最长长度作为该列在 SAS 中的字段长度。;
Usedate=Yes;*对于包含日期字段的源文件字段,在 SAS 中只保留 DATE 值,并以 DATE.格式存储。;
Scantime=Yes;*对于源文件中只有 time 值的列,自动以时间格式(TIME)存储;
Run;
/*生成股票代码变量 stkcd */
data kxxf.kxxx(keep=stkcd);
set kxxf;
stkcd=substr(_COL0,1,6);
run;
proc sort nodupkey data=kxxf.kxxx;
by stkcd;
run;
/*从总数据中,选出需要的行业股票 2007 年以后的数据,其中 data1 是季度数据,data2 是月度数据*/
proc sql;
create table kxxf.data1 as
  select *
  from cw.tdata3,kxxf.kxxx
  where tdata3.stkcd=kxxx.stkcd;
    quit;
proc sql;
create table kxxf.data2 as
  select *
  from cw.trademonth4,kxxf.kxxx
  where trademonth4.stkcd=kxxx.stkcd;
    quit;
    data kxxf.data2;
    set kxxf.data2;
    if year<2007 then delete;
    run;
    data kxxf.data1;
```

```
            set kxxf.data1;
            if year<2007 then delete;
            run;
/*根据收益率将股票每期分组*/
proc rank data=kxxf.data1 out=kxxf.b descending ties=mean percent;
var rate;
ranks rank_b; /* rank_b是分位数*/
by accper; /*这里是分组变量*/
run;
data kxxf.b;
set kxxf.b;
keep stkcd accper rank_b;
run;
%macro dr(i);
/*根据对应的宏变量将股票每期分组*/
proc rank data=kxxf.data1 out=kxxf.a&i descending ties=mean percent;
var &i;
ranks rank_&i; /* rank_a是分位数*/
by accper; /*这里是分组变量*/
run;
proc sql;
create table kxxf.a&i as
    select *
    from kxxf.a&i,kxxf.b
    where a&i..stkcd=b.stkcd and a&i..accper=b.accper;run;
%mend dr;
%dr(pe);%dr(pb);%dr(pcf);%dr(ps);%dr(ev);
%dr(yylrr);%dr(yysrr);%dr(xjlrr);%dr(jlrr);%dr(hjcg);%dr(hjcgc);%dr(jgcg);%dr(jgcgc);%dr(roe);%dr(roa);%dr(xsmlv);%dr(xsjlv);
%macro d(i);
/*计算各因子的信息系数,包括月度、季度,然后对信息系数进行统计分析*/
ODS OUTPUT PearsonCorr=kxxf.b&i;
proc corr data=kxxf.a&i fisher;
var rank_&i;
with rank_b;by accper;
run;
ODS OUTPUT CLOSE;
    proc univariate data=kxxf.b&i;
var rank_&i;output out=kxxf.c&i mean=meanc median=medianc std=stdc max=maxc min=minc;
run;
ODS OUTPUT PearsonCorr=kxxf.d&i;
proc corr data=kxxf.a&i fisher;
```

```
var rank_b;
with rank_&i;
run;
ODS OUTPUT CLOSE;
%mend d;
%d(pe); %d(pb); %d(pcf); %d(ps); %d(ev);
%d(yylrr); %d(yysrr); %d(xjllr); %d(jlrr); %d(hjcg); %d(hjcgc); %d(jgcg); %d(jgcgc); %d(roe); %d(roa); %d(xsmlv); %d(xsjlv);
%macro da(i);
data kxxf.e&i;
set kxxf.d&i;
keep Prank_b Variable;
run;
data kxxf.e&i;
merge kxxf.e&i kxxf.c&i;
run;
%mend da;
%da(pe); %da(pb); %da(pcf); %da(ps); %da(ev);
%da(yylrr); %da(yysrr); %da(xjllr); %da(jlrr); %da(hjcg); %da(hjcgc); %da(jgcg); %da(jgcgc); %da(roe); %da(roa); %da(xsmlv); %da(xsjlv);
data kxxf.qdata1;
set kxxf.ehjcgc kxxf.epb kxxf.epcf kxxf.eev kxxf.eps kxxf.eyylrr kxxf.eyysrr kxxf.exjllr kxxf.ejlrr kxxf.ehjcg kxxf.epe kxxf.ejgcg kxxf.ejgcgc kxxf.exsmlv kxxf.exsjlv kxxf.eroe kxxf.eroa;
run;
/* 创建宏 DR,设置宏变量 I,对应股票的不同因子。*/
%macro dr(i);
proc sort data=kxxf.data2;
by year month descending &i;
run;
/* 根据因子排序结果每月将所有股票分为十组。Trdmnt 为表示月份数据 */
data kxxf.g&i;
set kxxf.data2;
by trdmnt;
if first.trdmnt then a1=1;
else a1+1;
run;
proc sql;
create table kxxf.g&i as
select *, int(max(a1)/10) as a2, mod(max(a1),10) as a3
from kxxf.g&i group by trdmnt;
quit;
data kxxf.g&i;
```

```
set kxxf.g&i;
if a1<=a2 then group=1;
if a2<a1<=(2*a2) then group=2;
if (2*a2)<a1<=(3*a2) then group=3;
if (3*a2)<a1<=(4*a2) then group=4;
if (4*a2)<a1<=(5*a2) then group=5;
if (5*a2)<a1<=(6*a2) then group=6;
if (6*a2)<a1<=(7*a2) then group=7;
if (7*a2)<a1<=(8*a2) then group=8;
if (8*a2)<a1<=(9*a2) then group=9;
if (9*a2)<a1 then group=10;
run;
/*根据股票分组结果,计算每组的平均收益。*/
proc sql;
create table kxxf.h&i as
select stkcd,trdmnt,group,&i,rate,avg(rate) as ar&i
from kxxf.g&i
group by group;
quit;
proc sort nodupkey data=kxxf.h&i;
by group;
run;
    proc sort data=kxxf.h&i;
by descending group;
run;
/*调用宏,其中调用的宏参数分别为本章测试的因子,具体名称对应见本章第一节。*/
%mend dr;
%dr(stdm); %dr(stdmc); %dr(zf); %dr(zfc); %dr(a_exrate);
%dr(a_exratec); %dr(rate1); %dr(rate2); %dr(rate3); %dr(rate6); %dr(rateyear); %dr(mv); %dr(tv);
%macro d(i);
/*计算区分度。*/
data kxxf.i&i;
set kxxf.h&i;
qfd1=(ar&i-lag9(ar&i))/ar1;
qfd2=(lag1(ar&i)-lag8(ar&i))/ar1;
qfd3=0.8*qfd1+0.2*qfd2;
qfd4=0.6*qfd1+0.4*qfd2;
run;
data kxxf.i&i(keep=ar&i qfd1 qfd2 qfd3 qfd4);
set kxxf.i&i;
if group=1;
```

```
run;
%mend d;
%d(stdm); %d(stdmc); %d(zf); %d(zfc); %d(a_exrate);
%d(a_exratec); %d(rate1); %d(rate2); %d(rate3); %d(rate6); %d(rateyear); %d(mv); %d(tv);
data kxxf.mdata2;
set kxxf.ia_exratec kxxf.irate2 kxxf.irate3 kxxf.irate6 kxxf.irateyear kxxf.istdm kxxf.istdmc
kxxf.izf kxxf.izfc kxxf.ia_exrate kxxf.irate1 kxxf.imv kxxf.itv;
run;
/*由于选用的数据中,日期数据为字符型数据,取出年份数据。*/
%macro dr(i);
data kxxf.b&i;
set kxxf.b&i;
year1=substr(accper,1,4);
year=year1+0;
drop year1;
run;
%mend dr;
%dr(pe); %dr(pb); %dr(pcf); %dr(ps); %dr(ev);
%dr(yylrr); %dr(yysrr); %dr(xjllr); %dr(jlrr); %dr(hjcg); %dr(hjcgc); %dr(jgcg); %dr(jgcgc); %dr(roe); %dr(roa); %dr(xsmlv); %dr(xsjlv);
run;
/*计算各组合年平均收益*/
%macro d(i);
proc sql;
create table kxxf.f&i as
select year,avg(rank_&i) as acorr&i
from kxxf.b&i
group by year;
quit;
%mend d;
%d(pe); %d(pb); %d(pcf); %d(ps); %d(ev); %d(stdm); %d(stdmc); %d(zf); %d(zfc); %d(a_exrate); %d(mv); %d(tv);
%d(a_exratec); %d(rate1); %d(rate2); %d(rate3); %d(rate6); %d(rateyear);
%d(yylrr); %d(yysrr); %d(xjllr); %d(jlrr); %d(hjcg); %d(hjcgc); %d(jgcg); %d(jgcgc); %d(roe); %d(roa); %d(xsmlv); %d(xsjlv);
/*合并上文得出的数据集,便于综合分析*/
data kxxf.ydata1;
merge kxxf.fa_exratec kxxf.fpb kxxf.fpcf kxxf.fev kxxf.fps kxxf.fyylrr kxxf.fyysrr kxxf.fxjllr
kxxf.fjlrr kxxf.fhjcg kxxf.fhjcgc kxxf.fjgcg kxxf.fjgcgc kxxf.fxsmlv kxxf.fxsjlv kxxf.froe kxxf.
froa kxxf.frate1 kxxf.frate2 kxxf.frate3 kxxf.frate6 kxxf.frateyear kxxf.fstdm kxxf.fstdmc kxxf.fzf
kxxf.fzfc kxxf.fa_exrate kxxf.fpe kxxf.fmv kxxf.ftv;
by year;
```

run;
/*根据因子排序结果每季度将所有股票分为十组。Accper是财报周期数据,刚好代表月度。后续处理和前文基本一致,不赘述*/
%macro dr(i);
proc sort data=kxxf.data1;
by accper descending &i;
run;
data kxxf.g&i;
set kxxf.data1;
by accper;
if first.accper then a1=1;
else a1+1;
run;
proc sql;
create table kxxf.g&i as
select *,int(max(a1)/10) as a2,mod(max(a1),10) as a3
from kxxf.g&i group by accper;
quit;
data kxxf.g&i;
set kxxf.g&i;
if a1<=a2 then group=1;
if a2<a1<=(2*a2) then group=2;
if (2*a2)<a1<=(3*a2) then group=3;
if (3*a2)<a1<=(4*a2) then group=4;
if (4*a2)<a1<=(5*a2) then group=5;
if (5*a2)<a1<=(6*a2) then group=6;
if (6*a2)<a1<=(7*a2) then group=7;
if (7*a2)<a1<=(8*a2) then group=8;
if (8*a2)<a1<=(9*a2) then group=9;
if (9*a2)<a1 then group=10;
run;
proc sql;
create table kxxf.h&i as
select stkcd,accper,group,&i,rate,avg(rate) as ar&i
from kxxf.g&i
group by group;
quit;
proc sql;
create table kxxf.h&i as
select *,avg(rate) as ar1
from kxxf.h&i;
quit;

第十七章 可选消费行业

```
        proc sort nodupkey data=kxxf.h&i;
    by group;
    run;
        proc sort data=kxxf.h&i;
    by descending group;
    run;
    %mend dr;
    %dr(pe);%dr(pb);%dr(pcf);%dr(ps);%dr(ev);
    %dr(yylrr);%dr(yysrr);%dr(xjllr);%dr(jlrr);%dr(hjcg);%dr(hjcgc);%dr(jgcg);%dr(jgcgc);%dr(roe);%dr(roa);%dr(xsmlv);%dr(xsjlv);
    %macro d(i);
        data kxxf.i&i;
        set kxxf.h&i;
        qfd1=(ar&i-lag9(ar&i))/ar1;
        qfd2=(lag1(ar&i)-lag8(ar&i))/ar1;
        qfd3=0.8*qfd1+0.2*qfd2;
        qfd4=0.6*qfd1+0.4*qfd2;
        run;
        data kxxf.i&i(keep=ar&i qfd1 qfd2 qfd3 qfd4);
        set kxxf.i&i;
        if group=1;
        run;
    %mend d;
    %d(pe);%d(pb);%d(pcf);%d(ps);%d(ev);
    %d(yylrr);%d(yysrr);%d(xjllr);%d(jlrr);%d(hjcg);%d(hjcgc);%d(jgcg);%d(jgcgc);%d(roe);%d(roa);%d(xsmlv);%d(xsjlv);
        data kxxf.qdata2;
        set kxxf.ihjcgc kxxf.ipb kxxf.ipcf kxxf.iev kxxf.ips kxxf.iyylrr kxxf.iyysrr kxxf.ixjllr kxxf.ijlrr kxxf.ihjcg kxxf.ipe kxxf.ijgcg kxxf.ijgcgc kxxf.ixsmlv kxxf.ixsjlv kxxf.iroe kxxf.iroa;
        run;
    %macro dr(i);
        data kxxf.j&i(keep=group trate&i);
        set kxxf.h&i;
        trate&i=ar&i*22;
        run;
        proc sort data=kxxf.j&i;
    by group;
    run;
    %mend dr;
    %dr(pe);%dr(pb);%dr(pcf);%dr(ps);%dr(ev);
    %dr(yylrr);%dr(yysrr);%dr(xjllr);%dr(jlrr);%dr(hjcg);%dr(hjcgc);%dr(jgcg);%dr(jgcgc);%dr(roe);%dr(roa);%dr(xsmlv);%dr(xsjlv);
```

```
%macro d(i);
data kxxf.j&i(keep=group trate&i);
set kxxf.h&i;
trate&i=ar&i*93;
run;
proc sort data=kxxf.j&i;
by group;
run;
%mend d;
%d(stdm);%d(stdmc);%d(zf);%d(zfc);%d(a_exrate);
%d(a_exratec);%d(rate1);%d(rate2);%d(rate3);%d(rate6);%d(rateyear);%d(mv);%d(tv);
data kxxf.ydata2;
merge kxxf.ja_exratec kxxf.jpb kxxf.jpcf kxxf.jev kxxf.jps kxxf.jyylrr kxxf.jyysrr kxxf.jxjllr kxxf.jjlrr kxxf.jhjcg kxxf.jhjcgc kxxf.jjgcg kxxf.jjgcgc kxxf.jxsmlv kxxf.jxsjlv kxxf.jroe kxxf.jroa kxxf.jrate1 kxxf.jrate2 kxxf.jrate3 kxxf.jrate6 kxxf.jrateyear kxxf.jstdm kxxf.jstdmc kxxf.jzf kxxf.jzfc kxxf.ja_exrate kxxf.jpe kxxf.jmv kxxf.jtv;
by group;
run;
%macro dr(i);
proc sql;
create table kxxf.k&i as
  select *
    from kxxf.a&i,kxxf.g&i
    where a&i..stkcd=g&i..stkcd and a&i..accper=g&i..accper;run;
proc sort data=kxxf.k&i;
by group;
run;
ODS OUTPUT PearsonCorr=kxxf.l&i;
proc corr data=kxxf.k&i fisher;
var rank_&i ;
with rank_b;by group;
run;
ODS OUTPUT CLOSE;
data kxxf.l&i;
set kxxf.l&i;
xxxs1&i=0.8*rank_&i+0.2*lag1(rank_&i);
xxxs2&i=0.2*rank_&i+0.8*lag1(rank_&i);
run;
data kxxf.l&i(keep=group rank_&i xxxs1&i xxxs2&i);
set kxxf.l&i;
if group=1 or group=2 or group=10;;
run;
```

```
%mend dr;
%dr(pe);%dr(pb);%dr(pcf);%dr(ps);%dr(ev);
%dr(yylrr);%dr(yysrr);%dr(xjllr);%dr(jlrr);%dr(hjcg);%dr(hjcgc);%dr(jgcg);%dr(jgcgc);%dr(roe);%dr(roa);%dr(xsmlv);%dr(xsjlv);
%macro d(i);
proc sql;
create table kxxf.k&i as
   select *
   from kxxf.a&i,kxxf.g&i
   where a&i..stkcd=g&i..stkcd and a&i..trdmnt=g&i..trdmnt;run;
proc sort data=kxxf.k&i;
by group;
run;
ODS OUTPUT PearsonCorr=kxxf.l&i;
proc corr data=kxxf.k&i fisher;
var rank_&i ;
with rank_b;by group;
run;
ODS OUTPUT CLOSE;
data kxxf.l&i;
set kxxf.l&i;
xxxs1&i=0.8*rank_&i+0.2*lag1(rank_&i);
xxxs2&i=0.2*rank_&i+0.8*lag1(rank_&i);
run;
data kxxf.l&i(keep=group rank_&i xxxs1&i xxxs2&i);
set kxxf.l&i;
if group=1 or group=2 or group=10;;
run;
%mend d;
%d(stdm);%d(stdmc);%d(zf);%d(zfc);%d(a_exrate);
%d(a_exratec);%d(rate1);%d(rate2);%d(rate3);%d(rate6);%d(rateyear);%d(mv);%d(tv);
data kxxf.ydata3;
merge kxxf.la_exratec kxxf.lpb kxxf.lpcf kxxf.lev kxxf.lps kxxf.lyylrr kxxf.lyysrr kxxf.lxjllr kxxf.ljlrr kxxf.lhjcg kxxf.lhjcgc kxxf.ljgcg kxxf.ljgcgc kxxf.lxsmlv kxxf.lxsjlv kxxf.lroe kxxf.lroa kxxf.lrate1 kxxf.lrate2 kxxf.lrate3 kxxf.lrate6 kxxf.lrateyear kxxf.lstdm kxxf.lstdmc kxxf.lzf kxxf.lzfc kxxf.la_exrate kxxf.lpe kxxf.lmv kxxf.ltv;
by group;
run;
%macro dr(i);
data kxxf.g&i;
set kxxf.g&i;
```

```
r_rm=Mretnd-ratem;
run;
proc sql;
create table kxxf.n&i as
select stkcd,accper,group,year,&i,rate,avg(r_rm) as ar_rm&i
from kxxf.g&i
group by group,accper;
quit;
   proc sort nodupkey data=kxxf.n&i;
by group accper;
run;
proc sql;
create table kxxf.n&i as
select * ,sum(ar_rm&i) as tr_rm&i
from kxxf.n&i
group by year,group;
quit;
   proc sort nodupkey data=kxxf.n&i;
by group year;
run;
proc sort data=kxxf.n&i;
by year descending group;
run;
data kxxf.n&i;
set kxxf.n&i;
tr_rm1&i=0.8*tr_rm&i+0.2*lag1(tr_rm&i);
run;
data kxxf.o&i(keep= tr_rm1&i year);
set kxxf.n&i;
if group=1;
run;
%mend dr;
%dr(pe);%dr(pb);%dr(pcf);%dr(ps);%dr(ev);
%dr(yylrr);%dr(yysrr);%dr(xjllr);%dr(jlrr);%dr(hjcg);%dr(hjcgc);%dr(jgcg);%dr(jgcgc);%dr(roe);%dr(roa);%dr(xsmlv);%dr(xsjlv);
%macro d(i);
data kxxf.g&i;
set kxxf.g&i;
r_rm=Mretnd-ratem;
run;
proc sql;
create table kxxf.n&i as
```

```
select stkcd,trdmnt,year,group,&i,rate,avg(r_rm) as ar_rm&i
from kxxf.g&i
group by group,trdmnt;
quit;
    proc sort nodupkey data=kxxf.n&i;
by group trdmnt;
run;
proc sql;
create table kxxf.n&i as
select *,sum(ar_rm&i) as tr_rm&i
from kxxf.n&i
group by year,group;
quit;
    proc sort nodupkey data=kxxf.n&i;
by group year;
run;
proc sort data=kxxf.n&i;
by year descending group;
run;
data kxxf.n&i;
set kxxf.n&i;
tr_rm1&i=0.8*tr_rm&i+0.2*lag1(tr_rm&i);
run;
    data kxxf.o&i(keep= tr_rm1&i year);
set kxxf.n&i;
if group=1;
run;
%mend d;
%d(stdm);%d(stdmc);%d(zf);%d(zfc);%d(a_exrate);
%d(a_exratec);%d(rate1);%d(rate2);%d(rate3);%d(rate6);%d(rateyear);%d(mv);%d(tv);
data kxxf.ydata4;
    merge kxxf.oa_exratec kxxf.opb kxxf.opcf kxxf.oev kxxf.ops kxxf.oyylrr kxxf.oyysrr kxxf.oxjllr
kxxf.ojlrr kxxf.ohjcg kxxf.ohjcgc kxxf.ojgcg kxxf.ojgcgc kxxf.oxsmlv kxxf.oxsjlv kxxf.oroe kxxf.
oroa kxxf.orate1 kxxf.orate2 kxxf.orate3 kxxf.orate6 kxxf.orateyear kxxf.ostdm kxxf.ostdmc kxxf.ozf
kxxf.ozfc kxxf.oa_exrate kxxf.ope kxxf.omv kxxf.otv;
    by year;
run;
    %macro d(i);
proc sort data=kxxf.n&i;
by year group;
run;
    data kxxf.n&i;
```

```
set kxxf.n&i;
tr_rm2&i=0.8*tr_rm&i+0.2*lag1(tr_rm&i);
run;
data kxxf.p&i(keep= tr_rm2&i year);
set kxxf.n&i;
if group=10;
run;
%mend d;
%d(pe); %d(pb); %d(pcf); %d(ps); %d(ev); %d(stdm); %d(stdmc); %d(zf); %d(zfc); %d(a_exrate); %d(mv); %d(tv);
%d(a_exratec); %d(rate1); %d(rate2); %d(rate3); %d(rate6); %d(rateyear);
%d(yylrr); %d(yysrr); %d(xjllr); %d(jlrr); %d(hjcg); %d(hjcgc); %d(jgcg); %d(jgcgc); %d(roe); %d(roa); %d(xsmlv); %d(xsjlv);
data kxxf.ydata5;
merge kxxf.pa_exratec kxxf.ppb kxxf.ppcf kxxf.pev kxxf.pps kxxf.pyylrr kxxf.pyysrr kxxf.pxjllr kxxf.pjlrr kxxf.phjcg kxxf.phjcgc kxxf.pjgcg kxxf.pjgcgc kxxf.pxsmlv kxxf.pxsjlv kxxf.proe kxxf.proa kxxf.prate1 kxxf.prate2 kxxf.prate3 kxxf.prate6 kxxf.prateyear kxxf.pstdm kxxf.pstdmc kxxf.pzf kxxf.pzfc kxxf.pa_exrate kxxf.ppe kxxf.pmv kxxf.ptv;
by year;
run;
```

第十八章 主要消费行业

一、研究背景介绍

本章以主要消费行业为样本空间,剔除行业内在调仓日为 st 的股票,以及在换仓日停牌的股票,研究期间为 2007 年 5 月至 2017 年 10 月,换仓频率为月。主要消费行业包括食品与主要用品零售、家庭与个人用品、食品、饮料与烟草等多种行业。本章采用表 10-1 中对主要消费行业的中证一级行业分类,股票共计 180 只。

二、各因子选股能力分析

我们首先使用横截面回归法进行因子选股能力分析,之后采用排序打分法研究因子的选股能力。

(一) 从信息系数方面分析各因子选股能力

各因子的信息系数具体数据列于表 18-1 和表 18-2。

表 18-1 各因子信息系数(月度)

因子	P 值	均值	标准差	最大值	中值	最小值
最近 1 个月涨幅(%)	0.0000	−0.0718	0.1565	0.3477	−0.0650	−0.5200
最近 2 个月涨幅(%)	0.0000	−0.0687	0.1759	0.4281	−0.0765	−0.4768
最近 3 个月涨幅(%)	0.0000	−0.0643	0.1804	0.4131	−0.0599	−0.4743
最近 6 个月涨幅(%)	0.0000	−0.0573	0.1764	0.2989	−0.0535	−0.4964
最近 12 个月涨幅(%)	0.0000	−0.0471	0.1773	0.2705	−0.0477	−0.4372
最近 1 个月波动率(%)	0.0000	−0.0583	0.1794	0.3483	−0.0764	−0.4261
波动率变化	0.2874	−0.0115	0.1057	0.2444	−0.0176	−0.2889
最近 1 个月振幅(%)	0.0000	−0.0722	0.1609	0.3750	−0.0734	−0.4596
振幅变化	0.0245	−0.0189	0.1126	0.3050	−0.0196	−0.2925
最近 1 个月日均换手率(%)	0.0000	−0.0834	0.1947	0.3267	−0.0883	−0.5780
换手率变化	0.0000	−0.0629	0.1375	0.3197	−0.0773	−0.4258
流通市值	0.0000	−0.0659	0.1653	0.3362	−0.0683	−0.3844
总市值	0.0000	−0.0888	0.1854	0.2810	−0.0788	−0.4969

表 18-2　各因子信息系数(季度)

因子	P 值	均值	标准差	最大值	中值	最小值
E/P	0.0702	0.0539	0.1150	0.1158	−0.0478	−0.3241
B/P	0.0000	0.0348	0.1512	0.2050	−0.0019	−0.3619
CF/P	0.9503	0.0009	0.0982	0.1603	0.0144	−0.2197
EBITDA/EV	0.4567	0.0317	0.1115	0.1615	−0.0408	−0.3533
SR/P	0.0066	0.0544	0.1035	0.1316	−0.0371	−0.2200
营业利润增长率(%)	0.0001	0.0595	0.1100	0.2756	0.0370	−0.1363
营业收入增长率(%)	0.0003	0.0559	0.1265	0.3253	0.0455	−0.1531
经营活动产生的现金流净额增长率(%)	0.0213	0.0045	0.1290	0.2617	−0.0035	−0.2106
净利润增长率(%)	0.0000	0.0715	0.1148	0.3486	0.0168	−0.0763
户均持股比例	0.0000	0.1129	0.1401	0.3281	0.1435	−0.2439
户均持股比例变化	0.0000	0.0517	0.1067	0.2458	0.0747	−0.1352
机构持股比例	0.1080	0.0300	0.1526	0.2260	0.0609	−0.3516
机构持股比例变化	0.0119	0.0346	0.1224	0.2956	0.0330	−0.2088
销售毛利率(%)	0.3517	−0.0025	0.2161	0.3775	−0.0534	−0.3145
销售净利率(%)	0.2920	−0.0018	0.2059	0.3656	−0.0245	−0.3325
ROE(%)	0.1789	0.0525	0.2170	0.4817	0.0162	−0.3183
ROA(%)	0.4500	0.0349	0.2378	0.4647	0.0040	−0.4326

由表 18-1 和表 18-2 可知,主要消费行业内的股票表现出较为显著的反转效应,动量反转因子中的最近 1 个月涨幅、最近 2 个月涨幅、最近 3 个月涨幅、最近 6 个月涨幅、最近 12 个月涨幅的信息系数分别为 −0.0718、−0.0687、−0.0643、−0.0573、−0.0471,并在 5% 的显著水平下显著为负(前期涨幅越大,下一个月表现越差)。此外,交投因子中的换手率变化、最近 1 个月日均换手率,波动因子中的最近 1 个月波动率、振幅变化、最近 1 个月振幅以及规模因子中的流通市值、总市值表现出一定的负效应,且均在 5% 的显著水平下显著为负。

股东因子中的户均持股比例、户均持股比例变化、机构持股比例变化表现出较为显著的正向效应,它们的信息系数分别为 0.1129、0.0517、0.0346,均在 5% 的显著水平下显著为正。估值因子中的 B/P、SR/P 等因子也表现出较为显著的正向效应,在 5% 的显著水平下显著为正。此外,成长因子中的营业利润增长率、营业收入增长率、经营活动产生的现金流净额增长率、净利润增长率等因子也表现出较为显著的正向效应,且在 5% 的显著水平下显著为正。

波动因子中的波动率变化、振幅变化,估值因子中的 E/P、CF/P、EBITDA/EV,股东因子中的机构持股比例,盈利因子中的销售毛利率、销售净利率、ROE、ROA 等因子的信息系数在 0 附近,也就是说,这些因子对股票下个月表现的影响不显著。

对各因子总体的表现进行分析之后,我们又对各因子每年的表现进行了分析,主要分析每年各因子信息系数的一致性,即分析因子在总体年份中的表现,表 18-3 列出了每年各因子信息系数的均值。

表 18-3 每年各因子信息系数的均值

因子	2007	2008	2009	2010	2011	2012	2013	2014	2015	2016	2017
E/P	-0.1531	-0.0952	0.0418	-0.0728	-0.0581	0.0224	0.0281	-0.0740	0.1680	-0.0941	0.1859
B/P	-0.0403	-0.0834	-0.0148	0.0025	0.1146	-0.0628	-0.1669	-0.0120	-0.0520	-0.1957	-0.1149
CF/P	-0.0636	-0.0520	-0.0322	0.1108	0.0101	0.0240	0.0386	-0.1272	-0.0142	-0.2085	-0.0343
EBITDA/EV	-0.1044	0.0314	-0.0310	-0.0864	-0.0870	0.0028	0.0341	0.0248	-0.0721	-0.0818	-0.1726
SR/P	-0.0737	-0.1417	-0.0220	-0.0188	0.0620	-0.1108	-0.1120	-0.0580	0.0302	-0.1956	-0.0160
营业利润增长率（%）	-0.0195	-0.0452	0.1115	0.0990	0.0543	0.1389	0.0114	0.1367	0.0023	-0.0635	0.0529
营业收入增长率（%）	-0.0206	-0.0498	0.0505	0.1007	0.0580	0.1961	0.0682	0.0196	-0.0162	0.0583	-0.0026
经营活动产生的现金流净额增长率（%）	-0.0451	-0.1557	0.1164	0.0026	0.0598	0.1341	0.1363	0.1121	-0.0348	0.0112	0.0611
净利润增长率（%）	-0.0253	-0.0019	0.0968	0.0974	0.0709	0.1341	0.0365	0.3486	0.0175	-0.0935	0.3213
户均持股比例	-0.0382	0.1975	0.0747	0.0574	0.1110	0.1201	0.2171	0.2650	0.2240	0.0965	-0.0791
户均持股比例变化	-0.0443	-0.0398	0.1033	0.0109	0.1250	0.0960	0.0670	0.1836	0.1131	0.0881	-0.0037
机构持股比例	0.1049	-0.0655	0.0278	-0.0124	0.1310	-0.0152	0.0684	-0.2076	-0.1011	0.0034	0.2961
机构持股比例变化	0.0318	-0.1492	0.0706	0.0699	0.1578	-0.0331	0.0870	0.0561	0.0118	0.0525	0.0587
销售毛利率（%）	-0.0405	-0.2213	0.0084	0.1588	0.3203	-0.0666	-0.0753	-0.3072	-0.0280	-0.0519	0.1721
销售净利率（%）	-0.0004	-0.2249	-0.0164	0.1484	0.2762	-0.0262	-0.0701	-0.3001	-0.0161	-0.0508	0.1547
ROE（%）	0.0243	-0.0538	0.0624	0.1544	0.3275	0.0418	-0.0657	-0.3183	-0.0463	0.0002	0.2040
ROA（%）	0.0404	-0.1596	-0.0009	0.1675	0.3511	0.0063	-0.0576	-0.2733	-0.0396	0.0052	0.2070
最近1个月涨幅（%）	-0.0847	-0.1123	-0.1001	-0.0544	0.0434	-0.0630	-0.0608	-0.0518	-0.1743	-0.0801	0.0264
最近2个月涨幅（%）	-0.1302	-0.0471	-0.0537	-0.0748	-0.0042	-0.0778	-0.0493	-0.1225	-0.1742	-0.1071	0.0659
最近3个月涨幅（%）	-0.1605	-0.0595	-0.0605	-0.0224	-0.0252	-0.0181	-0.0264	-0.1587	-0.2530	-0.1226	0.0725
最近6个月涨幅（%）	-0.1404	-0.0971	-0.0765	0.0119	-0.0327	-0.0613	0.0321	-0.1023	-0.1760	-0.0625	0.0981
最近12个月涨幅（%）	-0.1623	-0.0860	-0.1029	0.0272	-0.0276	-0.0005	0.0521	0.0830	-0.1381	-0.1088	0.1115
波动率（%）	-0.0853	0.0060	-0.0378	-0.0596	-0.0750	-0.0045	-0.1052	-0.1155	-0.0328	0.0473	0.0027
波动率变化	-0.0149	0.0132	-0.0816	-0.0377	-0.0355	0.0334	-0.0063	-0.0389	-0.0328	0.0473	0.0027
最近1个月振幅（%）	-0.0824	-0.0341	-0.0726	-0.0246	-0.1254	-0.0391	-0.0887	-0.1189	-0.0804	-0.1390	-0.1097
振幅变化	-0.0069	0.0030	0.0050	-0.0452	-0.0371	0.0182	-0.0391	-0.0553	-0.0280	-0.0346	0.0416
最近1个月日均换手率（%）	-0.0718	-0.0389	-0.0862	-0.0988	-0.0369	-0.0806	-0.1050	-0.0417	-0.0490	-0.0840	-0.1950
换手率变化	-0.0473	-0.0842	-0.0933	-0.0997	-0.0557	-0.0197	-0.0560	-0.0440	-0.1091	-0.0594	-0.0024
流通市值	-0.1061	-0.0417	-0.1060	-0.0254	0.0261	-0.0316	-0.0900	-0.1714	-0.1680	-0.0941	0.1859
总市值	-0.1340	-0.0586	-0.1291	-0.0550	0.0021	-0.0668	-0.0879	-0.2018	-0.1946	-0.1253	0.1615

从每年各因子信息系数的一致性方面看,盈利因子中的 ROE,成长因子中的营业利润增长率、营业收入增长率、经营活动产生的现金流净额增长率、净利润增长率,股东因子中的户均持股比例、户均持股比例变化、机构持股比例变化等因子在大多数年份的信息系数均值均为正;交投因子中的换手率变化、最近 1 个月日均换手率,动量反转因子中的最近 1 个月涨幅、最近 2 个月涨幅、最近 3 个月涨幅,波动因子中的最近 1 个月振幅、最近 1 个月波动率,规模因子中的流通市值、总市值等因子在大多数年份的信息系数均值均为负。

(二) 从 FF 排序法方面来分析各因子的选股能力

1. 选股区分度

选股区分度具体数据列于表 18-4 和表 18-5。

从选股区分度看,股东因子中的户均持股比例、户均持股比例变化、机构持股比例变化,成长因子中的营业收入增长率、经营活动产生的现金流净额增长率、净利润增长率等因子表现出一定的正向选股能力;而价值因子中的 SR/P,交投因子中的换手率变化、最近 1 个月日均换手率,动量反转因子中的最近 1 个月涨幅、最近 2 个月涨幅、最近 3 个月涨幅、最近 6 个月涨幅、最近 12 个月涨幅,波动因子中的最近 1 个月波动率、最近 1 个月振幅、振幅变化,规模因子中的流通市值、总市值等因子表现出较好的负向选股能力等。

表 18-4 各因子选股区分度(月度)

因子	区分度 1:(第 1 组—第 10 组)/基准	区分度 2(第 2 组—第 9 组)/基准	0.8×区分度 1+0.2×区分度 2	0.6×区分度 1+0.4×区分度 2
最近 1 个月涨幅(%)	−0.4374	−0.9601	−0.5419	−0.6465
最近 2 个月涨幅(%)	−0.5522	−0.8013	−0.6020	−0.6518
最近 3 个月涨幅(%)	−0.9048	−0.3857	−0.8010	−0.6972
最近 6 个月涨幅(%)	−0.5382	−1.1009	−0.6508	−0.7633
最近 12 个月涨幅(%)	−0.4307	−0.7477	−0.4941	−0.5575
最近 1 个月波动率(%)	−0.6453	−0.7700	−0.6702	−0.6952
波动率变化	−0.1623	−0.1161	−0.1530	−0.1438
最近 1 个月振幅(%)	−0.8290	−0.8498	−0.8332	−0.8373
振幅变化	−0.2004	−0.4709	−0.2545	−0.3086
最近 1 个月日均换手率(%)	−1.2928	−0.8905	−1.2123	−1.1319
换手率变化	−0.6828	−0.9345	−0.7332	−0.7835
流通市值	−1.3754	−1.0738	−1.3151	−1.2548
总市值	−1.9533	−1.2203	−1.8067	−1.6601

表 18-5　各因子选股区分度(季度)

因子	区分度1:(第1组—第10组)/基准	区分度2(第2组—第9组)/基准	0.8×区分度1+0.2×区分度2	0.6×区分度1+0.4×区分度2
E/P	−0.3108	−0.3169	−0.3120	−0.3133
B/P	−0.5346	−0.3598	−0.4997	−0.4647
CF/P	0.1760	−0.0279	0.1352	0.0945
EBITDA/EV	−0.0216	−0.0975	−0.0367	−0.0519
SR/P	−0.5774	−0.0414	−0.4702	−0.3630
营业利润增长率(%)	−0.0196	0.3815	0.0606	0.1408
营业收入增长率(%)	0.5428	0.2414	0.4825	0.4222
经营活动产生的现金流净额增长率(%)	0.3214	0.0635	0.2698	0.2182
净利润增长率(%)	0.2748	0.6576	0.3513	0.4279
户均持股比例	1.2198	0.6434	1.1045	0.9893
户均持股比例变化	0.6042	0.0944	0.5022	0.4003
机构持股比例	−0.1653	−0.1342	−0.1591	−0.1529
机构持股比例变化	0.1276	0.4542	0.1930	0.2583
销售毛利率(%)	−0.3242	0.0604	−0.2473	−0.1704
销售净利率(%)	−0.2285	−0.0770	−0.1982	−0.1679
ROE(%)	0.0371	−0.2624	−0.0228	−0.0827
ROA(%)	−0.2407	0.0883	−0.1749	−0.1091

2. 单调性

我们每期都根据各因子的情况对行业内的股票进行排序(降序法),并把样本股票分成10组,分别计算各组在研究期间(2007年5月至2017年10月)的累计收益率,根据第1组、第2组到第9组、第10组的股票组合的表现分析每个因子的单调性,具体数据列于表18-6。

从单调性看,股东因子中的户均持股比例因子表现出一定的单调递减特征;而价值因子中的B/P、SR/P,动量反转因子中的最近1个月涨幅、最近3个月涨幅,波动因子中的最近1个月振幅,交投因子中的最近1个月日均换手率以及规模因子中的流通市值、总市值等因子表现出较为明显的单调递增特征。

3. 稳定性

为了考察各因子表现的稳定性,我们分别计算了靠前组合和靠后组合相对于样本基准收益率的表现,表18-7列出了第1组和第10组的具体数据,同时又加入两个组合(0.8×第1组+0.2×第2组和0.8×第10组+0.2×第9组),进一步考察各因子表现的稳定性。

从根据各因子排序构建的各组合的信息比率来看,价值因子中的EBITDA/EV,成长因子中的营业利润增长率、营业收入增长率,股东因子中的户均持股比例、户均持股比例变化、机构持股比例、机构持股比例变化,规模因子中的流通市值等因子的第1组的信息比率为正,第10组的信息比率为负;而价值因子中的B/P、ROE,成长因子中的净利润增长率、销售毛利率,动量反转因子中的最近1个月涨幅,波动因子中的最近1个月波动率、波动率变化等因子的第1组的信息比率为负,第10组的信息比率为正,且差距较大。

表 18-6 根据各因子排序构建的各组组合累计收益率（2007 年 5 月至 2017 年 10 月）

因子	第1组	第2组	第3组	第4组	第5组	第6组	第7组	第8组	第9组	第10组
E/P	1.3080	1.0489	1.5831	1.3735	1.6730	1.6954	1.6151	1.9731	1.5461	1.7956
B/P	0.8068	1.8504	1.6041	1.4265	1.5803	1.2851	1.3350	1.7127	2.4149	1.6454
CF/P	1.6112	1.4973	1.2320	1.4344	1.3303	2.0082	1.8415	1.9355	1.5410	1.3351
EBITDA/EV	1.5045	1.1976	1.6224	1.7010	1.8100	1.5546	1.8136	1.6045	1.3504	1.5384
SR/P	1.0997	1.7063	1.1850	1.7404	1.7211	1.2785	1.5121	1.5207	1.7712	2.0054
营业利润增长率(%)	1.6724	1.8858	1.8235	1.4511	1.5245	1.3241	2.0682	0.9020	1.2873	1.7031
营业收入增长率(%)	1.8901	1.7004	1.5669	1.7363	2.0788	1.9887	1.4688	1.0689	1.3218	1.0387
经营活动产生的现金流净额增长率(%)	2.1254	1.6484	1.2213	1.7374	1.5311	1.6577	1.2764	1.3032	1.5487	1.6213
净利润增长率(%)	1.7228	2.0819	1.7872	1.7194	1.5048	1.7002	1.4018	1.5188	1.0504	1.2918
户均持股比例	2.6095	2.2326	1.7067	1.6356	1.8438	1.3288	1.1541	1.5545	1.2234	0.6960
户均持股比例变化	2.1529	2.3414	1.8878	1.7410	1.3108	0.7971	1.1789	1.0043	2.1933	1.2052
机构持股比例	1.2416	1.5627	2.3297	1.4679	1.4222	1.5601	1.2925	1.5575	1.7731	1.5009
机构持股比例变化	1.8261	2.0894	1.9727	1.4571	1.0237	1.4487	1.7521	1.0930	1.3768	1.6259
销售毛利率(%)	1.0554	1.9502	1.5063	1.6043	1.4748	1.3399	1.6629	1.6762	1.8555	1.5640
销售净利率(%)	1.1382	1.8643	1.3367	1.6488	1.6162	1.4010	1.5681	1.6592	1.9851	1.4966
ROE(%)	1.4630	1.4620	1.6544	1.7135	1.4913	1.5662	1.8912	1.2243	1.8736	1.4048
ROA(%)	1.1512	1.9453	1.8018	1.5346	1.3070	1.5136	1.6437	1.4710	1.8068	1.5288
最近1个月涨幅(%)	0.8738	0.8889	1.1424	1.8016	1.8704	1.9011	1.9183	1.9308	2.0200	2.3257
最近2个月涨幅(%)	1.0921	0.7747	0.9387	0.9583	0.6847	1.8526	1.5030	2.0295	1.9691	1.9151
最近3个月涨幅(%)	0.7166	1.3375	0.9752	1.8032	1.0869	1.2565	1.9528	1.5443	1.9124	2.0653
最近6个月涨幅(%)	0.8647	0.5400	1.2823	1.4123	1.8855	1.7532	1.6572	1.5766	2.1811	1.6669
最近12个月涨幅(%)	0.5741	0.8836	1.0149	1.3578	1.9371	1.9368	2.1716	1.9173	1.9980	1.2161
波动率(%)	0.8324	0.6880	1.4285	1.2639	1.9764	1.5848	1.6972	1.6783	1.8358	1.7942
波动率变化	0.8319	1.5000	0.6626	1.6941	1.4070	1.4859	2.4250	1.3181	1.6730	1.0738
最近1个月振幅(%)	0.6616	1.1112	0.8275	1.3814	1.5107	1.2565	1.3254	1.7470	2.3778	1.8973
振幅变化	0.9749	1.4632	1.8768	1.5515	1.1199	1.6526	1.3277	1.5899	2.1652	1.2736
最近1个月日均换手率(%)	-0.3737	0.6295	0.6487	1.3257	2.4680	2.3488	1.7454	2.5596	1.9568	1.5533
换手率变化	0.4915	0.8854	1.7558	1.5738	1.5329	1.4341	1.8264	1.6060	2.2783	1.5093
流通市值	0.6727	0.5411	1.2238	0.8345	0.9534	1.8101	1.4817	2.0127	2.1417	2.7228
总市值	0.5201	0.4609	0.9150	0.7607	1.3471	0.7533	1.3856	2.2372	2.2798	3.4316

表 18-7 根据各因子排序构建的各组合的信息比率

因子	第1组	0.8×第1组+0.2×第2组	第10组	0.8×第10组+0.2×第9组
E/P	−0.1690	−0.1470	−0.0479	−0.0470
B/P	−0.0642	−0.0390	0.0964	0.0651
CF/P	−0.1096	−0.0694	−0.0394	−0.0207
EBITDA/EV	0.1470	0.1205	−0.1121	−0.0905
SR/P	−0.0280	0.0305	−0.0238	−0.0141
营业利润增长率(%)	0.0544	0.0555	−0.0312	−0.0162
营业收入增长率(%)	0.0079	0.0196	−0.0725	−0.0496
经营活动产生的现金流净额增长率(%)	0.0577	0.0339	0.0771	0.0473
净利润增长率(%)	−0.0500	−0.0287	0.0609	0.0641
户均持股比例	0.0486	0.0226	−0.0563	−0.0548
户均持股比例变化	0.1183	0.0895	−0.0207	−0.0007
机构持股比例	0.0264	0.0200	−0.0061	−0.0028
机构持股比例变化	0.0153	0.0033	−0.1182	−0.1038
销售毛利率(%)	−0.0122	−0.0320	0.0369	0.0456
销售净利率(%)	0.0457	0.0439	0.0622	0.0512
ROE(%)	−0.1064	−0.0974	0.0610	0.0599
ROA(%)	−0.1112	−0.1039	−0.0308	−0.0708
最近1个月涨幅(%)	−0.0329	−0.0295	0.0339	0.0422
最近2个月涨幅(%)	−0.0028	0.0026	0.0147	0.0023
最近3个月涨幅(%)	−0.0213	−0.0194	−0.0009	−0.0099
最近6个月涨幅(%)	−0.0319	−0.0217	−0.0005	−0.0067
最近12个月涨幅(%)	0.0040	0.0081	0.0498	0.0415
最近1个月波动率(%)	−0.0507	−0.0502	0.0131	0.0253
波动率变化	−0.0711	−0.0589	0.0363	0.0255
最近1个月振幅(%)	−0.0008	−0.0010	−0.0081	−0.0145
振幅变化	−0.0112	−0.0091	−0.0059	−0.0065
最近1个月日均换手率(%)	−0.0455	−0.0431	−0.0236	−0.0173
换手率变化	−0.0887	−0.0711	−0.0017	0.0034
流通市值	0.0474	0.0189	−0.0022	0.0056
总市值	0.0410	0.0281	0.0425	0.0338

前面研究了根据各因子排序构建的各组合的信息比率,下面将进一步研究各因子排名靠前组合和靠后组合各年的超额收益率,具体数据列于表 18-8 和表 18-9。

表 18-8 各因子排名靠前组合各年超额收益率

因子	2007	2008	2009	2010	2011	2012	2013	2014	2015	2016	2017
E/P	-0.0897	-0.5689	0.0888	0.1472	0.2668	0.1634	0.0862	-0.0802	0.4241	0.2056	-0.1356
B/P	0.2946	-0.5178	0.2936	0.1807	0.2608	-0.0516	0.1358	-0.0730	0.5172	0.2743	-0.0926
CF/P	-0.1407	-0.7102	0.1062	0.1066	0.1927	-0.1344	-0.0043	-0.1207	-0.5035	0.1928	-0.1169
EBITDA/EV	0.0195	-0.5794	0.1268	0.1500	0.3119	-0.1305	0.0776	-0.0982	0.3885	0.1712	-0.1111
SR/P	0.0110	-0.6634	0.1446	0.1523	0.2967	-0.0364	0.0680	-0.0593	0.4725	0.1979	-0.0970
营业利润增长率(%)	-0.1159	-0.7397	0.5351	0.0914	0.1955	-0.1436	0.0428	-0.1011	0.3741	0.1619	-0.0821
营业收入增长率(%)	0.0683	-0.7994	0.5835	0.0951	0.1736	-0.1661	0.0031	-0.1325	0.4225	0.1360	-0.0453
经营活动产生的现金流净额增长率(%)	0.0086	-0.7365	0.1263	0.1221	0.1791	-0.1202	0.0755	-0.0867	0.3489	0.1061	-0.1149
净利润增长率(%)	0.0804	-0.7512	0.5566	0.0571	0.2036	-0.1503	0.0151	-0.0610	0.4302	0.1395	-0.0962
户均持股比例	0.0923	-0.6317	0.1463	0.1575	0.2054	-0.0558	0.1359	-0.1133	0.5626	0.2555	-0.0512
户均持股比例变化	0.2945	-0.5004	0.2528	0.1275	0.3012	-0.0328	0.1970	-0.0761	0.5526	0.2559	-0.0732
机构持股比例	0.0088	-0.6363	0.0445	0.1543	0.1953	-0.1301	0.1453	-0.1170	0.4425	0.1471	-0.0344
机构持股比例变化	-0.0333	-0.8193	0.1266	0.2384	0.2306	-0.1358	0.1316	-0.0820	0.4177	0.1800	-0.0842
销售毛利率(%)	-0.0633	-0.6680	0.1077	0.1901	0.2581	-0.0208	-0.1071	-0.1151	-0.4348	0.1262	-0.0765
销售净利率(%)	-0.0883	-0.6703	0.1117	0.1930	0.2434	-0.0497	-0.1055	-0.1104	-0.4359	0.1301	-0.0919
ROE(%)	0.1884	-0.6665	0.0822	0.1688	0.2252	-0.0467	-0.0201	-0.1269	0.3781	0.1657	-0.0679
ROA(%)	0.2538	-0.6522	0.1005	0.2243	0.2387	-0.0255	-0.0300	-0.1271	0.4129	0.1634	-0.0525
最近1个月涨幅(%)	0.0153	0.1146	-0.0737	0.3806	0.0613	-0.0818	0.1178	0.1697	0.1446	0.1088	-0.3872
最近2个月涨幅(%)	-0.0082	0.3068	0.0767	0.4365	0.1730	-0.0486	0.0475	0.0493	0.0144	0.1079	-0.2105
最近3个月涨幅(%)	-0.3083	0.2409	0.0206	0.4540	0.1426	0.0222	0.1513	0.0399	0.2937	0.1278	-0.1982
最近6个月涨幅(%)	-0.4246	0.1362	0.1731	0.5107	0.0558	-0.0283	0.2108	0.0543	0.1602	0.0075	-0.1461
最近12个月涨幅(%)	-0.4936	0.0279	-0.0019	0.4504	0.1143	0.0180	0.2874	0.0398	0.1419	0.0393	-0.0127
最近1个月波动率(%)	-0.0535	0.6166	-0.0158	0.2624	0.0097	-0.0255	0.0112	0.0606	0.6602	0.2654	-0.6493
波动率变化	-0.0445	0.3197	0.0217	0.2453	0.1210	-0.0210	0.1755	0.1329	0.5311	0.2722	-0.3868
最近1个月振幅(%)	-0.2794	0.4404	-0.0715	0.3718	0.0422	-0.0687	0.1006	0.1652	0.3134	0.0175	-0.5807
振幅变化	0.0701	0.2124	0.0785	0.3148	-0.0037	0.0194	0.1182	0.2129	0.5368	0.0899	-0.2730
最近1个月日均换手率(%)	-0.4147	0.2840	-0.0798	0.2228	-0.0900	-0.1743	-0.0200	0.1314	-0.2491	0.1022	-0.7718
换手率变化	-0.1632	0.2801	-0.0998	0.2122	0.0681	-0.0393	-0.0720	0.1957	0.1929	0.0889	-0.5566
流通市值	-0.1672	0.1772	-0.0918	0.4541	0.2265	-0.0935	0.0618	-0.0078	0.0554	0.0775	0.1485
总市值	-0.2783	0.2033	-0.0757	0.4145	0.1902	-0.0924	0.0965	-0.0338	0.0378	0.0435	0.1626

表18-9 各因子排名靠后组合各年超额收益率

因子	年份										
	2007	2008	2009	2010	2011	2012	2013	2014	2015	2016	2017
E/P	−0.1346	−0.8295	0.2019	0.1401	0.2288	−0.2185	−0.1019	−0.0648	0.4232	0.2391	−0.0889
B/P	−0.1900	−0.8234	0.0595	0.1413	0.1575	−0.2355	−0.0159	−0.0890	0.3604	0.0602	−0.1303
CF/P	−0.1827	−0.7416	0.5116	0.1914	0.2111	−0.1552	−0.0400	−0.0863	0.4100	0.2196	−0.0788
EBITDA/EV	−0.1844	−0.8326	0.4652	0.1825	0.2192	−0.2107	−0.1242	−0.0619	0.3941	0.2349	−0.0802
SR/P	−0.2311	−0.6884	0.0770	0.0834	0.1381	−0.1357	0.0765	−0.0895	0.4143	0.1680	−0.0914
营业利润增长率(%)	−0.1247	−0.7888	0.0899	0.1158	0.1316	−0.2199	−0.0461	−0.0578	−0.4568	0.1590	−0.1161
营业收入增长率(%)	−0.0366	−0.7141	0.0670	0.1335	0.1233	−0.1550	−0.0185	−0.0797	−0.4517	0.2002	−0.1229
经营活动产生的现金净额增长率(%)	−0.1783	−0.7271	0.4834	0.1130	0.1581	−0.1392	−0.0011	−0.1156	−0.5007	0.1816	−0.1039
净利润增长率(%)	−0.1597	−0.8029	0.0969	0.0790	0.1428	−0.2024	−0.0183	−0.0818	−0.4916	0.1866	−0.1039
户均持股比例	−0.1920	−0.7291	0.4472	0.1425	0.1217	−0.2201	−0.0179	−0.0937	−0.3972	0.0284	−0.1033
户均持股比例变化	−0.2085	−0.7779	−0.0586	0.0471	0.1363	−0.1494	−0.0270	−0.1334	−0.4313	0.0832	−0.0607
机构持股比例	−0.1370	−0.7016	0.4580	0.0977	0.2108	−0.2477	−0.0269	−0.0567	−0.4059	0.1976	−0.0934
机构持股比例变化	−0.1336	−0.7184	0.2303	0.0893	0.2193	−0.2272	−0.0804	−0.0820	−0.4695	0.2272	−0.0957
销售毛利率(%)	−0.0422	−0.7897	0.1030	0.0864	0.2807	−0.2237	−0.0583	−0.0606	−0.4785	0.1857	−0.1220
销售净利率(%)	−0.0312	−0.7689	0.0636	0.1089	0.2802	−0.1846	−0.0515	−0.0657	−0.4563	0.1931	−0.1201
ROE(%)	−0.0576	−0.7727	0.0738	0.0967	0.2671	−0.2178	−0.0627	−0.0712	−0.4556	0.1801	−0.1181
ROA(%)	−0.0620	−0.7921	0.0626	0.0861	0.2712	−0.2134	−0.0493	−0.0724	−0.4425	0.2033	−0.1237
最近1个月涨幅(%)	−0.0212	0.3872	0.0524	0.5033	0.2479	0.1233	0.2045	0.2080	1.2205	0.3956	−0.3831
最近2个月涨幅(%)	0.0415	0.3613	0.5089	0.6036	0.2374	0.1014	0.1426	0.3039	1.2386	0.3453	−0.3186
最近3个月涨幅(%)	0.1590	0.4625	0.5748	0.4133	0.2531	0.0694	0.1231	0.3575	1.3706	0.3847	−0.2998
最近6个月涨幅(%)	0.1180	0.3225	0.6445	0.4326	0.2614	0.1188	0.0307	0.2434	1.1560	0.2756	−0.3979
最近12个月涨幅(%)	0.0866	0.3259	0.4965	0.3800	0.2260	−0.0190	0.0708	0.2008	0.9726	0.4289	−0.4600
最近1个月波动率(%)	0.5226	0.2583	0.1603	0.5003	0.1649	−0.0703	0.2476	0.2570	0.7166	0.1831	−0.2198
波动率变化	0.2159	0.1899	0.1750	0.4354	−0.0384	−0.1207	0.2013	0.2792	0.8153	0.1497	−0.3727
最近1个月振幅(%)	0.1708	0.3145	0.2535	0.4156	0.1826	0.0531	0.2477	0.3637	0.7210	0.3209	−0.1924
振幅变化	0.1817	0.3288	0.0565	0.4250	0.0412	−0.0135	0.2139	0.2904	0.6524	0.2840	−0.4243
最近1个月日均换手率(%)	0.1589	0.2198	0.1007	0.5837	0.2016	−0.0433	0.2452	0.1810	0.7382	0.3341	−0.0230
换手率变化	0.1702	0.3065	0.1613	0.5541	0.1087	0.0069	0.2112	0.2466	1.0724	0.2422	−0.3132
流通市值	0.5127	0.2766	0.7256	0.4789	0.0320	0.0284	0.3259	0.4050	1.1873	0.4729	−0.3480
总市值	0.4054	0.3364	0.7457	0.4845	0.1853	0.1728	0.3548	0.5209	1.2825	0.4262	−0.3359

从排名靠前组合各年的超额收益率看,动量反转因子中的最近1个月涨幅、最近2个月涨幅、最近3个月涨幅、最近6个月涨幅、最近12个月涨幅,波动因子中的波动率变化、振幅变化等因子排名靠前组合在大多数年份的超额收益率均为正;而价值因子中的CF/P,盈利因子中的销售毛利率、销售净利率,交投因子中的最近1个月日均换手率等因子排名靠前组合在大多数年份的超额收益率均为负。

从排名靠后组合各年的超额收益率看,股东因子中的户均持股比例、户均持股比例变化、机构持股比例、机构持股比例变化,价值因子中的E/P、B/P、CF/P、EBITDA/EV,成长因子中的营业利润增长率、营业收入增长率、经营活动产生的现金流净额增长率、净利润增长率,盈利因子中的销售毛利率、销售净利率、ROE、ROA等因子排名靠后组合在大多数年份的超额收益率均为负;而波动因子中的振幅变化、最近1个月振幅、波动率变化、最近1个月波动率,动量反转因子中的最近1个月涨幅、最近2个月涨幅、最近3个月涨幅、最近6个月涨幅、最近12个月涨幅,交投因子中的换手率变化、最近1个月日均换手率,规模因子中的流通市值、总市值等因子排名靠后组合在大多数年份的超额收益率均为正。

三、多因子模型的构建和评价

上文对8大类因子分别从信息系数、选股区分度、单调性和稳定性等方面进行了评价,目的是根据上述考察各选股因子的表现,为后面构建行业内的多因子模型提供一个比较有效的参考因子范围,并进一步分析和评价该多因子模型的表现。

(一) 各因子综合评价

根据行业内各因子的表现,我们把结果汇总在表18-10和表18-11中,分别代表月度选股因子综合评价和季度选股因子综合评价结果。

表18-10 月度选股因子综合评价

因子	信息系数	选股区分度	单调性	稳定性
最近1个月涨幅(%)	显著为负	强	有一定的	强
最近2个月涨幅(%)	显著为负	强	—	—
最近3个月涨幅(%)	显著为负	强	有一定的	—
最近6个月涨幅(%)	显著为负	强	—	—
最近12个月涨幅(%)	显著为负	强	—	—
最近1个月波动率(%)	显著为负	强	—	较强
波动率变化	—	一般	—	强
最近1个月振幅(%)	显著为负	强	显著	—
振幅变化	显著为负	强	—	—
最近1个月日均换手率(%)	显著为负	强	有一定的	—
换手率变化	显著为负	强	—	—
流通市值	显著为负	强	有一定的	有一定的
总市值	显著为负	强	显著	—

表 18-11 季度选股因子综合评价

因子	信息系数	选股区分度	单调性	稳定性
E/P	—	强	—	—
B/P	显著为正	强	有一定的	强
CF/P	—	—	—	—
EBITDA/EV	—	一般	—	强
SR/P	显著为正	较强	有一定的	—
营业利润增长率(%)	显著为正	—	—	强
营业收入增长率(%)	显著为正	强	—	有一定的
经营活动产生的现金流净额增长率(%)	显著为正	较强	—	—
净利润增长率(%)	显著为正	强	—	较强
户均持股比例	显著为正	强	显著	有一定的
户均持股比例变化	显著为正	强	—	有一定份
机构持股比例	—	一般	—	有一定的
机构持股比例变化	显著为正	强	—	有一定的
销售毛利率(%)	—	—	—	强
销售净利率(%)	—	一般	—	—
ROE(%)	—	—	—	强
ROA(%)	—	—	—	—

综合各因子的信息系数、选股区分度、单调性和稳定性,在主要消费行业内表现较好的正向因子有:(1)估值因子中的 B/P;(2)股东因子中的户均持股比例。表现较好的负向因子有:(1)规模因子中的流通市值;(2)动量反转因子中的最近 1 个月涨幅。其中,估值因子中的 B/P、股东因子中的户均持股比例 2 个表现较好的因子为季度因子,规模因子中的流通市值、动量反转因子中的最近 1 个月涨幅 2 个表现较好的因子为月度因子。

(二) 行业内多因子模型构建

我们的目的是根据行业内各因子的表现情况,筛选出表现较为显著的选股因子,并据此构建行业内多因子选股模型。

由前面的分析可知,在主要消费行业内如下因子表现较好:(1)季度因子:估值因子中的 B/P、股东因子中的户均持股比例;(2)月度因子:规模因子中的流通市值、动量反转因子中的最近 1 个月涨幅。我们将选择上述 2 个季度因子和 2 个月度因子构建多因子选股模型。

(三) 行业内多因子模型投资组合的评价

1. 行业内多因子选股模型的表现

对于主要消费行业多因子模型的构建,我们根据估值因子中的 B/P、股东因子中的户均持股比例2个季度因子构建了一个基本的季度股票池,季度股票池根据上市公司财务报表的分布时间(4月底、8月底、10月底)每年进行3次更换,然后在季度股票池的基础上,再根据规模因子中的流通市值和动量反转因子中的最近1个月涨幅2个月度因子每月进行季度股票池内的股票再选股,选出排名靠前的前10只、20只、30只股票分别构建多头组合,排名靠后的后10只、20只、30只股票分别构建空头组合。其中,根据季度因子构建的股票池的等额投资表现如图18-1所示,根据月度因子在季度股票池基础上再选股的10只、20只、30只股票多头组合以及10只、20只、30只股票空头组合的等额投资表现如图18-2所示。

我们通过对股票池内的股票进行等额投资,分别于每年5月初、9月初和11月初进行股票池换仓,起始投资时间为2007年5月1日,并记起始资金的净值为1。由图18-1可知,根据季度因子构建的股票池在研究期间(2007年5月至2017年10月)的表现好于行业的基准表现。截至2017年10月31日的投资组合净值为6.34,累计收益率为533.86%,年化收益率为17.55%,而同期行业基准的累计收益率为438.81%,年化收益率为15.89%。可见,我们选出的季度因子有一定的选股能力。

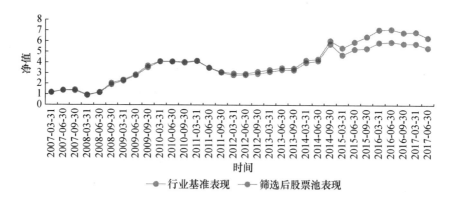

图18-1　主要消费行业季度因子股票池表现

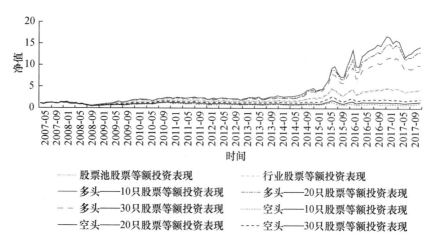

图18-2　主要消费行业综合多因子模型多头和空头组合的表现

我们在行业股票池选股的基础上,通过月度因子每月对股票池内的股票进行重新选股,选出综合得分排名靠前的前10只、20只、30只股票分别构建多头组合,排名靠后的后10只、20只、30只股票分别构建空头组合,分别于每月初进行投资组合换仓,换仓频率为月,起始投资时间为2007年5月1日,并记起始资金的净值为1。

由图18-2可知,由综合得分排名靠前的前10只、20只、30只股票构建的多头组合均大幅超越基准,而由综合得分排名靠后的10只、20只、30只股票构建的空头组合均大幅落后于基准。2007年5月至2017年10月,10只、20只、30只多头组合的累计收益率分别为1330.48%、1207.48%、900.09%,年化收益率分别为26.24%、25.24%、22.34%;10只、20只、30只空头组合的累计收益率分别为11.82%、48.83%、109.22%,年化收益率分别为0.98%、3.54%、6.68%。可见,我们构建的多头投资组合表现都比较优异,能够跑赢行业基准收益率,也说明之前选出的月度因子具有较强的选股能力。

2. 行业内多因子选股模型的评价

我们对行业内的多因子选股模型分别从月超额收益率、月跑赢概率、Alpha比率、Beta、Sharpe比率、TR、Jensen比率、IR等方面进行了分析,具体结果列于表18-12;同时又对每年的超额收益情况进行了统计,结果见表18-13。

表18-12 以主要消费行业为样本的多因子选股模型分析

等额投资	多头——10只	多头——20只	多头——30只	空头——10只	空头——20只	空头——30只
月超额收益率均值	0.0113	0.0098	0.0075	−0.0099	−0.0081	−0.0057
月超额收益率标准差	0.1160	0.1158	0.1123	0.1184	0.1156	0.1155
月超额收益率最大值	1.1181	1.1248	1.1248	0.7616	0.7616	0.9767
月超额收益率中位数	−0.0050	−0.0062	−0.0067	−0.0222	−0.0192	−0.0171
月超额收益率最小值	−0.4559	−0.5000	−0.5000	−0.4891	−0.5000	−0.5000
月跑赢次数	79	81	71	44	52	52
月跑赢概率	0.6270	0.6429	0.5635	0.3492	0.4127	0.4127
Alpha比率	−0.0021	0.0040	0.0022	−0.0204	−0.0179	−0.0042
Beta	0.9700	0.9715	1.0365	0.9298	0.9934	0.9820
Sharpe比率	0.2110	0.2367	0.0846	−0.1730	−0.1531	0.1566
TR	3.5782	3.3850	2.8895	0.8627	1.0370	1.3590
Jensen比率	0.0239	0.0218	0.0055	−0.0014	−0.0014	0.0207
IR	0.2473	0.2002	0.0470	−0.2087	−0.1896	0.1200

表18-13 以主要消费行业为样本的多因子选股策略各年超额收益率

年份	多头——10只	多头——20只	多头——30只	空头——10只	空头——20只	空头——30只
2007	−10.62%	−8.10%	−6.00%	−11.04%	−4.19%	−4.45%
2008	12.27%	16.59%	8.21%	−22.37%	−20.66%	−12.92%
2009	8.15%	1.99%	2.27%	−43.26%	−34.54%	−21.51%

(续表)

年份	多头——10 只	多头——20 只	多头——30 只	空头——10 只	空头——20 只	空头——30 只
2010	1.94%	0.00%	3.24%	11.74%	8.12%	4.96%
2011	15.24%	11.45%	7.89%	−14.29%	−1.72%	1.39%
2012	3.85%	−0.22%	0.48%	9.14%	−1.23%	0.65%
2013	13.98%	2.45%	6.05%	−1.25%	−2.61%	4.37%
2014	12.37%	24.93%	19.30%	−33.99%	−31.11%	−25.83%
2015	72.67%	55.40%	42.60%	−28.70%	−11.60%	−10.89%
2016	18.20%	25.03%	19.16%	−17.45%	−21.01%	−17.84%
2017	−6.08%	−5.75%	−8.78%	26.59%	18.48%	10.44%

由表 18-12 可知,从月超额收益率看,综合得分排名靠前的前 10 只、20 只、30 只股票构建的多头组合,其月超额收益率均值均为正;而由综合得分排名靠后的后 10 只、20 只、30 只股票构建的空头组合,其月超额收益率均值均为负。从超越基准的胜率(超额收益率为正)看,多头组合的胜率在 60% 左右,而空头组合的胜率则在 40% 左右。从 IR、Jensen 比率和 Sharpe 比率来看,多头组合均表现较好,IR、Jensen 比率和 Sharpe 比率均为正;空头组合表现较差,Jensen 比率、IR、Sharpe 比率均小于 0,表现明显差于多头组合。

由表 18-13 可知,从 2007 年至 2017 年的年超额收益率看,多头组合在各年的超额收益率大多数为正,特别是在 2008 年、2014 年、2015 年和 2016 年,10 只、20 只、30 只多头组合大幅超越基准;而空头组合在各年的超额收益率多为负,特别是在 2008 年、2009 年、2014 年、2015 年和 2016 年,10 只、20 只、30 只空头组合大幅低于基准。

四、小　　结

为了研究行业内因子的选股能力,我们分别运用横截面回归法和排序打分法等构建了多种考察因子表现的指标,分别从各因子的信息系数、选股区分度、单调性和稳定性等多方面分析各因子的选股能力,并选出几个表现比较显著的季度因子和月度因子,据此构建了行业内的多因子选股模型,并对该模型的表现进行了验证,得出如下研究结论:

综合各因子的信息系数、选股区分度、单调性和稳定性,主要消费行业内如下因子表现较好:(1) 季度因子:估值因子中的 B/P、股东因子中的户均持股比例;(2) 月度因子:规模因子中的流通市值、动量反转因子中的最近 1 个月涨幅。其中,估值因子中的 B/P、股东因子中的户均持股比例 2 个因子为正向因子,剩余的规模因子中的流通市值、动量反转因子中的最近 1 个月涨幅 2 个因子为负向因子,我们将选择上述 2 个季度因子和 2 个月度因子构建多因子选股模型。

根据季度因子构建的股票池在研究期间(2007 年 5 月至 2017 年 10 月)的表现好于行业的基准表现。截至 2017 年 10 月 31 日的投资组合净值为 6.34,累计收益率为 533.86%,年化收益率为 17.55%,而同期行业基准的累计收益率为 438.81%,年化收益率为 15.89%。可见,我们选出的季度因子有一定的选股能力。

在季度因子股票池的基础上,由综合得分排名靠前的前10只、20只、30只股票构建的多头组合均大幅超越基准,而由综合得分排名靠后的后10只、20只、30只股票构建的空头组合均大幅落后于基准。2007年5月至2017年10月,10只、20只、30只多头组合的累计收益率分别为1330.48%、1207.48%、900.09%,年化收益率分别为26.24%、25.24%、22.34%;10只、20只、30只空头组合的累计收益率分别为11.82%、48.83%、109.22%,年化收益率分别为0.98%、3.54%、6.68%。可见,我们构建的多头投资组合表现都比较优异,能够跑赢行业基准收益率,也说明之前选出的月度因子具有较强的选股能力。

从月超额收益率看,综合得分排名靠前的前10只、20只、30只股票构建的多头组合,其月超额收益率均值均为正;而由综合得分排名靠后的后10只、20只、30只股票构建的空头组合,其月超额收益率均值均为负。从超越基准的胜率(超额收益率为正)看,多头组合的胜率在60%左右,而空头组合的胜率则在40%左右。从IR、Jensen比率和Sharpe比率来看,多头组合均表现较好,IR、Jensen比率、Sharpe比率均为正;空头组合表现较差,IR、Jensen比率和Sharpe比率均小于0,表现明显差于多头组合。

从2007年至2017年的年超额收益率看,多头组合在各年的超额收益率大多数为正,特别是在2008年、2014年、2015年和2016年,10只、20只、30只多头组合大幅超越基准;而空头组合在各年的超额收益率多为负,特别是在2008年、2009年、2014年、2015年和2016年,10只、20只、30只空头组合大幅低于基准。可见,我们构建的多因子选股模型表现上佳,也说明之前选出的因子具有较强的选股能力。

五、SAS 语句解析

```
/*导入行业股票数据。*/
Proc Import Out=xf
Datafile="E:\主要消费.xlsx"
Dbms=Excel Replace;
Getnames=Yes;*导入源文件字段名作为SAS数据集的字段名;
Mixed=NO;*若某一列中包含数值型和字符型变量,将数值型按照缺省值处理。若选的是YES则是将数值型转换成字符型存储,默认为NO;
Scantext=Yes;*将源文件中各列值的最长长度作为该列在SAS中的字段长度。;
Usedate=Yes;*对于包含日期字段的源文件字段,在SAS中只保留DATE值,并以DATE.格式存储。;
Scantime=Yes;*对于源文件中只有time值的列,自动以时间格式(TIME)存储;
Run;
/*生成股票代码变量stkcd*/
data zyxf.kxxx(keep=stkcd);
set xf;
stkcd=substr(_COL0,1,6);
run;
proc sort nodupkey data=zyxf.kxxx;
by stkcd;
```

```
run;
/*从总数据中,选出需要的行业股票2007年以后的数据,其中data1是季度数据,data2是月度数
据*/
proc sql;
create table zyxf.data1 as
  select *
  from cw.tdata3,zyxf.kxxx
  where tdata3.stkcd=kxxx.stkcd;
    quit;
proc sql;
create table zyxf.data2 as
  select *
  from cw.trademonth4,zyxf.kxxx
  where trademonth4.stkcd=kxxx.stkcd;
    quit;
    data zyxf.data2;
    set zyxf.data2;
    if year<2007 then delete;
    run;
    data zyxf.data1;
    set zyxf.data1;
    if year<2007 then delete;
    run;
/*根据收益率将股票每期分组*/
proc rank data=zyxf.data1 out=zyxf.b descending ties=mean percent ;
var rate;
ranks rank_b; /*rank_b是分位数*/
by accper; /*这里是分组变量*/
run;
data zyxf.b;
set zyxf.b;
keep stkcd accper rank_b;
run;
%macro dr(i);
/*根据对应的宏变量将股票每期分组*/
proc rank data=zyxf.data1 out=zyxf.a&i descending ties=mean percent ;
var &i;
ranks rank_&i; /*rank_a是分位数*/
by accper; /*这里是分组变量*/
run;
proc sql;
create table zyxf.a&i as
```

```
  select *
  from zyxf.a&i,zyxf.b
  where a&i..stkcd=b.stkcd and a&i..accper=b.accper;run;
%mend dr;
%dr(pe);%dr(pb);%dr(pcf);%dr(ps);%dr(ev);
%dr(yylrr);%dr(yysrr);%dr(xjllr);%dr(jlrr);%dr(hjcg);%dr(hjcgc);%dr(jgcg);%dr(jgcgc);%dr(roe);%dr(roa);%dr(xsmlv);%dr(xsjlv);
%macro d(i);
/*计算各因子的信息系数,包括月度、季度,然后对信息系数进行统计分析*/
ODS OUTPUT PearsonCorr=zyxf.b&i;
  proc corr data=zyxf.a&i fisher;
  var rank_&i ;
  with rank_b;by accper;
  run;
ODS OUTPUT CLOSE;
    proc univariate data=zyxf.b&i;
  var rank_&i;output out=zyxf.c&i mean=meanc median=medianc std=stdc max=maxc min=minc;
  run;
ODS OUTPUT PearsonCorr=zyxf.d&i;
  proc corr data=zyxf.a&i fisher;
  var rank_b ;
  with rank_&i;
  run;
ODS OUTPUT CLOSE;
%mend d;
%d(pe);%d(pb);%d(pcf);%d(ps);%d(ev);
%d(yylrr);%d(yysrr);%d(xjllr);%d(jlrr);%d(hjcg);%d(hjcgc);%d(jgcg);%d(jgcgc);%d(roe);%d(roa);%d(xsmlv);%d(xsjlv);
%macro da(i);
data zyxf.e&i;
set zyxf.d&i;
keep Prank_b Variable;
run;
data zyxf.e&i;
merge zyxf.e&i zyxf.c&i;
run;
%mend da;
%da(pe);%da(pb);%da(pcf);%da(ps);%da(ev);
%da(yylrr);%da(yysrr);%da(xjllr);%da(jlrr);%da(hjcg);%da(hjcgc);%da(jgcg);%da(jgcgc);%da(roe);%da(roa);%da(xsmlv);%da(xsjlv);
data zyxf.qdata1;
set zyxf.ehjcgc zyxf.epb zyxf.epcf zyxf.eev zyxf.eps zyxf.eyylrr zyxf.eyysrr zyxf.exjllr zyxf.
```

ejlrr zyxf.ehjcg zyxf.epe zyxf.ejgcg zyxf.ejgcgc zyxf.exsmlv zyxf.exsjlv zyxf.eroe zyxf.eroa;
run;
/*创建宏 DR,设置宏变量 I,对应股票的不同因子。*/
%macro dr(i);
proc sort data=zyxf.data2;
by year month descending &i;
run;
/*根据因子排序结果每月将所有股票分为十组。Trdmnt 为表示月份数据*/
data zyxf.g&i;
set zyxf.data2;
by trdmnt;
if first.trdmnt then a1=1;
else a1+1;
run;
proc sql;
create table zyxf.g&i as
select *,int(max(a1)/10) as a2,mod(max(a1),10) as a3
from zyxf.g&i group by trdmnt;
quit;
data zyxf.g&i;
set zyxf.g&i;
if a1<=a2 then group=1;
if a2<a1<=(2*a2) then group=2;
if (2*a2)<a1<=(3*a2) then group=3;
if (3*a2)<a1<=(4*a2) then group=4;
if (4*a2)<a1<=(5*a2) then group=5;
if (5*a2)<a1<=(6*a2) then group=6;
if (6*a2)<a1<=(7*a2) then group=7;
if (7*a2)<a1<=(8*a2) then group=8;
if (8*a2)<a1<=(9*a2) then group=9;
if (9*a2)<a1 then group=10;
run;
/*根据股票分组结果,计算每组的平均收益。*/
proc sql;
create table zyxf.h&i as
select stkcd,trdmnt,group,&i,rate,avg(rate) as ar&i
from zyxf.g&i
group by group;
quit;
proc sort nodupkey data=zyxf.h&i;
by group;
run;

第十八章 主要消费行业

```
    proc sort data=zyxf.h&i;
by descending group;
run;
/*调用宏,其中调用的宏参数分别为本章测试的因子,具体名称对应见本章第一节。*/
%mend dr;
%dr(stdm);%dr(stdmc);%dr(zf);%dr(zfc);%dr(a_exrate);
%dr(a_exratec);%dr(rate1);%dr(rate2);%dr(rate3);%dr(rate6);%dr(rateyear);%dr(mv);%dr(tv);
%macro d(i);
/*计算区分度。*/
data zyxf.i&i;
set zyxf.h&i;
qfd1=(ar&i-lag9(ar&i))/ar1;
qfd2=(lag1(ar&i)-lag8(ar&i))/ar1;
qfd3=0.8*qfd1+0.2*qfd2;
qfd4=0.6*qfd1+0.4*qfd2;
run;
data zyxf.i&i(keep=ar&i qfd1 qfd2 qfd3 qfd4);
set zyxf.i&i;
if group=1;
run;
%mend d;
%d(stdm);%d(stdmc);%d(zf);%d(zfc);%d(a_exrate);
%d(a_exratec);%d(rate1);%d(rate2);%d(rate3);%d(rate6);%d(rateyear);%d(mv);%d(tv);
data zyxf.mdata2;
set zyxf.ia_exratec zyxf.irate2 zyxf.irate3 zyxf.irate6 zyxf.irateyear zyxf.istdm zyxf.istdmc zyxf.izf zyxf.izfc zyxf.ia_exrate zyxf.irate1 zyxf.imv zyxf.itv;
run;
/*由于选用的数据中,日期数据为字符型数据,取出年份数据。*/
%macro dr(i);
data zyxf.b&i;
set zyxf.b&i;
year1=substr(accper,1,4);
year=year1+0;
drop year1;
run;
%mend dr;
%dr(pe);%dr(pb);%dr(pcf);%dr(ps);%dr(ev);
%dr(yylrr);%dr(yysrr);%dr(xjllr);%dr(jlrr);%dr(hjcg);%dr(hjcgc);%dr(jgcg);%dr(jgcgc);%dr(roe);%dr(roa);%dr(xsmlv);%dr(xsjlv);
run;
/*计算各组合年平均收益*/
```

```
%macro d(i);
proc sql;
create table zyxf.f&i as
select year,avg(rank_&i) as acorr&i
from zyxf.b&i
group by year;
quit;
%mend d;
%d(pe);%d(pb);%d(pcf);%d(ps);%d(ev);%d(stdm);%d(stdmc);%d(zf);%d(zfc);%d(a_exrate);%d(mv);%d(tv);
%d(a_exratec);%d(rate1);%d(rate2);%d(rate3);%d(rate6);%d(rateyear);
%d(yylrr);%d(yysrr);%d(xjllr);%d(jlrr);%d(hjcg);%d(hjcgc);%d(jgcg);%d(jgcgc);%d(roe);%d(roa);%d(xsmlv);%d(xsjlv);
/*合并上文得出的数据集,便于综合分析*/
data zyxf.ydata1;
merge zyxf.fa_exratec zyxf.fpb zyxf.fpcf zyxf.fev zyxf.fps zyxf.fyylrr zyxf.fyysrr zyxf.fxjllr zyxf.fjlrr zyxf.fhjcg zyxf.fhjcgc zyxf.fjgcg zyxf.fjgcgc zyxf.fxsmlv zyxf.fxsjlv zyxf.froe zyxf.froa zyxf.frate1 zyxf.frate2 zyxf.frate3 zyxf.frate6 zyxf.frateyear zyxf.fstdm zyxf.fstdmc zyxf.fzf zyxf.fzfc zyxf.fa_exrate zyxf.fpe zyxf.fmv zyxf.ftv;
by year;
run;
/*根据因子排序结果每季度将所有股票分为十组。Accper是财报周期数据,刚好代表月度。后续处理和前文基本一致,不赘述*/
%macro dr(i);
proc sort data=zyxf.data1;
by accper descending &i;
run;
data zyxf.g&i;
set zyxf.data1;
by accper;
if first.accper then a1=1;
else a1+1;
run;
proc sql;
create table zyxf.g&i as
select *,int(max(a1)/10) as a2,mod(max(a1),10) as a3
from zyxf.g&i group by accper;
quit;
data zyxf.g&i;
set zyxf.g&i;
if a1<=a2 then group=1;
if a2<a1<=(2*a2) then group=2;
```

```
if (2*a2)<a1<=(3*a2) then group=3;
if (3*a2)<a1<=(4*a2) then group=4;
if (4*a2)<a1<=(5*a2) then group=5;
if (5*a2)<a1<=(6*a2) then group=6;
if (6*a2)<a1<=(7*a2) then group=7;
if (7*a2)<a1<=(8*a2) then group=8;
if (8*a2)<a1<=(9*a2) then group=9;
if (9*a2)<a1 then group=10;
run;
proc sql;
create table zyxf.h&i as
select stkcd,accper,group,&i,rate,avg(rate) as ar&i
from zyxf.g&i
group by group;
quit;
proc sql;
create table zyxf.h&i as
select *,avg(rate) as ar1
from zyxf.h&i;
quit;
    proc sort nodupkey data=zyxf.h&i;
by group;
run;
    proc sort data=zyxf.h&i;
by descending group;
run;
%mend dr;
%dr(pe);%dr(pb);%dr(pcf);%dr(ps);%dr(ev);
%dr(yylrr);%dr(yysrr);%dr(xjllr);%dr(jlrr);%dr(hjcg);%dr(hjcgc);%dr(jgcg);%dr(jgcgc);%dr(roe);%dr(roa);%dr(xsmlv);%dr(xsjlv);
%macro d(i);
data zyxf.i&i;
set zyxf.h&i;
qfd1=(ar&i-lag9(ar&i))/ar1;
qfd2=(lag1(ar&i)-lag8(ar&i))/ar1;
qfd3=0.8*qfd1+0.2*qfd2;
qfd4=0.6*qfd1+0.4*qfd2;
run;
data zyxf.i&i(keep=ar&i qfd1 qfd2 qfd3 qfd4);
set zyxf.i&i;
if group=1;
run;
```

%mend d;
%d(pe); %d(pb); %d(pcf); %d(ps); %d(ev);
%d(yylrr); %d(yysrr); %d(xjllr); %d(jlrr); %d(hjcg); %d(hjcgc); %d(jgcg); %d(jgcgc); %d(roe); %d(roa); %d(xsmlv); %d(xsjlv);
data zyxf.qdata2;
set zyxf.ihjcgc zyxf.ipb zyxf.ipcf zyxf.iev zyxf.ips zyxf.iyylrr zyxf.iyysrr zyxf.ixjllr zyxf.ijlrr zyxf.ihjcg zyxf.ipe zyxf.ijgcg zyxf.ijgcgc zyxf.ixsmlv zyxf.ixsjlv zyxf.iroe zyxf.iroa;
run;
%macro dr(i);
data zyxf.j&i(keep=group trate&i);
set zyxf.h&i;
trate&i=ar&i*22;
run;
proc sort data=zyxf.j&i;
by group;
run;
%mend dr;
%dr(pe); %dr(pb); %dr(pcf); %dr(ps); %dr(ev);
%dr(yylrr); %dr(yysrr); %dr(xjllr); %dr(jlrr); %dr(hjcg); %dr(hjcgc); %dr(jgcg); %dr(jgcgc); %dr(roe); %dr(roa); %dr(xsmlv); %dr(xsjlv);
%macro d(i);
data zyxf.j&i(keep=group trate&i);
set zyxf.h&i;
trate&i=ar&i*93;
run;
proc sort data=zyxf.j&i;
by group;
run;
%mend d;
%d(stdm); %d(stdmc); %d(zf); %d(zfc); %d(a_exrate);
%d(a_exratec); %d(rate1); %d(rate2); %d(rate3); %d(rate6); %d(rateyear); %d(mv); %d(tv);
data zyxf.ydata2;
merge zyxf.ja_exratec zyxf.jpb zyxf.jpcf zyxf.jev zyxf.jps zyxf.jyylrr zyxf.jyysrr zyxf.jxjllr zyxf.jjlrr zyxf.jhjcg zyxf.jhjcgc zyxf.jjgcg zyxf.jjgcgc zyxf.jxsmlv zyxf.jxsjlv zyxf.jroe zyxf.jroa zyxf.jrate1 zyxf.jrate2 zyxf.jrate3 zyxf.jrate6 zyxf.jrateyear zyxf.jstdm zyxf.jstdmc zyxf.jzf zyxf.jzfc zyxf.ja_exrate zyxf.jpe zyxf.jmv zyxf.jtv;
by group;
run;
%macro dr(i);
proc sql;
create table zyxf.k&i as
select *

```
        from zyxf.a&i,zyxf.g&i
          where a&i..stkcd=g&i..stkcd and a&i..accper=g&i..accper;run;
      proc sort data=zyxf.k&i;
      by group;
      run;
      ODS OUTPUT PearsonCorr=zyxf.l&i;
      proc corr data=zyxf.k&i fisher;
      var rank_&i ;
      with rank_b;by group;
      run;
      ODS OUTPUT CLOSE;
      data zyxf.l&i;
      set zyxf.l&i;
      xxxs1&i=0.8*rank_&i+0.2*lag1(rank_&i);
      xxxs2&i=0.2*rank_&i+0.8*lag1(rank_&i);
      run;
      data zyxf.l&i(keep=group rank_&i xxxs1&i xxxs2&i);
      set zyxf.l&i;
      if group=1 or group=2 or group=10;;
      run;
      %mend dr;
      %dr(pe); %dr(pb); %dr(pcf); %dr(ps); %dr(ev);
      %dr(yylrr); %dr(yysrr); %dr(xjllr); %dr(jlrr); %dr(hjcg); %dr(hjcgc); %dr(jgcg); %dr
(jgcgc); %dr(roe); %dr(roa); %dr(xsmlv); %dr(xsjlv);
      %macro d(i);
      proc sql;
      create table zyxf.k&i as
        select *
        from zyxf.a&i,zyxf.g&i
          where a&i..stkcd=g&i..stkcd and a&i..trdmnt=g&i..trdmnt;run;
      proc sort data=zyxf.k&i;
      by group;
      run;
      ODS OUTPUT PearsonCorr=zyxf.l&i;
      proc corr data=zyxf.k&i fisher;
      var rank_&i ;
      with rank_b;by group;
      run;
      ODS OUTPUT CLOSE;
      data zyxf.l&i;
      set zyxf.l&i;
      xxxs1&i=0.8*rank_&i+0.2*lag1(rank_&i);
```

```
xxxs2&i=0.2*rank_&i+0.8*lag1(rank_&i);
run;
data zyxf.l&i(keep=group rank_&i xxxs1&i xxxs2&i);
set zyxf.l&i;
if group=1 or group=2 or group=10;;
run;
%mend d;
%d(stdm);%d(stdmc);%d(zf);%d(zfc);%d(a_exrate);
%d(a_exratec);%d(rate1);%d(rate2);%d(rate3);%d(rate6);%d(rateyear);%d(mv);%d(tv);
data zyxf.ydata3;
merge zyxf.la_exratec zyxf.lpb zyxf.lpcf zyxf.lev zyxf.lps zyxf.lyylrr zyxf.lyysrr zyxf.lxjllr zyxf.ljlrr zyxf.lhjcg zyxf.lhjcgc zyxf.ljgcg zyxf.ljgcgc zyxf.lxsmlv zyxf.lxsjlv zyxf.lroe zyxf.lroa zyxf.lrate1 zyxf.lrate2 zyxf.lrate3 zyxf.lrate6 zyxf.lrateyear zyxf.lstdm zyxf.lstdmc zyxf.lzf zyxf.lzfc zyxf.la_exrate zyxf.lpe zyxf.lmv zyxf.ltv;
by group;
run;

%macro dr(i);
data zyxf.g&i;
set zyxf.g&i;
r_rm=Mretnd-ratem;
run;
proc sql;
create table zyxf.n&i as
select stkcd,accper,group,year,&i,rate,avg(r_rm) as ar_rm&i
from zyxf.g&i
group by group,accper;
quit;
   proc sort nodupkey data=zyxf.n&i;
by group accper;
run;
proc sql;
create table zyxf.n&i as
select *,sum(ar_rm&i) as tr_rm&i
from zyxf.n&i
group by year,group;
quit;
   proc sort nodupkey data=zyxf.n&i;
by group year;
run;
proc sort data=zyxf.n&i;
by year descending group;
```

```
run;
data zyxf.n&i;
set zyxf.n&i;
tr_rm1&i=0.8*tr_rm&i+0.2*lag1(tr_rm&i);
run;
data zyxf.o&i(keep= tr_rm1&i year);
set zyxf.n&i;
if group=1;
run;
%mend dr;
%dr(pe);%dr(pb);%dr(pcf);%dr(ps);%dr(ev);
%dr(yylrr);%dr(yysrr);%dr(xjlrr);%dr(jlrr);%dr(hjcg);%dr(hjcgc);%dr(jgcg);%dr(jgcgc);%dr(roe);%dr(roa);%dr(xsmlv);%dr(xsjlv);
%macro d(i);
data zyxf.g&i;
set zyxf.g&i;
r_rm=Mretnd-ratem;
run;
proc sql;
create table zyxf.n&i as
select stkcd,trdmnt,year,group,&i,rate,avg(r_rm) as ar_rm&i
from zyxf.g&i
group by group,trdmnt;
quit;
    proc sort nodupkey data=zyxf.n&i;
by group trdmnt;
run;
proc sql;
create table zyxf.n&i as
select *,sum(ar_rm&i) as tr_rm&i
from zyxf.n&i
group by year,group;
quit;
    proc sort nodupkey data=zyxf.n&i;
by group year;
run;
proc sort data=zyxf.n&i;
by year descending group;
run;
data zyxf.n&i;
set zyxf.n&i;
tr_rm1&i=0.8*tr_rm&i+0.2*lag1(tr_rm&i);
```

```
    run;
    data zyxf.o&i(keep= tr_rm1&i year);
    set zyxf.n&i;
    if group=1;
    run;
    %mend d;
    %d(stdm); %d(stdmc); %d(zf); %d(zfc); %d(a_exrate);
    %d(a_exratec); %d(rate1); %d(rate2); %d(rate3); %d(rate6); %d(rateyear); %d(mv); %d(tv);
    data zyxf.ydata4;
    merge zyxf.oa_exratec zyxf.opb zyxf.opcf zyxf.oev zyxf.ops zyxf.oyylrr zyxf.oyysrr zyxf.oxjllr zyxf.ojlrr zyxf.ohjcg zyxf.ohjcgc zyxf.ojgcg zyxf.ojgcgc zyxf.oxsmlv zyxf.oxsjlv zyxf.oroe zyxf.oroa zyxf.orate1 zyxf.orate2 zyxf.orate3 zyxf.orate6 zyxf.orateyear zyxf.ostdm zyxf.ostdmc zyxf.ozf zyxf.ozfc zyxf.oa_exrate zyxf.ope zyxf.omv zyxf.otv;
    by year;
    run;
    %macro d(i);
    proc sort data=zyxf.n&i;
    by year group;
    run;
    data zyxf.n&i;
    set zyxf.n&i;
    tr_rm2&i=0.8*tr_rm&i+0.2*lag1(tr_rm&i);
    run;
    data zyxf.p&i(keep= tr_rm2&i year);
    set zyxf.n&i;
    if group=10;
    run;
    %mend d;
    %d(pe); %d(pb); %d(pcf); %d(ps); %d(ev); %d(stdm); %d(stdmc); %d(zf); %d(zfc); %d(a_exrate); %d(mv); %d(tv);
    %d(a_exratec); %d(rate1); %d(rate2); %d(rate3); %d(rate6); %d(rateyear);
    %d(yylrr); %d(yysrr); %d(xjllr); %d(jlrr); %d(hjcg); %d(hjcgc); %d(jgcg); %d(jgcgc); %d(roe); %d(roa); %d(xsmlv); %d(xsjlv);
    data zyxf.ydata5;
    merge zyxf.pa_exratec zyxf.ppb zyxf.ppcf zyxf.pev zyxf.pps zyxf.pyylrr zyxf.pyysrr zyxf.pxjllr zyxf.pjlrr zyxf.phjcg zyxf.phjcgc zyxf.pjgcg zyxf.pjgcgc zyxf.pxsmlv zyxf.pxsjlv zyxf.proe zyxf.proa zyxf.prate1 zyxf.prate2 zyxf.prate3 zyxf.prate6 zyxf.prateyear zyxf.pstdm zyxf.pstdmc zyxf.pzf zyxf.pzfc zyxf.pa_exrate zyxf.ppe zyxf.pmv zyxf.ptv;
    by year;
    run;
```

第十九章 全市场分析

一、研究背景介绍

本章以全行业为样本空间,剔除全行业内在调仓日为 st 的股票,以及在换仓日停牌的股票,研究期间为 2007 年 5 月至 2017 年 10 月,换仓频率为月。

二、各因子选股能力分析

我们首先使用横截面回归法进行因子选股能力分析,之后采用排序打分法研究因子的选股能力。

(一) 从信息系数方面分析各因子选股能力

各因子总体的信息系数具体数据列于表 19-1 和表 19-2。

表 19-1 各因子信息系数(月度)

因子	P 值	均值	标准差	最大值	中值	最小值
最近 1 个月涨幅(%)	0.0000	−0.0704	0.1277	0.2056	−0.0588	−0.3886
最近 2 个月涨幅(%)	0.0000	−0.0785	0.1493	0.2460	−0.0773	−0.4181
最近 3 个月涨幅(%)	0.0000	−0.0727	0.1513	0.2558	−0.0613	−0.4088
最近 6 个月涨幅(%)	0.0000	−0.0583	0.1537	0.2829	−0.0497	−0.4693
最近 12 个月涨幅(%)	0.0000	−0.0500	0.1598	0.4171	−0.0462	−0.4926
最近 1 个月波动率(%)	0.0000	−0.0489	0.1575	0.3269	−0.0733	−0.4172
波动率变化	0.0000	−0.0211	0.0733	0.1796	−0.0195	−0.2104
最近 1 个月振幅(%)	0.0000	−0.0614	0.1143	0.2161	−0.0793	−0.3240
振幅变化	0.0005	−0.0072	0.0633	0.2068	−0.0098	−0.1537
最近 1 个月日均换手率(%)	0.0000	−0.0575	0.1792	0.2775	−0.0751	−0.4835
换手率变化	0.0000	−0.0623	0.0959	0.2535	−0.0625	−0.3314
流通市值	0.0000	−0.0734	0.1573	0.2959	−0.0684	−0.4318
总市值	0.0000	−0.0915	0.1447	0.2868	−0.0864	−0.4360

表 19-2　各因子信息系数(季度)

因子	P 值	均值	标准差	最大值	中值	最小值
E/P	0.0000	0.0267	0.1119	0.2004	0.0469	−0.1833
B/P	0.0000	0.0149	0.1343	0.1982	−0.0135	−0.3446
CF/P	0.0000	0.0091	0.0618	0.1186	0.0241	−0.1191
EBITDA/EV	0.0000	0.0135	0.0893	0.1867	0.0233	−0.1856
SR/P	0.0000	0.0219	0.1190	0.2520	0.0131	−0.2039
营业利润增长率(%)	0.0000	0.0555	0.0716	0.2505	0.0470	−0.0516
营业收入增长率(%)	0.0000	0.0422	0.0637	0.1877	0.0392	−0.0598
经营活动产生的现金流净额增长率(%)	0.3193	−0.0032	0.0460	0.0616	−0.0014	−0.1105
净利润增长率(%)	0.0000	0.0617	0.0710	0.2192	0.0494	−0.0496
户均持股比例	0.0000	0.1842	0.1460	0.3965	0.1924	−0.0903
户均持股比例变化	0.0000	0.0241	0.0588	0.1558	0.0287	−0.0904
机构持股比例	0.0022	−0.0080	0.1052	0.2348	−0.0178	−0.2207
机构持股比例变化	0.0109	0.0109	0.0768	0.1056	0.0314	−0.1758
销售毛利率(%)	0.0000	0.0129	0.1333	0.2567	0.0057	−0.1905
销售净利率(%)	0.0000	0.0198	0.1327	0.2539	0.0156	−0.1733
ROE(%)	0.9858	0.0015	0.1438	0.3048	0.0018	−0.2408
ROA(%)	0.0000	0.0263	0.1327	0.2279	0.0041	−0.1799

由表 19-1 和表 19-2 可知，全行业内的股票表现出较为显著的反转效应，最近 1 个月涨幅、最近 2 个月涨幅、最近 3 个月涨幅、最近 6 个月涨幅、最近 12 个月涨幅 5 个动量反转因子的信息系数均为负（前期涨幅越大，下一个月表现越差），且在 1% 的显著水平下显著为负；最近 1 个月波动率、波动率变化、最近 1 个月振幅、振幅变化 4 个波动因子也是表现较为显著的负向因子，其信息系数分别为 −0.0489、−0.0211、−0.0614、−0.0072（最近 1 个月波动率、最近 1 个月振幅越高，下一个月表现越差；波动率变化、振幅变化越大，下一个月表现越差），且在 1% 的显著水平下显著为负。全行业内的股票也表现出较为显著的小盘股效应，总市值、流通市值等规模因子的信息系数均为负（规模（总市值、流通市值）越大，下一个月表现越差），且在 1% 的显著水平下显著为负。此外，最近 1 个月日均换手率、换手率变化等交投因子也是表现较为显著的负向因子，其信息系数分别为 −0.0575、−0.0623（最近 1 个月日均换手率越高、换手率上升越快，下一个月表现越差），且在 1% 的显著水平下显著为负。

估值因子表现出较为显著的正向效应 E/P、B/P、CF/P、EBITDA/EV、SR/P 的信息系数分别为 0.0267、0.0149、0.0091、0.0135、0.0219，前期估值越低（E/P、B/P、CF/P、EBITDA/EV、SR/P 越高），下个月表现越好，且在 1% 的显著水平下显著为正。股东因子中的户均持股比例、户均持股比例变化等因子也表现出较为显著的正向效应（户均持股比例、户均持股比例变化越大，下个月表现越好），其信息系数分别为 0.1842、0.0241，且在 1% 的显著水平下显著为正。营业利润增长率、营业收入增长率、净利润增长率等成长因子也是表现较为显著的正向因子（营业利润增长率、营业收入增长率、净利润增长率越高，下个月表现越好），其信息系数分别为 0.0555、0.0422、0.0617，且在 1% 的显著水平下显著为正。此外，销售毛利率、销售净利率、ROA 等盈利因子也表现出较为显著的正向效应（销售毛利率、销售净利率、ROA 越高，下个月表现越好），其信息系数分别为 0.0129、0.0198、0.0263，且在 1% 的显著水平下显著为正。

股东因子中的机构持股比例和机构持股比例变化、成长因子中的经营活动产生的现金流净额增长率、盈利因子中的 ROE 等因子的信息系数在 0 附近或者 P 值不显著，也就是说，这些因子对股票下个月表现的影响不显著。

对各因子总体的表现进行分析之后，我们又对各因子每年的表现进行了分析，主要分析每年各因子信息系数的一致性，即分析因子在总体年份中的表现，表 19-3 列出了每年各因子信息系数的均值。

从每年各因子信息系数的一致性方面看，估值因子中的 B/P、SR/P，成长因子中的营业利润增长率、营业收入增长率、净利润增长率，股东因子中的户均持股比例、户均持股比例变化等因子在大多数年份的信息系数均值均为正；交投因子中的换手率变化、最近 1 个月日均换手率，动量反转因子中的最近 1 个月涨幅、最近 2 个月涨幅、最近 3 个月涨幅、最近 6 个月涨幅、最近 12 个月涨幅，波动因子中的最近 1 个月振幅、振幅变化、最近 1 个月波动率、波动率变化，规模因子中的流通市值、总市值等因子在大多数年份的信息系数均值均为负；而其他因子在每年的表现则不一致。

（二）从 FF 排序法方面来分析各因子的选股能力

1. 选股区分度

选股区分度具体数据列于表 19-4 和表 19-5。

从选股区分度看，估值因子中的 B/P、SR/P，成长因子中的营业利润增长率、营业收入增长率、净利润增长率，盈利因子中的销售净利率，股东因子中的户均持股比例、户均持股比例变化等因子表现出较好的正向选股能力，交投因子中的换手率变化、最近 1 个月日均换手率，波动因子中的最近 1 个月波动率、波动率变化、最近 1 个月振幅，动量反转因子中的最近 1 个月涨幅、最近 2 个月涨幅、最近 3 个月涨幅、最近 6 个月涨幅、最近 12 个月涨幅，规模因子中的总市值和流通市值等因子表现出较好的负向选股能力；而其他因子的选股区分度则不显著。

表 19-3 每年各因子信息系数的均值

因子	2007	2008	2009	2010	2011	2012	2013	2014	2015	2016	2017
E/P	-0.0102	0.0087	-0.0176	0.0245	-0.0172	0.0012	0.1399	0.2004	-0.1029	-0.1072	-0.1307
B/P	-0.1353	0.0076	-0.1132	0.0445	0.0014	0.0070	0.0617	0.1021	0.0003	0.2648	-0.2120
CF/P	-0.0361	-0.0310	-0.0195	0.0283	0.0257	-0.0047	0.0889	0.0454	-0.0047	-0.0786	-0.0845
EBITDA/EV	-0.0463	0.0346	-0.0265	0.0185	-0.0162	-0.0032	0.0756	0.1867	0.0182	-0.1721	-0.1854
SR/P	-0.0930	0.0166	-0.0857	0.0085	0.0610	0.1023	0.1290	0.0665	0.0255	-0.2242	-0.1592
营业利润增长率(%)	0.0172	-0.0136	0.0520	0.0361	0.1011	0.1514	0.0568	0.0184	0.0159	-0.0027	0.0531
营业收入增长率(%)	0.0247	0.0055	-0.0097	0.0477	0.0573	0.1292	0.0690	-0.0420	0.0144	0.0110	0.0467
经营活动产生的现金净额增长率(%)	-0.0040	-0.0742	-0.0160	-0.0027	0.0464	-0.0006	0.0229	0.0146	0.0017	0.0280	0.0276
净利润增长率(%)	0.0331	-0.0176	0.0680	0.0379	0.0997	0.1432	0.0640	0.0716	0.0255	0.0087	0.1099
户均持股比例	0.1147	0.2544	0.1369	0.1907	0.1157	0.1382	0.3244	0.2285	0.2513	0.0443	-0.1760
户均持股比例变化	-0.0506	-0.0090	0.0369	0.0558	0.0194	0.0535	0.0438	0.0814	0.0714	0.0668	0.0415
机构持股比例	0.0552	-0.0698	-0.0919	-0.0029	0.1043	0.0351	-0.0417	0.1408	-0.0227	0.0340	0.2387
机构持股比例变化	0.0030	-0.0524	-0.0225	0.0755	0.0194	-0.0076	0.0425	0.0668	-0.0197	0.0462	0.0480
销售毛利率(%)	-0.0425	-0.0736	-0.0928	0.0062	0.1715	0.1325	0.0566	-0.1905	-0.0003	0.0144	0.0196
销售净利率(%)	-0.0393	-0.0671	-0.0905	0.0128	0.1686	0.1336	0.0845	-0.1733	-0.0015	0.0064	0.0128
ROE(%)	-0.0518	-0.0718	-0.0610	0.0207	0.1498	0.1153	-0.0113	-0.2357	-0.0171	0.0472	0.0704
ROA(%)	-0.0346	-0.0533	-0.0523	0.0488	0.1503	0.0988	0.0955	-0.1799	0.0171	0.0180	0.0251
最近1个月涨幅(%)	-0.0662	-0.0734	-0.0987	-0.0278	-0.0515	-0.0983	-0.0776	-0.0699	-0.1490	-0.0910	-0.0153
最近2个月涨幅(%)	-0.1025	-0.0376	-0.1051	-0.0759	-0.0627	-0.1214	-0.0220	-0.1055	-0.1571	-0.1007	-0.0071
最近3个月涨幅(%)	-0.1256	-0.0449	-0.0985	-0.0433	-0.0510	-0.0918	-0.0183	-0.1157	-0.2083	-0.1067	-0.0051
最近6个月涨幅(%)	-0.1262	-0.0588	-0.0975	0.0022	-0.0590	-0.1023	0.0180	-0.0391	-0.1567	-0.0719	-0.0430
最近12个月涨幅(%)	-0.1149	-0.0870	-0.1267	0.0182	-0.0753	-0.0184	0.0254	-0.0145	-0.1373	-0.0870	0.0364
波动率变化	-0.0774	-0.0518	-0.0401	-0.0291	-0.0838	-0.0550	-0.0037	-0.0505	-0.1490	-0.0910	-0.0153
最近1个月振幅(%)	-0.0052	-0.0138	-0.0688	-0.0193	-0.0187	0.0056	0.0051	-0.0613	-0.0002	0.0196	-0.0349
振幅变化	-0.0616	-0.0332	-0.0688	-0.0501	-0.0858	-0.0906	-0.0271	0.0766	-0.1029	-0.1072	-0.1307
最近1个月日均换手率(%)	0.0355	-0.0216	-0.0071	-0.0276	-0.0047	-0.0010	0.0011	-0.0380	-0.0223	-0.0281	-0.0135
换手率变化	-0.0869	-0.0645	-0.0459	-0.0367	-0.0982	-0.1193	0.0099	-0.0099	-0.0180	-0.1021	-0.1791
流通市值	-0.0377	-0.0670	-0.0866	-0.0730	-0.0576	-0.0524	-0.0439	-0.0847	-0.0692	-0.0653	-0.0585
总市值	-0.0642	-0.0515	-0.0866	-0.0748	-0.0293	-0.0166	-0.1173	-0.1628	-0.1843	-0.0906	-0.1044
	-0.0835	-0.0644	-0.1028	-0.0954	-0.0647	-0.0516	-0.1049	-0.1814	-0.1935	-0.1263	0.0855

表 19-4 各因子选股区分度(月度)

因子	区分度1:(第1组—第10组)/基准	区分度2(第2组—第9组)/基准	0.8×区分度1+0.2×区分度2	0.6×区分度1+0.4×区分度2
最近1个月涨幅(%)	-0.9729	-0.6930	-0.9169	-0.8609
最近2个月涨幅(%)	-1.1785	-0.5681	-1.0564	-0.9343
最近3个月涨幅(%)	-1.0107	-0.5620	-0.9209	-0.8312
最近6个月涨幅(%)	-0.6981	-0.5232	-0.6631	-0.6281
最近12个月涨幅(%)	-0.2323	-0.4518	-0.2762	-0.3201
最近1个月波动率(%)	-0.5021	-0.1534	-0.4324	-0.3626
波动率变化	-0.1850	-0.1038	-0.1688	-0.1525
最近1个月振幅(%)	-0.8494	-0.5509	-0.7897	-0.7300
振幅变化	0.0846	-0.0572	0.0562	0.0279
最近1个月日均换手率(%)	-0.6252	-0.1581	-0.5318	-0.4384
换手率变化	-0.9637	-0.3774	-0.8464	-0.7291
流通市值	-1.8698	-1.0607	-1.7080	-1.5462
总市值	-2.1981	-1.2726	-2.0130	-1.8279

表 19-5 各因子选股区分度(季度)

因子	区分度1:(第1组—第10组)/基准	区分度2(第2组—第9组)/基准	0.8×区分度1+0.2×区分度2	0.6×区分度1+0.4×区分度2
E/P	-0.0141	0.2637	0.0414	0.0970
B/P	0.0484	0.2361	0.0860	0.1236
CF/P	-0.0267	-0.0611	-0.0336	-0.0405
EBITDA/EV	-0.0392	0.2046	0.0096	0.0583
SR/P	0.3333	0.3613	0.3389	0.3445
营业利润增长率(%)	0.2921	0.3533	0.3043	0.3166
营业收入增长率(%)	0.1705	0.4282	0.2221	0.2736
经营活动产生的现金流净额增长率(%)	-0.0605	0.0021	-0.0480	-0.0354
净利润增长率(%)	0.3946	0.3151	0.3787	0.3628
户均持股比例	1.5539	1.1023	1.4636	1.3733
户均持股比例变化	0.1826	0.2714	0.2003	0.2181
机构持股比例	-0.2611	-0.0346	-0.2158	-0.1705
机构持股比例变化	-0.1969	0.2600	-0.1055	-0.0141
销售毛利率(%)	-0.0972	0.1585	-0.0460	0.0051
销售净利率(%)	0.0139	0.1659	0.0443	0.0747
ROE(%)	-0.0219	-0.1838	-0.0542	-0.0866
ROA(%)	-0.1129	0.1776	-0.0548	0.0033

2. 单调性

我们每期根据各因子的情况对行业内的股票进行了排序(降序法),并把样本股票分成10组,分别计算各组在研究期间(2007年5月至2017年10月)的累计收益率,根据第1组、第2组至第9组、第10组的股票组合的表现分析每个因子的单调性,具体数据列于表19-6。

表 19-6 根据各因子排序构建的各组合累计收益率（2007 年 5 月至 2017 年 10 月）

因子	第1组	第2组	第3组	第4组	第5组	第6组	第7组	第8组	第9组	第10组
E/P	1.8040	2.0163	2.0549	2.1597	2.0623	1.9984	1.6203	1.2762	1.5323	1.8299
B/P	2.1380	1.9405	1.8346	1.7571	1.7069	1.5776	1.6138	1.5329	1.5066	1.5491
CF/P	2.1726	1.9557	2.0003	1.8508	1.6334	1.5469	1.4495	1.4473	2.0679	2.2217
EBITDA/EV	1.9144	1.8074	1.9534	2.1112	2.0122	1.8006	1.8477	1.4844	1.4319	1.9864
SR/P	1.9692	2.2025	2.1098	1.9009	1.9530	1.7441	1.7900	1.7973	1.5395	1.3574
营业利润增长率（%）	2.2926	2.2917	2.2301	1.9776	1.7303	2.4829	1.6564	2.5880	1.6433	1.7567
营业收入增长率（%）	2.1291	2.3624	2.0293	1.9326	1.8103	2.5314	1.5396	2.6240	1.5766	1.8162
经营活动产生的现金流净额增长率（%）	1.7831	1.8617	1.9621	1.8009	1.8379	1.6387	1.7465	1.9674	1.8578	1.8941
净利润增长率（%）	2.3239	2.2255	2.0711	1.8733	1.7910	1.7156	1.6174	1.4916	1.6472	1.5997
户均持股比例	3.1406	2.9354	2.4397	2.1632	1.8999	1.7166	1.6519	1.2519	0.9125	0.2890
户均持股比例变化	2.6620	2.3622	2.0923	1.8937	1.6047	1.1493	0.8935	1.5032	1.8642	2.3270
机构持股比例	1.5627	1.8606	1.8889	1.8897	1.6953	1.8238	1.8015	1.8586	1.9241	2.0420
机构持股比例变化	1.8726	2.0793	1.8640	1.7039	1.6593	1.7662	1.8053	1.7570	1.6022	2.2340
销售毛利率（%）	1.5852	2.0795	2.0899	1.8871	1.9363	1.7130	1.7647	1.7450	1.7886	1.7635
销售净利率（%）	1.7409	2.0415	2.0446	1.9596	2.0225	1.7088	1.6571	1.7267	1.7370	1.7153
ROE（%）	1.6258	1.6795	1.8581	1.8156	1.9399	1.9894	1.9211	1.8430	2.0167	1.6659
ROA（%）	1.7651	2.1606	1.9128	1.8891	1.8400	1.6872	1.6332	1.6541	1.8347	1.9722
最近1个月涨幅（%）	0.7606	1.0309	1.3380	1.7106	1.8100	1.9208	1.9234	2.1138	2.2323	2.4473
最近2个月涨幅	0.8125	1.0434	1.3450	1.5640	1.7124	1.8695	1.9673	2.0795	2.0282	2.8556
最近3个月涨幅	0.9158	1.0969	1.4311	1.6167	1.8340	1.8386	1.9568	1.8554	2.0712	2.6680
最近6个月涨幅	0.9793	1.1277	1.6278	1.7834	1.7919	1.9983	1.9103	1.8617	2.0347	2.1895
最近12个月涨幅（%）	1.1342	1.3078	1.5304	1.7343	2.0135	1.8846	2.1153	1.9799	2.0911	1.5370
波动率变化	1.0506	1.3566	1.7603	1.8586	2.0156	1.8212	2.0059	1.9186	1.6225	1.9212
最近1个月振动率（%）	1.3953	1.5960	1.9247	1.7226	1.6910	1.8484	1.8806	1.7835	1.7759	1.7161
振幅变化	0.7986	1.2673	1.6266	1.5963	1.6966	1.9130	1.9505	1.9809	2.2225	2.2713
最近1个月日均换手率（%）	1.8333	1.6652	1.7456	1.7333	1.8257	1.7821	1.6375	1.6642	1.7645	1.6867
换手率变化	0.5240	1.5585	1.6092	1.7743	1.8692	2.1694	2.2821	2.1037	1.8326	1.6079
流通市值	0.7010	1.4704	1.4182	1.6088	1.8141	1.7293	1.9767	2.1047	2.1246	2.3717
总市值	0.1616	0.7939	1.1131	1.3195	1.5208	1.7575	2.1279	2.4497	2.6328	3.4033
	0.1851	0.6728	1.0750	1.1807	1.3952	1.7219	1.9109	2.2396	2.8791	3.9960

从单调性看,盈利因子中的 B/P,股东因子中的户均持股比例等因子表现出一定的单调递减特征;交投因子中的换手率变化、最近 1 个月日均换手率,动量反转因子中的最近 1 个月涨幅、最近 2 个月涨幅、最近 3 个月涨幅,波动因子中的最近 1 个月振幅,规模因子中的流通市值、总市值等因子表现出一定的单调递增特征;而根据其他因子排序构建的各组合收益率特征则不显著。

3. 稳定性

为了考察各因子表现的稳定性,我们分别计算排名靠前组合和靠后组合相对于样本基准收益率的表现,表 19-7 列出了第 1 组和第 10 组的具体数据,同时又加入两个组合(0.8×第 1 组+0.2×第 2 组和 0.8×第 10 组+0.2×第 9 组),从而进一步考察各因子表现的稳定性。

从根据各因子排序构建的各组合的信息比率来看,成长因子中的营业利润增长率,股东因子中的户均持股比例、机构持股比例变化,估值因子中的 B/P 等因子的第 1 组的信息比率为正,第 10 组的信息比率为负;交投因子中的最近 1 个月日均换手率,动量反转因子中的最近 1 个月涨幅、最近 12 个月涨幅,波动因子中的波动率变化、最近 1 个月波动率,规模因子中的流通市值等因子的第 1 组的信息比率为负,第 10 组的信息比率为正,且差距较大;而根据其他因子排序构建的各组合的信息比率在稳定性上则不显著。

前面研究了根据各因子排序构建的各组合的信息比率,下面将进一步研究各因子排名靠前组合和靠后组合各年的超额收益率,具体数据列于表 19-8 和表 19-9。

从排名靠前组合各年的超额收益率看,交投因子中的换手率变化,估值因子中的 E/P、B/P、CF/P、EBITDA/EV、SR/P,成长因子中的营业利润增长率、营业收入增长率,股东因子中的户均持股比例变化、机构持股比例变化,规模因子中的总市值、流通市值等因子排名靠前组合在大多数年份的超额收益率均为正;动量反转因子中的最近 1 个月涨幅(%)、最近 12 个月涨幅(%)等因子排名靠前组合在大多数年份的超额收益率均为负;而其他因子构建的排名靠前组合在超额收益率上则表现不显著。

从排名靠后组合各年的超额收益率看,估值因子中的 B/P、SR/P,成长因子中的营业利润增长率、净利润增长率,股东因子中的户均持股比例、机构持股比例变化,盈利因子中的销售净利率等因子排名靠后组合在大多数年份的超额收益率均为负;交投因子中的换手率变化、最近 1 个月日均换手率,动量反转因子中的最近 1 个月涨幅、最近 2 个月涨幅、最近 3 个月涨幅、最近 6 个月涨幅、最近 12 个月涨幅,波动因子中的最近 1 个月波动率、波动率变化、最近 1 个月振幅、振幅变化,规模因子中的流通市值、总市值等因子排名靠后组合在大多数年份的超额收益率均为正;而其他因子构建的排名靠后组合的收益率则不显著。

表 19-7　根据各因子排序构建的各组合的信息比率

因子	第1组	0.8×第1组＋0.2×第2组	第10组	0.8×第10组＋0.2×第9组
E/P	−0.0322	−0.0246	0.0665	0.0210
B/P	0.0304	0.0227	−0.0219	−0.0125
CF/P	−0.0184	−0.0065	0.0444	−0.0266
EBITDA/EV	−0.0097	−0.0096	−0.0886	0.0266
SR/P	0.0120	0.0065	0.0607	0.0389
营业利润增长率(%)	0.0203	0.0184	−0.0080	−0.0083
营业收入增长率(%)	−0.0053	−0.0110	−0.0502	−0.0283
经营活动产生的现金流净额增长率(%)	−0.0263	−0.0162	−0.0068	−0.0056
净利润增长率(%)	−0.0294	−0.0240	−0.0213	0.0019
户均持股比例	0.0208	0.0143	−0.0667	−0.0439
户均持股比例变化	0.0132	0.0119	−0.0394	−0.0258
机构持股比例	−0.0037	0.0027	−0.0567	−0.0054
机构持股比例变化	0.0259	0.0152	−0.0695	−0.0121
销售毛利率(%)	−0.0488	−0.0369	−0.0512	−0.0193
销售净利率(%)	−0.0384	−0.0237	−0.0309	0.0141
ROE(%)	0.0241	0.0134	0.0203	0.0430
ROA(%)	−0.0409	−0.0293	−0.0183	0.0393
最近1个月涨幅(%)	−0.0451	−0.0399	0.0100	0.0093
最近2个月涨幅(%)	−0.0317	−0.0289	−0.0043	−0.0057
最近3个月涨幅(%)	−0.0254	−0.0224	−0.0229	−0.0045
最近6个月涨幅(%)	−0.0289	−0.0229	−0.0295	−0.0208
最近12个月涨幅(%)	−0.0193	−0.0174	0.0098	0.0070
最近1个月波动率(%)	−0.0371	−0.0345	0.0239	0.0020
波动率变化	−0.0451	−0.0385	0.0415	0.0119
最近1个月振幅(%)	−0.0603	−0.0510	−0.0049	−0.0114
振幅变化	−0.0116	−0.0090	−0.0052	−0.0060
最近1个月日均换手率(%)	−0.0631	−0.0539	0.0131	0.0100
换手率变化	0.0623	0.0543	0.0116	0.0222
流通市值	−0.0149	−0.0142	0.0027	0.0004
总市值	−0.0271	−0.0221	0.0529	−0.0158

表 19-8 各因子排名靠前组合各年超额收益率

因子	2007	2008	2009	2010	2011	2012	2013	2014	2015	2016	2017
E/P	0.0212	−0.6839	0.1796	0.1546	0.2289	−0.1758	0.0953	−0.0963	0.5230	0.2196	−0.1069
B/P	0.2843	−0.6494	0.4065	0.2241	0.2848	−0.0996	0.2166	−0.1123	0.6387	0.3444	−0.0578
CF/P	0.0522	−0.6920	0.2083	0.1591	0.2290	−0.1633	0.1265	−0.1237	0.4969	0.2243	−0.1000
EBITDA/EV	0.0431	−0.6794	0.2058	0.1640	0.2286	−0.1737	0.1012	−0.1155	0.5019	0.2256	−0.1065
SR/P	0.1196	−0.6726	0.2634	0.1785	0.2247	−0.1146	0.1683	−0.1113	0.5099	0.2289	−0.1094
营业利润增长率(%)	0.0378	−0.7405	0.3422	0.1714	0.2573	−0.1848	0.0653	−0.1008	0.4677	0.1938	−0.0913
营业收入增长率(%)	0.0100	−0.7366	0.3442	0.1484	0.2579	−0.1635	0.0752	−0.1107	0.4116	0.2080	−0.0788
经营活动产生的现金流净额增长率(%)	−0.0073	−0.7289	0.1801	0.1805	0.2442	−0.1904	0.0553	−0.1037	0.4375	0.1575	−0.0933
净利润增长率(%)	0.0615	−0.7443	0.3529	0.1711	0.2488	−0.1889	0.0584	−0.0912	0.4388	0.1727	−0.0958
户均持股比例	0.0754	−0.7043	0.1941	0.1956	0.1479	−0.1286	0.1397	−0.1268	0.5492	0.2828	−0.0732
户均持股比例变化	0.2073	−0.6707	0.3112	0.2279	0.2446	−0.0997	0.1772	−0.1297	0.5613	0.2599	−0.0337
机构持股比例	−0.0661	−0.7217	0.1395	0.1330	0.2393	−0.1565	0.0611	−0.1099	0.4267	0.1419	−0.0757
机构持股比例变化	−0.0210	−0.7243	0.3112	0.1922	0.2570	−0.1534	0.1183	−0.1118	0.4009	0.2025	−0.0828
销售毛利率(%)	0.0062	−0.6839	0.3291	0.1318	0.2182	−0.1505	0.0800	−0.1009	0.4667	0.1431	−0.0772
销售净利率(%)	0.0067	−0.6854	0.2238	0.1356	0.2111	−0.1520	0.0942	−0.1050	0.4807	0.1400	−0.0804
ROE(%)	0.1668	−0.7173	0.3382	0.1637	0.2578	−0.1294	0.0787	−0.1011	0.4394	0.1689	−0.0590
ROA(%)	0.0964	−0.6877	0.1973	0.1547	0.2368	−0.1205	0.1055	−0.1156	0.4597	0.1891	−0.0691
最近1个月涨幅(%)	−0.1046	−0.0037	−0.0153	0.2883	−0.0378	−0.1338	−0.2909	0.2123	0.1780	−0.2017	−0.4468
最近2个月涨幅(%)	−0.0193	0.0524	−0.0297	0.2675	0.0135	−0.1631	0.3986	0.2016	0.2373	−0.2068	−0.4082
最近3个月涨幅(%)	−0.0259	0.0111	−0.0307	0.3237	0.0547	−0.1129	0.3847	0.1914	0.1618	−0.2089	−0.3977
最近6个月涨幅(%)	−0.1772	−0.0208	0.0265	0.3678	−0.0068	−0.1249	0.4487	0.2774	0.2910	−0.0890	−0.3229
最近12个月涨幅(%)	−0.0869	−0.0267	−0.0103	0.3416	−0.0304	0.0237	−0.4299	−0.2740	0.3150	−0.1227	−0.2923
最近1个月波动率(%)	−0.0485	0.0762	0.0764	0.2561	−0.0302	−0.0723	0.4072	0.2917	1.3777	0.3736	−0.3233
波动率变化	0.2806	0.0886	0.0938	0.2204	−0.0315	−0.0142	0.3756	0.2803	1.2457	0.3849	−0.1850
最近1个月振幅(%)	0.0001	0.1482	0.0476	0.2193	−0.0468	−0.1068	0.3239	0.2358	0.3465	−0.0560	−0.5765
振幅变化	0.2675	0.1518	0.2063	0.2717	0.0759	0.0160	0.3898	0.3112	0.8200	0.0650	−0.3885
最近1个月日均换手率(%)	−0.2230	−0.0094	0.0603	0.1945	−0.0510	−0.1577	0.4278	0.3179	0.7090	−0.0875	−0.6692
换手率变化	0.1555	0.0278	0.1090	0.1470	−0.0261	−0.1263	0.2789	0.2714	0.5189	0.0635	−0.5454
流通市值	0.0235	0.0307	0.0367	0.1222	−0.0362	−0.0230	0.0977	0.0686	0.1098	0.0435	−0.1003
总市值	0.0415	0.0287	0.0407	0.0899	−0.0366	−0.0250	0.1153	0.0592	0.1161	0.0835	−0.1228

表 19-9 各因子排名靠后组合各年超额收益率

因子	2007	2008	2009	2010	2011	2012	2013	2014	2015	2016	2017
E/P	-0.0440	-0.7728	0.1475	0.1731	0.2945	-0.2236	0.0061	-0.0862	0.5329	0.2775	-0.0640
B/P	-0.1363	-0.7777	0.0995	0.0985	0.2522	-0.2180	-0.0590	-0.0712	-0.3719	0.0412	-0.1037
CF/P	-0.0368	-0.7333	0.3511	0.1498	0.2236	-0.1609	0.0543	-0.1067	0.5518	0.3044	-0.0729
EBITDA/EV	-0.0203	-0.8008	0.1840	0.1685	0.2754	-0.2230	0.0011	-0.0806	0.5322	0.2616	-0.0764
SR/P	-0.1126	-0.7541	0.0980	0.1112	0.2478	-0.2278	-0.0391	-0.0932	0.5062	0.2174	-0.0721
营业利润增长率(%)	-0.0829	-0.7518	0.1612	0.1455	0.2313	-0.2253	-0.0038	-0.1034	-0.4431	0.1769	-0.1123
营业收入增长率(%)	-0.0142	-0.7488	0.1866	0.1488	0.2275	-0.2000	-0.0145	-0.1020	0.5350	0.1401	-0.1138
经营活动产生的现金流净额增长率(%)	-0.0168	-0.7196	0.3382	0.1444	0.2308	-0.1909	0.0277	-0.1118	0.4701	0.2237	-0.0900
净利润增长率(%)	-0.1085	-0.7769	0.1694	0.1321	0.2319	-0.2134	-0.0083	-0.1217	-0.5439	0.2177	-0.0921
户均持股比例	-0.0669	-0.6855	0.1142	0.0984	0.2338	-0.2082	-0.0257	-0.0848	-0.3856	0.0433	-0.0877
户均持股比例变化	-0.0830	-0.7800	0.1787	0.1292	0.1700	-0.1588	0.0909	-0.1278	0.4365	0.2589	-0.0888
机构持股比例变化	-0.0272	-0.7465	0.1928	0.1591	0.2467	-0.2105	0.0078	-0.0915	0.4581	0.2006	-0.0994
机构持股比例变化	-0.0488	-0.7357	0.1482	0.1855	0.2456	-0.1957	-0.0106	-0.1063	-0.5866	0.2872	-0.0791
销售毛利率(%)	-0.0122	-0.7509	0.2126	0.1493	0.2796	-0.1970	0.0006	-0.0877	0.4126	0.1401	-0.1121
销售净利率(%)	-0.0316	-0.7609	0.2127	0.1487	0.2872	-0.1994	-0.0081	-0.0864	-0.4111	0.1414	-0.1116
ROE(%)	-0.0442	-0.7628	0.1594	0.1376	0.2741	-0.2207	-0.0068	-0.0890	0.4226	0.1613	-0.1172
ROA(%)	-0.0365	-0.7737	0.1762	0.1482	0.2819	-0.2157	0.0091	-0.0911	0.4244	0.1701	-0.1206
最近1个月涨幅(%)	0.2186	0.2726	0.4123	0.2467	0.0452	0.1709	0.4499	0.4248	1.8933	0.6427	-0.0684
最近2个月涨幅(%)	0.4174	0.2657	0.4606	0.3605	0.0599	0.1823	0.3544	0.4825	2.0030	0.6758	-0.0150
最近3个月涨幅(%)	0.4393	0.2267	0.4893	0.2879	0.0553	0.1487	0.3050	0.5136	2.0895	0.6845	-0.0030
最近6个月涨幅(%)	0.2903	0.2370	0.5151	0.2434	0.0266	0.1428	0.2730	0.3793	1.8807	0.6472	-0.0628
最近12个月涨幅(%)	0.1735	0.2011	0.5183	0.2577	-0.0058	-0.0414	0.2515	0.3048	1.8553	0.6139	-0.1029
最近1个月波动率(%)	0.5796	0.1778	0.2153	0.2284	0.0899	-0.0243	0.2835	0.3205	0.8783	0.1635	-0.1891
波动率变化	0.3235	0.1412	0.3317	0.2512	0.0074	-0.0582	0.2872	0.4008	0.9425	0.1375	-0.3090
最近1个月振幅(%)	0.5282	0.2639	0.3213	0.3178	0.0890	0.0648	0.2807	0.3748	1.6772	0.5081	0.0234
振幅变化	0.1664	0.1861	0.2231	0.3286	0.0114	0.0150	0.3182	0.3645	1.0774	0.1461	-0.3334
最近1个月日均换手率(%)	0.4227	0.1252	0.1602	0.2561	0.0898	0.0872	0.2639	0.2308	1.3969	0.5791	0.1791
换手率变化	0.2975	0.2266	0.3824	0.3412	0.0594	0.0130	0.3885	0.4807	1.6824	0.5884	0.0025
流通市值	0.6079	0.2431	0.5767	0.3665	0.0843	0.0822	0.5774	0.5605	1.9571	0.7068	-0.0767
总市值	0.6847	0.2730	0.6155	0.4085	0.2125	0.1799	0.5923	0.6063	1.9701	0.7428	-0.0846

三、综 合 评 价

为了研究行业内因子的选股能力,我们运用横截面回归法和排序打分法等构建了多种考察因子表现情况的指标,分别从各因子的信息系数、选股区分度、单调性和稳定性等多方面分析各因子的选股能力。根据行业内各因子的表现,我们把结果汇总在表 19-10 和表 19-11 中,分别代表月度选股因子综合评价和季度选股因子综合评价结果。

表 19-10　月度选股因子综合评价

因子	信息系数	选股区分度	单调性	稳定性
最近 1 个月涨幅(%)	显著为负	强	显著	强
最近 2 个月涨幅(%)	显著为负	强	显著	—
最近 3 个月涨幅(%)	显著为负	强	有一定的	—
最近 6 个月涨幅(%)	显著为负	强	—	—
最近 12 个月涨幅(%)	显著为负	强	—	较强
最近 1 个月波动率(%)	显著为负	强	—	强
波动率变化	显著为负	较强	—	强
最近 1 个月振幅(%)	显著为负	强	显著	—
振幅变化	显著为负	—	—	—
最近 1 个月日均换手率(%)	显著为负	强	—	强
换手率变化	显著为负	强	显著	—
流通市值	显著为负	强	显著	强
总市值	显著为负	强	显著	—

表 19-11　季度选股因子综合评价

因子	信息系数	选股区分度	单调性	稳定性
E/P	显著为正	—	—	强
B/P	显著为正	较强	有一定的	有一定的
CF/P	显著为正	一般	—	—
EBITDA/EV	显著为正	—	—	—
SR/P	显著为正	强	—	—
营业利润增长率(%)	显著为正	强	—	较强
营业收入增长率(%)	显著为正	强	—	—
经营活动产生的现金流净额增长率(%)	—	—	—	—
净利润增长率(%)	显著为正	强	显著	—
户均持股比例	显著为正	强	显著	强
户均持股比例变化	显著为正	强	—	强
机构持股比例	显著为负	一般	—	—
机构持股比例变化	显著为正	—	—	强

因子	信息系数	选股区分度	单调性	稳定性
销售毛利率(%)	显著为正	—	—	—
销售净利率(%)	显著为正	一般	—	—
ROE(%)	—	一般	—	—
ROA(%)	显著为正	—	—	—

综合各因子的信息系数、选股区分度、单调性和稳定性,全行业内如下因子表现较好：(1)季度因子:估值因子中的B/P、股东因子中的户均持股比例;(2)月度因子:规模因子中的流通市值、动量反转因子中的最近1个月涨幅。其中,估值因子中的B/P、股东因子中的户均持股比例2个因子为正向因子,剩余的规模因子中的流通市值、动量反转因子中的最近1个月涨幅2个因子为负向因子。

四、SAS 语句解析

```
/* 创建宏 DR,设置宏变量 I,对应股票的不同因子。*/
%macro dr(i);
proc sort data=kxxf.data2;
by year month descending &i;
run;
/* 根据因子排序结果每月将所有股票分为十组。Trdmnt 为表示月份数据 */
data kxxf.g&i;
set kxxf.data2;
by trdmnt;
if first.trdmnt then a1=1;
else a1+1;
run;
proc sql;
create table kxxf.g&i as
select *,int(max(a1)/10) as a2,mod(max(a1),10) as a3
from kxxf.g&i group by trdmnt;
quit;
data kxxf.g&i;
set kxxf.g&i;
if a1<=a2 then group=1;
if a2<a1<=(2*a2) then group=2;
if (2*a2)<a1<=(3*a2) then group=3;
if (3*a2)<a1<=(4*a2) then group=4;
if (4*a2)<a1<=(5*a2) then group=5;
if (5*a2)<a1<=(6*a2) then group=6;
```

```
if (6*a2)<a1<=(7*a2) then group=7;
if (7*a2)<a1<=(8*a2) then group=8;
if (8*a2)<a1<=(9*a2) then group=9;
if (9*a2)<a1 then group=10;
run;
/*根据股票分组结果,计算每组的平均收益。*/
proc sql;
create table kxxf.h&i as
select stkcd,trdmnt,group,&i,rate,avg(rate) as ar&i
from kxxf.g&i
group by group;
quit;
proc sort nodupkey data=kxxf.h&i;
by group;
run;
    proc sort data=kxxf.h&i;
by descending group;
run;
/*调用宏,其中调用的宏参数分别为本章测试的因子,具体名称对应见本章第一节。*/
%mend dr;
%dr(stdm); %dr(stdmc); %dr(zf); %dr(zfc); %dr(a_exrate);
%dr(a_exratec); %dr(rate1); %dr(rate2); %dr(rate3); %dr(rate6); %dr(rateyear); %dr(mv); %dr(tv);
%macro d(i);
/*计算区分度。*/
data kxxf.i&i;
set kxxf.h&i;
qfd1=(ar&i-lag9(ar&i))/ar1;
qfd2=(lag1(ar&i)-lag8(ar&i))/ar1;
qfd3=0.8*qfd1+0.2*qfd2;
qfd4=0.6*qfd1+0.4*qfd2;
run;
data kxxf.i&i(keep=ar&i qfd1 qfd2 qfd3 qfd4);
set kxxf.i&i;
if group=1;
run;
%mend d;
%d(stdm); %d(stdmc); %d(zf); %d(zfc); %d(a_exrate);
%d(a_exratec); %d(rate1); %d(rate2); %d(rate3); %d(rate6); %d(rateyear); %d(mv); %d(tv);
data kxxf.mdata2;
set kxxf.ia_exratec kxxf.irate2 kxxf.irate3 kxxf.irate6 kxxf.irateyear kxxf.istdm kxxf.istdmc
```

```
kxxf.izf kxxf.izfc kxxf.ia_exrate kxxf.iratel kxxf.imv kxxf.itv;
    run;
    /*由于选用的数据中,日期数据为字符型数据,取出年份数据。*/
    %macro dr(i);
    data kxxf.b&i;
    set kxxf.b&i;
    year1=substr(accper,1,4);
    year=year1+0;
    drop year1;
    run;
    %mend dr;
    %dr(pe);%dr(pb);%dr(pcf);%dr(ps);%dr(ev);
    %dr(yylrr);%dr(yysrr);%dr(xjllr);%dr(jlrr);%dr(hjcg);%dr(hjcgc);%dr(jgcg);%dr(jgcgc);%dr(roe);%dr(roa);%dr(xsmlv);%dr(xsjlv);
    run;
    /*计算各组合年平均收益*/
    %macro d(i);
    proc sql;
    create table kxxf.f&i as
    select year,avg(rank_&i) as acorr&i
    from kxxf.b&i
    group by year;
    quit;
    %mend d;
    %d(pe);%d(pb);%d(pcf);%d(ps);%d(ev);%d(stdm);%d(stdmc);%d(zf);%d(zfc);%d(a_exrate);%d(mv);%d(tv);
    %d(a_exratec);%d(rate1);%d(rate2);%d(rate3);%d(rate6);%d(rateyear);
    %d(yylrr);%d(yysrr);%d(xjllr);%d(jlrr);%d(hjcg);%d(hjcgc);%d(jgcg);%d(jgcgc);%d(roe);%d(roa);%d(xsmlv);%d(xsjlv);
    /*合并上文得出的数据集,便于综合分析*/
    data kxxf.ydata1;
    merge kxxf.fa_exratec kxxf.fpb kxxf.fpcf kxxf.fev kxxf.fps kxxf.fyylrr kxxf.fyysrr kxxf.fxjllr kxxf.fjlrr kxxf.fhjcg kxxf.fhjcgc kxxf.fjgcg kxxf.fjgcgc kxxf.fxsmlv kxxf.fxsjlv kxxf.froe kxxf.froa kxxf.frate1 kxxf.frate2 kxxf.frate3 kxxf.frate6 kxxf.frateyear kxxf.fstdm kxxf.fstdmc kxxf.fzf kxxf.fzfc kxxf.fa_exrate kxxf.fpe kxxf.fmv kxxf.ftv;
    by year;
    run;
    /*根据因子排序结果每季度将所有股票分为十组。Accper 是财报周期数据,刚好代表月度。后续处理和前文基本一致,不赘述*/
    %macro dr(i);
    proc sort data=kxxf.data1;
```

```
by accper descending &i;
run;
data kxxf.g&i;
set kxxf.data1;
by accper;
if first.accper then a1=1;
else a1+1;
run;
proc sql;
create table kxxf.g&i as
select *,int(max(a1)/10) as a2,mod(max(a1),10) as a3
from kxxf.g&i group by accper;
quit;
data kxxf.g&i;
set kxxf.g&i;
if a1<=a2 then group=1;
if a2<a1<=(2*a2) then group=2;
if (2*a2)<a1<=(3*a2) then group=3;
if (3*a2)<a1<=(4*a2) then group=4;
if (4*a2)<a1<=(5*a2) then group=5;
if (5*a2)<a1<=(6*a2) then group=6;
if (6*a2)<a1<=(7*a2) then group=7;
if (7*a2)<a1<=(8*a2) then group=8;
if (8*a2)<a1<=(9*a2) then group=9;
if (9*a2)<a1 then group=10;
run;
proc sql;
create table kxxf.h&i as
select stkcd,accper,group,&i,rate,avg(rate) as ar&i
from kxxf.g&i
group by group;
quit;
proc sql;
create table kxxf.h&i as
select *,avg(rate) as ar1
from kxxf.h&i;
quit;
    proc sort nodupkey data=kxxf.h&i;
by group;
run;
    proc sort data=kxxf.h&i;
```

```
by descending group;
run;
%mend dr;
%dr(pe);%dr(pb);%dr(pcf);%dr(ps);%dr(ev);
%dr(yylrr);%dr(yysrr);%dr(xjllr);%dr(jlrr);%dr(hjcg);%dr(hjcgc);%dr(jgcg);%dr
(jgcgc);%dr(roe);%dr(roa);%dr(xsmlv);%dr(xsjlv);
%macro d(i);
data kxxf.i&i;
set kxxf.h&i;
qfd1=(ar&i-lag9(ar&i))/ar1;
qfd2=(lag1(ar&i)-lag8(ar&i))/ar1;
qfd3=0.8*qfd1+0.2*qfd2;
qfd4=0.6*qfd1+0.4*qfd2;
run;
data kxxf.i&i(keep=ar&i qfd1 qfd2 qfd3 qfd4);
set kxxf.i&i;
if group=1;
run;
%mend d;
%d(pe);%d(pb);%d(pcf);%d(ps);%d(ev);
%d(yylrr);%d(yysrr);%d(xjllr);%d(jlrr);%d(hjcg);%d(hjcgc);%d(jgcg);%d(jgcgc);%d
(roe);%d(roa);%d(xsmlv);%d(xsjlv);
data kxxf.qdata2;
set kxxf.ihjcgc kxxf.ipb kxxf.ipcf kxxf.iev kxxf.ips kxxf.iyylrr kxxf.iyysrr kxxf.ixjllr kxxf.
ijlrr kxxf.ihjcg kxxf.ipe kxxf.ijgcg kxxf.ijgcgc kxxf.ixsmlv kxxf.ixsjlv kxxf.iroe kxxf.iroa;
run;
%macro dr(i);
data kxxf.j&i(keep=group trate&i);
set kxxf.h&i;
trate&i=ar&i*22;
run;
proc sort data=kxxf.j&i;
by group;
run;
%mend dr;
%dr(pe);%dr(pb);%dr(pcf);%dr(ps);%dr(ev);
%dr(yylrr);%dr(yysrr);%dr(xjllr);%dr(jlrr);%dr(hjcg);%dr(hjcgc);%dr(jgcg);%dr
(jgcgc);%dr(roe);%dr(roa);%dr(xsmlv);%dr(xsjlv);
%macro d(i);
data kxxf.j&i(keep=group trate&i);
set kxxf.h&i;
```

```
trate&i=ar&i*93;
run;
proc sort data=kxxf.j&i;
by group;
run;
%mend d;
%d(stdm);%d(stdmc);%d(zf);%d(zfc);%d(a_exrate);
%d(a_exratec);%d(rate1);%d(rate2);%d(rate3);%d(rate6);%d(rateyear);%d(mv);%d(tv);
data kxxf.ydata2;
merge kxxf.ja_exratec kxxf.jpb kxxf.jpcf kxxf.jev kxxf.jps kxxf.jyylrr kxxf.jyysrr kxxf.jxjllr
kxxf.jjlrr kxxf.jhjcg kxxf.jhjcgc kxxf.jjgcg kxxf.jjgcgc kxxf.jxsmlv kxxf.jxsjlv kxxf.jroe kxxf.
jroa kxxf.jrate1 kxxf.jrate2 kxxf.jrate3 kxxf.jrate6 kxxf.jrateyear kxxf.jstdm kxxf.jstdmc kxxf.jzf
kxxf.jzfc kxxf.ja_exrate kxxf.jpe kxxf.jmv kxxf.jtv;
by group;
run;
%macro dr(i);
proc sql;
create table kxxf.k&i as
    select *
    from kxxf.a&i,kxxf.g&i
    where a&i..stkcd=g&i..stkcd and a&i..accper=g&i..accper;run;
proc sort data=kxxf.k&i;
by group;
run;
ODS OUTPUT PearsonCorr=kxxf.l&i;
proc corr data=kxxf.k&i fisher;
var rank_&i;
with rank_b;by group;
run;
ODS OUTPUT CLOSE;
data kxxf.l&i;
set kxxf.l&i;
xxxs1&i=0.8*rank_&i+0.2*lag1(rank_&i);
xxxs2&i=0.2*rank_&i+0.8*lag1(rank_&i);
run;
data kxxf.l&i(keep=group rank_&i xxxs1&i xxxs2&i);
set kxxf.l&i;
if group=1 or group=2 or group=10;;
run;
%mend dr;
%dr(pe);%dr(pb);%dr(pcf);%dr(ps);%dr(ev);
```

%dr(yylrr);%dr(yysrr);%dr(xjllr);%dr(jlrr);%dr(hjcg);%dr(hjcgc);%dr(jgcg);%dr(jgcgc);%dr(roe);%dr(roa);%dr(xsmlv);%dr(xsjlv);
%macro d(i);
proc sql;
create table kxxf.k&i as
    select *
    from kxxf.a&i,kxxf.g&i
    where a&i..stkcd=g&i..stkcd and a&i..trdmnt=g&i..trdmnt;run;
proc sort data=kxxf.k&i;
by group;
run;
ODS OUTPUT PearsonCorr=kxxf.l&i;
proc corr data=kxxf.k&i fisher;
var rank_&i ;
with rank_b;by group;
run;
ODS OUTPUT CLOSE;
data kxxf.l&i;
set kxxf.l&i;
xxxs1&i=0.8*rank_&i+0.2*lag1(rank_&i);
xxxs2&i=0.2*rank_&i+0.8*lag1(rank_&i);
run;
data kxxf.l&i(keep=group rank_&i xxxs1&i xxxs2&i);
set kxxf.l&i;
if group=1 or group=2 or group=10;;
run;
%mend d;
%d(stdm);%d(stdmc);%d(zf);%d(zfc);%d(a_exrate);
%d(a_exratec);%d(rate1);%d(rate2);%d(rate3);%d(rate6);%d(rateyear);%d(mv);%d(tv);
data kxxf.ydata3;
merge kxxf.la_exratec kxxf.lpb kxxf.lpcf kxxf.lev kxxf.lps kxxf.lyylrr kxxf.lyysrr kxxf.lxjllr kxxf.ljlrr kxxf.lhjcg kxxf.lhjcgc kxxf.ljgcg kxxf.ljgcgc kxxf.lxsmlv kxxf.lxsjlv kxxf.lroe kxxf.lroa kxxf.lrate1 kxxf.lrate2 kxxf.lrate3 kxxf.lrate6 kxxf.lrateyear kxxf.lstdm kxxf.lstdmc kxxf.lzf kxxf.lzfc kxxf.la_exrate kxxf.lpe kxxf.lmv kxxf.ltv;
by group;
run;
%macro dr(i);
data kxxf.g&i;
set kxxf.g&i;
r_rm=Mretnd-ratem;

```
run;
proc sql;
create table kxxf.n&i as
select stkcd,accper,group,year,&i,rate,avg(r_rm) as ar_rm&i
from kxxf.g&i
group by group,accper;
quit;
   proc sort nodupkey data=kxxf.n&i;
by group accper;
run;
proc sql;
create table kxxf.n&i as
select * ,sum(ar_rm&i) as tr_rm&i
from kxxf.n&i
group by year,group;
quit;
   proc sort nodupkey data=kxxf.n&i;
by group year;
run;
proc sort data=kxxf.n&i;
by year descending group;
run;
data kxxf.n&i;
set kxxf.n&i;
tr_rm1&i=0.8*tr_rm&i+0.2*lag1(tr_rm&i);
run;
data kxxf.o&i(keep= tr_rm1&i year);
set kxxf.n&i;
if group=1;
run;
%mend dr;
%dr(pe);%dr(pb);%dr(pcf);%dr(ps);%dr(ev);
%dr(yylrr);%dr(yysrr);%dr(xjllr);%dr(jlrr);%dr(hjcg);%dr(hjcgc);%dr(jgcg);%dr(jgcgc);%dr(roe);%dr(roa);%dr(xsmlv);%dr(xsjlv);
%macro d(i);
data kxxf.g&i;
set kxxf.g&i;
r_rm=Mretnd-ratem;
run;
proc sql;
create table kxxf.n&i as
```

```
select stkcd,trdmnt,year,group,&i,rate,avg(r_rm) as ar_rm&i
from kxxf.g&i
group by group,trdmnt;
quit;
    proc sort nodupkey data=kxxf.n&i;
by group trdmnt;
run;
proc sql;
create table kxxf.n&i as
select * ,sum(ar_rm&i) as tr_rm&i
from kxxf.n&i
group by year,group;
quit;
    proc sort nodupkey data=kxxf.n&i;
by group year;
run;
proc sort data=kxxf.n&i;
by year descending group;
run;
data kxxf.n&i;
set kxxf.n&i;
tr_rm1&i=0.8*tr_rm&i+0.2*lag1(tr_rm&i);
run;
data kxxf.o&i(keep= tr_rm1&i year);
set kxxf.n&i;
if group=1;
run;
%mend d;
%d(stdm);%d(stdmc);%d(zf);%d(zfc);%d(a_exrate);
%d(a_exratec);%d(rate1);%d(rate2);%d(rate3);%d(rate6);%d(rateyear);%d(mv);%d(tv);
data kxxf.ydata4;
merge kxxf.oa_exratec kxxf.opb kxxf.opcf kxxf.oev kxxf.ops kxxf.oyylrr kxxf.oyysrr kxxf.oxjllr kxxf.ojlrr kxxf.ohjcg kxxf.ohjcgc kxxf.ojgcg kxxf.ojgcgc kxxf.oxsmlv kxxf.oxsjlv kxxf.oroe kxxf.oroa kxxf.orate1 kxxf.orate2 kxxf.orate3 kxxf.orate6 kxxf.orateyear kxxf.ostdm kxxf.ostdmc kxxf.ozf kxxf.ozfc kxxf.oa_exrate kxxf.ope kxxf.omv kxxf.otv;
by year;
run;
%macro d(i);
proc sort data=kxxf.n&i;
by year group;
run;
```

```
data kxxf.n&i;
set kxxf.n&i;
tr_rm2&i=0.8*tr_rm&i+0.2*lag1(tr_rm&i);
run;
data kxxf.p&i(keep= tr_rm2&i year);
set kxxf.n&i;
if group=10;
run;
%mend d;
%d(pe);%d(pb);%d(pcf);%d(ps);%d(ev);%d(stdm);%d(stdmc);%d(zf);%d(zfc);%d(a_exrate);%d(mv);%d(tv);
%d(a_exratec);%d(rate1);%d(rate2);%d(rate3);%d(rate6);%d(rateyear);
%d(yylrr);%d(yysrr);%d(xjllr);%d(jlrr);%d(hjcg);%d(hjcgc);%d(jgcg);%d(jgcgc);%d(roe);%d(roa);%d(xsmlv);%d(xsjlv);
data kxxf.ydata5;
merge kxxf.pa_exratec kxxf.ppb kxxf.ppcf kxxf.pev kxxf.pps kxxf.pyylrr kxxf.pyysrr kxxf.pxjllr kxxf.pjlrr kxxf.phjcg kxxf.phjcgc kxxf.pjgcg kxxf.pjgcgc kxxf.pxsmlv kxxf.pxsjlv kxxf.proe kxxf.proa kxxf.prate1 kxxf.prate2 kxxf.prate3 kxxf.prate6 kxxf.prateyear kxxf.pstdm kxxf.pstdmc kxxf.pzf kxxf.pzfc kxxf.pa_exrate kxxf.ppe kxxf.pmv kxxf.ptv;
by year;
run;
```

附录　数据说明

本书使用的数据来源于国泰安 CSMAR 数据库和同花顺 iFinD 数据库。为了方便研究，对一些数据进行了整合处理，现提供相关数据下载供读者研究尝试。下载地址：https://pan.baidu.com/s/12XYNm7g9a8QEzPACBHFRoQ；提取码：17pz。

其中，"tdata3"是季度数据，财报中提取的指标都在其中。"Trademonth4"为月度数据，与交易数据相关的因子都在其中。

由于 SAS 不能读取中文变量名，所提供的数据均为英文变量名。具体解释如下：

Stkcd［证券代码］——以上交所、深交所公布的证券代码为准。

Trdmnt［交易月份］——以 YYYY-MM 表示。

Opndt［月开盘日期］——以 DD 表示，为 OPNPRC 的所在日，"DD"＝本月无交易。

Clsdt［月收盘日期］——以 DD 表示，为 CLSPRC 的所在日，"DD"＝本月无交易。

Mnshrtrd［月个股交易股数］——月内该股票的交易数量。

Mnvaltrd［月个股交易金额］——月内该股票的交易金额；A 股以人民币元计，上海 B 以美元计，深圳 B 以港币计。

Msmvosd［月个股流通市值］——个股的流通股数与月收盘价的乘积。A 股以人民币元计，上海 B 以美元计，深圳 B 以港币计。

Msmvttl［月个股总市值］——个股的发行总股数与收盘价的乘积，A 股以人民币元计，上海 B 股以美元计，深圳 B 股以港币计。

Ndaytrd［月交易天数］——月内实际交易的天数。

Mretwd［考虑现金红利再投资的月个股回报率］——字段说明见"回报率计算方法"。

Mretnd［不考虑现金红利再投资的月个股回报率］——字段说明见"回报率计算方法"。

Markettype［市场类型］——1＝上海 A，2＝上海 B，4＝深圳 A，8＝深圳 B，16＝创业板。

Capchgdt［最新股本变动日期］——上市公司最近一次股本发生变化的日期。

Accper［会计期间］——会计报表日，统一用 10 位字符表示，如 1999-12-31。

Typrep［报表类型］——上市公司的财务报表中反映的是合并报表或者母公司报表。"A＝合并报表""B＝母公司报表"。

A001101000［货币资金］——公司库存现金、银行结算户存款、外埠存款、银行汇票存款、银行本票存款、信用卡存款、信用证保证金存款等的合计数。1990 年起使用。

A0d1101101［其中:客户资金存款］——金融企业的客户资金存款数。

A0d1102000［结算备付金］——从事证券业务的金融企业为证券交易的资金清算与交收而存入指定清算代理机构的款项。

A0d1102101［其中:客户备付金］——证券经纪业务取得的客户备付金。

A0b1103000［现金及存放中央银行款项］——企业持有的现金、存放中央银行款项等总额。

A0b1104000［存放同业款项］——企业（银行）存放于境内、境外银行和非银行金融机构的款项。

A0b1105000［贵金属］——企业（金融）持有的黄金、白银等贵金属存货的成本。

A0f1106000［拆出资金净额］——企业（金融）拆借给境内、境外其他金融机构的款项与相关贷款损失准备科目之差额。

A001107000［交易性金融资产］——企业为交易目的所持有的债券投资、股票投资、基金投资等交易性金融资产的公允价值。企业持有的直接指定为以公允价值计量且其变动计入当期损益的金融资产，也在本科目核算。2007年起使用。

A0f1108000［衍生金融资产］——企业持有的衍生工具、套期工具、被套期项目中属于衍生金融资产的金额。

A001109000［短期投资净额］——"短期投资"与"短期投资跌价准备"之差额。短期投资是公司购入的各种能随时变现并准备随时变现的、持有时间不超过一年（含一年）的股票和债券，以及不超过一年（含一年）的其他投资。1998年起使用，2007年新准则停止使用但本库予以保留。

A001110000［应收票据净额］——应收票据与其坏账准备之差额。应收票据是公司收到的未到期也未向银行贴现的票据，包括商业承兑汇票和银行承兑汇票。但不包括已背书转让的应收票据。1991年起使用。

A001111000［应收账款净额］——应收账款与应收账款坏账准备的差额。应收账款是公司因销售商品、产品、材料和提供劳务及办理工程结算等业务，而应向购买单位或接受劳务单位收取的款项。2007年起使用。

A001112000［预付款项净额］——"预付账款"和"应付账款"借方余额之和与"坏账准备"的差额。预付款项是企业按照购货合同规定预付给供应单位的款项。

A0i1113000［应收保费净额］——应收保费与其坏账准备之差额。应收保费是金融企业应向投保人收取但尚未收到的保费。

A0i1114000［应收分保账款净额］——应收分保账款与其坏账准备之差额。应收分保账款是企业（保险）从事再保险业务应收取的款项。

A0i1115000［应收代位追偿款净额］——代位追偿款与其坏账准备之差额。代位追偿款是指保险人承担赔偿保险责任后，依法从被保险人取得代为追偿权向第三者责任人索赔而应取得的赔款。

A0i1116000［应收分保合同准备金净额］——应收分保合同准备金与其坏账准备之差额。应收分保合同准备金是企业（再保险分出人）从事再保险业务确认的应收分保未到期责任准备金，以及应向再保险接受人摊回的保险责任准备金。2007年起使用。

A0i1116101［其中:应收分保未到期责任准备金净额］——属于分出的未赚保费，是对当期分出保费的调整。

A0i1116201［其中:应收分保未决赔款准备金净额］——应收分保未决赔款准备金与其坏账准备之差额。应收分保未决赔款准备金是企业从事再保险业务应向再保险接受人摊回的应收分保未决赔款准备金扣减累计减值准备后的账面价值。

A0i1116301［其中:应收分保寿险责任准备金净额］——应收分保寿险责任准备金与其坏账准备之差额。应收分保寿险责任准备金是企业从事再保险业务应向再保险接受人摊回的应收分保寿险责任准备金扣减累计减值准备后的账面价值。

A0i1116401［其中:应收分保长期健康险责任准备金净额］——应收分保长期健康险责任准备金与其坏账准备之差额。应收分保长期健康险责任准备金净额是企业从事再保险业务应向再保险接受人摊回的应收分保长期健康险责任准备金扣减累计减值准备后的账面价值。

A001119000［应收利息净额］——应收利息与其坏账准备之差额。应收利息是公司因债权投资而应收取的利息。公司购入到期还本付息债券应收的利息不包括在本项目内。1998年起使用。

A001120000［应收股利净额］——应收股利与其坏账准备之差额。应收股利是公司因股权投资而应收取的现金股利。公司应收其他单位的利润也包括在本项目内。1998年起使用。

A001121000［其他应收款净额］——其他应收款与其他应收款坏账准备的差额。其他应收款是企业除存出保证金、买入返售金融资产、应收票据、应收账款、预付账款、应收股利、应收利息、应收代位追偿款、应收分保账款、应收分保合同准备金、长期应收款等以外的其他各种应收及暂付款项。2007年起使用。

A0f1122000［买入返售金融资产净额］——买入返售金融资产与其坏账准备之差额。买入返售金融资产是企业（金融）按照返售协议约定先买入再按固定价格返售的票据、证券、贷款等金融资产所融出的资金。2007年起使用。

A001123000［存货净额］——"存货"与"存货跌价准备"之差额。存货是指企业在日常活动中持有以备出售的产成品或商品、处在生产过程中的在产品、在生产过程或提供劳务过程中耗用的材料和物料等。1990年起使用。

A001124000［一年内到期的非流动资产］——公司拥有的一年内到期的非流动资产的账面价值。2007年起使用。

A0d1126000［存出保证金］——企业（金融）因办理业务需要存出或缴纳的各种保证金款项。

A001125000［其他流动资产］——不能列入流动资产其他各项目的流动资产。1990年起使用。

A001100000［流动资产合计］——流动资产各项目之合计,金融企业不计算此项目。1990年起使用。

A0i1224000［保户质押贷款净额］——保户质押贷款与相关贷款损失准备科目之差额。

A0i1225000［定期存款］——保险公司存放在金融机构的定期存款。

A0b1201000［发放贷款及垫款净额］——企业发放的贷款和贴现资产扣减贷款损失准备期末余额后的金额。

A001202000［可供出售金融资产净额］——可供出售金融资产与可供出售金融资产减值准备净额之差额。可供出售金融资产是企业持有的可供出售金融资产的公允价值,包括可供出售的股票投资、债券投资等金融资产。2007年起使用。

A001203000［持有至到期投资净额］——企业持有至到期投资与持有至到期投资减值准备之差额。持有至到期投资,是指到期日固定、回收金额固定或可确定,且企业有明确意图和能力持有至到期的非衍生金融资产。通常情况下,企业持有的在活跃市场上有公开报价的国债、企业债券、金融债券等,均为持有至到期投资。2007年起使用。

A001204000［长期应收款净额］——长期应收款与其坏账准备、未实现融资收益的差额。长期应收款是企业的长期应收项,包括融资租赁产生的应收款项、采用递延方式具有融资性质的销售商品和提供劳务等产生的应收款项等。实质上构成对被投资单位净投资的长期权益,也通过本科目核算。2007年起使用。

A001205000［长期股权投资净额］——长期股权投资与长期股权投资减值准备之差额。2007年起使用。2007年前长期股权投资定义为公司不准备在一年内(含一年)变现的各种股权性质的投资,包括购入的股票和其他股权投资。2007年新准则实行后将原"长期股权投资"分别在"长期股权投资""可供出售金融资产"和"商誉"中核算。

A001206000［长期债权投资净额］——长期债权投资与长期债权投资减值准备之差额。长期债权投资指公司不准备在一年内(含一年)变现的各种债权性质的投资,如债券投资。2007年新准则实行后长期债权投资科目取消,本库予以保留。

A001207000［长期投资净额］——长期投资各项目之合计与长期投资减值准备项目之差额。长期投资项目包括长期股权投资、长期债券投资与其他长期投资。1998年起使用,2007年新准则实行后停止使用,但本库予以保留。

A0i1209000［存出资本保证金］——企业(保险)按规定比例缴存的资本保证金。

A0i1210000［独立账户资产］——企业(保险)对分拆核算的投资联结产品不属于风险保障部分确认的独立账户资产价值。

A001211000［投资性房地产净额］——投资性房地产是指为赚取租金或资本增值,或两者兼有而持有的房地产,包括已出租的土地使用权、持有并准备增值后转让的土地使用权、已出租的建筑物。投资性房地产净额是投资性房地产与投资性房地产减值准备、投资性房地产累计折旧之差额。2007年起使用。

A001212000［固定资产净额］——固定资产原价除去累计折旧和固定资产减值准备之后的净额。固定资产是企业持有的固定资产原价,建造承包商的临时设施,以及企业购置计算机硬件所附带的、未单独计价的软件,也通过本科目核算。2000年起使用。2007年新准则实行后符合"投资性房地产"定义的计入"投资性房地产"项目进行核算。

A001213000［在建工程净额］——在建工程与在建工程减值准备之差额。在建工程是公司期末各项未完工程的实际支出,包括占用土地的地价、前期准备费用、交付安装的设备价值、未完建筑安装工程已耗用的材料、基本建设管理费、预付出包工程的价款、已经建筑安装完毕但尚未交付使用的建筑安装工程成本等。2000年起使用。

A001214000［工程物资］——公司各项工程尚未使用的工程物资的实际成本。1997年起使用。

A001215000［固定资产清理］——公司因出售、毁损、报废等原因转入清理但尚未清理完毕的固定资产的净值,以及固定资产清理过程中所发生的清理费用和变价收入等各项金额的差额。1992年起使用。

A001216000［生产性生物资产净额］——生产性生物资产与生产性生物资产减值准备之差额。生产性生物资产是指为产出农产品、提供或出租劳务等目的而持有的生物资产,包括经济林、薪炭林、产畜和役畜等。2007年起使用。

A001217000［油气资产净额］——油气资产与累计折耗之差额。油气资产是油气开采企业持有的矿区权益和油气井及相关设施的原价。

A001218000［无形资产净额］——公司各项无形资产的原价扣除摊销和减值准备后的净额。公司的无形资产包括专利权、非专利技术、商标权、著作权、土地使用权等。2000年起使用。2007年新准则实行后原无形资产分别在"无形资产""商誉""投资性房地产"中进行核算。

A0d1218101［其中:交易席位费］——证券公司缴纳的交易席位费的可回收金额。

A001219000［开发支出］——开发过程中资本化后但还没有结转为无形资产的部分。2007年起使用。

A001220000［商誉净额］——商誉与商誉减值准备之差额。商誉是企业合并中形成的商誉价值。2007年起使用。

A001221000［长期待摊费用］——公司尚未摊销的除开办费以外的摊销期限在一年以上(不含一年)的各种费用,如租入固定资产改良支出、大修理支出,以及摊销期限在一年以上(不含一年)的其他待摊费用。1998年起使用。

A001222000［递延所得税资产］——企业确认的可抵扣暂时性差异产生的递延所得税资产。2007年起使用。

A001223000［其他非流动资产］——企业除了上述非流动资产以外的非流动资产合计。2007年起使用。

A001200000［非流动资产合计］——上述非流动资产的合计数,金融企业不计算该项目。2007年起使用。

A0f1300000［其他资产］——金融企业披露的其他资产。

A001000000［资产总计］——资产各项目之总计。1990年起使用。

A002101000［短期借款］——公司借入的尚未归还的一年期以下(含一年)的借款。

A0d2101101［其中:质押借款］——证券公司通过质押方式从银行融资获得的金额。

A0b2102000［向中央银行借款］——银行向中央银行借入的临时周转借款、季节性借款、年度性借款以及因特殊需要经批准向中央银行借入的特种借款等。

A0b2103000［吸收存款及同业存放］——银行吸收的客户存款或者其他金融机构存放于本行的款项。

A0b2103101［其中:同业及其他金融机构存放款项］——其他银行或金融机构因发生日常结算往来而存入本银行的清算款项。

A0b2103201［其中:吸收存款］——企业(银行)吸收的除同业存放款项以外的其他各种存款。

A0f2104000［拆入资金］——金融企业从金融机构拆入的款项。

A002105000［交易性金融负债］——企业承担的交易性金融负债的公允价值。企业持有的直接指定为以公允价值计量且其变动计入当期损益的金融负债,也在本科目核算。2007年起使用。

A0f2106000［衍生金融负债］——企业持有的衍生工具、套期工具、被套期项目中属于衍生金融负债的金额。

A002107000［应付票据］——公司为了抵付货款等开出的尚未到期付款的应付票据,包括银行承兑汇票和商业承兑汇票。1991年起使用。

A002108000［应付账款］——公司购买原材料、商品或接受劳务供应等而应付给供应单位的款项。1990年起使用。

A002109000［预收款项］——公司按照购货合同规定预收购买单位的款项。1990年起使用。

A0f2110000［卖出回购金融资产款］——企业(金融)按照回购协议先卖出再按固定价格买入的票据、证券、贷款等金融资产所融入的资金。2007年起使用。

A0i2111000［应付手续费及佣金］——保险企业因业务往来应支付的手续费及佣金。

A002112000［应付职工薪酬］——企业根据有关规定应付给职工的各种薪酬。可按"工资""职工福利""社会保险费""住房公积金""工会经费""职工教育经费""非货币性福利""辞退福利""股份支付"等进行明细核算。2007年起使用。

A002113000［应交税费］——企业按照税法等规定计算应缴纳的各种税费,包括增值税、消费税、营业税、所得税、资源税、土地增值税、城市维护建设税、房产税、土地使用税、车船使用税、教育费附加、矿产资源补偿费等。企业代扣代缴的个人所得税等,也通过本科目核算。2007年起使用。

A002114000［应付利息］——核算企业对于按期付息、到期偿还本金的长期借款、应付债券和其他长期负债按期计提的利息。2002年起使用,部分企业使用本项目。

A002115000［应付股利］——公司经董事会或股东大会决议确定分配的、尚未支付的现金股利。1991年起使用。

A0i2116000［应付赔付款］——保险企业应支付但尚未支付的赔付款项。

A0i2117000［应付保单红利］——企业(保险)按原保险合同约定应付未付投保人的红利。

A0i2118000［保户储金及投资款］——企业(保险)收到投保人以储金本金增值作为保费收入的储金及收到投保人投资型保险业务的投资款。

A0i2119000［保险合同准备金］——包括未到期责任准备金、未决赔款准备金、寿险责任准备金和长期健康险责任准备金。

A0i2119101［其中:未到期责任准备金］——保险人为尚未终止的非寿险保险责任提取的准备金。

A0i2119201［其中:未决赔款准备金］——保险人为非寿险保险事故已发生尚未结案的赔案提取的准备金。

A0i2119301［其中:寿险责任准备金］——保险人为尚未终止的人寿保险责任提取的准备金。

A0i2119401［其中:长期健康险责任准备金］——保险人为尚未终止的长期健康保险责

任提取的准备金。

A002120000［其他应付款］——企业除应付票据、应付账款、预收账款、应付职工薪酬、应付利息、应付股利、应交税费、长期应付款等以外的其他各项应付、暂收的款项。1990年起使用。

A0i2121000［应付分保账款］——企业（保险）从事再保险业务应付未付的款项。2007年起使用。

A0d2122000［代理买卖证券款］——企业（证券）接受客户委托，代理客户买卖股票、债券和基金等有价证券而收到的款项。2007年起使用。

A0d2123000［代理承销证券款］——企业（金融）接受委托，采用承购包销方式或代销方式承销证券所形成的、应付证券发行人的承销资金。2007年起使用。

A0i2124000［预收保费］——企业（保险）收到未满足保费收入确认条件的保险费。

A002125000［一年内到期的非流动负债］——一年内到期的非流动负债的账面价值。2007年起使用。

A002126000［其他流动负债］——不能列入流动负债其他各项目的流动负债。

A002100000［流动负债合计］——流动负债各项目之合计。1990年起使用。

A002201000［长期借款］——公司向银行或其他金融机构借入的期限在一年期以上（不含一年）的各项借款。1990年起使用。

A0d2202000［独立账户负债］——企业（保险）对分拆核算的投资联结产品不属于风险保障部分确认的独立账户负债。

A002203000［应付债券］——企业为筹集（长期）资金而发行债券的本金和利息。企业发行的可转换公司债券，应对负债和权益成分进行分拆，分拆后形成的负债成分在本科目核算。

A002204000［长期应付款］——公司除长期借款和应付债券以外的其他各种长期应付款，包括采用补偿贸易方式下引进国外设备价款、应付融资租入固定资产租赁费等。1991年起使用。

A002205000［专项应付款］——公司因承担专项建设任务等形成的应付款项。如应付科技三项费用等。2000年起使用，该项目为备用项目。

A002206000［长期负债合计］——长期负债各项目之合计。1990年起使用，2007年停止使用。

A002207000［预计负债］——公司预计的各项或有负债，如预计的待决诉讼费用。2007年以前属于流动性负债，2007年后属于非流动性负债。2000年起使用。

A002208000［递延所得税负债］——企业确认的应纳税暂时性差异产生的所得税负债。2007年起使用。

A002209000［其他非流动负债］——除上述非流动负债以外的非流动负债的合计。2007年起使用。

A002200000［非流动负债合计］——所有非流动负债的合计。2007年起使用。

A0f2300000［其他负债］——金融企业披露的其他负债。

A002000000［负债合计］——负债各项目之合计。1990年起使用。

A003101000［实收资本（或股本）］——按照公司章程的规定，股东投入公司的股本总额与已归还投资之差额。

A003102000［资本公积］——公司资本公积的期末余额。包括股本溢价、法定财产重估增值、住房公积金转入、接受捐赠的资产价值、投资准备等。1990年起使用。

A003102101［其中：库存股］——企业收购、转让或注销的本公司股份金额。2007年起使用。

A003103000［盈余公积］——按照国家有关规定从利润中提取的公积金。包括法定盈余公积金、任意盈余公积金和公益金，按照税后利润扣除弥补以前年度亏损（如果有）后的数额的一定比例提取。1991年起使用。

A0f3104000［一般风险准备］——企业（金融）按规定从净利润中提取的一般风险准备。

A003105000［未分配利润］——公司尚未分配的利润。1990年起使用。

A003106000［外币报表折算差额］——因记账本位币不同而产生的货币折算差额。

A003107000［未确认的投资损失］——编制合并报表时按权益法核算的长期投资项目，如被投资企业的所有者权益为负数时，公司承担的被投资企业负所有者权益之份额。1997年起使用，2007年停止使用。

A003100000［归属于母公司所有者权益合计］——合并报表中归属于母公司所有者份额的权益。2007年起使用。

A003200000［少数股东权益］——子公司所有者权益中由母公司以外的其他投资者拥有的份额。1991年起使用。

A003000000［所有者权益合计］——股东权益各项目之合计。1990年起使用。

A004000000［负债与所有者权益总计］——负债与股东权益各项目之总计。1990年起使用。

B001100000［营业总收入］——企业经营过程中所有收入之和。

B001101000［营业收入］——企业经营过程中确认的营业收入。

Bbd1102000［利息净收入］——企业所确认的利息收入与发生的利息支出之差额。

Bbd1102101［利息收入］——企业（金融）确认的利息收入，包括发放的各类贷款（银团贷款、贸易融资、贴现和转贴现融出资金、协议透支、信用卡透支、转贷款、垫款等）与其他金融机构（中央银行、同业等）之间发生资金往来业务、买入返售金融资产等实现的利息收入等。

Bbd1102203［利息支出］——企业（金融）发生的利息支出，包括吸收的各种存款（单位存款、个人存款、信用卡存款、特种存款、转贷款资金等）与其他金融机构（中央银行、同业等）之间发生资金往来业务、卖出回购金融资产等产生的利息支出。

B0i1103000［已赚保费］——保险起期已经预先缴付的保险费，过去的保险期间的保费就成为已赚的保费。

B0i1103101［保险业务收入］——反映企业从事保险业务确认的原保费收入和分保费收入。

B0i1103111［其中：分保费收入］——反映企业从事再保险业务确认的收入。

B0i1103203［减：分出保费］——反映企业从事再保险业务分出的保费。

B0i1103303［减：提取未到期责任准备金］——企业（保险）提取的非寿险原保险合同未

到期责任准备金和再保险合同分保未到期责任准备金。

B0d1104000[手续费及佣金净收入]——企业确认的手续费及佣金收入与发生的各项手续费、佣金支出之差额。

B0d1104101[其中:代理买卖证券业务净收入]——证券公司代理买卖证券业务收入与支出之差额。

B0d1104201[其中:证券承销业务净收入]——证券公司证券承销业务收入与支出之差额。

B0d1104301[其中:受托客户资产管理业务净收入]——证券公司受托客户资产管理业务收入与支出之差额。

B0d1104401[手续费及佣金收入]——企业(金融)确认的手续费及佣金收入,包括办理结算业务、咨询业务、担保业务、代保管等代理业务以及办理受托贷款及投资业务等取得的手续费及佣金。

B0d1104501[手续费及佣金支出]——企业(金融)发生的与其经营活动相关的各项手续费、佣金等支出。

B0f1105000[其他业务收入]——企业经营的其他业务所确认的收入。

B001200000[营业总成本]——企业经营过程中所有成本之和。

B001201000[营业成本]——企业确认的营业成本。

B0i1202000[退保金]——企业(保险)寿险原保险合同提前解除时按照约定应当退还投保人的保单现金价值。

B0i1203000[赔付支出净额]——反映"赔付支出"项目金额减去"摊回赔付支出"项目金额后的余额。

B0i1203101[赔付支出]——企业(保险)支付的原保险合同赔付款项和再保险合同赔付款项。

B0i1203203[减:摊回赔付支出]——企业(再保险分出人)向再保险接受人摊回的赔付成本。

B0i1204000[提取保险责任准备金净额]——反映"提取保险责任准备金"项目金额减去"摊回保险责任准备金"项目金额后的余额。

B0i1204101[提取保险责任准备金]——反映企业提取的保险责任准备金,包括未决赔款准备金、寿险准备金、长期健康险准备金。

B0i1204203[减:摊回保险责任准备金]——企业(再保险分出人)从事再保险业务应向再保险接受人摊回的保险责任准备金。

B0i1205000[保单红利支出]——企业(保险)按原保险合同约定支付给投保人的红利。

B0i1206000[分保费用]——企业(再保险接受人)向再保险分出人支付的分保费用。

B001207000[营业税金及附加]——企业经营活动发生的营业税、消费税、城市维护建设税、资源税和教育费附加等相关税费。2007年新准则实行后取消"主营业务税金及附加",使用"营业税金及附加"。

B0f1208000[业务及管理费]——企业(金融)在业务经营和管理过程中所发生的各项费用,包括电子设备运转费、安全防范费、物业管理费等。

B0i1208103［减：摊回分保费用］——反映企业从事再保险分出业务向再保险接受人摊回的分保费用。

B001209000［销售费用］——公司商品销售过程中发生的费用。包括运输费、装卸费、包装费、保险费、展览费和广告费等。

B001210000［管理费用］——企业为组织和管理企业生产经营所发生的管理费用。2007年新准则实行后原管理费用的资产减值损失列入"资产减值损失"科目核算。

B001211000［财务费用］——公司为筹集生产经营所需资金等而发生的费用，包括利息支出（减利息收入）、汇兑损失（减汇兑收益）以及相关的手续费等。

B001212000［资产减值损失］——企业计提各项资产减值准备所形成的损失。

B0f1213000［其他业务成本］——企业经营的其他业务所发生的成本。

B001301000［公允价值变动收益］——企业交易性金融资产、交易性金融负债，以及采用公允价值模式计量的投资性房地产、衍生工具、套期保值业务等公允价值变动形成的应计入当期损益的利得或损失。

B001302000［投资收益］——公司以各种方式对外投资所取得的收益。2007年新准则实行后原投资收益的资产减值损失列入"资产减值损失"科目核算。1991年起使用。

B001302101［其中：对联营企业和合营企业的投资收益］——本期公司对联营企业和合营企业的投资收益。

B001303000［汇兑收益］——企业（金融）发生的外币交易因汇率变动而产生的汇兑收益。

B001304000［其他业务利润］——公司除主营业务以外其他销售或其他业务取得的收入，扣除其他业务成本、费用、税金后的利润。1990年起使用，2007年停用。

B001300000［营业利润］——与经营业务有关的利润。1990年起使用。

B001400000［营业外收入］——本科目核算企业发生的各项营业外收入，主要包括非流动资产处置利得、非货币性资产交换利得、债务重组利得、政府补助、盘盈利得、捐赠利得等。1990年起使用。

B001500000［营业外支出］——企业发生的各项营业外支出，包括非流动资产处置损失、非货币性资产交换损失、债务重组损失、公益性捐赠支出、非常损失、盘亏损失等。1990年起使用。2007年新准则实行后原营业外支出的资产减值损失列入"资产减值损失"科目核算。

B001500101［其中：非流动资产处置净损益］——年度内处置非流动资产产生的净损益合计。2007年起使用。

B001000000［利润总额］——公司实现的利润总额。1990年起使用。

B002100000［所得税费用］——企业确认的应从当期利润总额中扣除的所得税费用。

B002200000［未确认的投资损失］——在按权益法核算长期投资项目的情况下，编制合并报表时，如被投资企业的所有者权益为负数时，公司应承担的被投资企业负所有者权益之份额。1998年起使用，2007年停用。

B002300000［影响净利润的其他项目］——影响净利润的其他项目。

B002000000［净利润］——公司实现的净利润。1990年起使用，1994年前部分公司无此项。

B002000101[归属于母公司所有者的净利润]——合并报表净利润中归属于母公司所有者的净利润。2007年起使用。

B002000201[少数股东损益]——子公司年度损益中按少数股东所持有的公司股权比例计算的应属少数股东享有的利润或分担的亏损。1991年起使用。

B003000000[基本每股收益]——企业应当按照归属于普通股股东的当期净利润,除以发行在外普通股的加权平均数计算基本每股收益。2007年起使用。

B004000000[稀释每股收益]——企业存在稀释性潜在普通股的,应当分别调整归属于普通股股东的当期净利润和发行在外普通股的加权平均数,并据以计算稀释每股收益。2007年起使用。

B005000000[其他综合收益(损失)]——根据企业会计准则规定未在损益中确认的各项利得和损失扣除所得税影响后的净额。2009年开始使用。

B006000000[综合收益总额]——综合收益是指除所有者的出资额和各种为第三方或客户代收的款项以外的各种收入。2009年开始使用。

B006000101[归属于母公司所有者的综合收益]——综合收益中归属于母公司所有者享有的部分。2009年开始使用。

B006000102[归属少数股东的综合收益]——少数股东按照权益比例在综合损益中所占用的利润分配。2009年开始使用。

C001001000[销售商品、提供劳务收到的现金]——公司销售商品、提供劳务实际收到的现金,包括本期销售商品(含销售商品产品、材料,下同)、提供劳务收到的现金,以及前期销售商品和前期提供劳务本期收到的现金与本期预收的款项,扣除本期退回本期销售的商品和前期销售本期退回的商品支付的现金。

C0b1002000[客户存款和同业存放款项净增加额]——本期吸收的境内外金融机构以及非同业存放款项以外的各种存款的净增加额。2007年开始使用。

C0b1003000[向中央银行借款净增加额]——本期向中央银行借入款项的净增加额。2007年开始使用。

C0b1004000[向其他金融机构拆入资金净增加额]——本期从境内外金融机构拆入款项所取得的现金,减去拆借给境内外金融机构款项而支付的现金后的净额。2007年开始使用。

C0i1005000[收到原保险合同保费取得的现金]——反映保险公司本期收到的原保险合同保费取得的现金。包括本期收到的原保险保费、本期收到的前期应收原保险保费、本期预收的原保险保费和本期代其他企业收取的原保险保费,扣除本期保险合同提前解除以现金支付的退保费。2007年开始使用。

C0i1006000[收到再保险业务现金净额]——本期从事再保险业务从再保险分出人或再保险接受人实际收到的款项。2007年开始使用。

C0i1007000[保户储金及投资款净增加额]——本期实际向投保人收取的以租金利息为保费收入的储金以及投资型保险业务的投资本金。2007年开始使用。

C0d1008000[处置交易性金融资产净增加额]——证券公司本期自行买卖交易性金融资产所取得的现金净增加额。2007年开始使用。

C0f1009000[收取利息、手续费及佣金的现金]——本期收到的利息、手续费和佣金的金额。2007年开始使用。

C0d1010000［拆入资金净增加额］——本期从境内外金融机构拆入款项所取得的现金，减去拆借给境内外金融机构款项而支付的现金后的净额。2007年开始使用。

C0d1011000［回购业务资金净增加额］——本期按回购协议卖出票据、证券、贷款等金融资产所融入的现金，减去按返售协议约定先买入再按固定价格返售给买方的票据、证券、贷款等金融资产所融出的现金后的净额。2007年开始使用。

C001012000［收到的税费返还］——反映企业收到返还的各种税费，如收到的增值税、营业税、所得税、消费税、关税和教育税附加返还款等。

C001013000［收到的其他与经营活动有关的现金］——公司除了上述各项外，收到的其他与经营活动有关的现金，如捐赠现金收入、罚款收入、流动资产损失中由个人赔偿的现金收入等。收到的其他与经营活动有关的现金项目中如有价值较大的，应单列项目反映。

C001014000［购买商品、接受劳务支付的现金］——公司购买商品、接受劳务实际支付的现金，包括本期购入商品、接受劳务支付的现金，以及本期支付前期购入商品和接受劳务的未付款项与本期预付款项、购买或接受小规模纳税人所销售商品或提供的劳务而支付的增值税。本期发生的购货退回收到的现金（不含从一般纳税人购入货物退回收到的增值税额）应从本项目内扣除。

C0b1015000［客户贷款及垫款净增加额］——本期发放的各种客户贷款，以及办理商业票据贴现、转贴现融出及融入资金等业务的款项的净增加额。2007年开始使用。

C0b1016000［存放中央银行和同业款项净增加额］——本期存放于中央银行以及境内外金融机构的款项的净增加额。2007年开始使用。

C0i1017000［支付原保险合同赔付款项的现金］——反映保险公司本期实际支付原保险合同赔付的现金。2007年开始使用。

C0f1018000［支付利息、手续费及佣金的现金］——本期实际支付的利息、手续费和佣金流出。2007年开始使用。

C0i1019000［支付保单红利的现金］——企业（保险）按原保险合同约定实际支付给投保人的红利。2007年开始使用。

C001020000［支付给职工以及为职工支付的现金］——公司实际支付给职工，以及为职工支付的现金，包括本期实际支付给职工的工资、奖金、各种津贴和补贴等，以及为职工支付的养老保险、待业保险、补充养老保险、住房公积金、住房困难补助，为离退休人员支付的费用等。不包括支付给在建工程人员的工资。

C001021000［支付的各项税费］——企业本期发生并支付的、本期支付以前各期发生的以及预交的教育费附加、矿产资源补偿费、印花税、房产税、土地增值税、车船使用税、预交的营业税等税费，计入固定资产价值、实际支付的耕地占用税、本期退回的增值税、所得税等除外。

C001022000［支付其他与经营活动有关的现金］——公司除上述各项外，支付的其他与经营活动有关的现金，如捐赠现金支出、罚款支出、支付的差旅费、业务招待费现金支出、支付的保险费、支付的动力费、支付的排污费、支付的退休金供款、支付的维修和保养费、支付的研究和开发费用、租金支出、支付的其他费用等，支付的其他与经营活动有关的现金项目中如有价值较大的,应单列项目反映。

C001000000［经营活动产生的现金流量净额］——经营活动产生的现金流入与经营活动产生的现金流出之差额。

C002001000［收回投资收到的现金］——反映企业出售、转让或到期收回除现金等价物以外的交易性资产、持有至到期投资、可供出售金融资产、长期股权投资、投资性房地产而收到的现金。不包括债权性投资收回的利息、收回的非现金资产、收回的利息,以及处置子公司及其他营业单位收到的现金净额。

C002002000［取得投资收益收到的现金］——企业因股权性投资和债权性投资而取得的现金股利、利息,以及从子公司、联营企业和合营企业分回利润收到的现金。本项目是2000年以前年度"分得股利或利润所收到现金"和"取得债券利息收入所收到现金"的合并项。

C002003000［处置固定资产、无形资产和其他长期资产收回的现金净额］——反映企业出售固定资产、无形资产和其他长期资产所取得的现金,减去为处置这些资产而支付的有关费用后的净额。如处置固定资产、无形资产、其他长期资产所收回的现金净额为负数,应在"支付的其他与投资活动有关的现金"项目中反映。

C002004000［处置子公司及其他营业单位收到的现金净额］——企业本期购买和处置子公司及其他营业单位所收到的现金。

C002005000［收到的其他与投资活动有关的现金］——公司除了上述各项以外,收到的其他与投资活动有关的现金。收到的其他与投资活动有关的现金项目中如有价值较大的,应单列项目反映。

C002006000［购建固定资产、无形资产和其他长期资产支付的现金］——公司购买、建造固定资产,取得无形资产和其他长期资产支付的现金,不包括为购建固定资产而发生的借款利息资本化的部分,以及融资租入固定资产支付的租赁费。借款利息和融资租入固定资产支付的租赁费,在筹资活动产生的现金流量中单独反映。公司以分期付款方式购建的固定资产,其首次付款支付的现金作为投资活动的现金流出,以后各期支付的现金作为筹资活动的现金流出。

C002007000［投资支付的现金］——企业进行权益性投资和债权性投资支付的现金,包括企业取得的除现金等价物以外的交易性金融资产、持有至到期投资、可供出售金融资产而支付的现金以及支付的佣金、手续费等附加费用。

C0i2008000［质押贷款净增加额］——本期发放保户质押贷款的净额。2007年开始使用。

C002009000［取得子公司及其他营业单位支付的现金净额］——企业本期购买和处置子公司及其他营业单位所支付的现金。

C002010000［支付其他与投资活动有关的现金］——公司除了上述各项以外,支付的其他与投资活动有关的现金。支付的其他与投资活动有关的现金项目中如有价值较大的,应单列项目反映。

C002000000［投资活动产生的现金流量净额］——投资活动产生的现金流入与投资活动产生的现金流出之差额。

C003008000［吸收投资收到的现金］——企业以发行股票、债券等方式筹集的资金实际收到款项净额。不包括以发行股票等方式筹集资金而由企业直接支付的审计、咨询等费用。

C003001000［吸收权益性投资收到的现金］——公司以发行股票方式筹集的资金,实际收到的股款净额(发行收入减去支付的佣金等发行费用后的净额)。

C003001101［其中:子公司吸收少数股东投资收到的现金］——合并报表中子公司吸收少数股东投资收到的现金净额。

C003003000［发行债券收到的现金］——通过发行债券筹集资金所收到的现金。

C003002000［取得借款收到的现金］——公司向银行或其他金融机构等借入的资金。

C003004000［收到其他与筹资活动有关的现金］——公司除上述各项外,收到的其他与筹资活动有关的现金。收到的其他与筹资活动有关的现金项目中如有价值较大的,应单列项目反映。

C003005000［偿还债务支付的现金］——公司以现金偿还债务的本金,包括偿还银行或其他金融机构等的借款本金、偿还债券本金等。公司偿还的借款利息、债券利息,不包括在本项目内,在"偿付利息所支付的现金"项目中反映。

C003006000［分配股利、利润或偿付利息支付的现金］——公司以现金偿还债务的本金,包括偿还银行或其他金融机构等的借款本金、偿还债券本金等。公司偿还的借款利息、债券利息,不包括在本项目内,在"分配股利、利润或偿付利息所支付的现金"项目中反映。

C003006101［其中:子公司支付给少数股东的股利、利润］——合并报表中子公司支付给其少数股东的股利、利润。

C003007000［支付其他与筹资活动有关的现金］——公司除了上述各项外,支付的其他与筹资活动有关的现金。支付的其他与筹资活动有关的现金项目中如有价值较大的,应单列项目反映。

C003000000［筹资活动产生的现金流量净额］——筹资活动产生的现金流入与筹资活动产生的现金流出之差额。

C004000000［汇率变动对现金及现金等价物的影响］——公司外币现金流量,按现金流量发生日的汇率或平均汇率折算的人民币元金额,与外币现金净额按期末汇率折算的人民币元金额之间的差额。

C007000000［其他对现金的影响］——其他影响现金的科目。

C005000000［现金及现金等价物净增加额］——公司会计期间内现金及现金等价物净增加额。

C005001000［期初现金及现金等价物余额］——期初现金及现金等价物的余额。2007年开始使用。

C006000000［期末现金及现金等价物余额］——期末现金及现金等价物的余额。2007年开始使用。

Rm11——若财务报表日期(accper)为20××年3月31日,则对应股票选中后持股周期内的市场利率。(由于若报表日期为3月说明数据是一季报数据。一季报数据在4月底之前全部出完,本书为了规范处理,一季报数据选出的股票的持股周期定位5月到8月底,半年报报数据选出的股票的持股周期定位8月到10月底,三季报数据选出的股票的持股周期定位11月到来年4月底,年报由于时间重叠不使用)

Rm21——若财务报表日期（accper）为20××年6月30日，则对应股票选中后持股周期内的市场利率。

Rm31——若财务报表日期（accper）为20××年9月30日，则对应股票选中后持股周期内的市场利率。

Rf11——若财务报表日期（accper）为20××年3月31日，则对应股票选中后持股周期内的无风险利率。（本书选择的无风险利率是一年期国债的到期收益率。持股周期内的无风险利率选择复利计算方式）

Rf21——若财务报表日期（accper）为20××年6月30日，则对应股票选中后持股周期内的无风险利率。

Rf31——若财务报表日期（accper）为20××年9月30日，则对应股票选中后持股周期内的无风险利率。

Rate11——若财务报表日期（accper）为20××年3月31日，则对应股票选中后持股周期内的收益率。

Rate 21——若财务报表日期（accper）为20××年6月30日，则对应股票选中后持股周期内的收益率。

Rate 31——若财务报表日期（accper）为20××年9月30日，则对应股票选中后持股周期内的收益率。

Rate1——月度数据中，对应股票交易类因子即交投因子、波动因子等选中后下一个月持股周期内的收益率。

Ratem——月度数据中，对应股票交易类因子即交投因子、波动因子等选中后下一个月持股周期内的市场收益率。

Ratef——月度数据中，对应股票交易类因子即交投因子、波动因子等选中后下一个月持股周期内的无风险利率。

其他因子名称均可见前文，不再赘述。

参 考 文 献

(一) 英文参考文献

[1] A. Baytas and N. Cakici, Do Markets Overreact? International Evidence [J], *Journal of Banking and Finance*, 1999, 23(7): 1121-1144.

[2] A. C. Antoulas, Approximation of Large-Scale Dynamical Systems, Advances in Design and Control [J], *Society for Industrial and Applied Mathematics*, 2005, (34): 399-415.

[3] A. D. Back, A. S. Weigend, A First Application of Independent Component Analysis to Extracting Structure From Stock Returns [J], *International Journal of Neural Systems*, 1997, 8(4): 473-484.

[4] A. Kamara and T. W. Miller, Daily and Intradaily Tests of European Put-call Parity [J], *Journal of Financial and Quantitative Analysis*, 1995, 30(4): 519-539.

[5] A. K. Fung and K. Lam, Overreaction of Index Futures in Hong Kong [J], *Journal of Empirical Finance*, 2004, 11(3): 331-351.

[6] A. K. Fung, D. M. Y. Mok, and K. Lam, Intraday Price Reversals for Index Futures in the US and Hong Kong [J], *Journal of Banking and Finance*, 2000, 24(7): 1179-1201.

[7] Antonios Antoniou, Philippe Arbour and Huainan Zhao, The Effects of the Cross-Correlation of Stock Returns on Post Merger Stock Performance[J], *Electronic Journal*, 2006, (9):32-65.

[8] B. Cornell and K. R. French, Taxes and the Pricing of Stock Index Futures[J], *Journal of Finance*, 1983, 38(3): 675-94.

[9] B. Cornell and K. R. French, The Pricing of Stock Index Futures [J], *Journal of Futures Markets*, 1983, 3(1): 1-14.

[10] B. Dumas, J. Fleming and R. E. Whaley, Implied Volatility Functions: Empirical Tests [J], *Journal of Finance*, 1998, 53(6): 2059-2106.

[11] B. Li, J. Qiu and Y. Wu, Momentum and Seasonality in Chinese Stock Markets [J], *Journal of Money, Investment and Banking*, 2010, (17): 24-36.

[12] B. N. Lehmann, Fads, Martingales, and Market Efficiency [J], *Quarterly Journal of Economics*, 1990, 105(1): 1-28.

[13] B. S. Everitt and G. Dunn, *Principal Components Analysis* [M], New York: John Wiley & Sons, 2013: 231-235.

[14] Cakici, Nusret and Tan, Sinan, Size, Value, and Momentum in Developed Country Equity Returns: Macroeconomic and Liquidity Exposures[DB/OL], https://ssrn.com/abstract=2362521, 2013-11-19.

[15] C. Alexander, *Market Models: A Guide to Financial Data Analysis* [M], Chichester: John Wiley & Sons, 2001.

[16] C. D. Meyer, *Matrix Analysis and Applied Linear Algebra* [M], Philadelphia: SIAM, 2000.

[17] Clifford S. Asness, Tobias J. Moskowitz and Lasse Heje Pedersen, Value and Momentum Everywhere [J], *Journal of Finance*, 2013, 68(3):929-985.

[18] D. Groth, S. Hartmann, Klie, S. Klie and J. Selbig, *Principal Components Analysis* [M], New York: Springer, 2013: 527-547.

[19] D. Hirshleifer and Kent, Investor Psychology and Security Market Under-and Overreactions [J], *Journal of Finance*, 1998, 53(6):1839-1886.

[20] D. M. Modest and M. Sundaresan, The Relationship Between Spot and Futures Prices in Stock Index Futures Markets: Some Preliminary Evidence [J], *Journal of Futures Markets*, 1983, 3(1): 15-41.

[21] D. Vasiliou, N. Eriotis and S. Papathanasiou, How Rewarding is Technical Analysis? Evidence from Athens Stock Exchange [J], *Operational Research*, 2006, 6(2): 85-102.

[22] E. Asem, J. Chung, G. Tian, Market Dynamics and Momentum Profits[J]. *Journal of Financial and Quantitative Analysis*,2011,45(6):1549-1562.

[23] E. Elhamifar and R. Vidal, Sparse Subspace Clustering [C], *Computer Vision and Pattern Recognition*, 2009, 35(11): 2790-2797.

[24] E. F. Fama and Kenneth R. French, Common Risk Factors in the Returns on Stocks and Bonds [J], *Journal of Financial Economics*, 1993, 33(1): 3-56.

[25] E. F. Fama and Kenneth R. French, Efficient Capital Markets: A Review of Theory and Empirical Work [J], *Journal of Finance*, 1970, 25(2): 383-417.

[26] E. F. Fama and Kenneth R. French, The Behavior of Stock Market Prices [J], *Journal of Business*, 1965, 38(1): 34-105.

[27] E. F. Fama and M. E. Blume, Filter Rules and Stock Market Trading [J], *Journal of Business*, 1966, 39(1): 226-241.

[28] E. F. Fama, The Behavior of Stock Market Prices [J], *Journal of Business*, 1965, 38(1): 34-105.

[29] E. J. Candès, X. Li and Y. Ma, et al., Robust principal component analysis? [J], *Journal of the ACM*, 2011, 58(3):1-73.

[30] E. Kubińska, T. Markiewicz, and T. Tyszka, Disposition Effect among Contrarian and Momentum Investors [J], *Journal of Behavioral Finance*, 2012, 13(3): 214-225.

[31] Elżbieta Kubińska and Łukasz Markiewicz, Disposition Effect among Contrarian and Momentum Investors[J],*Journal of Behavioral Finance*,2012,13(3):214-225.

[32] E. Michiel, *Sparse and Redundant Representations: From Theory to Applications in Signal and Image Processing* [M], Berlin: Springer, 2010.

[33] Fama, Efficient Capital Markets - A Review Of Theory And Empirical Work[J], *The Journal of Finance*,1970,25(2):382-417.

[34] F. Black and M. Scholes, The Pricing of Options and Corporate Liabilities [J], *Journal of Political Economy*, 1973, 81(3): 637-654.

[35] F. Black and M. Scholes, The Pricing of Options and Corporate Liabilities [J], *Journal of Political Economy*, 1973, 81(3): 637-654.

[36] F. E. James, Monthly Moving Averages: An Effective Investment Tool? [J], *Journal of Financial and Quantitative Analysis*, 1968, 3(3): 315-326.

[37] F. J. Fabozzi, C. K. Ma, W. T. Chittenden and R. D. Pace, Predicting Intraday Price Reversals [J], *Journal of Portfolio Management*, 1995, 21(2): 42-53.

[38] F. Kleibergen and R. Paap, Generalized Reduced Rank Tests Using The Singular Value Decomposition [J], *Journal of Econometrics*, 2006, 133(1): 97-126.

[39] G. Appel, Technical Analysis [N], FT Press, 2005.

[40] G. J. Feeney and D. D. Hester, Stock Market Indices: A Principal Components Analysis [R], New Haven: Cowles Foundation for Research in Economics, 1964.

[41] G. W. Brown and M. T. Cliff, Investor Sentiment and the Near-term Stock Market [J], *Journal of Empirical Finance*, 2004, 11(1): 1-27.

[42] H. Bessembinder and K. Chan, Market Efficiency and the Returns to Technical Analysis [J], *Financial Management*, 1998, 27(2): 5-17.

[43] H. Bessembinder and K. Chan, The Profitability of Technical Trading Rules in the Asian Stock Markets [J], *Pacific-Basin Finance Journal*, 1992, 3(2-3): 257-284.

[44] H. Hong and J. Stein, A Unified Theory of Underreaction, Momentum Trading and Overreaction in Asset Markets [J], *Journal of Finance*, 1999, 54(6): 2143-2184.

[45] H. L. Chen, N. Jegadeesh and R. Wermers, The Value of Active Mutual Fund Management: An Examination of the Stockholdings and Trades of Fund Managers [J], *Journal of Financial and Quantitative Analysis*, 2000, 343-368.

[46] H. M. Markowitz, Portfolio Selection [J], *The Journal of Finance*, 1952, 7(1): 77-91.

[47] H. R. Stoll, The Relationship Between Put and Call Option Prices [J], *Journal of Finance*, 1969, 24(5): 801-824.

[48] I. M. Johnstone, On the Distribution of the Largest Eigenvalues in Principal Components Analysis [J], *Annals of Statistics*, 2001, 29(2): 295-327.

[49] I. Rish and G. Grabarnik, *Sparse Modeling: Theory, Algorithms, and Applications* [M], Florida: CRC Press, 2014.

[50] J. A. Bollinger, *Bollinger on Bollinger Bands* [M], New York: Mc Graw-Hill, 2001.

[51] J. Bernardo, M. Bayarri and J. Berger, et al., The Variational Bayesian EM Algorithm for Incomplete Data: With Application to Scoring Graphical Model Structures [J], *Bayesian statistics*, 2003, 7: 453-464.

[52] J. C. Cox, J. E. Ingersoll and S. A. Ross, A Re-examination of Traditional Hypotheses about the Term Structure of Interest Rates [J], *Journal of Finance*, 1981, 36: 769-799.

[53] J. C. Cox, J. E. Ingersoll and S. A. Ross, A Theory of the Term Structure of Interest Rates [J], *Journal of Finance*, 1985, 53(2): 385-407.

[54] J. L. Grant, A. Wolf and S. Yu, Intraday Price Reversals in the US Stock Index Futures Market: A 15 Year Study [J], *Journal of Banking and Finance*, 2005, 29(5): 1311-1327.

[55] J. Lintner, The Valuation of Risk Assets and the Selection of Risky Investments in Stock Portfolios and Capital Budgets [J], *Review of Economics and Statistics*, 1965, 47(1): 13-37.

[56] J. Miffre and G. Rallis, Momentum Strategies in Commodity Futures Markets [J], *Journal of Banking and Finance*, 2007, 31(6): 1863-1886.

[57] J. Mossin, Equilibrium in a Capital Asset Market [J], *Econometrica*, 1966, 34(4): 768-783.

[58] J. M. Poterba and L. H. Summers, Mean Reversion in Stock Prices: Evidence Implications [J], *Journal of Financial Economics*, 1988, 22(1): 267-284.

[59] J. Murphy, Technical Analysis of the Financial Markets, New York: *New York Institute of Finance*, 1999.

[60] J. R. Schott, *Matrix Analysis for Statistics* [M], New York: John Wiley & Sons, 2005.

[61] K. Chan, A. Hameed and W. Tong, Profitability of Momentum Strategies in International Equity Markets [J], *Journal of Financial and Quantitative Analysis*, 2000, 153-172.

[62] K. G. Rouwenhorst, International Momentum Strategies [J], *Journal of Finance*, 1998. 53(1): 267-284.

[63] K. Ramaswamy and S. M. Sundaresan, The Valuation of Floating-rate Instruments: Theory and Evidence [J], *Journal of Financial Economics*, 1986, 17(2): 251-272.

[64] K. Y. Kwon and R. J. Kish, Technical Trading Strategies and Return Predictability: NYSE [J], *Applied Financial Economics*, 2002, 12(9): 639-53.

[65] L. D. Lathauwer, B. D. Moor and J. Vandewalle, A Multilinear Singular Valuedecomposition [J], *SIAM Journal on Matrix Analysis and Applications*, 2000, 21(4): 1253-1278.

[66] L. Eriksson, P. L. Andersson and E. Johansson, Megavariate Analysis of Environmental QSAR Data [J], *Molecular Diversity*, 2006, 10(2): 169-186.

[67] L. I. Smith, A Tutorial on Principal Components Analysis [R], Upstate New York: Cornell University, 2002.

[68] Mark Grinblatt and Bing Han, Respect Theory, Mental Accounting, and Momentum[J], *Journal of Financial Economics*, 2005, 78(2): 311-339.

[69] M. Baker and J. Wurgler, Investor Sentiment in the Stock Market [R], National Bureau of Economic Research Cambridge, 2007.

[70] M. Brand, Fast Low-rank Modifications of the Thin Singular Value Decomposition [J], *Linear Algebra and its Applications*, 2006, 415(1): 20-30.

[71] M. C. Jensen, Random Walks and Technical Theories: Some Additional Evidence [J], *Journal of Finance*, 1970, 25(2): 469-482.

[72] M. C. Wang and L. P. Zu, The State of the Electronic Limit Order Book and Price Formation [J], *Asia-Pacific Journal of Financial Studies*, 2008, 37(2): 245-296.

[73] M. E. Tipping and C. M. Bishop, Mixtures of Probabilistic Principal Component Analyzers [J], *Neural Computation*, 1999, 11(2): 443-482.

[74] M. E Wall, A. Rechtsteiner and L. M. Rocha, *Singular Value Decomposition and Principal Component Analysis* [M], New York: Springer, 2003: 91-109.

[75] M. J. Ready, Profits from Technical Trading Rules [J], *Financial Management*, 2002, 31(3): 43-61.

[76] M. L. Hemler and F. A. Longstaff, General Equilibrium Stock Index Futures Prices: Theory and Empirical Evidence [J], *Journal of Financial and Quantitative Analysis*, 1991, 26(3): 287-308.

[77] M. P. Taylor and H. Allen, The Use of Technical Analysis in the Foreign Exchange Market [J], *Journal of International Money and Finance*, 1992, 11(11): 304-314.

[78] Narasimhan Jegadeesh and Sheridan Titman, Returns to Buying Winners and Selling Losers: Implications for Stock Market Efficiency[J]. *Journal of Finance*, 1993, 48(1): 65-91.

[79] N. Ergul, A. Antoniou, P. Holmes and R. Priestley, Technical Analysis, Trading Volume and Market Efficiency: Evidence From an Emerging Market [J], *Applied Financial Economics*, 2010, 7(4): 361-365.

[80] N. Jegadeesh and S. Titman, Returns to Buying Winners and Selling Losers: Implications for Stock Market Efficiency [J], *Journal of Finance*, 2015, 91(48): 65-91.

[81] O. Alter, P. O. Brown and D. Botstein, Singular Value Decomposition for Genome-wide Expression Data Processing and Modeling [J], *Proceedings of the National Academy of Sciences*, 2000, 97(18): 10101-10106.

[82] Paul C. Tetlock, All the News That's Fit to Reprint: Do Investors React to Stale Information? [J].

The Review of Financial Studies, 2011, 24(5):1481-1512.

[83] P. K. Yadav, P. F. Pope, Stock Index Futures Arbitrage: International Evidence [J], *Journal of Futures Markets*, 1990, 10(6): 573-603.

[84] P. S. Mohanram, Separating Winners from Losers among Low Book-to-Market Stocks Using Financial Statement Analysis [J], *Review of Accounting Studies*, 2005, 10(2): 133-170.

[85] R. A. Horn and C. R. Johnson, *Matrix Analysis* [M], Maryland: Cambridge University Press, 2015.

[86] R. Bhatia, *Matrix Analysis* [M], New York: Springer Science & Business Media, 2013, 169(8):1-17.

[87] R. C. Klemkosky and J. H. Lee, The Intraday Ex Post and Ex Ante Profitability of Index Arbitrage [J], *Journal of Futures Markets*, 1991, 11(3): 291-311.

[88] R. C. Merton, Optimum Consumption and Portfolio Rules in A Continuous-time Model [J], *Journal of Economic Theory*, 1971, 3(4): 373-413.

[89] R. C. Merton, The Relationship Between Put and Call Option Prices: Comment [J], *Journal of Finance*, 1973, 28(1): 183-184.

[90] R. D. Edwards and J. Magee, Technical Analysis of Stock Trends, Boca Raton, Fla, USA: The St Lucie Press, 1997.

[91] R. Gencay, Optimization of Technical Trading Strategies and the Profitability in Security Markets [J], *Economics Letters*, 1998, 59(2): 249-254.

[92] R. Kissell, M. Glantz and R. Malamut, A Practical Framework for Estimating Transaction Costs and Developing Optimal Trading Strategies to Achieve Best Execution [J], *Finance Research Letters*, 2004, 1(1): 35-46.

[93] R. K. Rastogi and G. Chieffi, Overreaction in the Australian Equity Market: 1974-1997 [J], *Pacific Basin Finance Journal*, 2000, 8(3-4):375-398.

[94] Robert Novy-Marx and Joshua D. Rauh, Fiscal Imbalances and Borrowing Costs: Evidence from State Investment Losses[J], *American Economic Journal: Economic Policy*, 2012, 4(2):182-213.

[95] Robin K. Chou et al., The Impact of Liquidity Risk on Option Prices[J], *Journal of Futures Markets*, 2010, 31(12):1116-1141.

[96] R. Riehard and S. A. Ross, An Empirical Investigation of the Arbitrage Pricing Theory [J], *Journal of Finance*, 1980, 35(5): 1073-1103.

[97] R. S. Billingsley and D. M. Chance, The Pricing and Performance of Stock Index Futures Spreads [J], *Journal of Futures Markets*, 1988, 8(3): 303-318.

[98] R. S. Longman, A. A. Cota and R. R. Holden, *et al.*, A Regression Equation for the Parallel Analysis Criterion in Principal Components Analysis: Mean and 95th Percentile Eigenvalues [J], *Multivariate Behavioral Research*, 1989, 24(1): 59-69.

[99] R. Yamamoto, Intraday Technical Analysis of Individual Stocks on the Tokyo Stock Exchange [J], *Journal of Banking Finance*, 2012, 36(11): 3033-3047.

[100] S. Bhatt and N. Cakici, Premiums on Stock Index Futures-some evidence [J], *Journal of Futures Markets*, 1990, 10(4): 367-375.

[101] S. Kolenikov and G. Angeles, Socioeconomic Status Measurement with Discrete Proxy Variables: Is Principal Component Analysis a Reliable Answer? [J], *Review of Income and Wealth*, 2009, 55(1): 128-165.

[102] S. L. Heston, A Closed-Form Solution for Options with Stochastic Volatility with Applications to Bond and Currency Options [J], *Review of Financial Studies*, 1998, 6(2):327-343.

[103] S. Sehgal, P. Jain, Information Linkages among Emerging Equity Markets-An Empirical Study, *Decision Official Journal of the Indian Institute of Management Calcutta* [J], 2017, 44(1):15-38.

[104] S. W. Pruitt and R. E. White, The CRISMA Trading System: Who Says Technical Analysis Can't Beat the Market? [J], *Journal of Portfolio Management*, 1988, 14(3):55-58.

[105] S. X. Cadrin, Advances in Morphometric Identification of Fishery Stocks [J], *Reviews in Fish Biology and Fisheries*, 2000, 10(1):91-112.

[106] T. H. Mclnish, D. K. Ding, C. S. Pyun and U. Wongchoti, Short Horizon Contrarian and Momentum Strategies in Asian Markets: An Integrated Analysis [J], *International Review of Financial Analysis*, 2008, 17(2):312-329.

[107] W. Brock, J. Lakonishok and B. Le Baron, Simple Technical Trading Rules and the Stochastic Properties of Stock Returns [J], *Journal of Finance*, 1994, 47(5):1731-1764.

[108] W. De Bondt and R. H. Taylor, Does the Stock Market Overract? [J], *Journal of Finance*, 1995, 40:793-805.

[109] Werner F. M. De Bondt and Richard Thaler, Does the Stock Market Overreact? [J]. *The Journal of Finance*, 1985, 40(3):793-805.

[110] W. F. Sharpe, Capital Asset Prices: A Theory of Market Equilibrium Under Conditions of Risk [J], *Journal of Finance*, 1983, 19(3):425-442.

[111] W. Kang, A Study of Intraday Returns [J], *Social Science Electronic Publishing*, 2005.

[112] W. K. Wong and M. Meher, How Rewarding is Technical Analysis? Evidence from Singapore Stock Market [J], *Applied Financial Economics*, 2002, 13(7):543-551.

(二) 中文参考文献

[1] 〔美〕艾琳·奥尔德里奇.高频交易[M].顾律君,丁鹏译.北京:机械工业出版社,2018.

[2] 〔美〕安德鲁·波尔.统计套利[M].陈雄兵,张海珊译.北京:机械工业出版社,2010.

[3] 〔美〕戴维·阿伦森.实证技术分析[M].史雷译.北京:机械工业出版社,2015.

[4] 〔法〕弗雷德里克·勒雷艾弗,弗朗索瓦·比雷.高频交易之战:金融世界的"利器"与"杀器"[M].李宇新,刘文博译.北京:机械工业出版社,2015.

[5] 〔美〕詹姆斯·欧文·韦瑟罗尔.对冲之王:华尔街量化投资传奇[M].汪涛,郭宁,安然译.杭州:浙江人民出版社,2015.

[6] 〔美〕迈克尔·德宾.打开高频交易的黑箱[M].谈效俊译.北京:机械工业出版社,2014.

[7] 〔美〕迈克尔·刘易斯.高频交易员:华尔街的速度游戏[M].王飞,王宇西,陈婧译.北京:中信出版社.2015.

[8] 〔美〕里什·纳兰.打开量化投资的黑箱[M].郭剑光译.北京:机械工业出版社,2016.

[9] 补冯林,张卫国,何伟.基于超高频数据的股票流动性度量研究[J].统计与决策,2005,(4).

[10] 曹崇延,李娜.我国证券投资基金持股与股价波动的关系——基于动态面板数据模型的实证研究[J].西安电子科技大学学报(社会科学版),2008,(3).

[11] 曹春晓.业绩为王,成长为尊——基于盈利因子的行业轮动策略[R].申万宏源,2018,(7).

[12] 曹源.挖掘行业配置的超额收益——基于估值因子的行业配置[R].国都证券,2011,(6).

[13] 曾梅凤,张仁舰.上证综合指数与单日成交量的计量模型分析[J].统计与决策,2007,(6).

[14] 陈工孟.量化投资分析[M].北京:经济管理出版社,2015(3).

[15] 陈国进,张贻军,王景.异质信念与盈余惯性——基于中国股票市场的实证分析[J].当代财经,2008,(7).
[16] 陈浪南.资产定价研究[M].北京:中国财政经济出版社,2008.
[17] 陈梦根,毛小元.股价信息含量与市场交易活跃程度[J].金融研究,2007,(3).
[18] 陈维嘉.估值因子法预测股指期货收益率[R].华泰证券,2018,(7).
[19] 陈学彬.期权策略程序化交易[M].北京:清华大学出版社,2015.
[20] 陈亚龙.东北金工:流动性调整的盈利因子 Smart Beta 策略[R].东北证券,2017,(4).
[21] 程刚,张孝岩.我国混合型基金的投资绩效研究——兼论 Carhart 四因素模型在中国的适用性[J].中国物价,2010,(6).
[22] 邓杰,唐国兴.中国股票市场技术交易规则有效性的实证研究[J].华东经济管理,2009,(5).
[23] 丁俭,朱幂.衡量市场因子强弱的方法探讨[R].中投证券,2010,(8).
[24] 丁鹏.量化投资——策略与技术[M].北京:电子工业出版社,2016.
[25] 段向阳,王永生,苏永生.基于奇异值分解的信号特征提取方法研究[J].振动与冲击,2009,(11).
[26] 方立兵,曾勇,郭炳伸.动量策略、反转策略及其收益率的高阶矩风险[J].系统工程,2011,(2).
[27] 冯佳睿.预期因子的底层数据处理[R].海通证券,2018,(10).
[29] 冯永昌,景亮,易晓磊.程序化交易实战:平台、策略、方法[M].北京:电子工业出版社,2015.
[29] 郭喜才.量化投资的发展及其监管[J].江西社会科学,2014,(3).
[30] 韩金晓,吴卫星.股票价格同步性、波动性差异与流动性——基于沪深股市的实证研究[J].当代财经,2015,(9).
[31] 韩立岩,郑君彦,李东辉.沪市知情交易概率(PIN)特征与风险定价能力[J].中国管理科学,2008,(1).
[32] 何诚颖.量化投资四维逻辑[M].北京:中国财政经济出版社,2018.
[33] 华仁海,袁立,鲍锋.沪深 300 股指期货在现货交易和非交易时段交易特征的比较研究[J].数量经济技术经济研究,2015,(1).
[34] 黄俊,陈平.我国股市反应过度与反应不足的实证研究[J].理论月刊,2009,(6).
[35] 金志宏.统计套利——理论与实战[M].北京:电子工业出版社,2016.
[36] 李广川,刘善存,邱菀华.连续指令驱动市场的信息交易概率:一种新的方法[J].管理科学学报,2010,(10).
[37] 李国旗.量化投资系统:平台、原理和可信性[M].北京:电子工业出版社,2015.
[38] 李琳.我国股票市场的股价运动同步性比较[J].统计与决策,2008,(22).
[39] 李洋,郑志勇.量化投资:以 MATLAB 为工具[M].北京:电子工业出版社,2016.
[40] 郦金梁,雷曜,李树憬.市场深度、流动性和波动率——沪深 300 股票指数期货启动对现货市场的影响[J].金融研究,2012,(6).
[41] 林建.透视高频交易[M].北京:机械工业出版社,2015,(6).
[42] 林晓明,黄晓彬.A 股红利指数比较研究[R].华泰证券,2017,(2).
[43] 林晓明,黄晓彬.红利因子的有效性研究[R].华泰证券,2017,(4).
[44] 刘均伟,周萧潇.多因子系列报告之十二:成长因子重构与优化,稳健加速为王[R].光大证券,2018,(5).
[45] 刘均伟.一致交易因子:挖掘集体背后的收益行为[R].光大证券,2018,(1).
[46] 刘文文,张合金.测量高频交易领域中的指令流毒性——基于我国沪深 300 指数期货的实证研究[J].中国经济问题,2013,(1).
[47] 鲁臻,邹恒甫.中国股市的惯性与反转效应研究[J].经济研究.2007,(9).
[48] 罗登跃,王春峰.上证指数收益率、波动性与成交量动态关系研究——基于日数据的非线性动力学实证

分析[J].系统工程理论与实践,2005,(7).

[49] 罗业华,杨向阳,徐静,陈军华.估值因子在行业配置上的作用[R].招商证券,2012,(4).

[50] 马超群,张浩.中国股市价格惯性反转与风险补偿的实证研究[J].管理工程学报,2005,(2).

[51] 茅斯佳,臧斌宇,张谧.一种基于高阶奇异分解的个性化股票推荐算法[J].计算机应用与软件,2015,(10).

[52] 孟慧慧,叶德谦,刘娜.基于神经网络的股票预测系统研究[J].微计算机信息,2007,(3).

[53] 宁欣,王志强.基于残差收益的动量或反转效应:来自中国A股市场的经验证据[J].投资研究,2012,(12).

[54] 欧阳红兵.量化投资技术与策略[M].北京:北京大学出版社,2016.

[55] 潘莉,徐建国.A股市场的风险与特征因子[J].金融研究,2011,(10).

[56] 濮元恺.量化投资技术分析实战——解码股票与期货交易模型[M].北京:电子工业出版社,2018.

[57] 邱皓政.结构方程模型的原理与应用[M].北京:中国轻工业出版社,2009.

[58] 曲春青.金融计量学实验[M].大连:东北财经大学出版社,2008.

[59] 任瞳,徐寅,郑兆磊.宽客眼中的港股那些事儿系列三——另类因子 & 成长因子初探[R].兴业证券.2018,(7).

[60] 孙卫党.红利因子驱动下的稳定回报[R].新时代证券,2012,(12).

[61] 覃川桃.红利因子的探索:行业优选下的股息率选股策略[R].长江证券,2017,(4).

[62] 覃川桃.盈利预期因子的构建及选股[R].长江证券,2018,(5).

[63] 王冰,李想.浅议量化投资在国内市场的发展[J].经济视角(下),2011,(3).

[64] 王春峰,董向征,房振明.信息交易概率与中国股市价格行为关系的研究[J].系统工程,2005,(2).

[65] 王丛云,李锦儿.保险:保险行业增长模式再思考,价值转型带来成长因子[R].申万宏源,2017,(5).

[66] 王灵芝.中国证券市场流动性风险测度与控制[M].北京:清华大学出版社,2013.

[67] 王明涛.金融风险计量与管理[M].上海:上海财经大学出版社,2008.

[68] 王帅,兰锦池,陈侠航.随机持有期动量策略在中国商品期货市场的研究[J].中国证券期货,2011,(12).

[69] 王昭东.量化投资专家系统开发与策略实战[M].北京:电子工业出版社,2018.

[70] 王兆军,曾渊沧,郝刚.移动平均线方法的最佳步长组合的确定[J].高校应用数学学报A辑(中文版),2000,(2).

[71] 王兆军.相对强弱指数的最佳参数组合[J].经济数学,2001,(2).

[72] 王智力.商品期货市场动量策略的实证研究[J].现代物业(中旬刊),2010,(7).

[73] 魏刚.成长因子分析——数量化选股策略之六[R].华泰证券,2011,(7).

[74] 魏刚.动量反转因子分析[R].华泰证券,2011,(7).

[75] 魏刚.估值因子分析——数量化选股策略之五[R].华泰证券,2011,(7).

[76] 魏刚.规模因子分析[R].华泰证券,2011,(6).

[77] 魏刚.盈利因子分析[R].华泰证券,2011,(7).

[78] 温福星.阶层线性模型的原理与应用[M].北京:中国轻工业出版社,2009.

[79] 吴先兴,阚文超.剩余价值模型下的估值因子在A股中的实证[R].天风证券,2017,(9).

[80] 徐国祥,刘新姬.沪深300股指期货定价模型的改进及实证研究[J].统计与信息论坛,2012,(2).

[81] 徐玉宁,马自妍.因子研究专题二——估值因子解析[R].民生证券,2018,(7).

[82] 许年行,洪涛,吴世农,徐信忠.信息传递模式、投资者心理偏差与股价"同涨同跌"现象[J].经济研究,2011,(4).

[83] 杨朝军,张志鹏,廖士光.证券市场流动性综合测度指标研究[J].上海交通大学学报,2008,(11).

[84] 杨若木.多因子模型:成长因子在不同月份和年份的有效性检测[R].东兴证券,2018,(5).
[85] 杨之曙,姚松瑶.沪市买卖价差和信息性交易实证研究[J].金融研究,2004,(4).
[86] 叶涛.财务杠杆类与流动性类单因子有效性考察[R].招商证券,2018,(1).
[87] 于晓军.风格中性多因有效性测试之估值因子[R].中邮证券,2018,(8).
[88] 张锦,马晔华.沪深300股指期货定价实证研究[J].财贸研究,2008,(6).
[89] 张然,汪荣飞.基本面量化投资:运用财务分析和量化策略获取超额收益[M].北京:北京大学出版社,2017.
[90] 张世英.协整理论与波动模型[M].北京:清华大学出版社,2009.
[91] 张维,张永杰.异质信念、卖空限制与风险资产价格[J].管理科学学报,2006,(4).
[92] 张学勇,盖明昱.技术分析与超额收益率研究进展[J].经济理论与经济管理,2013,(9).
[93] 张永冀,汪昌云,华晨.历史价量信息在价格发现中更有效吗?——基于中国证券市场的数据分析[J].中国管理科学,2013,(S1).
[94] 张峥,刘力.换手率与股票收益:流动性溢价还是投机性泡沫?[J].经济学(季刊),2006,(2).
[95] 赵学军,王永宏.中国股市"处置效应"的实证分析[J].金融研究,2001,(7).
[96] 郑振龙,杨伟.基于经典PIN模型的股票信息风险测度研究[J].管理科学,2010,(6).
[97] 钟燕,盛智颖.我国农业上市公司经营绩效的实证研究——基于主成分分析、因子分析与聚类分析[J].技术经济与管理研究,2009,(6).
[98] 周琳杰.中国股票市场动量策略赢利性研究[J].世界经济,2002,(8).
[99] 朱剑涛.盈利预测与市价隐含预期收益[R].东方证券,2018,(9).
[100] 朱战宇,吴冲锋,王承炜.股市价格动量与交易量关系:中国的经验研究与国际比较[J].系统工程理论与实践,2004,(2).
[101] 庄晓玖.中国金融市场化指数的构建[J].金融研究,2007,(11).
[102] 左浩苗,刘振涛,曾海为.基于高频数据的股指期货与现货市场波动溢出和信息传导研究[J].金融研究,2012,(4).